Geheimnisse aus dem Kloster

Hermann Scharnagl

Geheimnisse aus dem Kloster

GESUNDHEIT UND LEBENSKUNST
AUS DER STILLE

GONDROM

Redaktion und Produktion: AMS Autoren- und Medienservice, Reute
Einbandgestaltung: Hilden Design, München
Einbandillustration: Angelika Stubner, Bayreuth

011

ISBN 3-8112-2490-5

5 4 3 2 1

Inhalt

1510

Einführung

Meditierender Mönch; eine von vier Figuren eines Glücksrades vom »Rad der guten Mönche«, Codex 226 des Skriptoriums von Heiligenkreuz.

Unglaublich, aber wahr: Ohne das Lebenswissen und die Lebenskunst der Frauen und Männer in den Klöstern, die immer mehr suchende Menschen faszinieren, wäre unser Leben spürbar ärmer und ohne das jahrhundertealte Heilwissen und eine auf Ganzheitlichkeit zielende Klostermedizin unsere soziale Welt überhaupt nicht denkbar. Wenn deshalb die historische Forschung vom Früh- und Hochmittelalter als einer *Klosterkultur* spricht und sie von der *Stadtkultur* der Antike gleichermaßen abhebt, so wird hier etwas von der grundlegenden Bedeutung sichtbar, die den Klöstern und Stiften als Impulsgebern für das Werden und Wachsen des christlichen Abendlandes zukommt.

Heilwissen ohne Risiken und Nebenwirkungen, um es in unserer heutigen Sprache zu sagen, Bildung und Wissenschaft, Malerei und Kunsthandwerk, Technik und Wirtschaft – es gibt kaum einen Bereich des menschlichen Lebens, der nicht durch die Klosterkultur wesentlich mitgeprägt worden wäre. Denn die Klöster waren und sind nicht nur religiöse und geistige Zentren dem Himmel zur Ehre, sondern sie dienten und dienen als Träger des sozialen Lebens bis heute auch dem Menschen.

Dem Himmel zur Ehre – den Menschen zu Diensten

Seit dem frühen Mittelalter werden *monasterium* – Einsiedelei – und *coenobium* – Ort des gemeinschaftlichen Lebens – als Begriffe für klösterliche Niederlassungen gebraucht.

Orden, abgeleitet von dem lateinischen Wort *ordo*, das im Deutschen »der Stand« bedeutet, ist die allgemeine Bezeichnung für einen freiwilligen Zusammenschluss von Menschen, die sich einer gemeinsamen Lebensform und den drei Gelübden Gehorsam, Keuschheit und Armut unterwerfen, wobei unterschieden wird zwischen den eigentlichen Orden, deren Angehörige ein feierliches Gelübde ablegen, und den so genannten Kongregationen, denen eine einfache Verpflichtung genügt. Das aus dem Griechischen abgeleitete lateinische Wort *monachus* weist auf die ursprüngliche Idee des Mönchtums hin: Es bedeutet »der allein für sich Lebende« und wurde zuerst für die frühchristlichen, zurückgezogen lebenden Mönche gebraucht, wenn sie mit anderen ein gemeinsames Haus bewohnten. Mönche und Nonnen – in den Frauenklöstern unterscheidet man *moniales*, Nonnen, und *sorores*, Schwestern, nach Art ihres Gelübdes – unterstehen einem Abt beziehungsweise einer Äbtissin, die von den männlichen oder weiblichen Mitgliedern der Klostergemeinschaft meistens auf Lebenszeit gewählt werden. In einzelnen Orden werden sie auch Prior oder Propst, als Guardian oder Rektor bezeichnet.

Hinsichtlich ihrer Einrichtung und Lebensweise lassen sich die Ordensgemeinschaften in Gruppen zusammenfassen. Die bedeutendste und älteste bilden die eigentlichen Mönchsorden. Zu ihnen zählen die Benediktiner, die Zisterzienser, Trappisten und Kartäuser unter der Verpflichtung *ora et labora, bete und arbeite*. Später entstanden die Chorherren-Orden der Augustiner und Prämonstratenser, der Predigerorden der Dominikaner und der Bettelorden der Franziskaner, die Ritterorden der Malteser und Johanniter sowie schließlich die Gemeinschaften der so genannten Regularkleriker, deren bedeutendster Zusammenschluss der der Jesuiten werden sollte.

Ein schreibender Mönch und ein Maler aus dem Bürgerstand.
Aus dem Reuner Musterbuch, Skriptorium von Rein/Steiermark, um 1229.

Hergeleitet vom lateinischen Wort *claustrum*, was so viel bedeutet wie »nach außen abgeschlossener Ort«, will jedes Kloster Abbild der *Civitas Dei*, des Gottesstaates, sein, wie der Kirchenlehrer Augustinus ihn bezeichnete.

So wie jede Ordensgemeinschaft einen bestimmten Frömmigkeitsstil verkörpert, prägt dieser Stil, der zugleich Ausdruck des jeweiligen Lebensgefühls ist, unverwechselbar die Bau- und Bildwerke seiner Epoche. Dies gilt von den frühen Klosteranlagen der Benediktiner und Zisterzienser über die bescheidenen Niederlassungen der verschiedenen Bettelorden bis hin zu den grandiosen Fürstabteien des Barock.

Die erste richtungweisende Gestalt des christlichen Mönchtums war im 3. und 4. Jahrhundert nach den bewusst arm und ehelos lebenden Frauen und Männern der ersten Christengemeinden der Ägypter Antonius, der kompromisslos die Nachfolge des Jesus von Nazaret leben wollte, indem er arm wurde wie er – ohne jeden Kompromiss und ohne jede Rückversicherung. Antonius fand sich in dieser Suche nach »Verarmung« gestört, ja sogar ernsthaft behindert durch eine lärmende Welt und ein sich materiell und institutionell bereicherndes Christentum. Deshalb ging Antonius in die anspruchsvolle Stille der Wüste.

Hier konnte er sich als Eremit dem Wort Gottes in Tat und Gedanken aussetzen. Antonius' geistliche Auseinandersetzungen mit Gott, mit der Welt und mit der Seele hat der Maler Matthias Grünewald in der Gestalt schauriger Unwesen im Isenheimer Altar dargestellt, der in Colmar im ehemaligen Kloster der Dominikanerinnen Unterlinden zu betrachten ist.

Antonius blieb nicht unbehelligt von den Nachstellungen der ihn verehrenden Frauen und Männer. Deshalb floh er weiter in die Wüste hinein und gründete auf Drängen seiner Anhänger, die leben wollten wie er, eine Einsiedlergemeinschaft, in der jeder einsam und zugleich in Gemeinschaft Gott suchen konnte.

Der Weggang aus der »Welt« bescherte den Mönchen zu allen Zeiten die Welt jedoch erst recht. Sie können der Tatsache nicht auswei-

Aelred, Abt eines Zisterzienserklosters. Miniatur aus Aelreds Traktat über die Freundschaft.

chen, dass sie selbst »Kinder der Welt« sind, dass sie die Welt unauslöschlich in sich tragen als Geschöpfe aus Fleisch und Blut, sterblich und sehnsüchtig, heilig und sündig. Ihr Leben ist der Versuch, den Himmel auf die Erde herabzuholen und alles zu verwandeln, was noch nicht vom Himmlischen bestimmt ist, der Versuch, sich selber Gott als Wohnung anzubieten.

Schon früh differenzierte sich das mönchische Leben. Regelwerke entstanden, die das geistliche und das Gemeinschaftsleben in geordnete Bahnen lenkten. Bis heute bieten sie brauchbare Instrumente, um Konflikte zu vermeiden beziehungsweise zu minimieren und Konflikte zu lösen.

Das Erbe der Wüstenväter und -mütter erreichte Europa, floss ein in die Regel des Benedikt von Nursia, der der Vater des abendländischen Mönchtums wurde. Dieses ließ sich einbinden in die feudale Herrschaftsstruktur und ebenso in die agrarische Ausrichtung der Gesellschaft.

Das Ideal des Eremitentums verschwand dabei nicht, ständige Reformen wurden erforderlich, neue Formen und die Anbindung des Mönchtums entwickelten sich bis heute, zum Beispiel in Taizé: »Wir müssen uns um das Bewusstsein einer christlichen Verpflichtung für unsere menschliche Umgebung bemühen. Wir müssen auf unserem eigenen Gebiet, an unserem eigenen Arbeitsplatz die Mittel suchen, Christi Gegenwart – vielleicht ohne ein Wort – auszustrahlen. Denn ihr müsst einen Menschen dort annehmen, wo ihr ihn findet, damit ihr in sein Menschentum eintreten und ihn von innen her verstehen könnt«, sagt Roger Schutz, Prior von Taizé.

Geheimnis Lebenskunst

Viele Menschen fühlen sich heute gehetzt, jagen im Beruf und Privatleben hinter immer neuen Zielen her und verlieren immer häufiger dabei den tieferen Sinn ihres Lebens aus den Augen. Wenn Zeit zu Geld wird und das jeweilige Leben nur noch unter materiellen Aspekten gesehen wird, dann wird die Lebenszeit aktionistisch überfrachtet, und der Alltag gerät oft zum Hamsterrad außengeleiteter Ansprüche. Auch mehr Freizeit hat in unserer hektischen Welt nicht immer zum ersehnten Wohlstand an Zeit geführt.

Stille hingegen, die neue Kräfte weckt, Ruhe, die aufbaut, sich hinsetzen, schauen und durchatmen, ohne dass jemand nach Nutzen und Leistung fragt – einen Ort finden, an dem so etwas möglich ist, das wäre gut!

Klöster sind solche Ort, offen für Menschen, die nach dem suchen, was mehr als »alles« ist. Klöster sind Orte der Stille, in denen die Hektik des Alltags vor der Tür bleiben kann. Klöster sind Orte des Jetzt, der ungeteilten Gegenwart.

Lebenskunst aus dem Kloster, die heute so viele Menschen fasziniert und Mönche wie den Dalai-Lama oder die Benediktinerpatres Anselm Grün und Kilian Saum zu Bestsellerautoren macht, hängt auch mit einer anderen Erfahrung von Zeit zusammen. Pater Anselm Grün zum Beispiel ist davon überzeugt und sagt: »Die Zeiterfahrung der Mönche, die andere Zeitkultur, die in den Klöstern gelebt wird, hat auch für Menschen etwas zu sagen, die nicht im Kloster, sondern in der modernen Welt leben.« Mönche (der auch im Folgenden in traditioneller Form verwendete Begriff schließt stets auch weibliche Ordensleute mit ein) sind Meister der Zeit. Kaum ein anderer Ordensgründer hat den Tagesablauf der Mönche so strukturiert wie Benedikt von Nursia. Dieses Buch erzählt deshalb auch ausführlich von der Zeiterfahrung der Mönche und hält viele wertvolle Tipps aus diesem Erfahrungsschatz bereit. Es erschließt und vermittelt so die aktuelle Botschaft der Zeiterfahrung und Zeitgestaltung im klösterlichen Leben für die vielen Menschen, die außerhalb des Klosters leben.

Geheimnis Spiritualität

Heute entdecken viele Menschen Spiritualität neu. Spiritualität ist eine vom Leben erfüllte, vom Leben geprägte und vom Leben immer wieder neu geschaffene geistige Suche. Spiritualität wandelt sich stets und verträgt keine engen Grenzen. Spiritualität ereignet sich und kann nur zurückschauend beschrieben werden.

Nach christlicher Überzeugung ist jeder Mensch ein geistliches Wesen – Frauen und Männer, Alte und Junge, Angehörige aller Epochen und aller Kulturen. Geistlich meint aber nicht den weltabgewandten Blick zu den Sternen, nicht die gedankenverlorene Geste, die sich absetzt von den Niederungen des Alltäglichen. Der Mensch als geistliches Wesen ist erd- und weltverbunden und handfest dazu in der Lage, den Horizont seiner begrenzten Existenz zu überschreiten, Ausschau zu halten nach dem, was außerhalb seiner selbst existiert. Der Mensch ist geistlich tätig, wenn er versucht, dem Ursprung zu begegnen, dem Ungebrochenen, dem Unverletzten, dem, was ihn wie selbstverständlich und doch wunderbar und unverfügbar am Leben hält.

Neugierde und Entdeckerlust trieben Menschen immer wieder auf neue Wege, die sie zu bis dahin unerforschten Ufern brachten. Was im wörtlichen Sinn geschah, geschieht in der geistlichen Suche im übertragenen Sinn: Menschen geben sich nicht damit zufrieden, in den Tag hinein zu leben. Ihnen ist es zu wenig, einen vollen Magen und ein schützendes Dach über dem Kopf zu haben. Sie werden mit den Erscheinungen der Natur – mit Wasserfluten und Sturmattacken, Hitzewellen und Schneemassen, Schlammlawinen und Erdbeben, mit Krankheit und Tod und auch mit dem Wunder jeder Geburt, mit der Pracht des Sternenhimmels und der unerschöpflichen Fülle von Farben und Formen – nicht fertig, indem sie sie nur zur Kenntnis nehmen und dann ungerührt zur Tagesordnung übergehen. Menschen suchen nach dem, was Sinn gibt, was dauerhaft und verlässlich ist – jenseits ihrer beschränkten Kraft. Sie fragen auch in unserer Zeit: Wo komme ich her, wo gehe ich hin? Was ist gut, was ist böse? Was soll ich tun, was soll ich lassen? Was ist Glück, was ist Liebe? Was hält, und was vergeht?

Tod und Teufel sind nicht zu packen mit dem nüchternen Verstand allein. Menschen greifen nicht nur nach den Sternen, sondern über die Sterne hinaus. Menschen suchen Orte und Zeiten, die ihrer Sehnsucht nach dem ganz Großen und Reinen einen Rahmen, einen Ort, eine Heimat geben.

Geheimnis Gesundheit

In jedem Menschen besteht tief innerlich eine Sehnsucht, sich zu dem Bild hin zu entwickeln, das er in sich trägt. Dieses Urbild kann dem Suchenden zeigen, was er eigentlich sein kann und was er werden soll. Je mehr sich der Einzelne diesem Urbild annähert, desto freier, befreiter und heiler wird seine Innenwelt.

Der Schlüssel zu einem solchen Heilwerden im buchstäblichen Sinn liegt in einer Veredelung der inneren Einstellung. Carl Gustav Jung brachte dies klar zum Ausdruck: »Unter allen meinen Patienten, jenseits der Lebensmitte, ist nicht ein Einziger, dessen endgültiges Problem nicht das der religiösen Einstellung wäre; und keiner ist wirklich geheilt, der seine religiöse Einstellung nicht wieder erreicht, was mit Konfession oder Zugehörigkeit zu einer Kirche nichts zu tun hat.« Mit anderen Worten: Umfassende Heilung befasst sich nicht direkt mit der Beseitigung bestimmter körperlicher oder seelischer Leiden. Echte Heilung zielt vielmehr auf das Heiler-Werden des Menschen in seiner Gesamtheit, insbesondere seiner höheren seelisch-geistigen Existenz. Und dazu gehört, die Spiritualität des Menschen zu erwecken und zu entfalten. Umfassende Heilung ist somit ein innerer Weg, der den Menschen aufwärts führt, in der Richtung zu seiner *Selbst*-Entfaltung und *Selbst*-Verwirklichung.

Eine solche Entwicklung verlangt auch die Beachtung höherer kosmischer Ordnungen, wie sie alle Kulturreligionen der Erde empfehlen.

Maria als Braut des Hohenliedes mit Krone und Zepter, die eine Hand zur Segensgeste erhoben. Aus einem Antiphorium des schlesischen Klosters Leubus, Mitte 13. Jahrhundert. Die Verehrung Marias als Mutter Gottes hat auch heute noch in den katholischen Klöstern hohen Stellenwert.

Mit der zusätzlichen Beachtung solcher ordnender Richtlinien im eigenen Leben – so gut dies jeder Einzelne jeweils vermag – gelangt er schließlich Schritt für Schritt zu einem wohltuenden, harmonisierenden und befreienden Heilwerden seiner inneren Welt. Dadurch kommt der Mensch mit sich selbst, mit seinem Dasein, mit seinen Nächsten und mit seiner ganzen Umwelt in Einklang. Ein solcher Weg wirkt sich unweigerlich auf den ganzen Menschen aus. Er geht mit einer gehobenen Lebensqualität einher, und er führt schließlich zur Gesundung vieler seelischer und körperlicher Leiden oder zumindest zu viel besseren Voraussetzungen für deren erfolgreiche Behandlung.

In der heute fast alles beherrschenden Technik – und auch der auf ihre Weise verdienstvollen hochtechnisierten Medizin – geriet allerdings der auch schon im Wort *Heil* verdeutlichte Zusammenhang von *Heilen* und *Heiligem* in Vergessenheit. Dies geschah zum Nachteil der vielen, die in ihrem Innersten nach einem höheren Heilenden suchen und die sich vom Leben mehr ersehnen als nur die Reparatur einer erkrankten oder verletzten Körperregion. Häufig ist es gerade eine Erkrankung, die dem Menschen seine Sehnsucht nach einer höheren Antwort, nach einem höheren Lebenssinn oder höherem Heilwerden empfinden lässt und das ihn zum ernsthaften Suchen führt.

Den Einstieg und die Praxis der Wege zur umfassenden Heilung darzustellen, ist ebenfalls Ziel dieses Buches. Wer die höchsten Heilkräfte des Menschen mobilisieren will, ist gut beraten, sich auf ihre Wurzeln, die Klostermedizin, zu besinnen.

Der Inhalt dieses Buches beruht daher auf einem uralten, aber auch heute noch hochaktuellen, spirituell gespeisten Weisheitsgut der Menschheit, also auf echtem Erfahrungswissen, das sich über viele Jahrhunderte hindurch bewährt hat. Aus diesem Grund zitieren wir möglichst oft einschlägige Quellen aus den heiligen Büchern der Menschheit und den Hochreligionen sowie Aussagen von Eingeweihten, Begnadeten und Erleuchteten, Berufenen, deren Leben und Werk für die Mit- und Nachwelt beispielgebend ist.

Verlag und Autor wünschen allen Leserinnen und Lesern eine Mut machende und anregende Lektüre für ihre ganzheitliche Lebensgestaltung.

Zeitkultur im Kloster

Mönche haben in ihrer jahrhundertealten Tradition Erfahrungen mit der Zeit gemacht, die auch für Menschen, die nicht im Kloster, sondern in der modernen Welt von heute leben, wahre Schätze sein können, nämlich Hilfe und Inspiration zugleich, um mit Zeitdruck und Tempo im Beruf und persönlichen Alltag besser fertig zu werden.

Es geht dabei nicht um Nachahmung, sondern vielmehr um Anregungen, vom Zeitmaß der Mönche zu lernen. Im Wesentlichen geht es darum, den Tag, die Woche, den Monat, das Jahr anders zu strukturieren, einem eigenen Rhythmus zu trauen und so der Seele gemäß zu leben.

Das Zeitmaß der Mönche

Die Mönche unterbrechen ihr Tagwerk immer wieder mit den Gebetszeiten, die sie *Horen* – abgeleitet aus dem griechischen und lateinischen Wort *hora*, die Stunde – nennen. Die *Horen* verweisen im mönchischen Selbstverständnis auf die Stunden, in denen Gott seinen Sohn verherrlicht und in denen er seine Herrlichkeit auch für die Mönche aufscheinen lässt. Der österreichische Benediktinerpater David Steindl-Rast nennt die *Horen* »Engel, denen wir zu bestimmten Zeitpunkten im Laufe des Tages begegnen«.

Engel, so steht es auch in der Bibel, sind Boten Gottes, die aus einer anderen Dimension kommen und daran erinnern, dass jede Stunde ihre eigene Qualität hat, ihr eigenes Geheimnis. So wie wir auf die Engel als Boten Gottes hören sollen, was sie uns zu sagen haben, so sollen wir auf die *Horen* horchen, damit wir in Einklang kommen mit der

»Zeit, die nicht unsere Zeit ist«, wie Thomas S. Eliot es einmal formuliert hat. Der Engel der Zeit lädt uns ein, unsere Zeit, die wir mit Arbeit zustopfen, loszulassen und uns Zeit zu lassen für Besinnung, Stille, für das Gebet. Pater Steindl-Rast sieht es so: »In dem Augenblick, in dem wir unsere Zeit loslassen, haben wir alle Zeit der Welt. Wir sind jenseits der Zeit, weil wir in der Gegenwart sind, im Jetzt, das Zeit überwindet.«

Bei Benedikt von Nursia, dem Gründer des Benediktinerordens, von dem hier und im Folgenden in mehreren Beispielen die Rede ist, waren es sieben Horen des Tages und die Nachtwache. Heute kommen die Mönche noch fünfmal am Tag zum gemeinsamen Gebet zusammen. Der Arbeitsrhythmus unserer Zeit fordert auch bei ihnen seinen Tribut. Doch sie möchten das Zeitmaß und Zeitverständnis der Alten verbinden mit den Erfordernissen der heutigen Zeit, ohne sich vom Zeittempo unserer hektischen Welt tyrannisieren zu lassen. Es ist für sie immer wieder eine neue Herausforderung, sich von der Morgenhore, der Mittagshore, der Abendhore und Nachthore daran erinnern zu lassen, dass unsere Zeit geschenkte Zeit ist, Zeit der Gnade.

Die Griechen der Antike sangen zu der Zeit, da sie die reifen Feigen pflücken konnten, von den *horai philai*, den *lieben Horen*, den *lieben Stunden*. Die Gebetszeiten erinnern die Mönche daran, dass jede Hore eine liebe Hore, eine liebe Zeit ist, eine Zeit, in der sie der Liebe Gottes in ihrer Vielgestalt

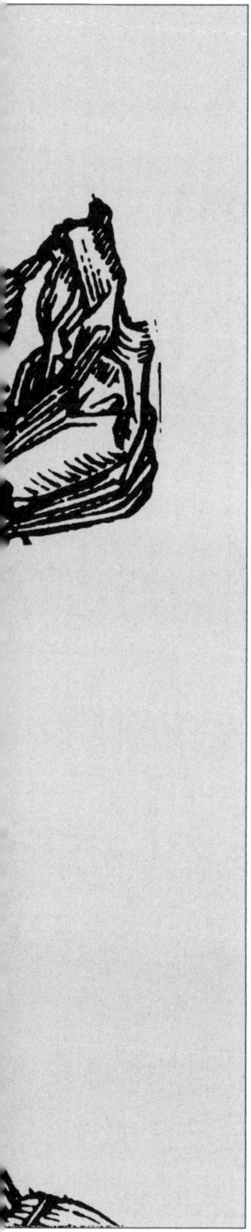

»Erzengel Michael wiegt die Seelen«, Holzschnitt, Landshut, 1514.

begegnen dürfen – ähnlich den frühen Christen, die jede Stunde mit einem anderen Geheimnis aus dem Leben Jesu zu verbinden wussten.

Die Vigil oder die Nachtwache

Die liturgische Tradition, der der Ordensgründer Benedikt sich verpflichtet sah, hatte ein tiefes Gespür für die Qualität jeder einzelnen Stunde und Zeit. Die Gebetszeit während der Nacht – bei Benedikt etwa ab 3.00 Uhr morgens – heißt *Vigil*, das bedeutet *Wache*. Die *Vigil* beinhaltet einmal das bewusste Nicht-Schlafen-Wollen, das Wachbleiben, das die griechischen Philosophen einst übten, um die Seele aus dem Schlaf des Erdendaseins zu befreien und zu ihrem ursprünglichen reineren Sein zurückzuführen. Die Griechen und Römer kannten nächtliche Feiern, von denen sie sich die Einweihung in tiefere Geheimnisse erhofften.

Die *Vigil* bezeichnet aber auch die Nachtwache zur Sicherheit der Stadt, denn dieser Begriff stammt aus der Soldatensprache. Der Soldat muss in der Nacht auf Posten stehen und Wache halten.

Die Mönche wachen, um im Gebet Gott zu begegnen, und sie wachen für die Menschen. Sie vollziehen mit ihrer nächtlichen Wache einen Dienst an der Welt. Sie wachen betend, damit die Menschen nicht von inneren Feinden überfallen werden. Die *Vigil* ist die längste Gebetszeit. Es werden Psalmen rezitiert, und es wird meditiert. Während alle anderen schlafen, wachen die Mönche, damit die Welt nicht ins Unbewusste versinkt, sondern von Gottes Geist aufgeweckt wird und der Wirklichkeit mit offenen Augen begegnet. Und sie wollen wachend teilhaben am Gebet Jesu, von dem Lukas (Lukas 6,12) sagt: »Er durchwachte die Nacht im Gebet zu Gott.«

Die Psalmen sprechen immer wieder davon, dass man gerade nachts über Gottes Weisung und Gottes Handeln nachsinnen soll. »Des Nachts, oh Herr, gedachte ich deines Namens, und ich achtete auf deine Weisung« (Psalm 119,55). Benedikt gibt als Begründung für die Nachtwache der Mönche einen anderen Vers aus seinem Lieblingspsalm, dem Weisheitspsalm 119, an: »Um Mitternacht stehe ich auf, dich zu preisen wegen deiner gerechten Entschcide« (Psalm 119,62).

Die Nacht ist für die Mönche die Zeit, über Gottes Taten nachzudenken. Daher sieht die Regel Benedikts Lesungen aus der Bibel und Erläuterungen dazu vor. Die Mönche sollen das Wort Gottes in ihr Herz fallen lassen. Für Benedikt ist Mystik immer Schriftmystik. Tiefste Gotteserfahrung machen Benediktiner nach eigener Aussage, indem »wir das Wort Gottes in uns Fleisch werden lassen. Die Nacht ist dazu die geeignetste Zeit. Wenn alles um uns herum still ist, kann Gott unser Ohr am ehesten erreichen«, so Benediktinerpater Anselm Grün.

Die Laudes oder das Morgenlob

Die *Laudes* beinhalten das Morgenlob, das schon die Juden zur Zeit des Sonnenaufgangs pflegten. Die Christen werden dabei an die Sonne der Auferstehung erinnert, die aus der Dunkelheit des Grabes Jesu Christi aufleuchtet. Die Mönche preisen in den *Laudes* das Geheimnis der Auferstehung Jesu Christi, durch die ihr Leben hell und heil geworden ist. Es ist die Zeit der Morgenröte, die schon die Griechen als *eos*, als *göttliches Wesen*, bezeichneten und die sie die Schöne und Geliebte nannten.

Im kirchlichen Morgenlob klingt noch etwas nach von der Sonnenfrömmigkeit der Griechen. Doch die Schönheit der aufgehenden Sonne wird zum Symbol für die Auferstehung Jesu, in der alle menschliche Dunkelheit überwunden ist. Wenn die Sonne aufgeht, dann wird das menschliche Herz offen, Gott zu loben. Es hängt nicht mehr an den nächtlichen Träumen oder an der depressiven Stimmung der Nacht.

Abbildung Seite 24: Begegnung Marias mit Elisabeth. D-Initiale aus dem Graduale Cisterciense des 14./15. Jahrhunderts.
Abbildung Seite 25: Tod Marias mit kleinem betenden Stifterpaar. Miniatur aus dem Graduale Cisterciense des 14./15. Jahrhunderts.

Iohannes erat.
no mine me o et p

sancto non uisurum se m
sub hono re agate ma

Die Hymnen der *Laudes* besingen das Geheimnis des anbrechenden Tages. Wenn das Reich der Schatten zurückweicht, dann weckt Christus selbst die Menschen vom Schlaf auf: »Du, Christus, bist der helle Tag, das Licht, dem unser Licht entspringt, Gott, der mit seiner Allmacht Kraft die tote Welt zum Leben bringt« (Hymnus vom Freitag). Und die Hymnen verweisen auf den letzten Morgen, den die Mönche erwarten, an dem ihnen Christus für immer als Licht aufgehen wird. Dieser letzte Morgen »finde wachend uns beim Lob und überschütte uns mit Licht«, singen die Benediktiner im Hymnus am Donnerstag.

Die Prim oder die erste Stunde als Segen für die Arbeit des Tages

Auf die Laudes folgt nach der Regel des heiligen Benedikt die *Prim*. Es ist die erste Stunde, in der der Mensch an sein Tagwerk geht. Die *Prim* ist die Stunde des Segens für die Arbeit des Tages. Sie ist von den Mönchen eingeführt worden. In diesem morgendlichen Werksegen bittet der Mönch um den Beistand Gottes für sein menschliches Tun. Während die Laudes auf das Geheimnis der Auferstehung schaut, das sie in der aufgehenden Sonne erblickt, richtet der Mönch in der *Prim* seinen Blick auf die Arbeit, die am Tag anfällt. In der *Prim* verbindet er Gebet und Arbeit. In ihr erfleht er Gottes Hilfe für alles, was er im Lauf des Tages in Angriff nimmt. Die Zeit der beginnenden Arbeit hat ihre eigene Qualität. Sie atmet die Frische des Unverbrauchten und die Hoffnung, dass das Werk gelingen möge.

Die Terz oder die dritte Stunde für ein Innehalten

Die *Terz* – etwa 9.00 Uhr – bezeichnet den Höhepunkt des Vormittags. Die dritte Stunde ist die Zeit, da der Heilige Geist an Pfingsten über die Jünger ausgegossen wurde. Petrus erwähnt diese Stunde in seiner Pfingstpredigt: »Es ist ja erst die dritte Stunde am Morgen« (Apostelgeschichte 2,15). In der *Terz* erbitten die Mönche den Heiligen Geist, damit er ihr Werk begleite. Sie spüren, dass alle Arbeit ohne die inspirierende und stärkende Kraft des Heiligen Geistes ohne Frucht bleibt.

Die *Terz* atmet also etwas von der Frische des Vormittags und zugleich von der belebenden Kraft des Heiligen Geistes.

Man ist gerade so richtig bei der Arbeit. Da hält man inne, um sich bewusst zu werden, dass alles, was die Mönche tun, den Geist Gottes erfordert, damit es gelingt. Im Hymnus der *Terz* bitten sie um das Kommen des Heiligen Geistes: »Du Geist, der unser Beistand ist, eins mit dem Vater und dem Sohn: Komm jetzt herab in deiner Huld, ergieße dich in unsere Brust.« Der Heilige Geist möge das Feuer der Liebe in ihnen neu entflammen, damit die Liebe ihre Arbeit prägt. Wenn Mönche aus der Quelle des Heiligen Geistes heraus arbeiten, dann erleiden sie keine Erschöpfung, denn für sie ist die Quelle der göttlichen Liebe unerschöpflich.

Die Sext oder sechste Stunde für die Mittagsunterbrechung

Die *Sext* – 12.00 Uhr – ist die Stunde, in der nach dem Apostel Johannes Pontius Pilatus das Todesurteil über Jesus sprach. Nach Matthäus und Lukas brach um die sechste Stunde eine Finsternis über das ganze Land herein.

Von der ursprünglichen Symbolik her verweist die sechste Stunde auf die Hitze des Tages und die Anfechtungen, die wir Menschen durch die Müdigkeit und die Hitze erfahren. Wenn wir müde geworden sind, werden wir empfindlich und empfänglich für die Versuchungen des *Mittagsdämons*. Für die frühen Mönche war er der Dämon der *akedia*, der *Lustlosigkeit* und *Trägheit*. *Akedia* meint die Unfähigkeit, im jeweiligen Augenblick achtsam zu sein. Gegen Mittag sind unsere Vorsätze, in jedem Augenblick achtsam zu sein, oft verpufft. Da hat die Hektik nach uns gegriffen. Hektik meint ja in der ursprünglichen Wortbedeutung Hitze.

»So wird die Hitze des Tages zum Symbol für die Hektik, in die wir uns hineinsteigern. Es gibt hitzige Auseinandersetzungen mit den Mitarbeitern und Mitbrüdern. Wir haben die Emotionen in uns hochkochen lassen. Jetzt brauchen wir die Kühlung des Gebets, indem wir uns in der heißen Sonnenglut unter den Schatten des Kreuzes stellen«, sagt Pater Anselm Grün. Und weiter: »Ich bin immer wieder froh, dass ich in der Mittagshore erst einmal Abstand gewinne von all dem, was in der Arbeit auf mich eingeströmt ist. Sie ist eine heilsame Unterbrechung, die das Kochen der Emotionen beendet und den kühlen Hauch des göttlichen Geistes in die Seele wehen lässt.«

Der Hymnus der *Sext* bringt anschaulich zum Ausdruck, worum es den Mönchen in dieser kurzen Gebetszeit in der Mitte des Tages geht: »Die Glut des Mittags treibt uns um, die Stunden eilen wie im Flug; du, Gott, vor dem die Zeiten stehn, lass uns ein wenig bei dir ruh'n. Wir atmen fiebrig und gehetzt, der Streit flammt auf, das rasche Wort. In deiner Nähe, starker Gott, ist Kühlung, Frieden und Geduld.«

Non oder die neunte Stunde, die Stunde der Verheißung

Die *Non* – 15.00 Uhr – ist die Stunde, in der Jesus nach einhelliger Auskunft aller vier Evangelisten für die Menschen am Kreuz stirbt. Die Christen sind eingeladen, um die neunte Stunde zu beten: »Denn in jener Stunde wurde Christus an der Seite von der Lanze durchbohrt, Blut und Wasser flossen heraus, und dann war es den übrigen Tag licht bis zu Abend.«

So hat auch die neunte Stunde ihre eigene Qualität. Schon das Licht des Nachmittags ist ein besonderes Licht. Zur neunten Stunde stiegen Petrus und Johannes zum Tempel hinauf und heilten den Gelähmten an der Schönen Pforte. Er begann sofort zu laufen (Apostelgeschichte 3,1–10). So liegt im Selbstverständnis der Mönche in dieser Stunde die Verheißung, dass sich die Probleme, die während der Arbeit aufgetaucht sind, lösen, dass sich Konflikte lösen, dass sich unsere Verkrampfung löst, und wir dankbar auf die Ernte unserer Arbeit schauen dürfen.

Der Hymnus der *Non* denkt schon an den Tag, der zur Neige geht: »Bis unser Tag zur Neige geht, erhalte gnädig uns dein Licht; dann öffne uns ein heil'ger Tod das Tor zur sel'gen Ewigkeit.« Die Psalmen der *Non* wissen darum, dass all unser menschliches Mühen umsonst ist, wenn es nicht getragen ist vom Segen Gottes: »Baut nicht der Herr das

Haus, mühn' sich umsonst, die daran bauen. Hütet der Herr nicht die Stadt, wacht umsonst, der sie behütet« (Psalm 127, 1 f.).

Siegel des Klosters Mariahilf, Bonn, in dem heute 18 Benediktinerinnen leben. Die beiden Tauben am Fuß der Monstranz symbolisieren die ewige Anbetung und das beschauliche Leben.

Die Vesper oder der Abendhymnus

Die Abendhore hat ihren Namen *Vesper* vom Abendstern, abgeleitet vom griechischen Wort *hesperos.* Dieser Stern verkündet den Müden Ruhe und Frieden. Mit den Laudes am Morgen gehört die Vesper am Abend zu den ältesten mönchischen Gebetszeiten. Bei allen Völkern ist es üblich, Gott morgens und abends zu loben.

Wenn die Sonne untergeht, gedenkt die christliche Kirche des Todes Jesu, der in die menschliche Dunkelheit hineingestiegen ist, um sie zu verwandeln. So bitten die Mönche am Abend, dass Christus in ihren Herzen als Sonne weiterleuchte, wenn nun die irdische Sonne untergeht. Aber in erster Linie ist die *Vesper* nicht Bitte, sondern Lob. Am Ende des Tages schauen die Mönche nicht mehr auf ihre Arbeit, sondern auf Gott, die eigentliche Mitte ihres Lebens. Und sie schauen auf Christus, das für sie wahre Licht, das ihre Herzen erleuchtet, und der in seiner Auferstehung die Nacht vertrieben hat.

Die Vesper war früher mit dem liturgischen Ritus des abendlichen Lichtanzündens verbunden. Ein Abendhymnus nennt dieses Licht das *heitere Licht*. Es dient den Mönchen als Bild für Christus, das wahre Licht, das in diese Welt gekommen ist, um die Menschen zu erleuchten: »Heiteres Licht vom herrlichen Glanze deines unsterblichen, heiligen, sel'gen himmlischen Vaters: Jesus Christus. Dich verherrlichen alle Geschöpfe. Siehe, wir kommen beim Sinken der Sonne, grüßen das freundliche Licht des Abends, singen in Hymnen Gott, dem Vater, singen dem Sohn und dem Heiligen Geist.«

Die Komplet oder das Nachtgebet

Neben dem Abendlob der Vesper sieht die Regel Benedikts ein weiteres Nachtgebet, die *Komplet,* vor. Diese beschließt den Tag. Der Begriff ist abgeleitet von den lateinischen Worten *completum est – es ist vollbracht.*

In der *Komplet* beten die Mönche um Gottes Schutz in der Nacht. Gott möge seine heiligen Engel senden, um sie zu behüten. Seit jeher sind die Engel auch die Traumboten. So ist das Abendgebet zugleich die Bitte um gute Träume, in denen der Engel eine Botschaft von Gott übermittelt, und um Bewahrung vor Albträumen.

Der typische Kompletpsalm ist Psalm 4. Da schauen die Mönche auf Gott, der ihnen weit größere Freude ins Herz legt, »als jene sie haben bei Korn und Wein in Fülle. In Frieden lege ich mich nieder und schlafe; denn du allein, Herr, lässt mich sorglos wohnen.« (Psalm 4, 8 f.)

Die Tageszeit der Mönche – kein Diktat der Uhr

Wenn auch die Tageszeit der Mönche genau strukturiert ist, so ist sie dennoch keine Zeit nach dem harten Diktat der Uhr. Vielmehr hat in ihren Augen jede Zeit ihre eigene Qualität. Entscheidend für das Zeitverständnis der Mönche ist, dass jede Stunde ihre eigene Färbung hat. Das ist keine emotionale Färbung, die die einzelnen Stunden haben. Vielmehr hat nach Auffassung der Mönche jede Stunde teil an der heiligen Zeit, an der Zeit, die von Gott und seinem Handeln an den Menschen geprägt ist.

Für die frühen Mönche erhielt jede Stunde ihre Qualität von dem, was in der Fülle der Zeit geschehen ist, nämlich in der messianischen Zeit, der Zeit Jesu. Jede Stunde wurde so zum Bild für das Geheimnis Jesu, für das Geheimnis seines Todes und seiner Auferstehung. In der Zeit der Mönche wird offenbar, dass ihre Welt teilhat an dem, was

Carl Gustav Jung die *Eine Welt* genannt hat. Die verschiedenen Zeiten des Tages und des Jahres symbolisieren nur verschiedene Aspekte der *Einen Welt*, des *Einen Gottes*, der in der Zeit wirkt.

Die Horen, in denen sich die Mönche in der Zeit dem Ewigen stellen, befreien sie von der Herrschaft der messbaren Zeit, von der Tyrannei des unbarmherzigen Zeitdrucks, und entführen sie immer wieder in eine Zeit der Besinnung, in der sie eintauchen in die Welt Gottes.

Von Pforta in Thüringen aus zog eine kühne Mönchgemeinde über das Meer, um im Jahr 1208 an der Mündung der Düna ein Kloster zu gründen, das dem heiligen Nikolaus geweiht und Dünamünde genannt wurde.

Die Qualität der Stunden als heilsamer Rhythmus für die Seele

Um nun die Praxis kennen zu lernen und nahe zu bringen, wie Mönche die Qualität der Stunden eines ganz normalen Tages erleben, soll noch etwas Grundsätzliches zu unserem inneren Rhythmus, dem Biorhythmus, gesagt werden. So kann am besten veranschaulicht werden, wie in den Klöstern die Zeit der Ruhe, des Gebets und der Meditation die Arbeitszeit prägt und damit zu einem heilsamen Rhythmus für die Seele führt, der in der Hektik des Alltags heute vielen Menschen verloren ging.

Mönchisches Leben und Biorhythmus

Der Kurarzt und Poet Gerhard Vescovi hat einmal eindrucksvoll in einem Vortrag herausgearbeitet, dass der mönchische Tagesablauf nach der Regel Benedikts auch dem Biorhythmus vollkommen entspricht, den jeder Mensch in sich trägt.

Wir wissen aus eigener Erfahrung, dass es Stunden gibt, in denen wir hellwach sind, und Stunden, in denen unsere Spannkraft nachlässt. Es ergibt deshalb wenig Sinn, gegen seinen inneren Rhythmus zu leben. Viele Menschen versuchen aber heute, ihrem Leben einen anderen Rhythmus aufzuzwängen, als es ihrer Natur entspricht. Sie halten sich wach mit Kaffee, mit Zigaretten und sogar mit Aufputschmitteln (Amphetaminen) und schaden damit ihrer Gesundheit.

Richtig ist aber vielmehr, den inneren Rhythmus des eigenen Körpers zu erspüren und sich darauf einzuschwingen. Dann leben wir gesund, in Harmonie mit uns selbst und unserem Wesen entsprechend. In den Klöstern überlassen sich die Mönche und Nonnen dem Rhythmus der Zeit, und deshalb erleben sie die Zeit nicht als Tyrannen, dem sie sklavisch dienen müssen, sondern als ein Geschenk, das ihnen dient, das ihnen ermöglicht, das Geheimnis des Lebens zu erspüren und auch Zeit als Raum zu erfahren, in dem sie mit sich im Frieden sind.

Johannes Chrysostomus, ein Kirchenvater des 4. Jahrhunderts, sprach davon, dass der Psalmengesang die Seele des Mönches rhythmisiere. Johannes Chrysostomus meinte damit, dass der Rhythmus des Singens eine heilende Wirkung auf die Seele ausübe. Die Seele ist gesund, wenn sie nicht chaotisch ist, sondern ihrem inneren Rhythmus entspricht.

Der Rhythmus ist aber nicht nur heilsam für den Einzelnen. Er hat auch eine soziale Funktion im mönchischen Selbstverständnis. Der Rhythmus des Tages führt die Klostergemeinschaft zusammen, zum Gebet und zur Arbeit, zur Mahlzeit und zur Freizeit.

Heute leiden viele Familien, weil jedes Familienmitglied einen anderen Rhythmus hat. Es finden oft keine *Mahl-Zeiten* mehr statt. Man tankt häufig nur noch Kalorien auf. Aber man nimmt sich keine Zeit mehr, sich zum Mahl zusammenzufinden. Damit aber geht eine Kultur des Essens zugleich verloren, wie sie die Menschen seit ältester Zeit geschaffen haben. Der Rhythmus schafft während des Tages Freiräume, er entlastet uns von der Zeit und befreit uns von ihrer Tyrannei. »Zeitwohlstand ist dort zu finden, wo es einen Reichtum an gelebten Rhythmen gibt«, sagt Pater Anselm Grün.

Für den heiligen Benedikt war es ganz wesentlich, eine Ordnung des Tages zu schaffen, die dem inneren Rhythmus des Menschen entspricht. Benedikt hatte ein großes Interesse daran, den Tag der Mönche so zu regeln, dass er dem inneren Rhythmus der Seele folgt. Er versprach sich von einer guten und gesunden Tagesordnung, dass die Seele des Mönches in Ordnung kommt und gesund wird. Man merkt der benediktinischen Regel an, dass Benedikt immer das richtige Maß und den inneren Rhythmus seiner Mönche vor Augen hatte, als er die Zeit so genau ordnete. Die Ordnung der Zeit war für ihn die Voraussetzung dafür, dass die Mönche in der Schule Jesu Christi ein weites Herz bekommen und mit Freude ihren Dienst tun, ihren Dienst für Gott und für die Menschen. Lassen wir an dieser Stelle mit Aussagen aus erster Hand Pater Anselm Grün wieder direkt zu Wort kommen:

»Auch für uns ist es heute eine entscheidende Aufgabe, wie wir unseren Tag ordnen. Es gibt in unserem Konvent immer wieder auch Diskussionen über die Tagesordnung. Für manche ist das Aufstehen zu früh. Manche möchten mehr Zeit haben für die Lesung. Aber sobald man an einem Punkt anfängt, etwas zu ändern, kommt leicht das ganze Gefüge durcheinander. Daher braucht es große Behutsamkeit und Weisheit, den Tag so zu ordnen, dass er dem Leben der Gemeinschaft und dem Rhythmus des Einzelnen entspricht. Und wir fühlen uns dem Erbe des heiligen Benedikt verpflichtet.

Der gemeinsame Rhythmus des Klosters darf nicht zum Zwang werden. Jeder einzelne Mönch behält seinen persönlichen Rhythmus. Dieser zeigt sich schon darin, wie schnell oder wie langsam er arbeitet oder er isst. Jeder darf und soll diese Individualität bewahren, denn er muss auf seine eigene Seele achten. So verlangt es der heilige Benedikt. Jeder muss spüren, welcher Rhythmus für ihn stimmt, etwa wenn er durch den Kreuzgang geht, wenn er arbeitet, wenn er liest. Im gemeinsamen Rhythmus braucht es auch den Eigenrhythmus, sonst ginge der Einzelne in der Gemeinschaft unter. Es ist der eigene Rhythmus, der mich lebendig hält. Er ermöglicht mir, dass das Leben in mir strömt und Früchte trägt.

Ein wesentlicher Aspekt des gesunden Rhythmus' liegt darin, dass die Zeit einen Anfang und ein Ende kennt. Wenn wir in unserer Abtei in Münsterschwarzach zum Beispiel Sitzungen um 16.30 Uhr ansetzen, ist es klar, dass sie um 17.50 enden, weil um 18.00 Uhr Zeit für die Abendhore ist. Und wir kämen nie auf die Idee, eine Sitzung zu verlängern. Eine klar begrenzte Zeit fördert die Disziplin beim Diskutieren. Ich persönlich tue mich immer schwer, mit Sitzungen, die kein Ende finden. Ich spüre dann, wie aggressiv ich werde. Alles hat seine Zeit. Auch eine Sitzung hat ihre Zeit. Wenn diese angemessene Zeit überschritten wird, regen sich zu Recht die Aggressionen. Sie zeigen, dass da eine wesentliche Seite meiner Seele nicht ernst genommen wird. Mir erzählte ein Direktor einer großen Bank, dass die Sitzungen im Vorstand oft zehn Stunden dauern. Als ich das hörte, war mir klar, dass dabei nichts herauskommen könne, was den Menschen Segen bringt. In solchen Marathonsitzungen müssen die Aggressionen wachsen. Aber es entsteht nicht das Klima, das nötig ist, um Probleme wirklich lösen zu wollen.

›Morgenstund hat Gold im Mund‹, sagt der Volksmund. Für mich bedeutet das nicht in erster Linie, dass ich morgens besser arbeiten kann, um mehr Geld zu verdienen. Gold ist von jeher Bild des Göttlichen. Die Morgenstunde mit ihrer Frische atmet etwas von der Neuheit Gottes. Wenn die Hausglocke um 4.40 Uhr schellt, mache ich sofort das Licht an.

Ich stelle jeden Tag unter Gottes Segen. Wenn ich aufstehe, breite ich kurz die Arme aus. Das ist für mich ein Bild dafür, dass ich heute den Himmel öffnen möchte über den Menschen, ganz gleich, was ich tue, in der Arbeit, im Gebet und in dem, was ich sage oder schreibe. Mit dieser Gebärde bekommt der Tag eine andere Qualität. Er steht nicht vor mir mit seinen Terminen, sondern mit der

Vorstellung, dass ich meine persönliche Lebensspur in diesen Tag eingraben möchte. Jeder Tag wird dann zum Geheimnis, zur Chance, etwas von dem auszustrahlen, was mich im Innersten ausmacht, und in meinen Stärken und Schwächen durchlässig zu werden für den Geist Jesu Christi.

Nach dem Waschen und Anziehen schreibe ich manchmal auch meine Träume auf, wenn ich mich an sie erinnern kann. Dann gehe ich in den Frühchor. Der Weg führt durch den dunklen Kreuzgang. Dieser Weg durch den Kreuzgang in die Kirche hat für mich immer eine ganz eigene Qualität. Ich gehe bewusst in Solidarität mit den Menschen, in denen es dunkel ist, um für sie und gemeinsam mit ihnen zu beten. Und ich werde mir dessen bewusst, dass das mein Dienst ist: nicht nur für mich da zu sein, sondern in Solidarität mit allen Menschen vor Gott zu treten. Es ist nicht nur mein persönlicher Tag, sondern ein Tag, der mich mit allen Menschen verbindet. Mit ihnen stehe ich in Verbindung. Es ist eine soziale Zeit. Sie gehört nicht mir allein, sondern allen Menschen.

In unserem Kloster beten wir heute Vigil und Laudes zusammen. Zur Zeit des heiligen Benedikt hat man die Vigil mitten in der Nacht gebetet, etwa um 2.30 Uhr. Wir halten die Vigil um 5.05 Uhr. Das ist nicht mitten in der Nacht, aber es ist noch dunkel. Die Laudes ist das Morgenlob der Kirche. In ihr schauen wir auf Christus, den Auferstandenen. Und wir loben – trotz der morgendlichen Müdigkeit – Gott für all seine Wohltaten, vor allem für seinen Sohn Jesus Christus.

Die aufgehende Sonne ist ein Bild für die Auferstehung Jesu. Die frühe Kirche deutete alles, was in der Natur geschah, als Symbol für das Wirken Gottes in unserer Seele. Die Sonne, die die Dunkelheit vertreibt, wird zum Bild für Christus, der Licht in die Dunkelheit unserer Seele bringt.

Nach diesem Gemeinschaftsgebet gehe ich wieder durch den dunklen Kreuzgang in mein Zimmer. Ich setze mich auf den Schemel vor die Christusikone und zünde ein paar Kerzen an, die mir Freunde geschenkt haben. Es entsteht eine warme Helligkeit. Ich bete das Jesusgebet ›Herr Jesus Christus, Sohn Gottes, erbarme dich meiner‹ und verbinde es mit meinem Atemrhythmus. Dabei stelle ich mir vor, dass dieser Christus, den ich anschaue, mit seiner Barmherzigkeit in meinem Herzen wohnt. Manchmal erfahre ich dann einen tiefen inneren Frieden. Doch ich kenne auch Meditationszeiten, in denen der Ärger über einen Konflikt in der Verwaltung wieder auftaucht oder mich die Sorgen um die Finanzen des Klosters bedrängen. Dann versuche ich, das Jesusgebet bewusst in diesen Ärger und in diese Sorgen hineinzusprechen, damit sich mein inneres Durcheinander ordnet und das durch negative Emotionen Getrübte in mir gereinigt wird.

Wenn dann die Hausglocke zur Eucharistiefeier läutet, gehe ich in die Sakristei, um mich für die Messe anzuziehen. Ich genieße es, vor der Messe noch einige Augenblicke still in der Sakristei zu stehen und mich innerlich einzustellen auf die Verwandlung meines Alltags, den wir in der Eucharistie feiern. Die Eucharistiefeier ist der Höhepunkt des Morgens. Unter dem Klang der Orgel ziehen wir feierlich in die Kirche ein. Wir lassen uns Zeit für die Feier. Wir singen entweder Choral oder deutsche Lieder. Ich singe gerne Choral. In den alten Gesängen wird das Wort Gottes so hörbar, dass es das Herz durchdringt und verwandelt.

Nach der Eucharistiefeier ziehen wir gemeinsam aus. Es ist ein langer Weg durch den Kreuzgang zur Kirche. Wir gehen bewusst langsam. Nachdem wir die liturgischen Gewänder ausgezogen haben, gehe ich zum Frühstück.

Wir frühstücken schweigend. Ich kann das Frühstück genießen, doch ich esse es zügig, denn ich freue mich auf das Lesen, das mich danach erwartet.

Lesen hält mich wach. Es regt mich immer wieder an, auf neue Ideen zu kommen. Im Lesen tauche ich in eine andere Welt ein. Wenn ich zum Beispiel Teresa von Avila lese, tauche ich in ihre Zeit und in ihre Erfahrung von Gebet und Kontemplation ein. Wenn ich psychologische Bücher lese, dann spüre ich in mir nach, inwieweit meine Erfahrungen mit den gelesenen Worten übereinstimmen.

Insgesamt erlebe ich die gut drei Stunden bis zur Arbeit als Freiraum, als einen Luxus, den ich mir täglich gönnen darf. Da stört mich kein Telefon. Da gehen mich die Sorgen und Probleme der Verwaltung nichts an. Auch wenn ich viel arbeite, so bringen mich diese drei Stunden am Morgen wieder in Ordnung. Sie sind ein Schutzraum, in dem meine Seele genährt und wie mit einem Mantel umgeben wird. Und ich hoffe, dass dieser Schutz der Seele durch die vielen Tätigkeiten und vielen Kontakte mit Menschen, die mich heute erwarten, nicht zerstört wird.

Das Lesen kann ich genießen. Aber ich spüre auch da: 45 Minuten kann ich gut und konzentriert lesen. Danach würde die Aufmerksamkeit nachlassen und weggleiten. So gehe ich nach dem Lesen auch gerne zur Arbeit ins Büro. Dann beginnt die praktische Arbeit. Eine oft nüchterne Arbeit. Hier herrscht eine andere Zeitqualität. Hier geht es durchaus um zielgerichtete Schnelligkeit. Ich muss in den vier Stunden am Morgen einiges an Post und Gesprächen erledigen. Das will geplant sein. Da sind Konzentration, Beweglichkeit und Effektivität, eine rasche Auffassungsgabe und schnelle Entscheidungen erforderlich.

Im Büro versuche ich, zunächst die E-Mails abzurufen und gleich zu beantworten. Und ich beantworte die Briefe, die sich in der Zwischenzeit angehäuft haben. Doch oft komme ich nicht dazu. Alles Mögliche stürzt auf mich ein, wartet auf rasche Erledigung oder unmittelbare Zuwendung. Mitbrüder kommen mit ihren Anliegen. Die Werkstätten rufen an. Eine Bausitzung oder eine andere Besprechung finden statt. Die Banken rufen an. Oder Bildungseinrichtungen erbitten einen Vortragstermin. Manchmal erlebe ich diese vielen Anrufe und Anforderungen als Last. Immer wieder muss ich nein sagen. Es ist oft viel, was an so einem Vormittag auf mich zukommt. Da habe ich wenig Zeit, Abstand zu wahren, innezuhalten oder zu meditieren. Doch die drei Stunden Stille vor der Arbeit haben mich mit dem inneren Raum der Stille in Berührung gebracht. Und das wirkt nach. Denn wenn ich mit diesem Raum in Kontakt bin, dann habe ich einen inneren Abstand zu den Problemen, die aktuell auf mich einstürmen. Wenn ich ärgerlich werde oder empfindlich reagiere, dann ist das immer ein Zeichen für mich, dass ich aus meiner Mitte, aus meinem Maß und inneren Rhythmus gefallen bin. Dann weiß ich, dass ich die Mittagspause nötig habe, um wieder mit dem inneren Raum der Stille in Berührung zu kommen.

Kurz vor zwölf verlasse ich das Büro, ziehe im Zimmer wieder meinen Habit an und gehe zur Mittagshore. Die Mittagshore ist für mich eine heilsame Unterbrechung. In den Hymnen der Mittagshore wird die Eigenart der Mittagsstunde thematisiert. In der Hitze des Tages haben sich oft auch die Emotionen hochgekocht. Bei der Arbeit sind Aggressionen aufgetreten. Oft habe ich sie bewusst gar nicht wahrgenommen. Im Hymnus bitten wir nun, dass Gott die Flammen des Streites löschen, uns neue Kraft und dem Herzen Frieden schenken möge.

Nach der Mittagshore ist das Mittagessen im Refektorium. Während der Suppe wird ein Abschnitt aus der Heiligen Schrift gelesen und danach ein Buch, das einen spirituellen oder einen aktuellen gesellschaftlichen Inhalt haben kann. Manchmal freue ich mich schon darauf, die Fortsetzung des Buches zu hören. Und dann freue ich mich auf die 35-minütige Mittagspause. Ich lege mich ins Bett und versuche zu schlafen. Manchmal schlafe ich tief ein, manchmal döse ich nur. Aber nach 35 Minuten klingelt der Wecker. Dann mache ich mich frisch und trinke eine Tasse Kaffee. Jetzt bin ich wieder wach für die Arbeit, die mich am Nachmittag erwartet. Den Mittagsschlaf brauche ich. In dieser Zeit wird das, was war, verarbeitet. Wenn ich im Bett liege und die Probleme des Vormittags noch in meinem Kopf herumgehen, dann spreche ich das Jesusgebet und schlafe darüber ein. Wenn ich aufwache, haben die Probleme keine Macht mehr über mich. So erlebe ich den Tag als gut gegliedert und habe neue Lust auf die Arbeit.

Am Nachmittag sieht meine Arbeit normalerweise anders aus. Er ist voll von Gesprächen und Sitzungen. Vor der Vesper versuche ich, mir wenigstens noch eine Viertelstunde frei zu halten. Dann lege ich mich aufs Bett, um zu entspannen. In diesen zehn oder 15 Minuten versuche ich, alles loszulassen, um mich dann auf die Vesper einlassen zu können. Es tut mir nicht gut, wenn ich direkt aus der Arbeit in die Vesper gehe. Ich werde dann unaufmerksam. Und ich habe die Erfahrung gemacht, dass ich dann am Abend nicht mehr wach genug bin, etwas zu schreiben oder zu lesen. So ermöglicht es mir diese kleine Zäsur am späteren Nachmittag, auch das Ende des Tages bewusster zu gestalten und zu leben.

Die Vesper um 18.00 Uhr ist mir die liebste Gebetszeit. Sie ist das Abendlob der Kirche. Wenn ich die Psalmen der Vesper singe, denke ich oft an die Menschen, mit denen ich heute Kontakt hatte, an die, die mir ihre Not erzählt haben, aber auch an die, denen ich in der Arbeit begegnet bin. Wenn ich an die selbstständigen Handwerker denke oder an die Bankdirektoren, die um 18.00 Uhr noch keinen Feierabend haben, dann erlebe ich es als Luxus, mir einfach die Zeit zu nehmen, 35 Minuten einzutauchen in das gemeinsame Gebet. Auch hier wieder die Erfahrung: Ich muss in der Vesper nichts leisten. Ich singe mit und lasse mich tragen vom gemeinsamen Gesang der Brüder. In den Psalmen schwingt nicht nur die Dankbarkeit für Gottes Tun in Jesus Christus mit, sondern für all das, was mir heute gelungen ist, für die Menschen, die mir begegnet sind, und für das Geschenk des Lebens überhaupt.«

Arbeit und Besinnung in guter Balance

Es bedarf kaum dieses Hinweises: Wer versuchen wollte, das Leben der Mönche zu kopieren, würde sich überfordern. Aber dennoch lässt sich für ein Gleichgewicht von Arbeit und Leben im persönlichen Bereich, von *Anspannung* und *Entspannung*, von *Beschleunigung* und *Ent-*

schleunigung einiges aus der Lebenswirklichkeit der Mönche auch in unseren Alltag übertragen.

Auf eine kluge Planung kommt es an

Viele Menschen klagen, dass sie keine Zeit mehr für Ruhe und Besinnung haben, dass die Erwartungen von außen immer größer werden und ihnen die Zeit zwischen den Fingern zerrinnt. Die erste Aufgabe wäre, den Tag einmal genau unter die Lupe zu nehmen:

- Ist Ihre Tagesordnung wirklich ausgeglichen?
- Haben Sie ausreichend Zeit für Stille und Besinnung, für das Gespräch mit Ihrer Familie oder mit Ihren Freunden?
- Nehmen Sie sich Zeit für die Mahlzeiten, oder betrachten Sie sie eher als hastiges Kalorientanken?
- Dehnen Sie die Arbeitszeit immer mehr aus?
- Stopfen Sie zu viel in die Zeit hinein, die Ihnen für Ihr Privatleben bleibt?
- Ist Ihre Zeit gut organisiert, oder lassen Sie sich von einem zum andern treiben?
- Gibt es neben der Zeit, in der Sie effektiv arbeiten, auch bewusste Zeiten für Ruhe, Besinnung und Entschleunigung?

In Vorträgen und während der Besinnungstage, zu denen heute nahezu alle Klöster in ihre Klosterhospize einladen, und zwar unabhängig von Religion und Weltanschauung, geben Mönche gern diesen Rat:

- Schaffen Sie sich eine klare und zugleich kluge Tagesordnung. Es ist wenig sinnvoll, sich im Anfangseifer zu viel vorzunehmen, etwa ganz früh aufzustehen, obwohl Sie inneren Widerstand dagegen spüren. Überlegen Sie, wann für Sie eine vernünftige Zeit ist aufzustehen.
- Wenn der Wecker klingelt, stehen Sie sofort auf.

- Nehmen Sie sich ausreichend Zeit zwischen Aufstehen und Abfahrt zur Arbeit.
- Genießen Sie die Zeit des Waschens, Anziehens und Frühstückens. Sie ist ein Freiraum, den Ihnen jeder Tag schenkt, ein Raum zum Atemholen.
- Wenn Sie zur Arbeit fahren, dann überlegen Sie kurz, was Sie heute in Angriff nehmen möchten und was Sie an Aufgaben erwartet.
- Stellen Sie sich innerlich darauf ein und bitten Sie Gott um seinen Segen. Wenn Sie es einrichten können, dann wäre eine stille Zeit ein guter Tagesbeginn. Manche lesen eine Losung und denken darüber nach. Andere setzen sich einfach nur schweigend hin, um in ihre innere Mitte zu kommen. Andere lesen die Bibel oder in einem anderen Buch eine Seite, die sie durch den kommenden Tag begleiten soll.

All diese Formen haben den Sinn, den Menschen dem Terror der Zeit zu entziehen und der Zeit einen anderen Geschmack zu verleihen. Sie gehen so mit anderen Gedanken in den Tag. Auch wenn sie tagsüber nicht an das denken, was sie gelesen haben, sind sie doch in diesen zehn Minuten in eine andere Welt eingetaucht. Und diese Welt gibt der Welt der Arbeit ein anderes Vorzeichen und eine andere Qualität.

Die Verhaltenspsychologie sagt, es sei nicht eine Frage der Willensstärke, sondern der Klugheit, ob man einen Vorsatz ausführt oder nicht. Wenn Sie sich täglich eine stille Zeit vornehmen, aber jedes Mal verpassen, ist es nicht sinnvoll, sich vorzuwerfen, dass Sie schon wieder zu schwach waren, die Zeit einzuhalten. Vielmehr sollten Sie sich fragen, warum das so ist. Offenbar waren Sie nicht klug genug. Sie haben Ihre Trägheit nicht beachtet.

Es ist klüger, sich weniger vorzunehmen und das dann auch einzuhalten, als immer wieder mit schlechtem Gewissen seinen nicht eingehaltenen Vorsätzen nachzulaufen. Die jeweilige Ordnung muss zu Ihnen passen. Und dazu bedarf es der Klugheit. Sie sollten klug einschätzen, was für Sie realistisch ist, was Ihnen gut tut und worauf Sie

Moses erhält die Gesetzestafeln. Initiale einer Handschrift von Heiligenkreuz.

sich täglich freuen können. Wenn sich in Ihnen immer wieder Widerstand regt gegen einen Vorsatz, so sollten Sie den Widerstand ernst nehmen. Vielleicht entspricht es nicht Ihrem Wesen, den Tag so oder so zu beginnen, und Sie sollten nach der Ihnen angemessenen Art erst noch suchen. Vielleicht haben Sie sich auch etwas übergestülpt, was mehr Ihrem Ehrgeiz entspringt als dem Rhythmus Ihrer Seele.

Es ist nicht »Zeitmanagement«, was Mönche empfehlen – in zu vielen Ratgeberbüchern zum Thema geht es nur darum, die Zeit möglichst effektiv zu nutzen. Es sollte aber vielmehr darum gehen, die Zeit als Wohltat zu erfahren. Das gelingt nicht, wenn Sie die Zeit möglichst genau einteilen und ausnutzen, aber schon eher, wenn Sie versuchen, ganz im Jetzt, im jeweiligen Augenblick, zu sein. Wenn Sie sich nur auf den Augenblick konzentrieren, dann stehen Sie nicht unter dem Druck der vielen Termine. Sie erledigen jetzt ohnehin nur das, womit Sie gerade beschäftigt sind. Also brauchen Sie erst dann an das Nächstanstehende zu denken, wenn Sie fertig sind mit dem, was Sie gerade tun. Es ist ganz hilfreich, wenn Sie sich manchmal beobachten, wie und wann Druck in Ihnen hochsteigt. Dann lassen Sie den Druck los und konzentrieren sich nur auf den jetzigen Augenblick. Das genügt. Wenn Sie das effektiv tun, was gerade ansteht, dann haben Sie ausreichend Zeit für das, was danach kommt.

Versuchen Sie Klarheit zu schaffen, wann Sie Ihre Arbeit beenden können und wollen. Viele klagen darüber, dass sie zu spät aus der Firma kommen, weil so viel zu tun ist. Die amerikanische Soziologin Arlie

Russel Hochschild hat in vielen Gesprächen mit Angestellten eines amerikanischen Konzerns herausgefunden, dass die Mitarbeiterinnen und Mitarbeiter weitaus länger im Büro bleiben, als es das Unternehmen von ihnen erwartet. Sie sagt: »Die Menschen wollen im Büro sein, weil es ihnen dort besser geht als zu Hause.« Was Arlie Russel Hochschild in ihrer umfangreichen Untersuchung herausgefunden hat, gilt sicher auch für die Verhältnisse bei uns.

Abt Bernhard von Clairvaux. Initiale des Antiphonarium Cisterciense.

Bei ihrer Arbeit fühlen sich viele kompetent. Da werden sie anerkannt. Doch zu Hause wissen sie nicht, wie sie mit der pubertierenden Tochter oder dem revoltierenden Sohn zurecht kommen sollen; oder es gibt Probleme in der Partnerschaft. Vor allem Männer flüchten sich lieber in die Arbeit. Zu Hause fühlen sie sich weitaus geforderter als in ihrem Job. In der Befragung gaben viele an, dass sie sich um eine gute Work-Life-Balance bemühen.

Doch sie gelingt ihnen nicht. Manche führen dann eine so genannte Quality Time ein, eine halbe Stunde am Abend, in der sie sich ausschließlich mit den Kindern beschäftigen. Doch Kinder wollen keine knapp bemessene Zeit, sie wollen immer geliebt werden und nicht nur in der halben Stunde, die die Eltern für sie reservieren. So haben viele Eltern das Gefühl, in der Zeitfalle zu stecken und nicht mehr herauszukommen. Und sie haben den Eindruck, dass auch viele Kinder schon in der Zeitfalle sitzen. Vor lauter Verabredungen per SMS ist auch ihre freie Zeit knapp bemessen.

Wenn Sie das Gefühl haben, selbst in der Zeitfalle zu sitzen, können Sie ihr mithilfe folgender Tipps aus dem Kloster entgehen:

- Ergreifen Sie ab heute die Initiative, und machen Sie sich selbst klare Vorgaben, wann Sie Ihre Arbeit beenden und wie Sie den Abend verbringen möchten.
- Wenn Sie zu Hause sind, dann stopfen Sie die freie Zeit nicht mit zu vielen Aktivitäten zu. Übertragen Sie den Stress am Arbeitsplatz auf keinen Fall in die Privatsphäre.
- Gestalten Sie Ihren Feierabend so, dass Sie sich darauf freuen können. Vermutlich werden Sie während der Woche auch abends ein paar Termine wahrnehmen, zum Beispiel Chor-, Kegel-, Sport-, Konzertabende und dergleichen.
- Wer im Job voll gefordert beziehungsweise überlastet ist, sollte prüfen, ob einige persönliche Termine am Abend nicht reduzierbar sind. Wenn Sie sich darauf nicht mehr freuen können, sollten Sie auch hier eine Entrümpelung vornehmen. Es geht auch im persönlichen Bereich um das richtige Maß – nicht umsonst ist das richtige Maß eine der Kardinaltugenden, nach der Mönche konsequent leben.
- Wie Sie die Zeit mit Ihren Kindern erleben – als Stress oder als Entspannung –, liegt auch an Ihnen. Das hat nicht nur mit der Zeitmenge zu tun, die Ihnen zur Verfügung steht, sondern auch mit Ihrer Einstellung. Wenn Sie sich auf Ihre Kinder freuen, werden Sie die Zeit mit Ihnen als Erholung empfinden. Allerdings sollten Sie sich auch von gewissen Idealvorstellungen verabschieden. Wer glaubt, die Kinder würden sich auf den Vater oder die Mutter besonders freuen, wird schnell enttäuscht sein, wenn sie schwierig, unausgeglichen und ärgerlich sind, wenn sie unsinnige Forderungen stellen oder sich auf irgendwelche Nebensächlichkeiten versteifen.
- Sie können Ihren Kindern nur gerecht werden, wenn Sie sich innerlich auf sie einstellen und nicht nur die Zeit und Mühen der Arbeit hinter sich lassen, sondern auch Ihre Rolle, die Sie in der Firma spielen. In der Familie sind Sie nicht als Chef, als Facharbeiter oder Fachfrau gefragt, sondern als Vater oder Mutter.

Viele Menschen versäumen auch, eine Zeit festzulegen, wann Sie abends ins Bett gehen wollen. Sie meinen, sie müssten noch dies oder jenes erledigen. Oder aber sie setzen sich vor das Fernsehgerät, weil sie zu müde sind, etwas Sinnvolles zu tun. Aber dann bleiben sie häufig länger sitzen als ihnen gut tut. Am nächsten Tag ärgern sie sich darüber, dass sie wieder so viel Zeit vergeudet haben. Da tut es gut, eine feste Zeit zu haben, zu der Sie schlafen gehen. Es geht nicht darum, sich in einen Zeitplan einzuzwängen. Es geht vielmehr darum, durch eine kluge Tagesordnung Freiräume zu schaffen, in denen Sie die Zeit genießen oder eben das tun können, was Ihnen Spaß macht.

Statistiker haben herausgefunden, dass der Durchschnittsbürger in Deutschland täglich drei Stunden vor dem Fernseher verbringt. Würde man diese Zeit sinnvoller nutzen, würde wohl kaum einer mehr über Zeitmangel klagen. Nur noch die Hälfte von den drei Stunden vor dem Fernsehgerät im Durchschnitt zu sitzen, indem Sie zum Beispiel ab heute grundsätzlich auf »Medienmüll« verzichten, um Ihre Zeit täglich mit eineinhalb Stunden sinnvoller zu nutzen, wird Ihrem Zeitempfinden eine ganz andere Qualität geben.

Optimale Zeitoasen, um jeweils ganz zu sich und zur Familie zu finden, sind die Wochenenden. Aber auch da stopfen viele ihre Zeit so voll mit Aktivitäten, dass sie sich von den Anstrengungen der Woche kaum erholen können. Die Gestaltung der Wochenenden ändert sich je nach Jahreszeit und Wetter und je nach der familiären Situation. Und sie ist abhängig von den persönlichen Bedürfnissen, die sich im Lauf der Zeit ebenfalls wandeln. Auch da sind immer wieder einmal Überlegungen erforderlich, ob die Gestaltung der Wochenenden so für Sie noch in Ordnung ist. Versuchen Sie dabei am besten, Ihre persönliche Antwort auf folgende Frage zu finden: Wonach sehnt sich meine Seele, was tut meinem Körper und Geist gut?

Der Sonntag soll ein Tag sein, an dem Sie das tun, was Ihrer Seele gut tut. Für manche ist dies eine Wanderung, für andere der Sport, für wieder andere die Gelegenheit zum Nachdenken oder zum Gespräch. Vielleicht tut es Ihrer Seele besonders gut, wenn Sie die Zeit zum Lesen finden. Beim Lesen tauchen Sie in eine andere Welt ein. Da tritt das Bedrängende Ihrer Arbeitswelt zurück. Es ist keine Flucht vor Ihrer Wirklichkeit, sondern ein Eintauchen in eine andere Wirklichkeit, in der auch eine andere Zeit herrscht. Sie gibt der sonst schnellen Zeit im Alltag eine andere Qualität.

Auch Feste bringen Farbe in unser Leben. Sie öffnen unsere Seele und zeigen uns, dass die Zeit nicht nur dazu da ist, ausgenutzt zu werden, sondern gefeiert und genossen zu werden. Die Zeit des Festes ist eine freie Zeit, in der Sie aufatmen und neue Kraft tanken können – Voraussetzung wie immer die Tugend des richtigen Maßes.

Umgang mit der Zeit heilsam nutzen lernen

Dieser Abschnitt knüpft nahtlos an das an, was zuletzt über den Sonntag und das Fest als Wohltat für Seele, Körper und Geist gesagt wurde.

Heilsame Rituale für sich entdecken und nutzen

Die Psychotherapie hat in den letzten Jahren die heilende Wirkung von Ritualen neu entdeckt. Ritus bedeutet das Angemessene, zum Beispiel nach getaner Arbeit angemessen zu ruhen oder angemessen zu feiern. Riten sind seit altersher heiliger Brauch. Sie strukturieren den Tag und geben dem Leben einen angemessenen Rhythmus. Es gibt die vorgegebenen Rituale, zum Beispiel der Religion. Die katholische Kirche hat sehr viele Rituale aus anderen Religionen übernommen und mit christlichen Inhalten gefüllt. Auch das Mönchtum hat Rituale aus anderen Kulturen übernommen und sie in die Gestaltung des mönchischen Lebens eingebaut. Es kennt die gemeinsamen Rituale, wie die Gemeinschaft eine Mahlzeit beginnt oder ein wichtiges Werk in Angriff nimmt. Und es gibt viele persönliche Rituale, teilweise Rituale, die der Mönchstradition entstammen, teilweise auch Rituale, die jeder Mönch für sich persönlich entwickelt und in denen er sich dann geborgen fühlt.

Schreibender Mönch.
Handschrift aus dem Skriptorium von Heiligenkreuz.

Viele Menschen, die mit beiden Beinen in der Welt stehen, haben heute für sich die heilende Wirkung von Ritualen neu entdeckt. Sie spüren, dass sie gegen die vielen Erwartungen von außen ein Gegengewicht brauchen. Das sind die Rituale.

Rituale sind ein Freiraum, den wir uns schaffen. Sie gehören uns. Es sind Augenblicke, in denen wir ganz bei uns und möglicherweise ganz bei Gott sind. Sie sind Tabuzonen, ein Schutzraum, zu dem andere Menschen mit ihren Erwartungen zur Zeit des Rituals keinen Zutritt haben. Sie geben uns das Gefühl, dass wir selbst leben, anstatt gelebt zu werden. Wer immer nur auf Erwartungen reagiert, wird irgendwann unzufrieden. Man hat dann das Gefühl, nur von außen bestimmt zu werden. Rituale hingegen bieten die Möglichkeit, sein Leben selbst zu formen und so zu gestalten, wie es Ihrem innersten Wesen entspricht.

Rituale erfordern nicht viel Zeit. Sie können ganz alltägliche Abläufe zu einem Ritual formen, zum Beispiel das Aufstehen, das Waschen, das Frühstücken, den Weg zur Arbeit. Wenn Sie diese normalen Tätigkeiten zu einem Ritual machen, dann machen Sie ihnen Spaß, dann leben Sie darin. Die Rituale werden zu Haltepunkten in der Zeit. Während des Rituals steht die Zeit still. Da hört die Zweckbestimmung der Zeit auf. Sie gönnen sich das ganz einfach, Sie kommen mit sich in Berührung, Sie können aufatmen.

Rituale sind immer etwas Handfestes. Sie nehmen etwas in die Hand, indem Sie zum Beispiel eine Kerze anzünden. Sie machen eine Gebärde. Sie setzen sich hin, um ein Buch zu lesen. Oder Sie schweigen einige Augenblicke. Sie meditieren. Rituale geben Ihnen das Gefühl, dass die Zeit Ihnen gehört. Sie geben am Morgen dem Tag ein anderes Gepräge. Sie spüren nicht die Last der Zeit, sondern ihr Geheimnis. In dieser begrenzten Zeit graben Sie heute Ihre persönliche Lebensspur in diese Welt ein. Sie gestalten die Zeit mit. Nicht die Zeit überfällt und bestimmt Sie, sondern Sie formen und prägen sie. Sie nehmen sich ein Stück Zeit, um dem Terror, der Sie aussaugenden Zeitansprüche zu entrinnen. Auch wenn Sie das Gefühl haben, dass die Zeit Sie tagsüber im Griff hat, das Abendritual gibt Ihnen die Zeit wieder zurück. Wenn Sie abends mit der Gebärde der offenen Hände Ihren Tag Gott übergeben, bekommt der Tag für Sie ein anderes Gepräge. Die Zeit ist Ihnen nicht zwischen den Fingern zerronnen. Sie übergeben diesen begrenzten Zeitraum des vergangenen Tages Gott mit allem, was war, auch mit den unbewusst gelebten Zeitabschnitten, auch mit der verlorenen Zeit. Und dadurch wird es wieder Ihr Tag. Es war kein verlorener Tag. Vor Gott bekommt er seine Ganzheit wieder. Sie schließen diesen Tag ab, auch wenn er noch so chaotisch war. Indem Sie den Tag abschließen und sich von ihm verabschieden, werden Sie zugleich fähig, den neuen Tag in seiner Neuheit zu erleben.

Rituale schließen eine Tür und öffnen eine Tür. Die Tür des vergangenen Tages, die Tür der Arbeit und ihrer Mühen schließt sich. Und es öffnet sich die Tür der Nacht, in der Sie sich in Gottes Hände fallen lassen können. Durch diese Tür treten Sie dann ein in den Raum des neuen Tages. Sie stolpern so nicht von einem Tag in den anderen, sondern Sie schließen die Tür der Vergangenheit, um ganz im Raum der Gegenwart zu sein.

Rituale sind so Abschied und Neubeginn. Nur wenn unsere Zeit die Qualität des Abschiednehmens und Neubeginnens hat, wird es erfüllte Zeit. Ohne Abschied und Neubeginn wird die Zeit langweilig. Es löst sich nichts. Ohne Abschied schleppen Sie die Vergangenheit immer noch mit sich herum. Und irgendwann wird die Last zu groß. Die Zeit erneuert sich, wenn Sie vom Vergangenen Abschied nehmen, um das taufrische Neue zu beginnen.

Viele Menschen haben heute Angst vor Abschied und Neubeginn, denn Abschied ist immer mit emotionaler Belastung verbunden. Doch wer diesen emotionalen Aufwand meidet, der zahlt einen hohen Preis – den Preis eines ständigen Aktionismus. Der Abschied beschließt etwas. Nur so sind Ihre Emotionen frei für das Neue, um es mit neuer Energie zu beginnen.

Vor allem für Menschen, deren Tag so voller Arbeit ist, dass sie kaum Zeit finden für ein längeres Ritual, bleibt immer noch der Weg, ganz im Augenblick zu sein. Um das zu üben, brauchen Sie keine eigene Zeit. Sie müssen nur ganz bewusst einen Schritt vor den anderen setzen. Wenn Sie zum Beispiel die Tür zum Büro öffnen, dann gibt es nichts Wichtigeres als dieses. Sie nehmen wahr, was Sie gerade tun, Sie betreten Ihr Büro. Sie setzen sich an den Schreibtisch. Sie schalten den PC ein und erledigen eines nach dem anderen. Das heißt nicht, dass Sie alles langsam tun. Sie achten nur darauf, dass Sie sich nicht in eine Hektik treiben lassen. Aber wenn Sie eines nach dem anderen erledigen, werden Sie von selbst schnell und effektiv arbeiten. Es ist ein Unterschied, ob man sich zur Schnelligkeit zwingt oder sich damit überfordert oder aber ob man ganz in dem ist, was man gerade tut. Wenn Sie nicht abschweifen mit Ihren Gedanken, sondern sich ganz auf die jeweilige Tätigkeit einlassen, dann geht die Arbeit leicht von der Hand.

Schnelligkeit hängt nicht von äußeren Manipulationen ab, sondern von der Fähigkeit, ganz im Augenblick zu sein. Schnelligkeit ist etwas anderes als Hektik. Viele verwechseln Arbeiten mit Staubaufwirbeln. Sie machen ständig einen gestressten Eindruck. Aber es kommt nichts bei dem heraus, was sie in Angriff nehmen. Von ihnen gilt, was Georg Christoph Lichtenberg in einem Aphorismus auf den Punkt gebracht hat: »Die Leute, die niemals Zeit haben, tun am wenigsten.« Sie sind hektisch und gehetzt, weil sie nicht bei sich sind und nicht bei der Sache bleiben. Sie sind in sich zerrissen. Deshalb ist eine wesentliche Voraussetzung für einen guten Umgang mit der Zeit, innerlich klar zu werden, ohne Nebenabsichten, ohne ängstliches Schielen auf die anderen, ohne den Druck, sich vor anderen beweisen oder auf jeden Fall

Fehler vermeiden zu müssen. Sie dürfen auch Fehler machen, sonst wären Sie kein Mensch. Und Sie müssen auch anderen nichts beweisen, sondern nur sich selbst treu bleiben.

Tipps gegen die Hast – Schutz vor Burn-out

Wer sich ständig unter Druck setzt, etwas in einer ganz bestimmten Zeit zu tun, der erlebt die Zeit als unangenehm. Wer sich permanent unter Druck setzt, hat auch das Gefühl, dass alles zu viel wird. Manche haben Angst, dass ihnen die Zeit davonläuft. Wenn wir jedoch genau hinsehen, sind es immer wir selbst, die uns unter Druck setzen. Doch der Druck erzeugt normalerweise nicht mehr Leistung, und wenn er anhält, führt er zum chronischen Stress, zum Ausgebranntsein, zum Burn-out. Ständiger Druck lähmt. Das Gegenteil davon wäre die Passivität. Doch diese befriedigt auch nicht. Es kommt wie gesagt darauf an, ganz in dem zu sein, was man tut. Dann wird man auch mit einer gewissen Schnelligkeit arbeiten und gerät dennoch nicht in Hektik.

Sich ohne Angst Zeit lassen

Es geht auch darum, ein Gespür dafür zu entwickeln, bei welcher Gelegenheit Sie etwas schnell erledigen können, und bei welcher Sie sich Zeit lassen müssen. Manche Probleme kann man nicht im Handumdrehen lösen. Sie brauchen Zeit. Sie wollen bedacht sein, hin- und herbewegt werden, bis sie für eine Lösung reif werden. Manchmal muss man über ein Problem erst einmal schlafen, damit einem die richtige Lösung einfällt. Ein englisches Sprichwort sagt: »Wer im Galopp lebt, fährt im Trab zum Teufel.« Ein Pferd im Galopp zu reiten, kann wunderbar sein. Man spürt die Kraft des Pferdes und eine innere Freiheit

Bild gegenüber: »Den ich in diesen Wundzeichen anbetend verehre, dessen Leiden hast du durch alle Tage und Stunden deines Lebens beweint« (Text oberhalb des Bildes). Darstellungen wie diese dienten schon in früher Zeit als Andachtsbilder und zur Meditation – als gutes Mittel gegen die Hast.

Quem in hoc miraculo adoro cuius defleuisti
passiones per omnes tue vite dies et horas.

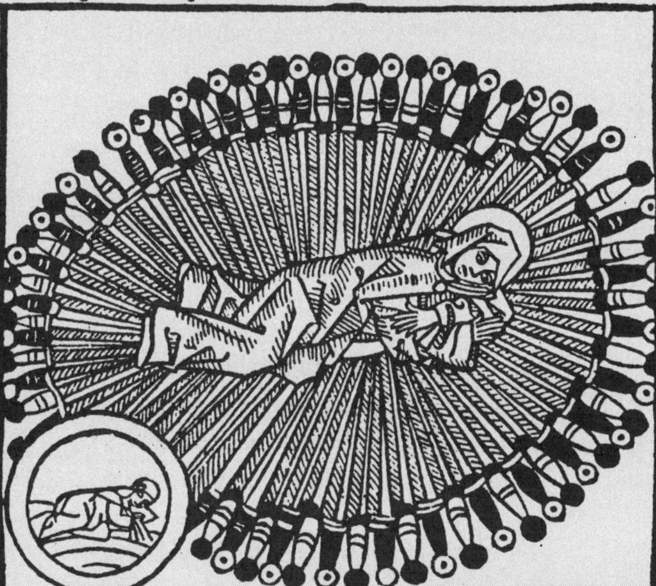

Ve Illud sequēs nō est de essentia psalterij v̄ginis
formaliť ȝ ex q̄ btā v̄go p se reuelauit q̄ in
patriolo psalterij v̄ginis debet esse vnᵒ annulᵒ vel no
ons rotūdus ⁊ sicut ānulᵒ vel rotundᵒ nodᵒ nō hȝ finē sic bn̄-
dicta v̄go vsq̄ȝ in finē p om̄es dies vite nō solū oīa filij mirabl
ia ȝ etiā oīa eius sacri oīs ꝓdigia in mēte ꝯsernabat ⁊ eiᵒ dul
cissimi sponsi p om̄es dies vite passiones ⁊ dolores deplāgebat
et eos ceu acutissimi symeōis gladiū in v̄gineo corde amarisc-

und Lust am Leben. Aber wenn das ganze Leben zum Galopp wird, wenn man an den Menschen, an den Bäumen und Sträuchern nur noch vorbeirauscht, dann fährt man im wahrsten Sinne des Wortes zum Teufel. Denn das Pferd wird bald zusammenbrechen. Wer ständig im Galopp reitet, der gehört nicht mehr sich selbst. Er gehört der Hetze. Er reitet – um in diesem Bild zu bleiben – nicht mehr sich selbst, sondern wird vielmehr vom Teufel geritten. Das tut der Seele nicht gut. Wir brauchen immer beides: die Lust, im Galopp auszureiten und das gemächliche Traben. Wirkliche Begegnungen kann man nicht im Galopp erledigen. Die brauchen Zeit. Und wir brauchen Zeit, um Probleme zu lösen. Unsere Zeit hat beide Qualitäten nötig: die Langsamkeit und die Schnelligkeit. Wir müssen fähig sein, uns ohne Angst Zeit zu lassen, um warten zu können, was in uns und um uns herum wachsen möchte. Und wir müssen manchmal schnelle Entscheidungen treffen: Wenn uns etwas anspringt, müssen wir beherzt ausweichen.

Der bekannte Dichter Robert Walser hat die Erfahrung gemacht, dass manches schneller geht, wenn wir uns Zeit lassen: »Wären wir ruhiger, langsamer, so ginge es uns besser, ginge es schneller mit unseren Angelegenheiten voran.«

Wer ruhig ist, der ist bei sich. Er ist in Berührung mit seiner inneren Kreativität. Nur wer bei sich ist, kann die Dinge klären. Wer hetzt von einem Termin zum anderen, der wird zwar möglicherweise viel tun, aber es wird wenig dabei herauskommen. Das deutsche Wort »Hetze« kommt von Hass. Wer sich selbst hasst, der ist nicht kreativ. Er wird sich zwar ständig antreiben, aber nicht weil er Lust hat, etwas anzupacken, sondern weil er sich selbst nicht achtet. Und wer sich nicht achtet, der wird nichts Beachtenswertes vollbringen.

Wer aber bei sich ist, dem werden die Lösungen eher einfallen, und er wird die Probleme wirklich angehen. Wer vor sich davonläuft, der ist zwar ständig in Aktion, aber er weiß meistens gar nicht, wohin er läuft. Oft rennt er vor seinem eigenen Schatten davon. Doch gerade auch im Schatten liegt oft ein wichtiges Lebenspotenzial. Wenn Sie vor dem Schatten davonlaufen, wird er Sie verfolgen.

Eine chinesische Geschichte erzählt von einem Mann, der vor seinem Schatten floh. Immer wenn er zurücksah, nahm er den Schatten wahr. Er lief schneller und schneller. Aber immer noch war der Schatten hinter ihm her. Schließlich fiel er tot um. Es ist eine Weisheit, die in Asien sprichwörtlich ist, die aber auch hierzulande gilt: Wer langsam geht, der kommt manchmal schneller ans Ziel. Denn er wird nicht gehetzt vor etwas davonlaufen. Er geht auf das zu, was wichtig ist, was anderen und seiner Seele gut tut.

Spiritualität – Heilung und Wellness im besten Sinn

Unbestreitbar zeigt die gegenwärtige Gesellschaft als Ziel ein hohes Maß an Sehnsucht nach Formen spirituellen Lebens. Stichworte wie »esoterische Erleuchtung«, »indianische Kulte«, »Dalai-Lama« oder »Zen-Buddhismus« offenbaren eine große Bereitschaft. Was aber ist Spiritualität wirklich?

Nichts kann für Suchende so irreführend sein, und nichts kann sie so täuschen und auf falsche Fährten führen wie die Doppelbedeutung des aus dem Lateinischen abgeleiteten Wortes *spiritus* für *Geist*. Eine Klarstellung ist daher für das Verständnis der weiteren Ausführungen erforderlich.

Spiritualität – Gott und sich selbst finden

Im heutigen Sprachgebrauch wird das Wort *Geist* fast ausschließlich für die Bezeichnung von Verstand und Vernunft verwendet. Geistreich wird demnach mit klug, scharfsinnig, intelligent gleichgesetzt, geistige Arbeit mit der Tätigkeit der Zellen unseres Gehirns. Der Begriff *Geist* ist in diesem Sinn ein Produkt unseres Körpers und bezeichnet entsprechend den »Geist des Gehirns« und den »Geist dieser Welt«.

Das Wort *Geist* beinhaltet aber auch eine Bezeichnung für den reinen immateriellen Geist, der uns aus der biblischen Überlieferung als

Bild gegenüber: Die beiden Darstellungen in einer Handschrift von Heiligenkreuz versinnbildlichen das spirituelle Ordensprogramm »Ora et labora – Bete und arbeite«. Demütig nehmen die Mönche diese Botschaft auf, die ihnen von Christus durch die Apostel Petrus und Paulus vermittelt wird. Zur täglichen Arbeit gehörte zu allen Zeiten auch der Fischfang.

Musizierender König David, Initialbuchstabe D aus Codex 66 des Skriptoriums von Heiligenkreuz.

Heiliger Geist und als *Hauch Gottes* (siehe dazu rechte Seite) vertraut ist und den der Mensch in seinem Innersten als spirituelles Licht erfahren kann. Im Buddhismus wird dieser spirituelle Geist als *Buddha-Geist* oder als *Erleuchtungsgeist* bezeichnet. Im Tantrismus spricht man auch vom »Höchsten« beziehungsweise vom »eingeborenen klaren Licht«, das sich auf der individuellen Ebene, also im Menschen selbst befindet. Über dieses Licht, dem Geist der Ewigkeit, sagt zum Beispiel der spirituelle Meister Bô Yin Râ (siehe Seite 59): »Geist ist nichts Erdachtes! Geist ist nicht die Kraft des Denkens! Geist ist substanzielles, aus sich selber seiendes, lebendiges Licht!«

Dieser Geist ist – in höherem Sinn gesehen – wirklicher als alle irdische Wirklichkeit, wirklicher als »... ein Baum, ein Stein, ein Berg – ein Blitz, der aus der Wolke niederfährt ...« (Bô Yin Râ). Spiritualität ist demnach in individualisierter Form das dem Menschen innewohnende ewige *geistige Ich* beziehungsweise dessen *geistiger Funke*. Suchende, die alle entsprechenden Voraussetzungen erfüllt haben, können ihr wahres *Ich*, ihren geistigen Funken ganz konkret in sich als spirituelles Licht wahrnehmen, erfahren und erleben.

Diese Erfahrung ist allen echten Meditationsschulen und allen Weltreligionen ausnahmslos bekannt, wenn sie nicht sogar als das große Ziel auf dem Weg zu Gott gesehen wird. Man spricht immer vom selben geistigen Ereignis, auch wenn dafür unterschiedliche Ausdrücke verwendet werden, wie »Erleuchtung«, »geistige Durchlichtung«, »Erleben des Himmelreiches in sich selbst«, »Offenbar-Werden seines

Der Heilige Geist in der Bibel

Das Alte und das Neue Testament sprechen vom Geist oder Hauch Gottes, wobei die hebräische und griechische Sprache für beide Bedeutungen jeweils dasselbe Wort haben. Es bezeichnet ein aktives Einwirken Gottes auf die Menschen oder auf die Naturelemente.

In mehreren Stellen des Alten Testaments wird berichtet, dass der Heilige Geist die Menschen erfüllt, die in seinem Namen handeln. So wird zum Beispiel im Buch Richter geschildert, wie der Geist Gottes überraschend auf Menschen einwirkt und sie lenkt (Richter 3,10; 11,29). Dieser Heilige Geist dient auch den Propheten als Kraft, die ihrem Zeugnis Gewicht verleiht (Ezechiel 2,2; 3,24).Und es beruht auf diesem Geist Gottes schließlich die Hoffnung, dass sich ein neues, »prophetisches« Volk am Ende der Zeiten erheben wird (Joël 3,1–5).

Das Neue Testament übernimmt diese Hoffnung: Der Geist Gottes ruht auf Jesus vom Anfang seiner Verkündigung an und begleitet ihn stets bei der Erfüllung seines Auftrags. Nach seiner Auferweckung sendet Jesus den verheißenen Heiligen Geist den Jüngern (Apostelgeschichte 2; Johannes 20,22) und durch sie der ganzen Gemeinde der Glaubenden. Jeder Glaubende ist in diesem Selbstverständnis christlicher Spiritualität zum Leben im Heiligen Geist berufen (Römer 8). Das Wirken des Heiligen Geistes ist das Wirken Gottes selbst, bis hin in unsere Gegenwart und in die Zukunft der Vollendung.

klaren Lichtes« und vieles andere mehr. Man spricht auch vom »Reich Gottes« im Menschen. So heißt es zum Beispiel im Lukas-Evangelium: »Das Reich Gottes kommt nicht so, dass man es an äußeren Zeichen erkennen könnte. Man kann auch nicht sagen: Seht, hier ist es!, oder: Dort ist es! Denn: Das Reich Gottes ist schon mitten unter euch.« (Lukas 17,20 f.). Auch im Zen unterscheidet man ganz scharf den irdischen »Hirn-Geist« oder Intellekt vom ewigen Geist oder Buddha-Geist. So lehrt zum Beispiel Meister D.T. Zuzuki: »Überspringe den Intellekt, trenne dich vom Verstand und dringe unmittelbar in die Tiefe bis zur Identität mit dem Buddha-Geist; außerhalb seiner Wirklichkeit gibt es keine Wirklichkeit!«

Auch wenn in solchen Zusammenhängen über »geistige Erfahrung«, »geistige Bemühung«, »geistige Erleuchtung« usw. geschrieben wird, ist dabei stets das Ewig-Geistige und nicht der »Hirn-Geist« gemeint. Der Sufi-Meister Rumi schreibt über die geistige Erleuchtung: »Die Erleuchtung muss Schritt für Schritt kommen; sonst würde man von der Erfahrung überwältigt!« Und der Sufi-Meister Hakim Sanai versinnbildlicht die geistige Erfahrung: »Einmal ans Meer gelangt, sprichst du nicht mehr von Nebenflüssen!« Der Jesuitenpater Johannes Möslinger sagt: »Nichts kommt von allein, am wenigsten der Geist. Nur der Ungeist kommt von selbst. Aber Geist, Gottes Geist, der uns neu belebt – da braucht es eine Bereitung. Sobald man diesen Weg des Geistes betritt, erfährt man, dass es Gottes Geist in uns gibt.«

So bedarf es kaum noch des Hinweises, dass dieses Geistige etwas völlig anderes ist als alles, was vom Intellekt, dem »Hirn-Geist« kommt und je kommen kann. Der »Hirn-Geist« ist ein Produkt der Tätigkeit unseres Körpers, der in der biblischen Sprache auch als »Fleisch« versinnbildlicht wird. Die Unterscheidung der beiden Geist-Formen kommt im Johannes-Evangelium am deutlichsten zum Ausdruck, und zwar an der Stelle, an der Jesus Christus zum zweifelnden Nikodemus sagt: »Was aus dem Fleisch geboren wird, das ist Fleisch, und was vom Geist geboren ist, das ist Geist« (Johannes 3,6). Und an einer

Wer ist Bô Yin Râ?

Bô Yin Râ war ein durch eine besondere persönliche geistige Veranlagung ausgestatteter spiritueller Meister und Lebenslehrer, der von 1876 bis 1943 zuerst in Deutschland und später in der Schweiz lebte.

Er hat seine Erkenntnisse in einem 32-bändigen Lehrwerk und in acht zusätzlichen Werken in deutscher Sprache niedergelegt. Übersetzungen in viele Sprachen liegen vor und finden – über 60 Jahre nach seinem Tod – zunehmende Verbreitung.

Bô Yin Râ war eine Persönlichkeit mit außergewöhnlichem spirituellem Erkenntnisvermögen und besaß die Fähigkeit, weite geistige Lebensbereiche und Lebensstrukturen sowie jahrtausendealte Weisheitsschätze zu erschließen und in klaren Botschaften weiterzugeben. Diese Botschaften sind überkonfessioneller Art und können von allen Suchenden angenommen werden, die Abstand vom Arbeitsalltag, von Hektik und Lärm gewinnen und von der Oberfläche in die Tiefe gelangen wollen.

Bei Bô Yin Râ steht die Hilfestellung für den spirituell suchenden Einzelmenschen, also für das Individuum, im Mittelpunkt seiner Werke. Der Umfang und die Vielseitigkeit seines Schaffens sind bemerkenswert groß, und es erschließt sich allen ernsthaft suchenden Menschen.

anderen Stelle heißt es noch: »Der Geist ist es, der lebendig macht; das Fleisch nützt nichts« (Johannes 6,63).

Die klare und deutliche Unterscheidung dieser beiden Geist-Begriffe ist die Grundvoraussetzung für jedes Verständnis eines spirituellen Weges und für jede Form einer echten Meditation.

Es weisen wie gesagt alle Weltreligionen darauf hin, dass das Ewige als »ewiger Geist« oder als »das klare Licht«, in individualisierter Form als spirituelles Ich, uns Menschen innewohnt. Mehrfach und besonders deutlich betont dies der Apostel Paulus: »Wisst ihr nicht, dass euer Leib ein Tempel des Heiligen Geistes ist, der in euch wohnt und den ihr von Gott habt?« (1 Kor. 6,19).

Wie weit Suchende sich auch entfernt glauben mögen, je etwas von dieser ihrer inneren Mitte, von ihrem Ewig-Geistigen in sich erfahren und erleben zu können, so sehr können sie sich darin auch irren. Ein Beispiel soll dies veranschaulichen. Aus Erfahrung wissen wir: Vergeblich haben wir schon oft nach einem verloren gegangenem Gegenstand gesucht und nicht mehr geglaubt, ihn jemals wiederzufinden. Doch eines Tages kam er wieder zum Vorschein. Wir hatten ihn einfach übersehen. Und ähnlich haben wir schon mehrfach die zartesten Formen seelisch-geistiger Lichteinstrahlungen in uns empfangen und nur ihre ferneren Auswirkungen in Form klarer Freude, schöpferischer Kraft oder reiner seelisch-geistiger Liebe wahrgenommen. Aber wir haben nicht erkannt oder übersehen, dass diese lichten Empfindungen aus den ausschüttenden Quellen unseres eigenen Wesenskerns, aus unserer seelisch-geistigen Mitte gespeist wurden. Jeder Mensch beherbergt in sich ewig-geistige Quellen. Diese sind nur meist so verschüttet, dass wir von der Existens unseres höchsten Schatzes in unserem Inneren nichts mehr ahnen. Und wenn diese Quellen dennoch dann und wann – vielleicht in Notsituationen – zum Fließen kommen und als Eingebung oder als Inspiration rettende Ideen, Erkenntnis, Kraft usw. vermitteln, dann wissen wir ihre Herkunft oft nicht zu deuten.

Es ist ein Charakteristikum der spirituellen Geistesferne unserer Zeit, dass man solche Zusammenhänge heute nicht mehr erkennt.

Wie schon gesagt wird auch das Wort »Geist« fast nur noch mit dem »Hirn-Geist« und dem materiellen Welten-Geist gleichgesetzt. In diesem Kapitel beziehen sich aber alle, nicht ausdrücklich mit »Hirn-Geist« oder »Intellekt« bezeichneten Ausdrücke allein auf das Spirituelle, wenn zum Beispiel von »geistiger Mitte«, »geistiger Hilfe«, »geistigem Ich«, »geistiger Versenkung«, »Geistesfunke« usw. gesprochen wird.

Das gilt auch für folgende Definition: *Der Mensch besteht aus Körper, Seele und Geist.* Bei der Reihenfolge der Begriffe geht man von außen nach innen, also vom Körper zur Seele und zuletzt zum Innersten und Höchsten, zum ewigen Geist in uns. Heute wird aber immer öfter diese Reihenfolge bewusst in Körper, Geist und Seele verändert. Damit wird dem Geist eine geringere Bedeutung als der Seele zugewiesen. Das kommt daher, dass im Bewusstsein der meisten Menschen die Existens des ewigen Geistigen, des Geistes Gottes schon so verdrängt ist, dass für sie nur der Geist des Gehirns und nichts mehr höheres Geistiges existiert. Und diesem »Hirn-Geist« messen sie einen höheren Rang als der Seele zu.

In früheren Zeiten wusste man die Begriffe noch sauber zu trennen. So bezeichneten die alten Römer den »Hirn-Geist« als *mens*, wovon sich das Wort *Mentalität* ableitet, und den ewigen Geist als *spiritus* , woraus sich der Begriff *Spiritualität* ableitet. Die Römer sagten auch: »mens sana in corpore sano«, womit sie klar zum Ausdruck brachten, dass ein gesunder Verstand beziehungsweise Intellekt in einem gesunden Körper wohne. Mit der Übersetzung »ein gesunder Geist in einem gesunden Körper« wurde allerdings der ständigen Fehldeutung Vorschub geleistet, denn die Übersetzung ist missverständlich. Ein

Andachtsbilder Seite 62 und 63.
Abbildung Seite 62: Der alte Kaiser Friedrich III., der an einem Gebetspult kniet, um in schwerer Zeit die Gottesmutter anzuflehen, übergibt seinem Sohn Maximilian das Reichsschwert, damit er es weiterführe.
Abbildung Seite 63: Kaiser Friedrich III. und Maximilian, damals römischer König, mit geistlichen und weltlichen Gefolgsleuten, darunter der Abt von Zinna, huldigen der vom Strahlen- und Rosenkranz umgebenen Gottesmutter.

gesunder Körper kann wohl den Intellekt günstig beeinflussen, niemals aber den ewigen Geist. Deshalb gibt es viele Menschen mit robuster Gesundheit, die unendlich weit von allem Spirituellem entfernt sind, und es finden sich viele Menschen mit gesundheitlichen Schwierigkeiten, die über eine hochentwickelte Spiritualität verfügen. Damit ist natürlich nicht gemeint, eine schlechte Gesundheit als Voraussetzung für geistige Entwicklung anzusehen. Allerdings können körperliche oder seelische Belastungen nicht selten einen segensreichen »Stachel im Fleisch« darstellen, oder wie Jakob Böhme es formulierte, einen »Treibhammer Gottes«, der zu vermehrter und vertiefter innerer Bemühung führen kann.

Auch im Alltag werden die beiden Geist-Begriffe häufig – sogar von eigentlich dazu berufenen Stellen – miteinander verwechselt und heillos miteinander vermengt. Dies ist purer Unsinn! Materie, auch wenn sie billionenfach verdünnt wird, zum Beispiel in der homöpathischen Anwendung, lässt sich nie in Geist verwandeln! Der Mensch kann wohl den eigenen, ihm innewohnenden ewigen Geist in sich zur Entfaltung bringen, niemals aber vermag er seinen – vergänglichen – Körper zu »vergeistigen«, denn Fleisch bleibt Fleisch beziehungsweise Materie bleibt Materie! Der ewige Geist hingegen ist »substanzielles klares Licht«, der »Hirn-Geist« aber ein Produkt der Ganglien-Zellen des vergänglichen Körpers. Der Volksmund bringt es eigentlich sehr schön auf den Punkt, wenn er sagt: »Nur Gottes Geist währet ewiglich.«

Für alle Suchenden stellt die exakte Trennung dieser Begriffe die wichtigste Wegmarkierung auf ihrer Wanderung zu ihrem geistigen Ich dar. Mehr noch: So unentbehrlich und wertvoll der »Hirn-Geist« für die alltäglichen Aufgaben ist, so unnötig und hinderlich kann er sich bei der Meditation (siehe Seite 78 ff.) erweisen, denn diese wird immer nur dann die erstrebte Resonanz aus dem ewigen Geist empfangen, wenn es gelingt, den ständig unruhig »brabbelnden Hirn-Geist« nicht zur Wirkung kommen zu lassen. Es ist unbedingt erforderlich, ihn bei allen Meditationen zum Ignorieren und alle Störungen von seiner Seite her zu verhindern. Daher strebt der Meditierende danach, die ganze Aufmerksamkeit nur dem Erfühlen dessen zuzuwenden, was vom ewigen Wesen in ihm, von seinem ewigen Geist empfangen werden kann. Entsprechend heißt es in der Bhagavad-Gita: »Wo immer nur ausbrechen will der schwankende, unstete Sinn (Hirn-Geist), da soll man bändigen ihn in sich und zum Gehorsam bringen. Denn dem Andächtigen, dessen Sinn beruhigt ist, wird höchstes Glück zuteil.«

In einer alten Erzählung aus Tibet wird berichtet, dass zum Gomtschen von Thangu ein Mönch namens Katschenla gepilgert war, der viele Jahre im Kloster Sera die heiligen Schriften studiert hatte. Er musste lange warten, denn der Eremit hatte sich zu seiner Meditation in seine Felsenhöhle zurückgezogen und wollte niemanden sehen. Der Mönch nahm ohne Klage eisigkalte Nächte und Nahrungsmangel in Kauf, so wichtig war ihm sein Anliegen.

»Ehrwürdiger«, begann er, als seine Geduld endlich belohnt wurde, »ich habe viele heilige Schriften gelesen und studiert, den Palikanon, die Sutren, die Upanishaden, die Termas, das Mahabharata und den Bardo Thodol. Ich habe gebetet und mancherlei vorgeschriebene Übungen ausgeführt. Ich habe die Wesenheit des Buddha erforscht und bin in immer tieferes Wirrsal von Zweifeln geraten, von Erleuchtung keine Spur. Es ist dunkel in meinem Kopf und dumpf in meinem Hirn. Ich weiß mir keinen Rat mehr.«

Der Gomtschen erwiderte: »Ich weiß, was dir fehlt. Du bist durch die 44 Tore des Verstandes gegangen, du hast mit einer Frage begonnen, begannst zu grübeln, hast die Antwort ergrübelt. Das erste Tor öffnet sich – in eine neue Frage. Wieder liest du, ergründest die Frage, findest die Lösung. Das zweite Tor öffnet sich – und wieder schaust du in eine neue Frage. So gehst du immer tiefer hinein in die Schriften und in die Fragen, bis du das 44. Tor aufgestoßen hast. Und da stehst du nun und starrst die Frage an, deren Antwort kein Mensch erfahren kann; willst du aber noch weiter vordringen, stürzest du in den Abgrund.«

»So müsste ich also wieder zurück bis zum Anfang?«, rief der Mönch verzweifelt. »Weder vorwärts noch zurück musst du«, sprach der Weise. »Wenn du dich ganz und gar umwendest und nur mehr nach innen gehst, stehst du jenseits des letzten Tores. Aus deiner innersten Mitte kommt der Buddha-Geist, und du bist im Licht.«

Die Heilkraft richtigen Denkens und Glaubens

Mönche aus allen Religionsgemeinschaften raten: Jeder positive Anlass, mag er auch noch so bescheiden sein, soll nicht gleichgültig übergangen, sondern genutzt werden, sich darüber dankbar zu freuen und diese Freude mit liebevollen und heilsamen Ideen zu verbinden. So werden kraftvolle Heilimpulse ins Leben gesetzt und das Innenleben mit einem Mehr an hoffnungsfroher Heiterkeit und lebensbejahender Zuversicht erfüllt. Eine solche Grundstimmung fördert die Bewältigung aller Lebensprobleme und ebnet den Weg der Suchenden zu ihrer inneren Mitte. Der Dalai-Lama zum Beispiel sagt: » Oft zeigt sich, dass der Mensch wird, was er glaubt. Wenn ich mir dauernd einrede, ich könne dies oder das nicht, dann werde ich in der Tat dazu unfähig. Wenn ich hingegen fest glaube, ich werde es können, dann bekomme ich sicher die Fähigkeit dazu, selbst wenn sie mir anfangs nicht eigen war.«

Diese Zusammenhänge gelten als Heilkraft richtigen Denkens und Glaubens. Jeder Mensch kann sie für sich wirksam werden lassen! In einer alten Mönchsregel heißt es dazu: »Aus dem Glauben ist der Mensch gemacht, und wie er glaubt, so ist er selbst.« Der Weg zur eigenen Mitte bedarf daher der heilsamen und aufbauenden Kultur des positiven Denkens und eines unerschütterlichen Glaubens. Während vermeidbare Negativtendenzen im Gedankenleben das Gelingen im beruflichen und persönlichen Alltag und die Wirkung des spirituellen Lichtes blockieren, erweisen sich höhere Einstellungen wie Liebe, Freude, Zuversicht oder Hoffnung als Hilfen und Föderer für den Alltag. Entscheidend ist das Vertrauen zu uns selbst, das ebenfalls als Heilkraft und Heiltat zu wirken vermag. Zur Möglichkeit einer höheren, gottgewollten Hilfe betont zum Beispiel Laotse: »Wer nicht genügend vertraut, wird kein Vertrauen finden.«

Eine uralte Erfahrungstatsache belegt, dass optimistisch, vertrauensvoll und lebensfroh eingestellte Menschen dank ihres starken Selbstvertrauens über mehr innere Ruhe, Gelassenheit und Harmonie verfügen und ein besseres Gelingen ihrer Vorhaben erzielen als andere, die nicht über solche Eigenschaften verfügen oder diese zu wenig in sich zur Entfaltung bringen.

Viele verdanken ihre erfolgsvertrauende Einstellung einem ihnen angeborenen glücklichen Naturell, und nicht wenige andere ihrer positiven Denkkultur, wie sie sich jeder mit festem Willen im Lauf der Zeit aneignen kann. Eine solche heilsame Grundeinstellung macht die Menschen innerlich ruhiger, selbstsicherer und oft so glücksgläubig, dass sie sich immer wieder ein gutes Gelingen auf allen möglichen Ebenen zuzudenken vermögen. Dies fördert auch die biologischen Heilkräfte, stärkt die Gesundheit und führt zu Gelassenheit, zu Zufriedenheit und Erfüllung. Ein gelegentliches »Misslingen« bedeutet für diese Menschen nur ein »Noch-Nicht-Gelungen«! So beobachten wir zum Beispiel im Sport, dass nicht immer die Besten siegen, sondern oft Schwächere, die mental stärker sind, das heißt im Besitz des positiven Denkens mächtiger und somit von ihrem Sieg überzeugter sind.

Ängstliche und pessimistische Menschen hingegen werden rasch unruhig und ziehen durch ihre negative Denkrichtung das von ihnen Befürchtete mit magnetischer Kraft an sich. Vermeidbare Leiden, vermeintliche Schicksalsschläge werden von ihnen oft herbeigedacht, herbeigefürchtet, herbeierwartet. Viele glauben sich geradezu vom Unglück verfolgt und ahnen dabei nicht, dass sie es selber sind, die das Unglück durch den »Fluch des negativen Denkens« herbeigeführt haben.

Es gibt aber auch Menschen, die sich in aller Regel einer durchaus positiven Einstellung erfreuen, aber bei ganz bestimmten Anlässen in eine panikartige Unheil-Erwartung fallen. Häufig haben sie bei einem früheren Anlass, nicht selten sogar schon als Kleinkind, einen solchen Schock erlitten, dass sie bei der geringsten Möglichkeit einer Wiederholung, wie bei Erkrankungen, Prüfungen, Flugreisen, Begegnungen mit bestimmten Personen usw., sofort eine Unglücks-Erwartungshaltung einnehmen. Damit aber programmieren sie die Wiederholung des Misslingens. Von daher wäre es auch für sie hilfreich, die Zusammenhänge zu erkennen und statt der Unglückserwartung die Heilkraft des positiven Denkens anzuwenden.

Als Beispiel für eine solche Anwendung kann die Empfehlung eines Münchner Jesuitenpaters dienen, der als Krankenseelsorger tätig ist: »Ein Kranker muss insbesondere vor dem Einschlafen seine Gedanken auf Bilder der Gesundheit konzentrieren – er muss sich sagen: ›Nur das Instrument, das ich benutze, ist beschädigt. Was ich denke, bin ich. Mein spirituelles Ich ist heil. Und so muss es im Schlaf auch meinem Körper Heilung senden.‹« Die Heilkraft des richtigen Denkens und Glaubens ist oft die entscheidende Macht, Krankheiten und bedrohliche wie schicksalhaft ablaufende Entwicklungen zum Besseren wendet und zu einem positiven Abschluss führt.

Zuversichtliches und aufbauendes Denken erhellt nicht nur die eigene Seelenlandschaft. Es wirkt sich durch seine Ausstrahlung auch immer erhellend und heilsam auf unsere Mitmenschen aus.

Umgekehrt wirken traurige, deprimierende oder lieblose Gedanken sowohl auf den Denker als auch auf seine Mitmenschen belastend. Besonders sensible Naturen werden davon rasch bedrückt und bringen dann die üble Ansteckung mit nach Hause wie einen Schnupfen, mit dem wir uns in der Straßenbahn oder einem überfüllten Raum angesteckt haben.

Unsere Gedanken, Worte und Werke gleichen daher einer Saat, die wir unablässig ausstreuen. Sie sind auch die Saat, mit denen wir unsere weiteren Lebensabläufe selbst gestalten. Der Rat der Mönche: Je besser es uns gelingt, die Heilkraft und Heiltat des richtigen Denkens und Glaubens in uns zu kultivieren, desto besser beeinflussen wir unser Leben und desto rascher kommen wir auf unseren Weg zu unserer eigenen Mitte voran. Zum Vorankommen auf dem inneren Weg stellt somit ein von Zeit zu Zeit zu erneuernder Willensimpuls eine wesentliche Hilfe dar, auf deprimierende, überkritische, überhebliche,

Der Dalai-Lama über das menschliche Potenzial

Um Frieden, Gelassenheit und wahre Freundschaft zu erlangen, müssen wir Ärger möglichst minimieren, aber Güte und Warmherzigkeit kultivieren.

Wenn wir selbst Warmherzigkeit entwickeln, kann das auch andere verwandeln. Indem wir freundlichere Menschen werden, erfahren unsere Nachbarn, Freunde, Eltern, Ehepartner und Kinder weniger Ärger. Sie werden warmherziger, mitfühlender und ausgeglichener werden. Die Stimmung und Atmosphäre an sich wird harmonischer, was eine bessere Gesundheit fördert, vielleicht sogar ein längeres Leben.

Sie mögen reich, mächtig und wohlerzogen sein, aber ohne diese gesunden Gefühle von Güte und Mitgefühl wird es keinen Frieden in Ihnen geben, keinen Frieden in Ihrer Familie – sogar Ihre Kinder werden leiden. Güte und Freundlichkeit sind für inneren Frieden unentbehrlich. Deshalb sollten wir unseren Geist in täglichen Übungen schulen, die negatives Verhalten schwächen und positives Verhalten stärken.

Mit Entschlossenheit und Geduld wird sich nach und nach ein Wandel einstellen. Geben Sie nie auf! Wenn Sie hoffnungsvoll und fest entschlossen sind, werden Sie immer ein gewisses Maß an Erfolg haben. Es geht nicht darum, eine Goldmedaille zu gewinnen, sondern dass Sie trotz möglicher anfänglicher Misserfolge Ihr Bestes geben.

lieblose, wertlose, überflüssige oder sonst wie negative Gedanken und Worte besonders sensibel zu reagieren.

Da jeder Gedanke, der uns erfüllt, mit aller Macht auf seine Verwirklichung drängt, kommt auch allen Gedanken, Impulsen und Worten, die sich auf unsere Gesundheit beziehen, eine unglaublich große Bedeutung zu. Wie das Wasser den Weg zum Meer findet, so finden die Gedanken, die uns erfüllen, den Weg ihrer Verwirklichung.

Gedanken an gesundheitliche Probleme, an das Auftreten von Krankheitssymptomen, Komplikationen und Verschlimmerungen, an schlechte Heilfähigkeit und fehlende Gesundungschancen sowie Gedanken voll Zweifel, Bitterkeit, Pessimismus und Ängste lähmen das in jedem Menschen wirkende Heilprinzip, den so genannten inneren Arzt. Sie programmieren auf diese Weise das Unterbewusstsein auf die Realisierung der bedachten unglücklichen Vorstellungen.

Gedanken voll Zuversicht und Kraft sowie Vorstellungen voll Selbstvertrauen, Hoffnung und Glauben an gutes Gelingen stärken hingegen den inneren Arzt. Sie rufen alle Ordnungs- und Heilkräfte des Organismus auf den Plan, intensivieren ihre Tätigkeit und führen, oft sogar bei sehr schwer heilbaren Krankheitsprozessen, zu einem glückhaften Verlauf und zu echter Heilung. Der Kranke soll daher in seinem Gedanken- und Vorstellungsleben immer beim erhofften Ziel einer guten Gesundheit sein. Er soll stets positive Zielgedanken in sich kreisen lassen, denn sie machen den Weg zum inneren Vorgestalten künftiger positiver Entwicklungen frei.

Mit dem Wort »Glauben« ist hier natürlich nicht jenes kraftlose Für-Möglich-oder-Für-Wahrscheinlich-Halten gemeint. Es ist dies der aus der Bibel bekannte Glaube, der Berge versetzen kann, der Glaube, von dem es zum Beispiel heißt: »Wenn du glauben könntest! Alle Dinge sind möglich dem, der da glaubt« (Markus 9,23). So sagt Jesus zu den Blinden: »Euch geschehe nach eurem Glauben« (Matthäus 9,29), und sie konnten wieder sehen.

Dieser Glaube – in seiner aufbauenden Richtung – stellt die höchste Form der heilsamen Selbstbeeinflussung oder Autosuggestion dar. Sie setzt sich mit dem »Er-glauben« bei Krankheit, bei materieller Not, Sorgen usw. gezielt auseinander. Aber auch für den inneren Weg stellt der dynamische Glaube eine außerordentliche Hilfe dar. Deshalb geben Mönche gern diesen Rat:

- Konzentriere dich auf deine Stärken und nicht auf deine Schwächen!
- Halte dir vor Augen, was du kannst und was du schon erreicht hast!
- Glaube an deine eigenen gottgegebenen Fähigkeiten! Jedes Gefühl von Nicht-Können oder Minderwertigkeit, jeder Zweifel an dir lähmt deine Tatkraft!
- Glaube an dein höheres seelisch-geistiges Ich!
- Glaube an deine Kraft zur Selbst-Entwicklung und -Verwirklichung!
- Glaube an dich selbst!
- Glaube an göttliche Hilfe auf deinem Weg!

Eine fernöstliche Weisheit sagt: »Auch eine Reise von tausend Meilen fängt mit dem ersten Schritt an. Achte auf deine Gedanken: Sie sind der Anfang deiner Taten. Und höre auf dein höheres Ich, denn nur ihm kannst du vertrauen!«

Der Mensch ist der Denker, Gestalter und »Er-glauber« seiner eigenen Welt. Deshalb bestimmen auch seine Gedanken von heute seine Entwicklung von morgen. Zum Glauben an sich und zum Schaffen einer eigenen heileren Welt gehört allerdings auch etwas scheinbar Banales: die praktische Anwendung von Glauben und Zuversicht im Alltag.

Der gesunde und vernünftige Optimismus

Dieser Optimismus kann für alle inneren und äußeren Vorhaben als hilfreicher, aufbauender und heilsamer Faktor wirken. Er muss aber stets »gesund und vernünftig« sein. In diesem Zusammenhang erinnern die Mönche an Realität, Klarheit und Nüchternheit. Das heißt, dass vor der Anwendung ausreichend nüchtern ersichtliche Anzeichen der Berechtigung für Optimismus erkennbar sind. Diese Berechtigung besteht nur dann, wenn von vornherein ausreichend reale Voraussetzungen gegeben sind, die eine konkrete Verwirklichung des Erwünschten als durchaus echte Möglichkeit oder sogar als Wahrscheinlichkeit feststellen lassen. Dann wird die Glaubenskraft dieses Optimismus einen maßgeblichen Druck auf die vielleicht noch schwankende Waagschale der Verwirklichung ausüben und wesentlich zum guten Gelingen beitragen.

Abzulehnen ist jede Form von »Seifenblasen-Optimismus«, der aus bloßem unrealistischem Wunschdenken besteht. Er ist von Anfang an zum Scheitern verurteilt. Träumerische Naturen mit irrealen Vorstellungen und Illusionen missbrauchen auf diese Art nur die Heilkraft des positiven Denkens. So vergeuden sie sinn-und verantwortungslos wertvolle Gedankenkräfte.

Alle Anwendungsformen von heilsamen und aufbauenden Gedanken- und Glaubenskräften setzen immer die Beachtung der durch unsere Vernunft zu erkennenden realen Gegebenheiten voraus. Alle Suchenden müssen die Realität vor Augen und die gegebenen Voraussetzungen nüchtern erkennen. Wir leben auf dieser Erde und müssen stets ihre Gesetze beachten, und auch die überirdischen Hilfen fließen nie ohne ihre Berücksichtigung ein. Wenn zum Beispiel ein buddhistischer Mönch bei Notfällen den Rat »Er-glaube dir deine Gesundheit!« oder »Er-glaube-dir materielle-Hilfe!« gibt, so betont er gleichzeitig, dass die Glaubenskraft ihren Lebensnerv verlieren müsste, wenn sie nicht mit dem gleichzeitigen Einsatz aller vernünftigen, erforderlichen äußeren Maßnahmen kombiniert werden würde. Auf den einfachsten Nenner gebracht, sagt zum Beispiel ein Muslim: »Vertraue auf Allah, aber binde dein Kamel an!«

Es heißt: Wie dein Glaube – so sind deine Kräfte! In diesem Sinn kann man sich zur eigenen inneren Kräftigung wiederholt autosuggestiv vorsagen: Ich kann – weil ich glaube –, dass ich kann! Ich weiß, dass ich es schaffen werde!

Mönche wissen aus gelebter Erfahrung, dass der Glaube an das Gelingen durch die eigene Glaubenskraft eine noch viel größere Dimension eröffnet: Wenn wir völlig überzeugt an unser spirituelles Ich glauben, dann dürfen wir mit derselben Glaubenskraft auch sicher sein, dass uns bei allen unseren Bemühungen auf dem spirituellen Weg stets göttliche Hilfe beschützt und begleitet.

Umwandlung negativer Gedanken – die Mönche und das Denken

Wohl kaum ein Mensch kann sich ständig von überflüssigen und vermeidbaren negativen Gedanken völlig frei halten. Nicht einmal Heilige schaffen das. Wir können aber dazu dennoch wieder viel von den Mönchen lernen.

Wir sollten wie sie stets bestrebt sein, uns so weit wie möglich von der Unglück anziehenden und destruktiven Krafteinwirkung zu befreien. Unvermeidbar bleibt, dass wir auch genug negative Tatsachen bedenken und nüchtern analysieren müssen, um darauf – soweit es zweckmäßig erscheint – entsprechend zu reagieren. Doch die darüber hinausreichenden, ausufernden und unberechtigten »Katastrophengedanken«, die irreal wuchernden und Angst machenden Phantasien oder andere übersteigerte Denk-, Sprech- und Handlungsreaktionen stellen unglaublich eingreifende Belastungen dar, die sich auch als Blockaden am heilsamen inneren Weg auswirken. Wir sollten sie natürlich so weit wie möglich vermeiden.

Das ist viel leichter gesagt als getan. Wer sich jedoch wie die Mönche in der schon besprochenen Kontrolle des Gedankenlebens eingeübt hat, kann mithilfe der Sensibilisierung gegen überflüssige und vermeidbare negative Impulse rasch hellhörig werden und diese als Aggressoren gegen den inneren Frieden identifizieren. So wird man ihnen, statt hilflos ausgeliefert zu bleiben, bereits von Beginn an keinen Raum geben und keine Wirkungsstätte in seinem Inneren überlassen.

Negative Impulse schleichen sich oft ganz heimlich, fast unmerklich und unter der Maske großer Sorge getarnt in unser Inneres ein. Sie wollen sich dort einnisten, uns mit ihrer üblen Botschaft anstecken und uns beherrschen. Diese negativen Impulse sind die zum Beispiel von Mohammed so bezeichneten »üblen Einflüsterer«, die vom bösen Drang getrieben werden, uns zu verbittern, den Seelenfrieden zu stören und uns nicht aus ihren Klauen zu entlassen. Wenn man mit dem Wort »Teufel« nicht nur eine finstere Macht bezeichnen will, sondern generell das Prinzip des Bösen und Gemeinen und das zum Schlechten Verführenden, kurz das Dämonische, das üblen Einfluss auf uns ausüben und Macht über uns gewinnen will, dann braucht man nur an die täglichen Nachrichten über Betrug, Korruption, Erpressung, Terror, Folter, Mord, Schändung usw. zu denken, um eine Redewendung des Volksmunds besser zu verstehen: Der Teufel hat mehr als zwölf Apostel!

Zu den ärgerlichen, kränkenden und verbitternden Gedanken, die einen einfach nicht mehr loslassen wollen, eine kleine Geschichte:

Zwei japanische Mönche gingen einst über Land. Sie hatten bei der Bevölkerung milde Gaben zu sammeln, um die Existens ihres Klosters zu sichern. Es regnete in Strömen, die Wege waren völlig aufgeweicht, und sie versanken fast darin. Plötzlich standen sie vor einem kleinen Fluss, der über die Ufer getreten war. Da kam auch ein hübsches Mädchen des Weges und wagte sich nicht über den Fluss.

»Komm her, Mädchen«, sagte der ältere Mönch, nahm es und trug es über das Wasser. Der jüngere Mönch aber sagte kein Wort, bis sie am Abend einen Tempel erreicht hatten. Jetzt konnte er seine bisher nur mühsam unterdrückte Empörung nicht länger verbergen: »Wir Mönche dürfen Frauen nicht berühren, schon gar nicht die jungen und hübschen! Es ist gefährlich! Das durftest du nicht tun!«

»Ich ließ das Mädchen dort stehen«, sagte der andere, »und habe es längst vergessen. Du aber trägst es schon den ganzen Tag in dir und jetzt noch immer. Was ist da wohl besser?«

Ein derartig langes Einwirken- und Anwachsen-Lassen von Ärger-, Kränkungs- und Zorn-Gedanken, das Ausbleiben vom Sich-Selbst-Befreien von negativem Denken sowie das sinn-und zwecklose »Wiederkäuen« und Sich-Hineinsteigern in nun einmal nicht zu ändernde Gegebenheiten stört den von jedem Menschen erforderlichen Seelenfrieden. Es schafft innere Unruhe, Unzufriedenheit und macht die Betroffenen unglücklich. Wer den heilsamen Weg zu seiner Mitte gehen will, sollte lernen, sich durch »Umwandlung« davor zu schützen. Dazu muss er allerdings geschickt vorgehen. Hier gilt ein eindeutiges Wort wie zum Beispiel von Mohammed aus dem Koran: »Gute Werke vertreiben die bösen.« Dem Sinn nach dasselbe, jedoch mit anderen Worten ausgedrückt, besagt ein Rat aus dem viel älteren Weisheitsbuch I Ging:

»Das Negative dürfen wir nicht direkt bekämpfen, sonst bleibt es siegreich. Die beste Art, das Böse zu bekämpfen, ist energisches Fortschreiten im Guten.«

Das gilt auch für begangene Fehler, Missetaten und Sünden, die nicht mehr gut zu machen sind. Dazu sagt Konfuzius: »Woran merkst du, dass eine Sünde dir vergeben ist? Daran, dass du sie nicht mehr tust!« Wir sollten also dem fehlerhaft Vergangenem, das nicht mehr zu ändern ist, nicht verhaftet bleiben und dürfen negative Impulse aller Art nie direkt bekämpfen. Damit würden wir ihnen nur noch mehr Aufmerksamkeit schenken und sie dadurch umso mehr stärken. Statt dessen soll die Richtung unseres Denkens und unsere Aufmerksamkeit bewusst geändert werden.

Es geht um eine Umwandlung in Richtung des »energischen Fortschreitens im Guten«, im Positiven, im Liebevollen und Heilen. Wenn sich uns also negative Gedanken aufdrängen wollen, sollen wir nach diesen Weisheitslehren ihre oft getarnte, aber dennoch üble Tendenz möglichst rasch erkennen und sogleich, sobald die üble Einflüsterung beginnt, sie wie unerwünschte finstere Gestalten draußen vor der verschlossenen Tür unserer Aufmerksamkeit stehen lassen. Wir sollen sie völlig ignorieren und auf ihr ungestümes Anklopfen nicht reagieren. Statt dessen ist das »energische Fortschreiten im Guten« zu vollziehen, nämlich die Umleitung oder Hinwendung der Aufmerksamkeit auf etwas Gutes, auf positive erfreuliche Gedanken. Die Aufgabe ist dann: Konzentration auf etwas Liebenswertes, Schönes, Aufbauendes, auf ein Thema, das Freude bereitet!

Mit dieser Aufgabe können wir uns selbst schulen, die Heilkraft des richtigen Denkens in uns zu entwickeln und mehr Herrschaft über unser Gedankenleben zu gewinnen. Es läuft hier auf eine Kraftprobe hinaus: Wer ist stärker, die Konzentration auf das Positive oder das laute Anklopfen der negativen Einflüsterer?! Eine besonders bewährte Hilfe in solchen Situationen ist die Meditation (siehe dazu nächsten Abschnitt Seite 78 ff.).

Mit der Umlenkung der Aufmerksamkeit entziehen wir dem Negativen die Beachtung und damit seinen Nährboden. Es wird so gedanklich ausgehungert und verzieht sich wie eine dunkle Gewitterwolke am Horizont. Es löst sich auf und verschwindet gänzlich. Ein Sieg des Hellen über das Dunkle ist geschehen. Eine solche heilsame Wandlung gelingt mit zunehmender Übung immer besser. Das Prinzip, das unerwünschte Negative durch seinen positiven Gegenpol zum Weichen zu bringen, lehren schon die zu den heiligen Büchern der Menschheit zählenden Upanishaden:

»Durch die Speise weicht der Hunger,
Durch den Trank weicht der Durst,
Durch das Heil weicht das Unheil,
Durch das Licht weicht Dunkel,
Durch die Unsterblichkeit weicht der Tod.«

Ein Beispiel aus der heutigen Zeit: Ein älterer Mitarbeiter bekam einen jungen forschen Vorgesetzten. Dieser wusste alles besser, und täglich gab es Streit. Der ältere Mitarbeiter konnte sich seiner Verbitterung nicht mehr erwehren. Er bekam ein Magengeschwür, landete im Krankenhaus und konnte dort trotz aller Therapien – bei unveränderten negativen Gedanken – keine echte Besserung erzielen. Erst nachdem er die Zusammenhänge erkannt und bewusst »Selbsteinredung« – Autosuggestion – geübt und angewandt hatte, trat eine Wandlung seines Innenlebens ein. Dies wirkte sich schon bald auf seinen Vorgesetzten so aus, dass dieser ihm nunmehr mit zurückhaltendem Respekt begegnete. Es gab kein böses Wort mehr. Der ältere Mitarbeiter verlor mit seinem neuen Bewusstsein alle Beschwerden und gewann eine neue Lebensqualität. So kann sich das Negative durch den Prozess der Heilung ausschalten lassen und zur Ursache positiver Wandlung werden. Eine mönchische Weisheit sagt: »Wo es Liebe regnet, wünscht sich keiner einen Regenschirm.«

Gedanken und Worte, die aus dem Herzen kommen, sind meist erfühlbar und mit Kräften der schenkenden Liebe ausgestattet – mit jener Liebe, die nicht nach Gewinn oder nach Besitz eines Menschen oder eines Gegenstandes trachtet und die frei für sich aus der Spiritualität heraus entsteht. Diese Liebe kann wie eine Sonne alles bestrahlen, erwärmen und erhellen, was in ihre Nähe kommt. Von dieser Liebe sagte einer der größten Ärzte, Paracelsus, dass sie die höchste aller Arzneien darstelle.

Alle Hochreligionen wissen um diese Zusammenhänge. Am klarsten tritt dies im Christentum zutage: »Gott ist die Liebe; wer in der Liebe bleibt, der bleibt in Gott, und Gott in ihm« (Johannes 4,16). Und der Apostel Paulus sagt: »Nun aber bleibt Glaube, Hoffnung, Liebe. Diese drei; aber die Liebe ist die größte unter ihnen« (1. Kor. 13,13). Von den Mönchen können wir lernen, himmlische Liebe in unserer Einstellung bewusst in alle Aufgaben, die uns das Leben stellt, einzubeziehen. Was immer wir in unseren mitmenschlichen Beziehungen, in allen Tätigkeiten, wo auch immer, tun mögen, wir sollten stets danach trachten, diese mit liebevoller Zuwendung und echter Herzlichkeit zu erfüllen. Dadurch wird unser Tun auch schon bald mehr Freude bereiten, besser gelingen und seinen Segen in sich tragen.

Bewusst oder unbewusst sehnt sich jeder Mensch, von frühester Kindheit an bis zum letzten Lebenstag, nach dieser Liebe, woher sie ihm auch immer geschenkt werden mag. Und stets gilt dieselbe Empfehlung: Wenn du dich nach Liebe sehnst, mach anderen viel Freude!

Nachsinnen und Beschaulichkeit – Meditation

Der Begriff »Meditation« ist heute in aller Munde. So verbreitet dieser Begriff ist, so diffus sind aber auch die Vorstellungen, die mit ihm verknüpft werden.

Dem Buddhismus wird im Hinblick auf Meditation besondere Kompetenz unterstellt. Er gilt geradezu als »Religion der Meditation«, während im Gegensatz dazu das Christentum gerade von Christen gern als Religion der aktiven Nächstenliebe definiert wird. Doch das ist zu einfach. Sehen wir etwas genauer hin, erkennen wir Folgendes:

Es gibt im Buddhismus viele verwirrende Begriffe, die alle irgendetwas mit »Meditation« zu tun haben: Bhavana, Dhyana, Samadhi, Zen, Mhamudra, um nur einige zu nennen. Es gibt andererseits die westliche Tradition der Meditation und Kontemplation, deren Begriffe wir oft als Übersetzung buddhistischer Begriffe verwenden, was aber nicht korrekt ist. So heißt zum Beispiel *bodhi* eigentlich »Erwachen«, während der Ausdruck »Erleuchtung« aus der christlichen Mystik stammt.

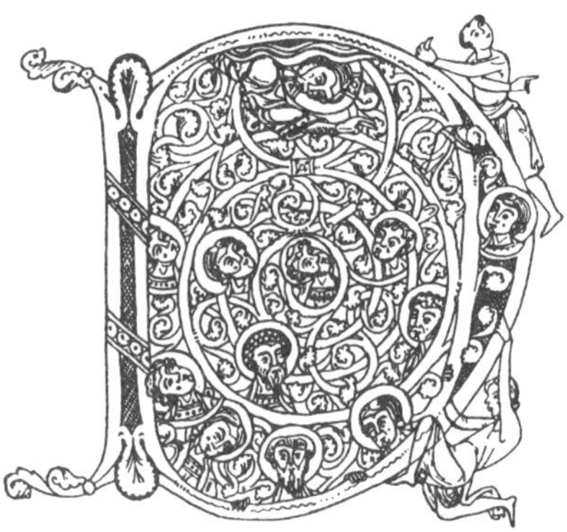

Initiale aus Codex 20 des Skriptoriums von Heiligenkreuz. Im Rankengeschling segnet der auffahrende Christus (oben) die zurückbleibenden Jünger. Außerhalb sind zwei Begleitfiguren, von denen sich eine bemüht, in den Kreis hineinzukommen, die andere weist auf den folgenden Text.

So übersetzt zum Beispiel einer »Dhyana« oder »Samadhi« mit »Meditation« und ein anderer diese Begriffe mit »Konzentration«, wobei den Übersetzern die ursprüngliche

Bedeutung der westlichen Ausdrücke häufig nicht klar ist. Was also kennzeichnet Meditation in der Tradition des westlichen und östlichen Mönchtums?

Die westliche Tradition

Das lateinische Wort *meditari* bedeutet »nachsinnen, überdenken, sich vorbereiten«. Diese Grundbedeutung hat sich in vielen romanischen Sprachen bis heute erhalten. Ein »crime prémédité« ist im Französischen zum Beispiel ein »vorsätzliches Verbrechen«. Meditieren hat also in seiner ursprünglichen Bedeutung nichts mit »Nicht-Denken« zu tun, sondern ist im Gegenteil das genaue, beharrliche Nachsinnen über einen bestimmten Gegenstand, bei dem Subjekt und Objekt klar getrennt bleiben.

In der christlichen Mystik ist die Meditation die unterste Stufe des geistlichen Weges, wie er seit dem 12. Jahrhundert immer wieder beschrieben wurde. So unterscheidet zum Beispiel der französische Jesuit Louis Lallemant, der 1635 »im Geruch der Heiligkeit« starb, in seiner *Doctrine spirituelle (Lehre der Spiritualität)* drei Stufen des Gebets:

- Die *Meditation* oder das – methodisch mehr und mehr verfeinerte – Gebet, dem sich vor allem die Anfänger widmen, die sich noch auf dem Weg der »Reinigung« befinden: »Man denkt über ein bestimmtes Thema nach, zieht Schlüsse, denkt über die Vergangenheit nach, untersucht den gegenwärtigen Zustand, macht Vorsätze für die Zukunft.« Auf dieser Stufe geht es um eine Bestandsaufnahme der eigenen Situation und die Entscheidung, überhaupt den spirituellen Weg zu gehen. Das beste Beispiel für diese Form der Meditation sind die »Exerzitien« des Ignatius von Loyola, des Gründers des Jesuitenordens, wobei Ignatius »Exerzitien« als geistliche Übungen sieht, in denen die Selbstprüfung im Vordergrund steht.
- Das *Herzensgebet* (Lallemant nennt es »oraison affective«) der schon Fortgeschrittenen, die sich auf dem Weg zur *Erleuchtung* befinden.

Auf dieser Stufe geht es vor allem um die Umwandlung des Gefühlslebens, um die Entwicklung von Hingabe, Barmherzigkeit, Glaube, Liebe und Hoffnung. Der Glaubende vergegenwärtigt sich zum Beispiel die Qualitäten Gottes und entwickelt den sehnlichen Wunsch, an ihnen teilzuhaben.

- Die *Kontemplation* oder das Gebet der *Einigung* für alle, die sich auf dem Weg der Vereinigung mit Gott befinden: »Man stellt sich vor Gott und verharrt so – still und besinnlich, beschäftigt sich voller Achtung und Liebe mit dem Anblick Gottes oder einer anderen frommen Empfindung [...]. In der Meditation geht die Seele mühsam zu Fuß; durch die Kontemplation fliegt sie mühelos dahin.« Im Gegensatz zur Meditation ist die Kontemplation nicht mehr auf irgendwelche Überlegungen und Begründungen angewiesen und führt zur unmittelbaren Schau Gottes. Diese Erfahrung lässt sich nicht mehr in Worte fassen und kann nur noch symbolisch zum Beispiel als »Umarmung von Braut (Seele) und Bräutigam (Gott)« umschrieben werden.

Die Kontemplation führt also letztlich zu einer besonderen Art der Erkenntnis, in der der Schauende mit dem Geschauten eins und dadurch frei wird. Dieser Gedanke ist nicht spezifisch christlich, er ist bereits in der griechischen Philosophie von zentraler Bedeutung.

Kontemplation ist nämlich ursprünglich die lateinische Übersetzung des griechischen Begriffs *theoria*, der eigentlich so viel wie »An-

Bilder, die Mönche wie Laien zu Meditation, Gebet und Kontemplation einladen, schuf einer der begnadetsten Künstler, Albrecht Dürer. Kunst, wie er sie verstand, sei erst dann groß und gut, wenn sie Gott zur Ehre gereiche. Albrecht Dürer: »Die Kunst ist nütz, wenn Gott durch sie geehrt wird.«
Bild gegenüber: Christus am Kreuz, um 1495, zentrales Darstellungsthema der christlichen Kunst seit ihren Anfängen.
Abbildung Seite 82: Der heilige Franz von Assisi empfängt die Wundmale Christi, um 1500.
Abbildung Seite 83: Die Heiligen Antonius und Paulus, um 1502.

I·N·R·I

VVLNERA QVAE PROPTER CHRISTVM FRANCISCE TVLISTI
ILLA ROGO NOSTRIS SINT MEDICINA MALIS :~

schauende (direkte) Erkenntnis« bedeutet. Für alle antiken Philosophen war es selbstverständlich, dass der *bios theoretikos,* das der Betrachtung gewidmete Leben, eine besondere Würde besitzt und von allen Lebensarten die befriedigendste ist. Fassen wir zusammen:

Es gibt und gab in unserer westlichen Kultur verschiedene Formen dessen, was wir als Meditation bezeichnen können. Was wir heute meist mit diesem Begriff verbinden, wird traditionell als Kontemplation bezeichnet und ist in der Regel das Ergebnis eines spirituellen Wegs, der vom verstandesmäßigen Denken zu einer intuitiven Wahrnehmung führt.

Die östliche Tradition

Im Canki-Sutta, der 95. Lehrrede aus der Mittleren Sammlung, beschreibt Buddha die buddhistische Praxis als allmählichen, stufenweisen Weg, der von der anfänglichen Prüfung des Lehrers, dem Hören seiner Lehre und dem intensiven Nachdenken zur Bestätigung durch die eigene Erfahrung führt: »Und hat er ihn (den Buddha/den Lehrer), also erforschend, rein von Eigenschaften der Irre befunden, so fasst er Vertrauen zu ihm. Hat er Vertrauen gefasst, so kommt er heran. Herangekommen, gesellt er sich zu. Zugesellt gibt er Gehör. Offenen Ohres hört er die Lehre. Hat er die Lehre gehört, behält er sie. Hat er die Sätze behalten, gewähren ihm die Sätze Einsicht. Indem ihm die Sätze Einsicht gewähren, billigt er sie. Indem er sie billigt, lässt er sie gelten. Hat er sie gelten lassen, wägt er sie ab. Hat er abgewogen, arbeitet er. Und weil er innig arbeitet, verwirklicht er eben leibhaftig die höchste Wahrheit und – weise durchbohrend – erschaut er sie« (Übersetzung von K. E. Neumann).

Diese Stelle aus dem Pali-Kanon macht deutlich, dass Meditation im Buddhismus der Endabschnitt eines langen Weges ist, der vom Aufnehmen über das Verarbeiten zum Verwirklichen führt und in der tibetischen Tradition gern als »Hören, Nachdenken, Meditieren« zusammengefasst wird. Das tibetische Wort für »meditieren« (*gom*) ist die Übersetzung des Sanskritworts *bhavana*. Die Grundbedeutung dieses Wortes ist »werden«, im Zusammenhang unserer Betrachtung bedeutet es Werden im Sinne einer spirituellen Entwicklung, eines geistigen Trainings, das einen veränderten Zustand des Bewusstseins erzeugt.

Diese Entwicklung wird von den drei Grundprinzipien getragen, die dem achtfachen Pfad zugrunde liegen: Erkenntnis (besser: Einsicht, geistige Schau), Ethik und Samadhi, was mit Bedacht nicht mit Meditation übersetzt werden sollte (siehe unten).

Aus der oben zitierten Stelle aus dem Canki-Sutta wird ersichtlich, wie diese drei Prinzipien ineinander greifen: Einer ersten Einsicht, dass die Lehre des Buddha vertrauenswürdig ist, folgt ihre Annahme als Arbeitsentwurf. Dies hat Konsequenzen für die Art und Weise, in der wir mit anderen kommunizieren (Rede), mit ihnen umgehen (Handeln) und unseren Beruf ausüben (Erwerbsleben). Die buddhistische Ethik, die im achtfachen Pfad in diese drei Aspekte eingeteilt wird, dient vorrangig dazu, all die äußeren Konflikte und Verwicklungen zu vermeiden, die uns daran hindern, an uns selbst zu arbeiten. Sie ist keine Gebots- und Verbotsethik, sondern eine Beschreibung der Umstände, die die Entwicklung von Samadhi begünstigen, dem letzten Abschnitt des Weges. Was ist damit gemeint?

Selbst wenn wir die Notwendigkeit erkennen, uns zu verändern und uns darum bemühen, keinen anderen Lebewesen zu schaden, sind tief in unserem Innern doch immer noch verborgene Tendenzen vorhanden, die unsere guten Vorsätze und Taten unmerklich in ihr Gegenteil verkehren.

Es muss daher noch etwas dazukommen, das Wissen und das Handeln verbindet und integriert, ein geistiges Training, das zu einer tiefgreifenden Umwandlung des Bewusstseins führt, die unsere grundlegend verzerrte Wahrnehmung der Realität korrigiert. Es geht darum, einen Zustand des Einklangs mit uns selbst zu erlangen, in dem uns nichts mehr erschüttern kann und in dem wir wirklich eins sind mit dem, was wir erkennen und tun. Dieses Ziel, das in der westlichen

Das Meditationsbild als Mandala

Das Meditationsbild rechts des Bruder Klaus – Nikolaus von Flüe – ist mit seinen konzentrischen Kreisen gewissermaßen ein Zielbild. In Wellenringen will es zu dem in der Mitte dargestellten Ziel, Gott, hinleiten. Von ihm geht, entsprechend seinem dreifachen Wesen, eine dreifache Strahlung aus, auf die – zu ihm zurückstrahlend – eine weitere dreifache Strahlung antwortet.

Das Bild hat insofern Allgemeingültigkeit für alle Religionen in allen Kulturen, als es nach einem Grundschema die Wirkung Gottes veranschaulicht: Wie die Wellenringe eines ins Wasser geworfenen Steins breitet sich in konzentrischen Kreisen die von Gott ausgehende Bewegung aus und wirkt fort in den Grundbewegungen der Heilsgeschichte wie auch der Seele.

Dieses Schema liegt jedem Mandala zugrunde. Carl Gustav Jung hat diese Bezeichnung aus dem indischen Kulturkreis übernommen. Die Symbolik umfasst alle konzentrisch angeordneten Figuren und Kreisläufe um ein Zentrum, rund oder im Quadrat, und alle radiären oder kugelförmigen Anordnungen. Der Begriff »Mandala« wurde von Jung gewählt, weil er den rituellen Kreis kennzeichnet, der vor allem im Lamaismus und im Tantra-Yoga als Mittel der Meditation verwendet wird. Mandala sind in Indien und Tibet auch auf Seide gemalte Tempelmeditationsbilder, die auf demselben Grundschema beruhen (siehe Seite 92).

Psychologie auch als Integration bezeichnet wird, ist die eigentliche Bedeutung des buddhistischen Begriffs »Samadhi«, den man am besten mit »Fest-zusammengefügt-sein« oder »Verankerung« übersetzt. Nur aus diesem Zustand heraus kann Erleuchtung nach buddhistischer Auffassung erreicht werden.

Traditionell wird Samadhi im engeren Sinn, der als achtes Glied des achtfachen Pfades das Endziel der buddhistischen Praxis darstellt, als »bildlos«, »richtungslos« und »Leerheit« *(anatta)* beschrieben: Er ist frei von Konzepten, »wunschlos glücklich« und verbunden mit unmittelbarer Einsicht in die Natur der Realität. In diesem Zustand gibt es keinen Unterschied mehr von Meditation und Nicht-Meditation, er ist die »leibhaftige Verwirklichung der höchsten Wahrheit«, wie es im Canki-Sutta heißt.

Die eigentliche Meditation besteht nun aus den Vorstufen, über die man Samadhi verwirklicht. Im achtfachen Pfad bilden sie Teil sechs und sieben, »vollkommene Bemühung« und »vollkommenes Gewahrsein«.

Die erste Voraussetzung für die Meditation ist also *Bemühung*. Nachdem die äußeren Störfaktoren reduziert sind, beginnt die Beschäftigung mit den inneren Störfaktoren: unseren negativen Gefühlen wie Feindseligkeit, Gier, Jähzorn, Unausgeglichenheit, Trägheit und Unentschlossenheit.

An ihre Stelle sollen positive Gemütsregungen wie Gelassenheit, Freundlichkeit und Freude treten. Zu diesem Zweck meditiert man zum Beispiel über einen der »Vier unermesslichen Gedanken« wie Güte oder Mitgefühl. Die Frucht dieses mühevollen Kampfs mit den eigenen schlechten Gewohnheiten wird die Erfahrung sehr friedvoller, angenehmer geistig-körperlicher Zustände sein, die in ihrer reinsten Form als *Konzentration* bezeichnet werden.

Doch diese Befriedung des Gemüts ist noch nicht das Ende des Wegs. Zwar verhindert oder schwächt sie das Auftreten zum Beispiel von Jähzorn, reicht aber nicht an die tief sitzenden Tendenzen und Neigungen heran, die sich irgendwann wieder ausbreiten können. Aus diesem

Grund heißt es in der buddhistischen Tradition, dass die verschiedenen Dhyanas zwar zu einer Wiedergeburt in den Götterbereichen führen können, aber nicht zur vollständigen Befreiung, da sie die grundlegende Unwissenheit nicht beseitigen.

Deshalb muss als nächster Schritt Achtsamkeit oder *Gewahrsein* geübt werden. Hierbei geht es nun darum, unsere Wahrnehmung immer mehr zu verfeinern und die Formen unserer Realität zu analysieren. Gegenstand der Analyse sind vier Gegenstandsbereiche: der Körper, die Empfindungen, der allgemeine Geisteszustand und die Geistobjekte (dharmas). Sie alle werden daraufhin untersucht, ob sich in ihnen ein fester Kern, ein beständiges *Selbst* finden lässt.

Die meditative Konzentration wird also dazu benutzt, das Wesen des Meditationsobjekts zu durchschauen. Das ist der Sinn des Pali-Worts *vipassana,* ein Wort aus dem Sanskrit, das eben diesen »Durch-« oder »Klar-Blick« meint. So dient zum Beispiel die Konzentration auf den Atem nicht allein der Beruhigung, sondern soll schließlich auch zur Erkenntnis der Leerheit der Körperlichkeit führen:

»Die Atmungs-Achtsamkeit dient ferner dem wirklichkeitsgemäßen Erfassen des Körpers in der Klar-Blick-Betrachtung [...]. In der Flüchtigkeit der Atemzüge erfassen wir die Vergänglichkeit des Körpers; in der Abhängigkeit des Atems von bestimmten Körperorganen und andererseits der Abhängigkeit des lebenden Körpers von der Atmung erfassen wir die vielfache Bedingtheit des Körpers; im schweren Atem oder der Atemstörung erfassen wir die Leibhaftigkeit des Körpers; im Atem als einer Manifestation des Wind- oder Bewegungselementes erfassen wir die unpersönliche Natur des Körpers« (Nyanaponika Mahathera).

Samadhi im engeren Sinn bezeichnet sowohl im Theravada wie im Mahayana die »Einsgerichtetheit des Geistes«, die als unerlässliche Voraussetzung für die Entfaltung einer direkten, unmittelbaren Erkenntnis gilt.

In der Pali-Literatur werden drei Stufen von Samadhi unterschieden, die vorbereitende, angrenzende und vollständige. In den Mahayana-Sutren bezeichnet Samadhi oft die Meditation des Buddha über ein bestimmtes Objekt. Wenn der Buddha zum Beispiel am Anfang des Herz-Sutra über Leerheit meditiert, befindet er sich im »Samadhi der Erscheinung des Tiefgründigen«. Vielleicht um davon noch mit Anstrengung verbundene Konzentration zu unterscheiden, verwendet das Mahayana für »Konzentration« häufiger den auch im Pali-Kanon schon vorkommenden Begriff *shamatha,* was Befriedung, Beruhigung bedeutet und mit *dhyana* weitgehend identisch ist.

In der Neubeschreibung des Weges, die das Mahayana vornimmt, werden Konzentration und Analyse nur deutlicher formuliert. Dhyana ist auch hier das Mittel, um Erleuchtung zu verwirklichen, nur dass die Erkenntnis der Leerheit vertieft und Leerheit als die wahre Natur aller Phänomene nach buddhistischer Lehre erkannt wird.

Vergleich westlicher und östlicher Tradition

Kehren wir noch einmal kurz zu dem christlichen Mystiker Louis Lallemant aus dem 17. Jahrhunderts zurück. Abgesehen davon, dass die unterschiedlichen Aspekte der Konzentration im Buddhismus wesentlich genauer und differenzierter dargestellt werden, gibt es zwischen beiden Meditationsformen doch beträchtliche strukturelle Gemeinsamkeiten. Nur die Themen der jeweiligen Meditationen bleiben unterschiedlich.

In beiden Traditionen führt der Weg vom verstandesmäßigen Nachdenken über die Arbeit mit den eigenen Emotionen zu größerer Verinnerlichung, die ein unmittelbares Eins-Sein mit der höchsten Wirklichkeit ermöglicht, sei es nun die *theoria* und *Kontemplation* im Westen oder der *Samadhi* im Osten. Sicher sind der jeweilige Weg und das jeweilige Ziel nicht identisch, aber die Gemeinsamkeiten sind nicht zu übersehen.

Das lässt den Schluss zu, dass alle Religionen sich auf eine kulturübergreifende Erfahrung – oder wie immer man es nennen möchte – beziehen. Es wäre jedenfalls verfehlt, etwa den Buddhismus nur als »Religion der Meditation« und das Christentum nur als »Religion der Nächstenliebe« zu betrachten.

Zusammenfassung

Jeder spirituelle Weg hat ein Ziel: die Verwirklichung des echten Menschentums im höchsten Sinn. Viele Menschen in aller Welt bitten Gott, so wie sie ihn verstehen, um Hilfe. Millionen verrichten in Kirchen, Tempeln, Moscheen ihre Gebete. Sie sind nicht selten bitter enttäuscht, wenn sie keine Erhörung finden, die wenigsten fragen sich dann aber, ob sie nicht selbst Anteil daran haben, dass ihrem Gebet die nötige Kraft fehlt. Die Ursache dafür besteht oft darin, dass wir Menschen uns in unserem Alltag allzu fehlerhaft, zu lieblos oder sonstwie erfüllungshemmend verhalten.

Wir wissen zwar, dass kein Mensch ohne Fehler oder ohne Tadel ist, ziehen daraus aber nicht immer die erforderlichen Konsequenzen. Jeder trägt in sich ein mehr oder weniger großes »Sortiment« an Schuld, Mängeln und Schwächen. Es liegt aber an uns, wie die Mönche lehren, ob wir das alles beim Alten lassen oder ob wir uns bemühen wollen, zumindest das Schlimmste zum Besseren, zum Heilsein im besten Sinne des Wortes zu wenden. Zweifellos liegt der Schlüssel zu einer glücklicheren Bewältigung des Lebens und zur besseren Meisterung des Schicksals in einer spirituellen Einstellung. Diese darf sich allerdings nicht in der bloßen Theorie erschöpfen. Sie muss sich vielmehr als lebendige Praxis im Alltag wiederfinden. Je mehr wir danach streben, unser tägliches praktisches Leben in Übereinstimmung mit den Forderungen des Ewig-Geistigen, Gott, einer höheren Macht – oder wie immer wir es bezeichnen – zu bringen, desto leichter werden wir die Aufgaben und Probleme unseres Lebens lösen, körperliches und seelisches Leid überwinden und unser Leben glücklicher gestalten.

Es gibt für jeden Menschen viele Möglichkeiten, seinen Alltag geistgerechter auszurichten. In den vorangegangenen Abschnitten wurden einige Möglichkeiten gezeigt. Die Entscheidung aber, welche der Möglichkeiten der Einzelne für sich auswählen sollte, kann ihm nur seine eigene, dafür zuständige Instanz verraten, nämlich sein eigenes *gutes Gewissen*. Auch dazu halten die Mönche einen guten Rat bereit: Kleine

Mandala als Tempelmeditationsbild, dessen Grundschema einen Tempel darstellt: eine äußere Kreisumwallung, die in sich einen quadratischen »Tempel« birgt, in dessen Mitte eine Gottheit ihren Platz hat.

Verbesserungen, die man verwirklicht, sind mehr als große, die man nur plant und wieder vergisst.

Sobald wir beginnen, uns ernsthaft mit den Möglichkeiten eines höheren Ordnungschaffens im Innern auseinanderzusetzen und sobald wir auch einen festen Willen dafür entwickeln, ändert sich häufig erstaunlich schnell die gesamte Seelenlandschaft. Es ist ähnlich wie bei Hochwasser nach Dauerregen, wenn sich der dicht verhangene graue Horizont erhellt, ein blauer Himmel durchscheint und erste Sonnenstrahlen Licht und Wärme spenden. Das Nachfließen zerstörerischer Gedankenflüsse über die Schwere, Härte und Ungerechtigkeit des Schicksals und quälender Leiden ebbt dann ab, und mit jedem geistig aufbauenden Schritt kehren Zuversicht, Hoffnung und Freude wieder ein. Die bisherigen Blockaden lösen sich allmählich auf, Gebete finden zunehmend Erhörung, und die Zukunft zeigt sich in einem helleren Licht.

Die Mönche empfehlen:

- Versuche deinen Alltag so zu strukturieren, dass Stress und Hektik nicht die Oberhand gewinnen. Ein Mehr an Hilfsbereitschaft und Herzensgüte fällt auch positiv auf dich zurück.
- Nutze immer häufiger die auch dir innewohnende Kraft positiven Denkens – sowohl für dich selbst als auch für deine Mitmenschen.
- Lerne mit wachsender Überzeugung an die Existenz deines eigenen

spirituellen Wesens sowie an die vielen Möglichkeiten segensreicher göttlicher Hilfen zu glauben.

- Versuche deprimierende, überkritische und lieblose Gedanken und »Einflüsterungen« schon im Keim zu erkennen, zu ignorieren und durch Konzentration auf positive Gedanken zum Verschwinden zu bringen.
- Gehe mit Freude, Bejahung und Konzentration die Aufgaben im Beruf und Alltag an und gewinne damit den aufbauenden und kräftigenden »Segen der Arbeit«.
- Versuche mit unerschütterlicher Konsequenz immer mehr Herr über dein Gedankenleben zu werden.
- Erkenne immer besser deine Fehler und Schwächen und pflege umso mehr ein »energisches Fortschreiten im Guten«.
- Trachte danach, die stärkste spirituelle Eigenkraft, die höhere Liebe, möglichst oft anzuwenden und zu fördern. Versuche, alle deine Begegnungen und Tätigkeiten im Alltag mit liebevoller Einstellung, Herzensgüte und Innigkeit zu erfüllen.

Für alle diese Bemühungen gilt das Bibelwort: »Denkt daran: Wer kärglich sät, wird auch kärglich ernten; wer reichlich sät, wird reichlich ernten« (2. Kor. 9,6). Und der Rat eines buddhistischen Mönches lautet:

»Nimm dein Leben wie es ist!
Denke nicht: So könnte es sein.
Fluche keinem deiner Tage!
Was du tragen musst, ertrage!
Alles, was dir je begegnet,
Segne und du wirst gesegnet!«

Sum captiuatus

Im Reich der Heilerinnen und Heiler

Was im 21. Jahrhundert als ganzheitliches Heilkonzept bezeichnet wird, auf dem beachtliche Heilerfolge beruhen, ist keine Errungenschaft der modernen Medizin. Ganzheitliche Krankenversorgung mithilfe verschiedener Therapien hat eine lange Tradition und existierte bereits als umfassendes Behandlungssystem im Spitalwesen mittelalterlicher Klöster.

Der Gründer des Benediktinerordens, Benedikt von Nursia, hatte für dieses umfassende Behandlungssystem in seiner Ordensregel die Basis geschaffen und genau festgelegt, was alles zur Krankenversorgung und Sozialfürsorge erforderlich ist.

Die Sorge, *Cura*, um den Kranken umfasste im Sinne Benedikts eine integrierte Krankenversorgung, wie wir in unserer modernen Sprache sagen würden, das heißt, sie beinhaltete nicht nur den Arzt, die Arzneimittel und die medizinischen Geräte, sondern auch die seelische Pflege und die seelsorgerische Begleitung. Benedikt von Nursia spricht in diesem Zusammenhang von der »Wertschätzung des Kranken«, die ihre Entsprechung in einer umfassenden körperlichen und seelischen »Behandlung« haben muss, wobei das Seelenheil Vorrang hat, weil auf ihm das körperliche Heil beruht.

Bild gegenüber: Im Reich der Heilerinnen und Heiler, in den klösterlichen Hospitälern, wird Kranken ganzheitliche Hilfe für Körper, Seele und Geist zuteil. Über die ärztliche Hilfe hinaus werden Kranke mit Erbauungsbildern wie diesem ermutigt, nicht zu verzweifeln, sondern sich in Geduld zu üben. Als Vorbilder für Geduld dienen: Gottvater, der mit Pfeil und Geißel gegen das Leiden kämpft; Christus mit Dornenkrone, Geißel und Rutenbündel; die Märtyrer Barbara (Turm); Katharina von Alexandrien (Rad und Schwert), Laurentius (Rost) und der Erzmärtyrer Stephanus (Steine). Zwei Teufel jammern, dass alle Mühe umsonst sei, den Kranken in Verzweiflung zu stürzen.

Ganzheitliche Krankenversorgung in den Klöstern

Vor diesem Hintergrund wird verständlich, dass die Sorge für die Seele, *Cura animae*, und ebenso die Sorge für den Körper, *Cura corporis*, Schwerpunkte klösterlichen Denkens und Lebens waren. Entsprechend hohen Stellenwert hatte die Klostermedizin, denn die Sorge für die Kranken sollte im sozialen Bereich über allem anderen stehen. Im 36. Kapitel seiner Ordensregel schreibt Benedikt:

»Die Sorge für die Kranken muss vor und über allem stehen: Man soll ihnen so dienen, als wären sie wirklich Christus; hat er doch gesagt: Ich war krank, und ihr habt mich besucht, und: Was ihr einem dieser Geringsten getan habt, das habt ihr mir getan. Aber auch die Kranken mögen bedenken, dass man ihnen dient, um Gott zu ehren; sie sollen ihre Brüder, die ihnen dienen, nicht durch übertriebene Ansprüche traurig machen. Doch auch solche Kranke müssen in Geduld ertragen werden; denn durch sie erlangt man größeren Lohn. Deshalb ist es eine Hauptsorge des Abtes, dass sie unter keiner Vernachlässigung zu leiden haben. Die kranken Brüder sollen einen eigenen Raum haben und einen eigenen Pfleger, der Gott fürchtet und ihm sorgfältig und eifrig dient. Man biete den Kranken, so oft es ihnen gut tut, ein Bad an; den Gesunden jedoch und vor allem den Jüngeren erlaube man es nicht so schnell. Die ganz schwachen Kranken dürfen außerdem zur Wiederherstellung ihrer Gesundheit Fleisch essen. Doch sobald es ihnen besser geht, sollen sie alle nach allgemeinem Brauch auf Fleisch verzichten. Der Abt soll besonders darauf achten, dass die Kranken weder vom Cellerar (Wirtschaftsverwalter des Klosters) noch von den Pflegern vernachlässigt werden. Auf ihn fällt zurück, was immer die Brüder verschulden.«

Bild gegenüber: Benedikt von Nursia schreibt die klösterliche Lebensregel, Codex des 12. Jahrhunderts. Die wesentlichen Ziele: Aufstieg zu Christus über die Stufenleiter der Demut, Überwindung des Bösen, der Hölle, durch den Glauben an Christus.

S. Benedictus

Klösterliche Fürsorge galt und gilt bis heute nicht nur Angehörigen des eigenen Mönchsordens, sondern jedem Menschen: »Vor allem bei der Aufnahme von Armen und Fremden zeige man Eifer und Sorge, denn besonders in ihnen wird Christus aufgenommen.« (53. Kapitel, »Von der Aufnahme der Gäste«, Vers 15 der Benediktregel.)

Die Klöster boten deshalb zu allen Zeiten stets Notleidenden Zuflucht und Hilfe – Armen und Kranken ebenso wie Witwen und Waisen, Obdachlosen und Pilgern. Umfassende Sozialfürsorge und ganzheitliche Krankenversorgung also, zu deren Ausübung eigene Gebäude innerhalb des Klosterkomplexes errichtet wurden: Hospitäler, in denen die von Benedikt geforderte Nächstenliebe und Mildtätigkeit auch nach außen praktiziert wurde.

Wegbereiter klösterlicher Heilkunde

Die Ordensregel Benedikts und seine Motivation zu klösterlicher Heilkunde wären ohne Kenntnis überlieferten antiken Wissens kaum denkbar. Im 6. Jahrhundert wurden große Anstrengungen unternommen, das bestehende Wissen zu bewahren. So richtete zum Beispiel der Geistliche Cassiodor (um 490–583), der selbst kein Mönch war, in dem italienischen Kloster Vivarium eine Bibliothek ein mit dem Ziel, das geistige Erbe der Antike zu bewahren. Außerdem arbeitete er einen Studienplan für angehende Geistliche und Mönche zum Erwerb antiken Wissens aus. In unsere heutige Zeit übertragen, könnte man sagen, Cassiodor richtete eine Art Mönchsakademie ein, und seine Weisungen beinhalten auch wesentliche Aufgaben der Klostermedizin:

»Euch hervorragende Brüder spreche ich an, die ihr die Gesundheit des menschlichen Körpers mit eifriger Wissbegierde studiert. Von jenem werdet ihr den Lohn empfangen, von welchem für Irdisches das Ewige erworben werden kann. Lernt deshalb die Wirkkräfte der Heilkräuter und die Mischungen der Spezereien mit sorgfältiger Überlegung anzuwenden. Aber setzt die Hoffnung nicht in die Kräuter und die Rettung nicht in menschliche Ratschläge, denn es heißt, dass die Medizin von Gott begründet worden sei, und deshalb wird jener heilen, der das Leben ohne Ende gewährt. Wenn euch die Sprache der griechischen Schriften nicht bekannt sein sollte, so benutzt vor allem das Kräuterbuch des Dioskurides, der mit bewundernswerter Charakterisierung die Heilkräuter erörtert und darstellt. Danach eignet euch die in lateinischer Sprache übersetzten Hippokrates und Galenos, vorzugsweise die Wissenschaft von der Behandlung der Kranken des Galenos an, praktiziert an dem Philosophen Glaukon. Schließlich studiert den Traktat des Caelius Aurelius über die Medizin, den des Hippokrates über die Kräuter und deren Anwendung, aber auch verschiedene andere Sammlungen über die Heilkunst, die ich euch mit Gottes Hilfe in unserer Bibliothek hinterlassen habe.«

Diese Bemerkungen Cassiodors veranschaulichen einerseits die wissenschaftlichen Impulse, die Benedikt aufgriff, und andererseits wie sich beide Persönlichkeiten brillant ergänzen. Benedikt sieht in seiner Ordensregel die Nächstenliebe als wesentlichen geistlichen Aspekt und stellt die Pflege der Kranken in den Mittelpunkt. Cassiodor verweist auf die praktischen Hilfsmittel der Krankenfürsorge, indem er ausdrücklich das Studium der Medizin empfiehlt. Beide Ansätze, der ideelle Benedikts wie der rationale Cassiodors, waren – jeder für sich – grundlegend für die Klosterheilkunde.

Ende des 8. Jahrhunderts schließlich machte Karl der Große die Klöster im Rahmen seiner umfassenden Reformen endgültig zu Zentren der medizinischen Bildung. Karl der Große befahl, dass der Lehrstoff der Mönchsakademie von Cassiodor an allen Kloster- und Kathedralschulen gelehrt werden sollte. So bekam die Medizin, damals als *Physica* bezeichnet, von höchster Stelle ihren festen Platz im Lehrplan der *Artes liberales*, der *Sieben Freien Künste*, zugewiesen. Auf dieser Grundlage, die im Wesentlichen Dioskurides, Hippokrates und Galenos schufen (siehe auch Seite 101), konnte sich die Klosterheilkunde zu einer

Darstellung der „Sieben Freien Künste“ (Artes liberales), wie sie auch in den frühen Klosterschulen Bestandteil des Lehrplans waren, bestehend aus: drei Formalwissenschaften Grammatik, Dialektik und Rhetorik sowie vier Realwissenschaften Geometrie, Arithmetik, Musik und Astronomie. Auf Veranlassung Karls des Großen fanden außerdem medizinische Themen besondere Berücksichtigung.

eigenständigen Disziplin entwickeln. Deshalb sollen im Folgenden die wichtigsten Quellen, aus denen sich das klösterliche Heilwissen entwickelte und die Cassiodor, der Wegbereiter der Klosterheilkunde, den Studenten seiner Mönchsakademie empfahl, etwas genauer betrachtet werden.

Der Grieche Dioskurides (1. Jahrhundert n. Chr.) führte in seiner fünf Bände umfassenden *De materia medica* alle damals bekannten und angewandten Heilmittel – sowohl pflanzlichen, tierischen als auch mineralischen Ursprungs – auf. Das war etwas absolut Neues, vor allem wegen der Genauigkeit, mit der Dioskurides Wesen und Wirkung von Arzneimitteln charakterisierte. Allein über 800 Heilpflanzen beschrieb er detailliert hinsichtlich Erscheinungsform, Wirkung und Anwendungen. Diese Beschreibung sollte zur Grundlage der Pharmakologie bis in die Neuzeit werden.

Ein weiterer bedeutender Vertreter antiker Arzneimittelkenntnis war Plinius der Ältere (23–79), der sich – von Beruf Feldherr und Politiker – vor allem für Naturwissenschaft interessierte. Was Plinius der Ältere aus dem Studium Hunderter von Schriften antiker Autoren zusammengetragen hatte, legte er in seinem 37-bändigen Werk *Naturalis historia* nieder.

Der jedoch wichtigste Wegbereiter der Klosterheilkunde war ein Arzt aus Kleinasien, Claudius Galenos (129–199), genannt Galen. Er prägte die abendländische Medizin von der Antike bis in die Neuzeit hinein so nachhaltig wie kein anderer. Seine Lehren beherrschten über ein ganzes Jahrtausend hinweg die Medizin. Galen fasste die zu seiner Zeit geltende medizinische Anschauung, die antike Viersäftelehre, in ein einheitliches und schlüssiges System. Mit zu Galens Lebenswerk gehört die Begründung der Lehre von der Verabreichung der Arzneimittel, der die Nachwelt noch heute mit der Bezeichnung »Galenik« gedenkt.

Zur unerlässlichen Pflichtlektüre der Klosterärzte zählten auch die so genannten Herbarien, praktische Handbücher über Wirkung und Anwendung von heilkräftigen Pflanzen. Die bedeutendsten, die in nahezu keinem Bücherschrank des mittelalterlichen Arztes fehlten, waren

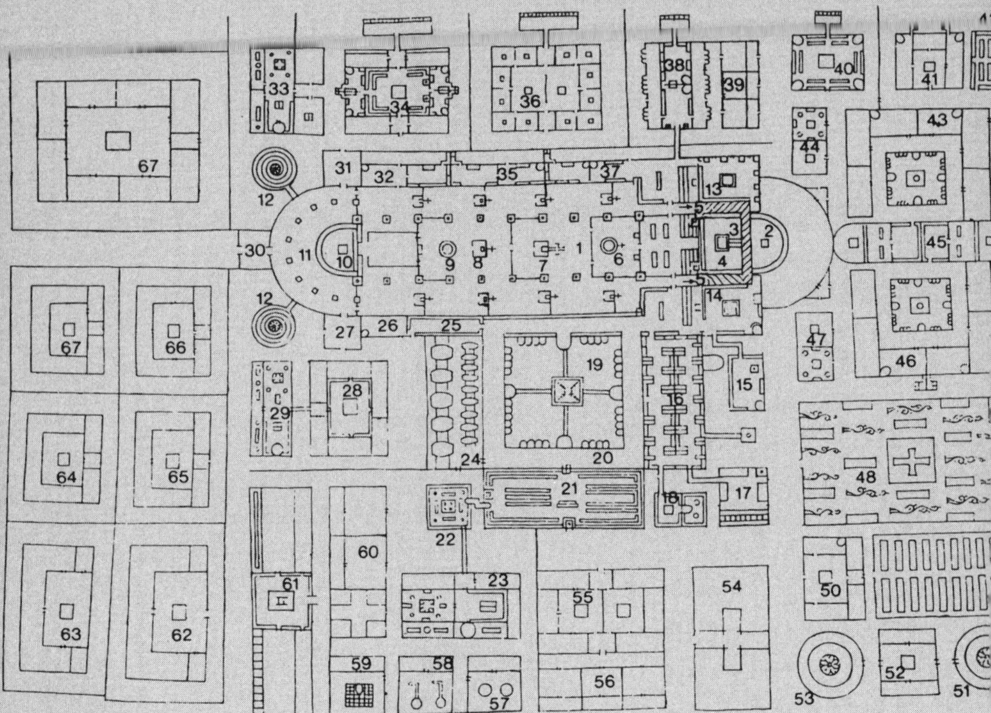

1 Kirche
2 Paulus-Altar oder -Memorie
3 Gallus-Sarkophag
4 Altar der hll. Maria und Gallus
5 Kryptaeingänge
6 Ambo
7 Kreuz-Altar
8 Altar der beiden Johannes (Bapt. u. Ev.)
9 Taufbecken
10 Petrus-Altar oder -Memorie
11 Paradies
12 Türme der hll. Gabriel und Michael
13 Schreibstube im EG, Bibliothek im OG
14 Sakristei im EG, Kammer für die liturgischen Gewänder im OG
15 Zubereitungsraum des heiligen Brotes und Öles
16 Wärmeraum der Mönche im EG, Dormitorium im OG
17 Latrinen
18 Bade- und Waschraum der Mönche
19 Kreuzgarten
20 Kreuzgang
21 Refektorium im EG, Kleiderraum der Mönche im OG
22 Küche der Mönche
23 Bäckerei und Brauerei der Mönche
24 Wein- und Bierkeller der Mönche im EG, Vorratsraum im OG
25 Sprechraum der Mönche
26 Wohnung des Verwalters des Pilger- und Armenhauses
27 Zugangshalle zum Pilger- und Armenhaus
28 Pilger- und Armenhaus
29 Brauerei, Bäckerei und Küche des Pilger- und Armenhauses
30 Eingangshalle zum Paradies
31 Zugangshalle zum Haus für vornehme Gäste und zur Äußeren Schule
32 Wohnung des Pförtners
33 Küche, Bäckerei und Brauerei des Hauses für vornehme Gäste
34 Gästehaus for vornehme Gäste
35 Wohnung des Vorstehers der Äußeren Schule
36 Äußere Schule
37 Wohnung für durchreisende Ordensbrüder
38 Doppelgeschossiges Abtshaus
39 Küche, Keller und Badhaus des Abtes
40 Aderlaß-Haus
41 Ärztehaus
42 Garten für Heilkräuter
43 Hospital mit Kreuzgang
44 Küche und Bad des Hospitals
45 Doppelkapelle für Hospital und Noviziat
46 Noviziat mit Kreuzgang
47 Küche und Bad des Noviziats
48 Mönchsfriedhof, zugleich auch Obstgarten
49 Gemüsegarten
50 Gärtnerhaus
51 Hühnerstall
52 Haus der Hühner- und Gänsewärter
53 Gänsewärter
54 Kornscheune
55 Haupthaus der Werkleute
56 Nebenhaus der Werkleute
57 Mühle
58 Stampfe
59 Darre
60 Küferei, Drechslerei und Getreidehaus der Brauer
61 Pferde- und Ochsenstall mit Wärterunterkunft
62 Kuhstall mit Kuhhirten-Unterkunf
63 Stall für die trächtigen Stuten und Füllen mit Wärterunterkunft
64 Schweinestall mit Schweinehirte Unterkunft
65 Ziegenstall mit Ziegenhirten-Unterkunft
66 Schafstall mit Schafhirten-Unterk
67 unbekannt

Legende nach H. Reinhardt 1952, W. Horn und E. Born 1979 sowie W. Jacobsen 1981.

das *Lorscher Arzneibuch*, der *Pseudo-Apuleius*, der *Macer floridus* und die *Circa instans*. Auf diese Werke wird im Rahmen des klösterlichen Heilpflanzen-Repertoires auf den Seiten 119 ff. immer wieder Bezug genommen

Schließlich sollen auch die Textquellen der Heilkunde, die *Canonae medicinae*, verfasst von Ibn Sina, genannt Avicenna (980–1037), nicht unerwähnt bleiben. Einer größeren Öffentlichkeit ist der Perser durch den Bestseller *Der Medicus* bekannt geworden. Berühmt war er aber schon lange Zeit davor. Seine Empfehlungen galten als das Beste, was der heilkundig Tätige lesen und wonach er sich in seinem Handeln richten konnte. Als sinnvolle Ergänzung zur Lektüre des Avicenna empfahlen sich die Heilpflanzenkommentare von Ibn Baithar. Dieser spanisch-maurische Kräuterkenner schrieb seine Kenntnisse und Erfahrungen in einer über 1400 verschiedene Pflanzen umfassenden Sammlung nieder.

Unter den Heilerinnen war Hildegard von Bingen (1098–1179), eine der großen und weisen Frauengestalten des Mittelalters, die bedeutendste Wegbereiterin der Klosterheilkunde. Hildegard ging als erste schreibende Ärztin in die Geschichte ein.

Der katholischen Kirche gilt Hildegard als Heilige, obwohl sie Fähigkeiten hatte, die man zur damaligen Zeit eher den Hexen zuschrieb. Sie war eine große Heilende, eine Heilkundige, wie es die »Kräuterfrauen« der keltischen und germanischen Frühzeit gewesen waren. Da sich ihre Heilerfolge oft nicht rational erklären ließen, wurden sie als eine Art Wunder betrachtet. Da Hildegard zugleich Prophetin des Wortes Gottes und Äbtissin eines Klosters war, galt ihr Heilwirken als göttliche Wundertätigkeit. Ohne diesen Hintergrund wäre sie wohl eher als Hexe gebrandmarkt worden wie so viele erfolgreiche Heilerinnen über Jahrhunderte, deren ungewöhnliche Heilerfolge sich die Kirche zur damaligen Zeit nicht erklären konnte, und deshalb glaubte,

Abbildung gegenüber: Klosterplan von St. Gallen. An ihm lässt sich am besten die architektonisch verkörperte und an die Ordensregel Benedikts angepasste Lebenswirklichkeit ablesen.

Apotheke. Aus der »De materia medica« des Dioskurides. Miniaturistenschule von Bagdad, 1224.

der Teufel sei dabei im Spiel. Die schlimmsten Auswirkungen dieser Verurteilung nicht erklärbarer Heiltätigkeit zeigten sich später in den Hexenprozessen der Inquisition. Vielleicht ist dieses Vorgehen der Kirche mit ein Grund dafür, dass Hildegards Verdienste so lange in Vergessenheit geraten waren.

Hildegard hatte noch weitere Fähigkeiten, die sie in die Nähe der »Kräuterfrauen« (Hexen) rückte. Sie war eine Naturkundige, eine Naturforscherin, die sich bestens in der Tier- und Pflanzenwelt ihrer Heimat auskannte. Ihre Sicht der Natur ist dadurch geprägt, dass sie die gesamte Welt, den so genannten Makrokosmos, in der Entsprechung zum menschlichen Körper betrachtete, den Hildegard in dieser Sicht als »kleine Welt«, als Mikrokosmos, bezeichnete. Die gesamte Weltansicht einschließlich des Menschen und aller Lebewesen ist für

Hildegard von einer einheitlichen Kraft durchdrungen, der »Heiligen Grünkraft« (*sancta viriditas*), die man in der heutigen Sprache als kosmische oder göttliche Energie bezeichnen würde.

Als von Gott gegebene Kraft wirkt das »Grüne« in allen Dingen, bei allen Lebensvorgängen. So wird etwa auch die Erzeugung eines neuen Menschen bei der Vereinigung von Mann und Frau dieser Grünkraft zugeschrieben. Generell gilt für Hildegard: »Aus lichtem Grün sind Himmel und Erde geschaffen und alle Schönheit der Welt.«

Man hat sich schon viele Gedanken gemacht, weshalb Hildegard das Grün als heilige Farbe wählte, obwohl das Grün in der Tradtion

Galen und Hippokrates, die bedeutendsten Mediziner der Antike, auf einem Fresko in der Krypta der Kathedrale von Anagni, das um 1255 entstand.

Unter den Heilerinnen war Hildegard von Bingen, eine der großen und weisen Frauengestalten des Mittelalters, die bedeutendste Wegbereiterin der Klosterheilkunde. Hildegard ging als erste schreibende Ärztin in die Geschichte ein.

Hildegards Sicht vom Menschen

Im naturkundlichen Schrifttum der Hildegard von Bingen liegt uns in seltener Geschlossenheit und beeindruckender Originalität eine frühmittelalterliche Sicht vom gesunden und kranken Menschen vor. Hildegards Krankheitsauffassung wurzelt in der Welt überlieferten Wissens der Antike, ihre Gesundheitslehre resultiert aus der Kraft christlichen Glaubens. Diese Wurzeln und Quellen prägen ihre Heilkunde und veranschaulichen sie zugleich.

Hildegards Lehre ist stets ganzheitlich orientiert, indem sie den Menschen bei allem zeitlichen Verhaftetsein in der Welt vom Absoluten her sieht – in Bildern von umfassender Eindringlichkeit, die durchaus einer wissenschaftlichen Universalität moderner Prägung standzuhalten vermögen. Sie sieht den Menschen einerseits in seiner ganz konkreten Not, andererseits aber auch als Wesen, das sich selbst geheimnisvoll bleibt.

Wie sich der kranke Mensch dem absoluten Anspruch stellen soll, hat Hildegard autobiografisch dargestellt und durch ihre Lehre dokumentiert. In ständig kritischer Überprüfung ihrer Existenz und in lebenslanger ganzheitlicher Weltschau hat sie es verstanden, die Frage des kranken Menschen nach dem Sinn des Leidens zu beantworten. Für Hildegard von Bingen war Krankheit die Kernprobe der Lebensprüfung des Menschen, der – gedrückt von Krankheit und Leid – von Gottes Hand gehalten wird und in seiner Krankheit ein Mensch voll Hoffnung bleibt.

der heiligen Farben bis dahin nicht von Bedeutung war. Ob es unbedingt psychologischer oder farbanalytischer Deutungsversuche bedarf, diese Wahl zu begründen, sei dahingestellt. Nahe liegt vielmehr, dass Hildegard, wenn sie hinaus in die Natur ging, überall dort, wo sich blühendes Leben zeigte, das Überwiegen des Grünen sah: Auf der üppigen grünen Wiese bestaunte sie die wohlgenährtesten Kühe, im grünen Wald faszinierten sie die schönsten und größten Bäume, ebenso das viele Wild. Wo der Garten mit seinem »Grün« gedeiht, sah Hildegard, dass es den Menschen gut ging.

Vielleicht mag dem einen oder anderen Leser diese Deutung zu banal erscheinen, aber Hildegard stand und lebte ganz in der Natur, die sie als Gesamtheit auffasste und als deren Teil sie sich sah. Also ist auch das »Grün«, das die Erde hervorbringt, in Hildegards Selbstverständnis zum Nutzen und zum Dienst am Menschen erschaffen. Hildegard spricht in einem ihrer Bücher von dem unterschiedlichen Nutzen beziehungsweise den verschiedenen Verwendungsmöglichkeiten bestimmter Pflanzen und Pflanzenteile. Gewisse Kräuter sollen zusammen mit Speisen gekocht werden, gemeint sind damit Gewürzkräuter. Gewisse »luftige Kräuter« sind gut für die Verdauung des Menschen. Wenn er sie verzehrt, machen sie ihn fröhlich. Andere Kräuter hingegen sind »windig und trocken« und schwer verdaulich, sie machen den Menschen deshalb traurig, wenn er sie isst. Der Saft bestimmter unnützer Kräuter ist sogar giftig und kann den Menschen den Tod bringen. Hildegard unterschied deutlich zwischen wilden und vom Menschen kultivierten Pflanzen:

»Die Kräuter, die durch die Arbeit des Menschen gesät werden und allmählich emporkommen und wachsen, verlieren wie Haustiere, die der Mensch in seinem Haus mit Sorgfalt aufzieht, durch jene Arbeit, durch die sie vom Menschen angebaut und gesät werden, die Herbheit und Bitterkeit ihrer Säfte, sodass die Feuchtigkeit dieser Säfte die Beschaffenheit des Saftes des Menschen etwas berührt, insofern, als sie für seine Speisen und Getränke gut und nützlich sind. Die Kräuter aber, die durch das Fallen ihres Samens ohne die Arbeit des Menschen wachsen und plötzlich und eilig wie ungezähmte Tiere emporkommen, sind dem Menschen nachteilig zum Essen, weil er durch Milchtrinken, Essen und Wachsen in gemäßigter Zeit aufgezogen wird, was bei den vorgenannten Kräutern nicht geschieht. Aber dennoch unterdrücken einige von ihnen die schädlichen und kranken Säfte in den Menschen als Heilmittel.«

Grundsätzlich unterscheidet Hildegard bei den Pflanzen zwischen warmen und kalten. Dies ist stets der erste Punkt ihrer Betrachtung. Als zweites Merkmal verwendet sie die Unterscheidung zwischen feucht und trocken. Zum Schluss des jeweiligen Kapitels zu einer Pflanze wird ihre Bedeutung für die Heilkunde dargestellt, und es werden Gebrauchsanweisungen gegeben.

Dabei ergeben sich die Verwendungen aus der Erklärung der pflanzlichen Eigenschaften, dem Mehr oder Weniger an Warm und Kalt, Feucht und Trocken. Manchmal sind auch regelrechte Rezepte mit Gewichtsangabe, Angaben über die Zubereitung, Anwendung und Darreichung enthalten. Wir kommen noch an anderer Stelle des Buches (siehe Seite 341 ff.) auf Hildegard zurück, um ihr Heilwissen und ihre Bedeutung für unsere Zeit hervorzuheben. Damit sollen auch Fehldeutungen korrigiert werden, die windige Geschäftemacher als »Hildegard-Medizin« in die Welt gesetzt haben, die aber mit der echten Hildegard-Medizin nicht das Geringste zu tun haben.

Heilwissen und Heilpraxis der buddhistischen Klostermedizin

Über einen jahrhundertealten Schatz an medizinischem Wissen und wertvollen Heiltraditionen verfügen nicht nur christliche Klöster, auch der Buddhismus und der Hinduismus entwickelten auf diesem Gebiet eine großartige Klosterkultur, die der europäischen in nichts nachsteht.

Wie die christlichen Klöster Europas hatten sich auch die des Fernen Ostens schon sehr früh der Pflege der Wissenschaften verschrieben. Auf dem Lehrprogramm standen neben spirituell-religiösen Lehrinhalten Philosophie, Logik, Grammatik, Kunst und Kunsthandwerk, Schauspiel, Gesang, Architektur und nicht zuletzt Medizin.

Die Klöster waren jedoch nicht nur Stätten der Ausbildung und Erziehung, sondern zugleich auch gesellschaftliches und wirtschaftliches Zentrum, in dem geistige, kulturelle und materielle Kräfte zueinander fanden. Nach wie vor wird in den buddhistischen Klosteruniversitäten studiert und praktiziert, auch medizinisch.

Um die klösterlichen Medizintraditionen des Fernen Ostens einigermaßen detailliert darstellen zu können, wären mehrere Bücher erforderlich. Da sich dieses Buch vorrangig unserer europäischen Klosterkultur widmet, seien im Folgenden die wichtigsten Umrisse der fernöstlichen Klostermedizin skizziert – am Beispiel der buddhistischen Klosteruniversitäten und der traditionellen Medizin Tibets.

Buddhismus ist der Pfad, der zu vollkommener Ruhe führt, umschrieben mit dem Begriff des *Nirwana* – hier endet der Kreislauf von Geburt und Tod. Wer die vollkommene Ruhe, »die Abwesenheit von Krankheit« erlangt hat, ist vom Leid der Existenz befreit. Bis der Mensch dieses Stadium erreicht, verweilt er im Leiden – in diesem Sinne ist nach buddhistischer Auffassung genau genommen jeder Mensch »krank«. Als Ursachen des Leidens sieht der Buddhismus Unwissenheit und Verblendung. Einziges Mittel zu deren Beseitigung und damit Heilmittel gegen das Leiden sind die Lehren Buddhas. Als Prinz Gautama Siddharta, der der indischen Philosophie zufolge zu Buddha wurde, im Hirschpark von Benares das erste Mal das Rad der Lehre drehte, brachte er die endgültige Medizin: die vier edlen Wahrheiten.

Die erste der Wahrheiten, die Buddha, der »König der Heiler«, lehrte, besagt, dass Existenz ihrem Wesen nach leidvoll sei. Die zweite Wahrheit erklärt die Ursache des Leidens. Die dritte Wahrheit spricht über die Möglichkeit der vollständigen Heilung vom Leiden. Mit der

Diese undatierte indische Miniatur zeigt einen meditierenden Yogi.

vierten Wahrheit wird die Therapie verordnet, der edle achtfache Pfad zur vollkommenen Ruhe.

Alle Wesen vom Leiden befreien zu wollen, ist die zentrale Motivation des Buddhismus. Wer ihr sein Leben gewidmet hat, ist ein Bodhisattva, ein »der Erleuchtung verpflichtetes Wesen« – das ethische Vorbild eines jeden Arztes.

Nach diesem kurzen Ausflug in die buddhistische Religion wird deutlich, wie eng Heilkunde und Buddhismus einander verbunden sind: Heilen von Kranken wird als Gelegenheit zur Entwicklung der Vollkommenheit des Mitgefühls wie auch zur Vervollkommnung des menschlichen Geistes und als Bekehrung gesehen – medizinische Handlung als religiöser Akt. Medizin war demzufolge im Buddhismus stets eine der fünf wesentlichen Wissenschaften, die neben der Wissenschaft vom Inneren, der Grammatik und Erkenntnislehre sowie den Künsten an den buddhistischen Klosteruniversitäten gelehrt wurden.

Buddha, dessen Ziel die Beseitigung von Leiden durch Unwissenheit ist, warnte jedoch selbst davor, nur deshalb zu glauben, weil er es gelehrt habe. Vielmehr solle man alles selbst untersuchen, prüfen und erst annehmen, wenn es selbst erkannt, gesehen und gefühlt wurde. Damit haben Buddhismus und moderne Wissenschaft etwas ganz Entscheidendes gemeinsam: Sie beschreiten denselben Weg zum Erkenntnisgewinn – ein interessanter Aspekt im Hinblick auf die Betrachtung der Medizin des buddhistischen Kulturraums.

Die »Wissenschaft vom Heilen«, wie sie die Tibeter nennen, zählt neben den Medizinsystemen Indiens, Chinas und Griechenlands zu den großen Traditionen der Medizin. Sie wurzelt in einer über Jahrtausende überlieferten medizinischen Tradition, der so genannten Bön-Tradition. Mit der Einführung des indischen Buddhismus als Staatsreligion im 6. Jahrhundert kam Tibet in Verbindung mit der ayurvedischen Lehre, dem »Wissen vom guten Leben« und der traditionellen Medizin Indiens, ebenso dem heilkundlichen Wissen Chinas und Persiens. Deren Erkenntnisse flossen in das bestehende heilkundliche Wissen ein, woraus sich schließlich das tibetische Medizinsystem entwickelte.

Mitte des 8. Jahrhunderts fand in Tibet die wahrscheinlich erste multinationale Konferenz über Medizin statt, an der Ärzte aus allen angrenzenden Reichen teilnahmen. Die im Verlauf der gelehrten Unterredungen fixierten Wissensinhalte wurden über zwei Jahrhunderte verborgen gehalten, da man die Zeit noch nicht für gekommen hielt, sie zu verstehen. Nach der Jahrtausendwende im Kloster Samye, dem ältesten Kloster Tibets, wiederentdeckt, wurden die Medizinschriften erweitert und in ein System gebracht.

Der 5. Dalai-Lama, Sangye Gyamtso (1653–1705), führte Ende des 17. Jahrhunderts die tibetische Medizin schließlich zu ihrer vollen Reife. Seinem Wunsch entsprechend, die Medizin in Theorie und Praxis weiterzugeben, gründete dieser Dalai-Lama 1696 neben seinem Wintersitz, dem Potala in der Hauptstadt Lhasa, die erste medizinische Hochschule: Chagpori, deren Meister und Schüler ausschließlich Mönche waren. Neben Mönchen aus dem »Gelbmützenorden«, dessen Oberhaupt bis heute der Dalai-Lama ist, wurden auch Mönche anderer Orden und sogar Laien in diese Klosteruniversität aufgenommen. Zum medizinischen Unterricht gehörte das Studium der grundlegenden Schriften, darunter die Vier Tantras und die Kommentare des 5. Dalai-Lama.

Zur praktischen Ausbildung ließ man die Schüler Heilpflanzen sammeln und daraus Arzneimittel zubereiten, sie an ärztlichen Untersuchungen, Beratungen und an wissenschaftlichen Debatten der Meister teilhaben. Sechs bis sieben Jahre dauerte die Ausbildung eines Mönchsarztes. Auf dem Weg zum Examen musste er sein in den einzelnen Studienabschnitten gesammeltes Wissen durch öffentliche mündliche Prüfungen bezeugen. Das Bestehen der letzten Prüfung gab ihm dann das Anrecht, einen unserem Doktorgrad der Medizin vergleichbaren Titel zu tragen.

Durch die geografisch und politisch isolierte Lage Tibets blieben Lehrplan und allgemeine Struktur der Klosteruniversität Chagpori sowie der in den folgenden Jahrhunderten gegründeten Medizinschulen nahezu unverändert. Auch von den Einflüssen der Kolonialmächte, die im gesamten übrigen asiatischen Raum zu kulturellen und gesellschaftlichen Veränderungen führten, blieb Tibet weitgehend verschont. Bis in die Mitte des 20. Jahrhunderts wurde die tibetische Medizin nach alter Tradition weitergegeben und ausschließlich in Klöstern gelehrt und praktiziert.

Erst die Einverleibung Tibets durch China im Jahr 1949 bereitete dem über die Jahrhunderte hoch entwickelten Medizinsystem ein ebenso rasches wie blutiges Ende: Die Medizinschulen wurden vom chinesischen Militär vollständig zerstört, die tibetischen Ärzte getötet oder zu Tode gefoltert – von rund 1000 blieben nur zwölf am Leben.

Im Jahr 1961 gründete der derzeitige 14. Dalai-Lama, Tenzing Gyatso, in seinem Exil im nordindischen Dharamsala ein Lehrseminar für traditionelle tibetische Medizin mit angeschlossener Poliklinik.

Auch in der Mongolei und in Bhutan wurden solche Fakultäten eingerichtet. In den 70er-Jahren erfolgte der Wiederaufbau und die Erweiterung der medizinischen Akademie Mentsikhang in Lhasa.

In Europa, zunächst in der Schweiz, später auch in Polen, Dänemark und in Österreich erarbeitete man die ersten wissenschaftlichen Studien über die Wirkungen tibetischer Arzneimittel. Heute bemüht man sich in Tibet, durch den Aufbau traditioneller tibetischer Universitäten und Kliniken die tibetische Medizin als eigenständiges Heilsystem zu erhalten – nicht nur in Bezug auf den enormen wissenschaftlichen Wert, sondern auch aus ganz praktischen Erwägungen: Die traditionelle Medizin spielt nach wie vor die zentrale Rolle in der Gesundheitsversorgung der überwiegend ländlichen Gebiete Tibets.

Entsprechend der buddhistischen Lehre, dass die Ursache allen Leidens auf Unwissenheit zurückgeht, behandelt die traditionelle Medizin Tibets den ganzen Menschen, vor allem seine seelisch-geistige Verfassung und nicht nur eine bestimmte körperliche Beschwerde. Die Faktoren, die den Gesundheitszustand eines Menschen entscheidend beeinflussen, sind nach buddhistischer Auffassung Ernährung, Lebensstil, Geisteshaltung, seelische Verfassung und klimatische Bedingungen. Sie können durch »Unwissenheit« unausgewogen und für den betreffenden Menschen ungeeignet sein. Dies kann zu einem Ungleichgewicht der vier Säfte im Organismus – Blut, Luft, Galle und Schleim – und damit zu Störungen der Gesundheit führen. Ziel der tibetischen Medizin war und ist daher, das Gleichgewicht der vier Körpersäfte aufrechtzuerhalten. Hier kennt man also das Konzept der Säftelehre, ebenso wie man davon ausgeht, dass die Säfte aus den Elementen gebildet werden. Im Gegensatz zur so genannten Elementenlehre sind es bei den Tibetern wie in anderen asiatischen Medizinsystemen, fünf statt vier Elemente: Erde, Wasser, Feuer, Wind und Raum, auch Äther genannt.

Das wichtigste Hilfsmittel zur Diagnose ist das Pulsfühlen. Dazu tastet der tibetische Arzt mit seinen drei mittleren Fingern am Handgelenk des Patienten den Puls. Ein guter Arzt muss mindestens zwölf verschiedene Pulsqualitäten unterscheiden und bestimmten Störungen im Körper zuordnen können. Auch im Ayurveda ist die Pulsdiagnose wichtiger Bestandteil der ärztlichen Untersuchung. Bei unklarer Pulsdiagnose untersucht der tibestische Arzt zusätzlich den Urin und die Zunge. Beides gilt allein für sich als zu ungenau und wird nur zur Absicherung der Diagnose eingesetzt. Bei Kindern unter acht Jahren werden zusätzlich zur Pulsdiagnose die Ohrvenen, bei Säuglingen auch die Muttermilch untersucht.

Die Behandlungen der tibetischen Medizin beinhalten ein großes Spektrum. Einen hohen Stellenwert besitzen Diäten, also Umstellungen der Ernährung sowie die Vermeidung bestimmter Speisen und Getränke. Außerdem verordnet der tibetische Arzt dem Patienten, sein Verhalten zu ändern, zum Beispiel sich nur im Schatten aufzuhalten und während des Tages nicht zu schlafen. Zum tibetischen Behandlungs-Repertoire gehören auch Massagen, heiße und kalte Kompressen, Bäder in mineralhaltigen Quellen, Akupunktur mit Goldnadeln und Akupressur, Schröpfen und die Moxibustion. Dabei werden ähnlich wie bei Akupunktur und Akupressur bestimmte Punkte auf den Meridianen des Körpers durch Hitze anstatt durch Einstiche oder Druck stimuliert. Ebenso kennt die tibetische Medizin den Aderlass, der in unserem Kulturkreis über viele Jahrhunderte nahezu den Stellenwert eines Allheilmittels hatte. Yoga, Atemübungen und Meditation ergänzen die so genannten externen Behandlungsmethoden.

Große Bedeutung haben in der tibetischen Medizin neben der Ernährungstherapie auch die Edelsteinmedizin und pflanzliche Arzneimittel. Letztere sind aus vielen unterschiedlichen Heilpflanzen zusammengesetzt und werden nach überlieferten Rezepturen hergestellt. Je nach zu behandelnder Erkrankung hat der Mönchsarzt die Wahl aus Extrakten, Pillen, Pulvern und Tinkturen sowie mit Heilkräutern versetzter Asche, Butter und Wein. Diese Heilzubereitungen werden mit Flüssigkeit eingenommen, als Schnupfmittel, Inhalation oder mithilfe eines Einlaufs verabreicht.

Die dritte Säule der tibetischen Medizin sind komplexe Arzneien aus vielen verschiedenen Mineralien, die so genannte Edelsteinmedizin und deren Juwelenpillen. Diese werden sowohl vorbeugend zur Gesundheitspflege als auch zur Behandlung bestimmter Krankheiten verordnet.

Bis zu 165 Zutaten können in diesen Juwelenpillen enthalten sein, darunter entgiftete metallische Stoffe wie Gold, Silber oder Quecksilber, pulverisierte Edelsteine – zum Beispiel Diamantstaub – und andere Mineralien. In den aufwändigen Heilzubereitungen sind in der Regel auch Heilpflanzen und tierische Substanzen enthalten. Die Herstellung von Juwelenpillen geschieht in komplizierten Prozeduren, die mehrere Wochen und oft Monate dauern und nur von wenigen Ärzten beherrscht werden. Dies gilt vor allem für das Verfahren des Entgiftens.

Zu den besten Pillen dieser Art zählen die Juwelenpillen des Dalai-Lama in Dharamsala. Sie werden in einer Spezialverpackung mit einem Hologramm angeboten, um Verwechslungen und vor allem Fälschungen vorzubeugen. Diese Edelsteinpillen sind von Ärzten verordnungspflichtig, sind also nicht frei verkäuflich und werden nur in kleinen Mengen abgegeben, da sie ohnehin nicht in großen Mengen hergestellt werden können. Vor, während und nach der Einnahme dieser Edelsteinpillen sollte sich der Patient an bestimmte Verhaltens- und Ernährungsregeln halten, damit diese wertvolle Medizin auch zu ihrer vollen Wirksamkeit gelangen kann. So gilt zum Beispiel die Regel, die Pillen nur in der Dämmerung und nicht bei hellem Tageslicht einzunehmen. Ebenso sollte der Patient vor und nach der Einnahme auf Alkohol, tierische Nahrungsmittel sowie auf große Anstrengungen und Geschlechtsverkehr verzichten.

Als Juwelenpillen mit der besten Wirksamkeit gelten »Rinchen Dangjor« und »Rinchen Mangjor«, die unter anderem Saphir, Türkis, Smaragd, Rubin und Diamant sowie Gold und Silber enthalten. Besondere Aufmerksamkeit erregten diese Arzneimittel, als sie nach der Reaktorkatastrophe in Tschernobyl bei strahlengeschädigten Patienten sehr erfolgreich eingesetzt wurden. Wissenschaftler vermuten, dass diese Juwelenpillen die im Körper abgelagerten radioaktiven Schwermetalle mit körpereigenen Salzen gebunden und ausgeschieden haben.

Rosen

Bauchflüss
Durchfall
Zahnfleisch
Blutspeyen
Weiberfluß
Ausfluss
Brandschäden
Verbrennungen
Haar wachsen machen
Spreissen ausziehen
Hertzstärcke
Weiberzeit
Menstruation
Augenwehe
Zährende Augen
tränende Augen
Herzzittern
Herzklopfen
Verschrung des Hals
Schlaff fürdern
Pestilenz
Stulgang machen
Zähen Schleim ausführen
Schwacher Magen
Verdorrete Zung
Mundfäule
Bräune
Angina
Halsschwellen
Lieblichen Athem machen

Roſa alba.

DIe Roſē ſindt meniglich bekandt/das es vnnöt
jr geſtalt vnd gewechß zubeſchreiben. Werden vielerley geſchlecht erfunden/
welche man in der ärtzney nützet/derer ſindt dreierley/nemlich die weyſſen/roten
leibfarben.

¶ Die ſattroten haben das beſte lob/darnach die leibfarben. Die g
weiſſen Roſen ſindt die geringſten/außgenommen die/welche im Herbſt/vnd
weilen biß mitten in Winter blüen/eines gar freundtlichen lieblichen geruchs.

Gesundheit aus der Klosterapotheke

Getreu dem benediktinischen Auftrag *Ora et labora et lege* (Bete und arbeite und lese) gehört das Lesen und das Studieren der Werke geistlicher und »weltlicher« Autoren seit Bestehen des Ordens zum täglichen Pflichtprogramm eines Mönchs. Zu den bedeutendsten Autoren des frühen und hohen Mittelalters zählte der Bischof und Kirchenlehrer Isidor von Sevilla. Aus dessen umfassendem Werk schöpfte man damals das Grundwissen über die geistige Welt der Antike, das auch heute noch in Form wertvoller Pergamenthandschriften und Büchern in den Klosterbibliotheken sorgsam gehütet wird.

Alte Kräuterbücher der Klöster

Diese *Etymologien* Isidors von Sevilla enthalten auch eine Kräuterenzyklopädie, ein Schlüsselwerk für das Ziehen von Kräutern in der klösterlichen Gartenkultur, das auch heute noch hohen Stellenwert hat. In den Kapiteln »De herbis aromaticis, sive communibus« (Über aromatische oder gewöhnliche Kräuter), »De oleribus« (Über das Gemüse) und »De adoratis oleribus« (Über das Gewürz) sind alle schon damals bekannten Kräuter enthalten. Eine Kostprobe sei Ihnen daraus gegeben – vorausgesetzt, Sie lieben alte Handschriften und den intensiven Geschmack des Koriander:

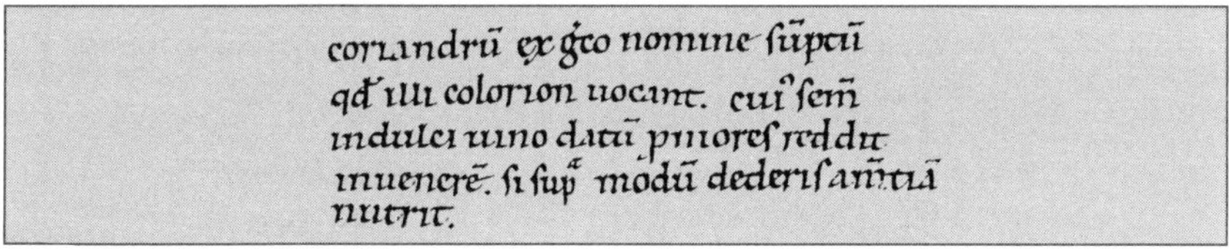
coriandrū ex gręco nomine sūptū
qđ illi colorion uocant. cui᷒ sem̄
indulci uino datū pruores reddit
inuenerē. si sup̄ modū dederis amētiā
nutrit.

Ins Deutsche übertragen lautet die Kostprobe: Koriander hat einen griechischen Namen, weil die Griechen ihn *korion* nannten, dessen Samen, in süßen Wein getaucht, geneigt zur Liebe macht. Nimmt man ihn übermäßig zu sich, fördert er den Wahnsinn.

Also: Vorsicht bei diesem Brotgewürz!

Ebenso großen Einfluss auf die Gartenkultur der Klöster hatte seit dem frühen Mittelalter der Mönch Walahfrid Strabo. Als Kräuterpoet besang er um 1840 in seinem 414 Verse umfassenden Werk *De cultu hortorum*, auch *Hortulus* (Kleiner Garten) genannt, auf der Insel Reichenau im Bodensee 23 Pflanzen, die bunt durcheinander wuchsen: Salbei, Raute, Andorn, Fenchel, Gladiole, Liebstöckel, Kerbel, Lilie, Mohn, Minze, Eberraute, Flaschenkürbis, Wermut, Sellerie, Schafgarbe, Rettich und Rose. Der scharfe, gewöhnliche Rettich neben der zarten Rose, die edle Gladiole zwischen den Küchenkräutern – diese Mischung war durchaus beabsichtigt. Das Nebeneinander von Gewürz-, Zier- und Heilkräutern lässt sich in der Tradition der Kräutergärten, zum Beispiel in den Bauerngärten, die nach dem Vorbild alter Klostergärten angelegt worden waren, bis zum heutigen Kräutergarten in den Klöstern verfolgen. Der *Hortulus* diente auch folgendem Autor als Vorlage und inspirierende Quelle.

Nach dem Vorbild des *Hortulus* von Walahfrid Strabo schrieb der Dichter Odo um 1060 eine Abhandlung über die gebräuchlichsten Heilkräuter. Dieses nach dem antiken Poeten Aemilius Macer benannte Werk *Macer floridus* zählt zu den bekanntesten Medizintexten des Mittelalters. In den Herbarien des 16. Jahrhunderts wird dieser Text häufig als Quelle zitiert. So heißt es zum Beispiel über die Wirkung der Raute als Gegengift im *Macer floridus:*

»Dies hat Mithridates, der König von Pontus, oft erprobt, der morgens beim Aufstehen auf nüchternen Magen 20 Blätter der Raute, etwas Salz, zwei große Nüsse und zwei trockene Feigen zu essen pflegte. Durch eine solche Speise war er gewappnet und fürchtete keinerlei Anschlag, den man auf ihn mit Gift verüben wollte.«

Dieses »Nuss-Rauten-Feigen-Müsli« zum Frühstück sollte auch heute alle Widerwärtigkeiten des Tages abwehren können – schön wäre es!

Nicht nur Gelehrte und Dichter haben Abhandlungen über Kräuter geschrieben. Für den »Hausgebrauch« der Klöster wurden Kurzfassungen oder Einzelkapitel aus den antiken medizinischen Büchern verfasst. Spezialkapitel über wichtige Kräuter beim »Purgieren«, also beim Aderlassen, finden wir zum Beispiel mitten zwischen heiligen Legenden eingeschoben.

Anschließend an die Aderlass-Kapitel sind einige Heilmittel zum mönchischen Hausgebrauch niedergeschrieben. Als Quelle diente der antike Arzt Galenos (siehe Seite 101). Aus den angeführten Kräutern lässt sich ableiten, worunter Mönche des 14. Jahrhunderts am meisten litten und welche Hausmittel sie verwendeten. Grundsätzlich ist zu bemerken, dass nahezu ausschließlich Pflanzen als Heilmittel verwendet wurden.

Hye hebt sich an das puech
von der erzney Magistri
Bartholomei von allen
gueten dingen
Das puech tichtet
ein maister der
hies warthlome
Das nam er aus
ainem puech kriechischen zu
ech das haisst practica

Der Mönch Bartholomäus schrieb um 1200 ein Arzneibuch, das im Mittelalter sehr beliebt war und in etwa 200 Abschriften im deutschen Sprachraum Verbreitung fand.

Gegen Herz-, Brust-, Nieren-, Kopf-, Hals-, Zahn- oder Augenleiden werden bewährte Kräuter aufgezählt, auch – wie es im Kloster erforderlich war – Kräuter zur Bezähmung der »fleischlichen Lust«: vor allem Raute, außerdem Eberraute, Sauerampfer und Lattich.

Besonders wichtig erschienen den Mönchen Mittel gegen Halsschmerzen und Husten, denn diese sind in der Literatur durch Kreuze besonders hervorgehoben. Auch aus einer solchen Quelle eine kleine Kostprobe:

»Bei trockenem Husten Salbei mit Wein gekocht in einem irdenen Gefäß und mit warmem Wein morgens und abends trinken. Eberraute mit Wasser abgekocht oder Lattichsamen oder Andornsamen mit Wasser gekocht einnehmen. Oder ein fein zerriebenes Bohnenkraut oder Ysop oder Poleiminze mit Honig gekocht einnehmen. Oder Beifuß mit Wein gekocht einnehmen. Oder Katzenminzensaft mit Wein getrunken. Bei schwerem Husten: Andorn in Wasser gekocht und getrunken. Oder ›Mirra‹ (Süßdolde) während des Fastens unter der Zunge halten.«

Salbei, Lattich, Andorn, Bohnenkraut, Ysop, Andorn und Süßdolde werden als Hustenmittel auch heute noch verwendet. Honig mit Bohnenkraut und Ysop gegen Husten gilt als besonderer Geheimtipp der Mönche. Nach diesem kleinen Ausflug in die Kräuterliteratur des Mittelalters werfen wir einen Blick in die Neuzeit.

Das antike und mittelalterliche Wissen um die Heilkraft der Kräuter wurde in den berühmten Kräuterbüchern des 16. Jahrhunderts niedergeschrieben. Wenn zum Beispiel die Anwendungen des antiken Arztes Dioskurides (siehe Seite 101) noch heute in der Kloster- und Volksmedizin zu finden sind, so ist dies den Autoren des 16. Jahrhunderts zu verdanken. Man könnte diese Herbarien als Kulminationspunkt aller bisher aufgeschriebenen Erfahrungen mit Heilkräutern bezeichnen. Zu den umfassendsten Kräuterbüchern zählen die Werke von Matthiolus, Lonicerus und Tabernaemontanus, die etwas später auf den Buchmarkt kamen und bis heute als die bedeutendsten, schönsten und wertvollsten Herbarien gerühmt werden.

Das *Neu vollkommen Kräuter-Buch* von Jacob Theodor, das als Erstausgabe 1588 erschienen war und viele Nachauflagen erlebte, verdient etwas genauere Betrachtung. Jacob Theodor, genannt Tabernaemontanus, eigentlich Schenkenberg, erweiterte die Zahl der beschrie-

Abbildung gegenüber: Adam Lonicerus schrieb 1573 dieses Kräuterbuch, das auch richtungweisend in der Kräuterheilkunde der Klöster wurde.

Herrn Adami Loniceri

der Artzney Doctoris, und weyland Ordinarii Primarii Physici zu Franckfurt am Mayn,

Vollständiges Kräuter-Buch,

und

Künstliche Contrefeyungen der Bäumen,

Stauden, Hecken, Kräutern, Geträyde, Gewürtzen rc.
mit eigentlicher Beschreibung deroselben Namen in Deutsch-Griechisch-Lateinisch-Frantzösisch-Italiänisch- und Hispanischer Sprache, wie auch deren Gestalt, natürlicher Krafft und Würckung; samt ausführlichem Bericht

von der

Kunst zu destilliren:

Wie auch

Bauung der Gärten, und Pflanzung der Bäumen;
Ingleichen von den fürnehmsten Thieren der Erden, Vögeln, Fischen und Gewürmen; Und dann auch von Metallen, Ertz, Edelgesteinen, Gummi und gestandenen Säfften; Allen Aertzten, Wund-Aertzten, Apotheckern, Gärtnern, Hauß-Vätern, krancken und presthafften Personen in Stadt und Land höchst-nützlich und dienlich.

Ehedem von Herrn Petro Uffenbachio, Med. Doct. und Physico Ordin. in Franckfurt am Mayn, auf das fleissigste übersehen, an vielen Orten vermehrt, in acht sonderbare Theile unterschieden, und mit drey vollkommenen Registern versehen;

Anjetzo aber

mit einer **Zugabe** begleitet,

Darinnen die allerneueste und nützlichste Observationen, von der Kräuter und Gewächs Würckungen und Gebrauch, sowohl aus eigener Erfahrung und geschriebnen Urkunden, als auch aus denen heutiges Tags berühmten Scriptoribus, sonderlich aus denen Journalen derer Miscellaneorum Naturæ Curiosorum, Academia Parisiensi, Breslauischen Sammlungen, Berlinischen A[ctis] und Nürnbergischen Commercio Litterario, mit besonderm Fleiß gesammlet worden,

von

Balthasar Ehrhart, Med. Doct.

der des Heil. Röm. Reichs Freyen Stadt Memmingen Physico Or[dinario], und der Academ. Cæsareæ Nat. Curios. Collega.

benen Kräuter und deren Unterarten auf 3000. Er berücksichtigte bereits die große Zahl an Kräutern aus der Neuen Welt. Im 17. Jahrhundert wurde der »Tabernaemontanus« durch Caspar und später durch Hieronymus Bauhin neu aufgelegt und ausführlich ergänzt.

Tabernaemontanus bietet vor allem in der Rezeptur viel Neues und Eigenständiges. Die Vielfalt an Mittelchen zu jeder Heilpflanze reicht von Zucker, Sirup, Honig, Saft, Wein, Essig, Öl und Salbe bis hin zum »Wasser«. Darunter ist keine wässrige Lösung und kein Pflanzenextrakt zu verstehen, sondern ein Kräuterschnaps.

In seiner Vorrede wendete sich Tabernaemontanus gegen »gestümmelte, gesudelte und gefälschte Composita«. Unter Compositum verstand er ein Gemisch aus möglichst vielen verschiedenen Drogen, wie wir sie in den Rezepten des 17. und 18. Jahrhunderts im Übermaß finden. Man erwartete, dass die Vielfalt der Heilmittel auch die Heilkraft vervielfältige. In abgeschwächter Form finden wir solche Composita heute noch in den Schwedenkräutern (Kräuterbitter) und in Klosterlikören wie Benedictine oder Chartreuse.

Composita beinhalteten auch anorganische Bestandteile wie Metalle, Salze, Säuren, Laugen und sonstige Chemikalien. Beliebte Bestandteile waren damals Kupfervi-

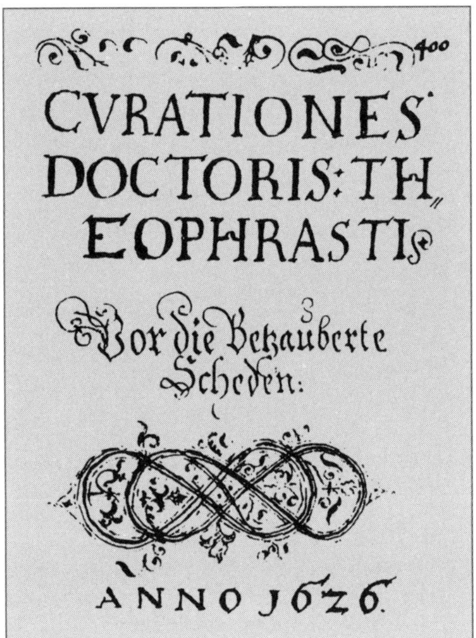

In der Stiftsbibliothek Admont (Österreich) steht ein von einem Mönch verfasstes Buch aus dem Jahr 1626, in dem sehr übersichtlich die Wirkungen altbekannter Heilpflanzen aufgelistet sind.

triol, Quecksilber oder das nicht minder giftige Arsen. Die Arzneimittelkunde der folgenden Jahrhunderte wandte sich dementsprechend von den »einfachen« Kräutern ab.

Erst im 20. Jahrhundert sollten die beiden Kräuterpfarrer Kneipp und etwas später Künzle auf den Wert der Heilkräuter wieder hinweisen und damit die moderne Pflanzenheilkunde (Phytotherapie) begründen. Beide Pfarrer hatten und haben noch heute großen Einfluss auch auf die Klostermedizin.

Pfarrer Sebastian Kneipp stellte ein gesundes ganzheitliches Leben auf fünf Säulen: Wasseranwendungen, Vollwertkost, Bewegung und Tiefenatmung, Lebensordnung und Lebensfreude und an erster Stelle »Heilkräuteranwendungen innen und außen«.

Die Heilkraft des Wassers und der Kräuter wendete der Pfarrer von Wörishofen an der Wende zum 20. Jahrhundert in seinen »Kneippkuren« an. Bis heute haben die »Kneippsäulen« Bedeutung, sie werden in den Kneippvereinen mit Erfolg praktiziert und gelebt. Obwohl Pfarrer Kneipp kein umfassendes Kräuterbuch geschrieben hat, erhielten dennoch im Umfeld der Kneippkuren die Heilkräuter auch im Bereich der Klosterheilkunde ihren gebührenden Platz.

Pfarrer Johann Künzle aus der Schweiz erzählt als Achtzigjähriger in seinem Büchlein *Wie ich Kräuter-Doktor wurde:*

»Die Pflanzenkunde war schon in meinen Studentenjahren mein Lieblingsfach; daher kannte ich die meisten Heilkräuter dem Namen nach. Auf deren Heilkraft machte mich im Jahre 1887 der berühmte Pfarrer Kneipp aufmerksam. Ich kam nun als Seelsorger bei Krankenbesuchen zu Vätern und Müttern, die nach dem Ausspruch der Ärzte dem Tod entgegengingen – weg von ihrer Schar kleiner Kinder. Ich nahm dann meine Kräuterkenntnisse zusammen, suchte die heilenden Pflanzen, bereitete Tee daraus, gab ihn den Kranken und brachte sie öfter wieder auf die Beine.«

Der knorrige Appenzeller nannte nicht nur die Heilkräuter beim Namen, er benannte Krankheiten und Heilkräuter in seinen Schriften *Chrut und Uchrut* (Kraut und Unkraut), *Salvia, Volkskalender,* die er

Pfarrer Sebastian Kneipp schrieb zwar kein eigenes Kräuterbuch, aber im Sog der Kneippkuren erhielten die Heilkräuter wieder einen hohen Stellenwert in der Heilkunde.

für das einfache Volk verfasste, mit schwyzerdütschen Dialektausdrücken. Als »Schlüsseli und Rämscheli« bezeichnete er zum Beispiel Schlüsselblume und Bärlauch. Der Titel *Chrut und Uchrut* beinhaltet das Credo des Kräuterpfarrers Künzle: Beinahe jedes »Unkraut« am Wegrand kann ein wertvolles Heilkraut sein. Die Neuentdeckung der in den vergangenen Jahrhunderten gemiedenen Unkräuter wie Brennnessel, Taubnessel, Attich, Frauenmantel, Wegerich, Bärlauch, Farn, Labkraut oder Löwenzahn und deren »Salonfähigkeit« für die Heilkunst sind ein Verdienst von Künzle und Kneipp und haben Eingang in die Kloster- und Volksheilkunde gefunden.

Soweit die Übersicht über die Kräuterkunde von der Antike über die Klostergärten des Mittelalters zu den Kräuterbüchern der Neuzeit und den Verdiensten der berühmten Pfarrer Kneipp und Künzle. Im nächsten Abschnitt werfen wir einen Blick auf die moderne Pflanzenheilkunde.

Die Pflanzenheilkunde heute

Die moderne Pflanzenheilkunde wäre ohne die Kräutermedizin früherer Jahrhunderte nicht denkbar. Mit dem Nachdenken über den Sinn des Lebens und somit natürlich auch über den Sinn der Krankheit gewannen übergeordnete Mächte an Einfluss. Je nach Epoche und Geisteshaltung waren das Dämonen, Götter, Geister oder auch der christliche Gott. Die Therapie mit Pflanzen – wichtigste Gegenstrategie früherer Jahrhunderte im Kampf gegen Krankheiten – vermischte sich so mit Mythos, Magie und Glauben.

Erst im 18. Jahrhundert begann man die Pflanzenheilkunde zu entmystifizieren. Auch dazu leisteten die Klöster einen wichtigen Beitrag. Nicht allein der Glaube an die heilende Kraft einer Pflanze, sondern die Beweisbarkeit ihrer Wirksamtkeit wurde mehr und mehr zum zentralen Thema. Es gelang, Wirkstoffe aus Pflanzenextrakten zu isolieren und die in der Kloster- und Volksmedizin beobachtete Wirkung von Kräutern einzelnen Inhaltsstoffen zuzuschreiben.

Seit Beginn des 20. Jahrhunderts setzte sich Schritt für Schritt die Erkenntnis durch, dass die therapeutische Wirkung einer Pflanze mehr sein kann als die Summe ihrer Teile. Der Weg für die moderne Pflanzenheilkunde war frei. Ein Benediktinerkloster definiert die neuen und alten Heilkräuter zum Beispiel heute so: »Bei Pflanzenheilmitteln

handelt es sich um pflanzliche Arzneimittel, die immer als Stoffgemische angewendet werden und die in ihrer Qualität dem Stand der Wissenschaft entsprechen.«

Wie chemische Arzneimittel müssen heute auch Pflanzenheilmittel den gesetzlichen Anforderungen hinsichtlich Qualität, Wirksamkeit und Unbedenklichkeit entsprechen und ein Zulassungs- beziehungsweise Registrierungsverfahren bestehen.

Für die geforderten Studien und für Prüfzwecke werden heute und auch künftig standardisierte Pflanzenextrakte und nicht isolierte Inhaltsstoffe verwendet.

Weil der Gehalt einer Pflanze an Inhaltsstoffen je nach Standort, Erntezeit und Pflanzenvarietät sehr verschieden sein kann, wird die Standardisierung (definierter Wirkstoffgehalt pro Mengeneinheit, bezogen auf eine Leitsubstanz) zum wesentlichen Qualitätskriterium in der heutigen Pflanzenheilkunde.

Um zwischen den angebotenen Pflanzenheilmitteln Transparenz walten zu lassen, soll die Erläuterung auf der Verpackung oder im Beipackzettel folgende Elemente aufweisen:

- Art des Wirkstoffes (Pflanze, Tinktur, Presssaft, Extrakt),
- Menge des Wirkstoffs pro Einzeldosis (bei festen Arzneiformen – Tabletten, Kapseln) oder pro Packung (bei flüssigen Arzneiformen – Tropfen, Tinkturen),
- das Verhältnis von Pflanzenanteil zu Extrakt,
- Art und Konzentration des Extraktionsmittels,
- Anwendungsgebiete,
- wirksame Tagesdosierung.

Heute besitzen wir eine bunte Palette von pflanzlichen, klar definierten Arzneimitteln für die unterschiedlichsten Anwendungsgebiete, zum Beispiel:

Teufelskralle (degenerative Erkrankungen des Bewegungsapparats), Johanniskraut (Depression), Kava-Kava (der natürliche Tranquilizer), Ginseng (das körperliche und geistige Stärkungsmittel) und Ginko (für bessere Durchblutung und bei Gehirnleistungsstörungen) haben sich zu wahren »Rennern« am wachsenden Pflanzenheilmittelmarkt entwickelt.

Während wichtige Pflanzenextrakte wie die aus Sabalfrüchten (Prostataleiden), Weißdorn (Herzmittel), Brennnessel (Rheuma, Gicht) noch aus Wildsammlungen stammen, geht der Trend bei den Rohstoffquellen immer mehr zum Anbau. Baldrian (Beruhigungsmittel), Artischocke (Leber, Gallenmittel), Senna (Abführmittel), Knoblauch (Durch-

Ob in Form von Tropfen oder Dragees – Baldrian fehlt in keiner Apotheke. Er hat ausgezeichnete Heilwirkung, vor allem wirkt er beruhigend und wird auch als Tee verwendet.

blutung) und Kürbis (Blase, Prostata) werden bereits zu hundert Prozent angebaut.

Bei der Behandlung mit Pflanzenheilmitteln sollte man dieselbe Vorsicht wie beim Umgang mit synthetischen Arzneimitteln walten lassen. Auch im Pflanzenbereich gibt es stark wirksame Inhaltsstoffe, die bei unsachgemäßem Gebrauch schaden können. Kein vernünftiger Mensch käme ja auch auf die Idee, zum Beispiel einen Knollenblätterpilz zu verspeisen, nur weil er »natürlich« ist. In der Hand erfahrener Therapeuten jedoch – und dazu zählen nicht zuletzt die Mönche und Nonnen mit ihrem großen Erfahrungsschatz – werden Kräuter zu einer echten Naturapotheke.

Heilerfolge mit Klosterkräutern

Als Klosterkräuter darf man zu Recht alle Pflanzen bezeichnen, die seit über einem Jahrtausend in Klostergräten angebaut werden. Die einstige Verordnung Karls des Großen im Rahmen seiner Reformen (siehe Seite 99) gibt darüber ebenso Aufschluss wie die botanischen Namen der Pflanzen, denn der Zusatz »officinalis« bedeutet ursprünglich nichts anderes als »zum Kloster gehörig«.

So wuchsen zum Beispiel Liebstöckel (*Levisticum officinalis*), Melisse (*Melissa officinalis*), Ringelblume (*Calendula officinalis*), Rosma-

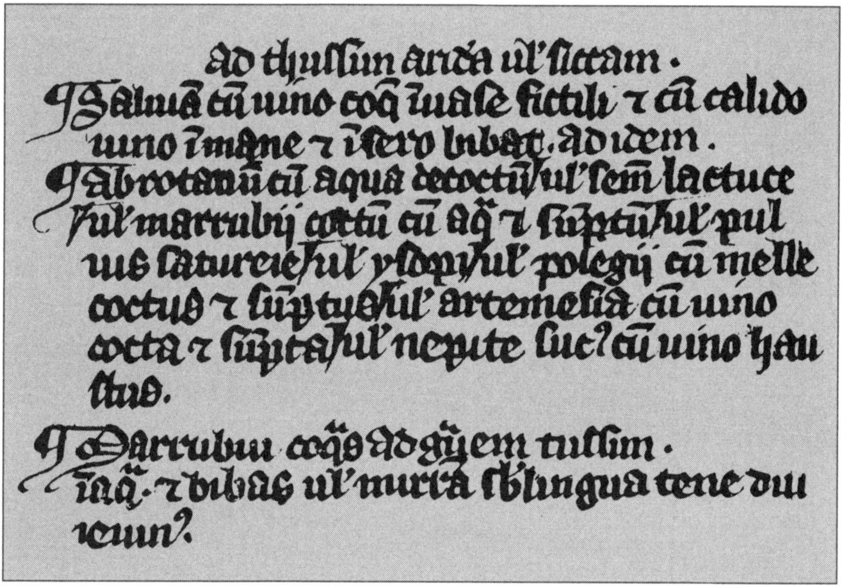

Bei trockenem Husten: Salbei mit Wein gekocht in einem irdenen Gefäß und mit warmem Wein morgens und abends trinken. Eberraute mit Wasser abgekocht oder Lattichsamen oder Andornsamen mit Wasser gekocht einnehmen. Oder fein zerriebenes Bohnenkraut oder Ysop oder Poleiminze mit Honig gekocht einnehmen. Oder Beifuß mit Wein gekocht einnehmen. Oder Katzenminzensaft mit Wein getrunken. Bei schwerem Husten: Andorn in Wasser gekocht und getrunken. Oder »mirra« (=Myrrhis – Süßdolde) während des Fastens unter der Zunge halten. Salbei, Lattich, Andorn, Bohnenkraut, Ysop und Süßdolde werden als Hustenmittel auch heute noch verwendet. Honig mit Bohnenkraut und Ysop empfehlen die Mönche besonders.

rin (*Rosmarinus officinalis*) oder Salbei (*Salvia officinalis*) bereits im frühen Mittelalter in den Klostergärten, und die Mönche wussten schon damals ihre heilende Wirkung zu schätzen.

Im folgenden Abschnitt sind die wichtigsten Heilkräuter in alphabetischer Reihenfolge dargestellt: Geschichten, die sich um die Klosterheilkräuter und ihre Wirkung ranken, ebenso genaue Angaben über Aussehen, Vorkommen, Blüten- und Sammelzeit sowie die entsprechenden Heilanwendungsgebiete.

Mutterkraut. Caltha alpina.

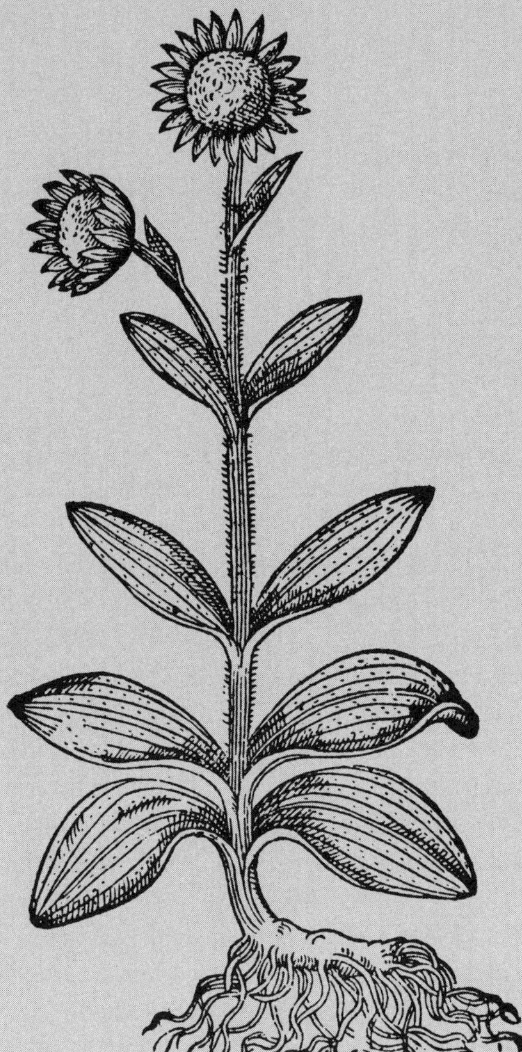

Arnika

Das Charakteristische der Heilpflanze wird durch die Namen »Bluttrieb, Fallkraut, Kraftrose, Kraftwurz, Mutterkraut, Stichkraut, Wundkraut« ausgedrückt. Schön klingt der Ehrenname »Wohlverleih«. Die Sprachforscher erklären ihn als eine Umformung aus »Wulveleie«, eine Bezeichnung, die seit dem 15. Jahrhundert belegt ist. Die Herkunft der älteren Form ist unklar. Hildegard von Bingen beschrieb eine »wolfesgelegena«, allerdings nur als Mittel für Liebeszauber.

Aussehen: Große, gold- bis rotgelbe Blüten an den Stängelspitzen. Zungenförmige, fünfnervige Blätter. Die frischen Blüten schmecken scharf und bitter. Der Wurzelstock liegt waagerecht in der Erde und ist gelb- bis schwarzbraun.

Vorkommen: Meist auf Wiesen und Abhängen mitteleuropäischer Gebirge, bevorzugt auf torfigem Boden.

Blütezeit: Ende Mai bis August.

Sammelzeit: Die Wurzeln (sofern sie nicht unter Naturschutz stehen) im Frühjahr oder im Oktober, die Blüten von Juni bis August. In der Regel sammelt man nur die Blüten, weniger die Wurzelstöcke, wenngleich die ganze Pflanze pharmazeutisch Bedeutung hat. Die Blüten werden ohne Deckblätter und Blütenboden gepflückt. Man verwendet also nur die Zungen- und Röhrenblüten. Die Wurzelstöcke werden nach dem Ausgraben gesäubert und schnell getrocknet.

Anwendung äußerlich: Bei Verstauchungen, Quetschungen, Hautabschürfungen, Blutergüssen und Geschwüren. Bei Muskelschmerzen stark mit Wasser verdünnte Tinktur auf den schmerzenden Stellen verreiben. Unverdünnte Tinktur darf nie auf frische Wunden gelangen! Bei Angina mit Arnika-Tee oder verdünnter Arnika-Tinktur gurgeln.

Anwendung innerlich: Als Tinktur – Höchstmaß zehn Tropfen, sonst besteht Vergiftungsgefahr! Vielseitig bei Rheuma und Gicht, ebenso bei Arterienverkalkung und Altersherz verwendbar.

Anwendungsgebiete: Haut, Herz, Gefäße, Gelenke, Muskeln.

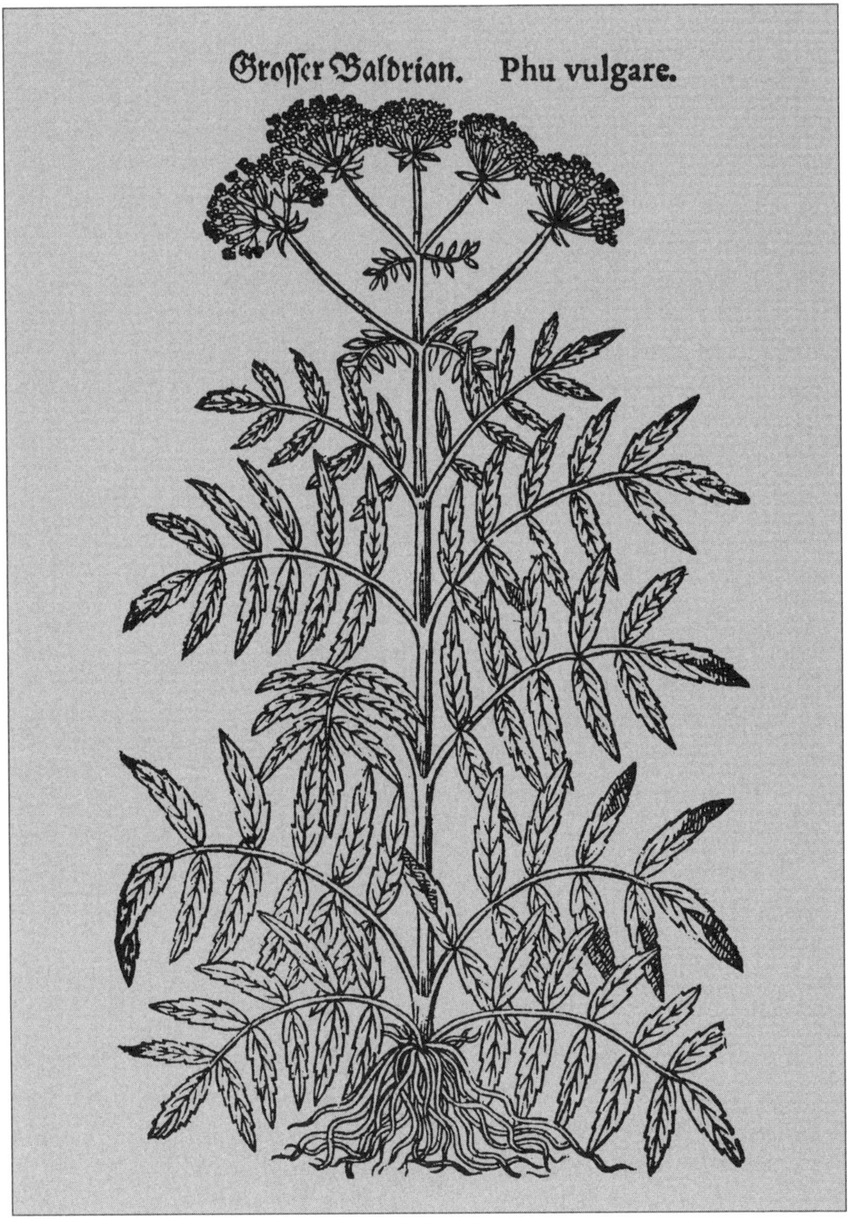
Grosser Baldrian. Phu vulgare.

Baldrian

Baldriangewächse sind ein ausdauerndes Kraut mit einer mächtigen Wurzel und einem kurzen Wurzelstock, aus dem ein kantiger Stängel mit gegenständigen, gefiederten Blättern hervorwächst. Der Baldrian ist in Europa, Asien und Amerika verbreitet. Er ist eine uralte Heilpflanze, woran auch der wissenschaftliche Name erinnert, denn das Wort *valere* heißt nichts anderes als *gesund sein.* Kaum ein Kraut ist im Lauf der Jahrhunderte in seiner Wirkung unterschiedlicher eingestuft worden als der Baldrian. In der Antike als Gegengift gelobt, von arabischen Ärzten allgemein zum »Wohlsein« empfohlen, von Hildegard von Bingen gegen die Gicht, von Ärzten des 16. Jahrhunderts vor allem als Augenheilmittel, gegen die Pest, in der Kloster- und Volksheilkunde gegen Ungeziefer, schließlich im 20. Jahrhundert als Beruhigungsmittel gepriesen – wegen seiner beruhigenden und krampflösenden Valeriansäuren wohl die sinnvollste Anwendung.

Aussehen: Starrer, bis zu 120 Zentimeter hoher, ästiger Stängel mit gefiederten Blättern. Die weiß-rötlichen Blütenbüschel stehen doldenartig am Ende des Stängels beziehungsweise der Zweige. Die Wurzel ist braun, faserig und schmeckt bitterscharf, beim Trocknen entsteht der charakteristische Geruch.

Vorkommen: In feuchten Wäldern, an Gräben und Bächen, auf Felsen und Bergen. Die Gebirgspflanze ist aromatischer als der in der Ebene wachsende Baldrian.

Blütezeit: Ende Mai bis September.

Sammelzeit: Nur die Wurzeln, nach der Blütezeit im September und Oktober.

Anwendung innerlich: Wegen seiner beruhigenden und krampflösenden Eigenschaften wird Baldrian – als Tinktur oder in Form wässriger Extrakte – bei Angst- und Erregungszuständen, Schlaflosigkeit, Herzbeschwerden sowie Blähungen und Koliken im Magen-Darm-Bereich verwendet.

Anwendungsgebiete: Nervensystem, Herz, Magen, Darm.

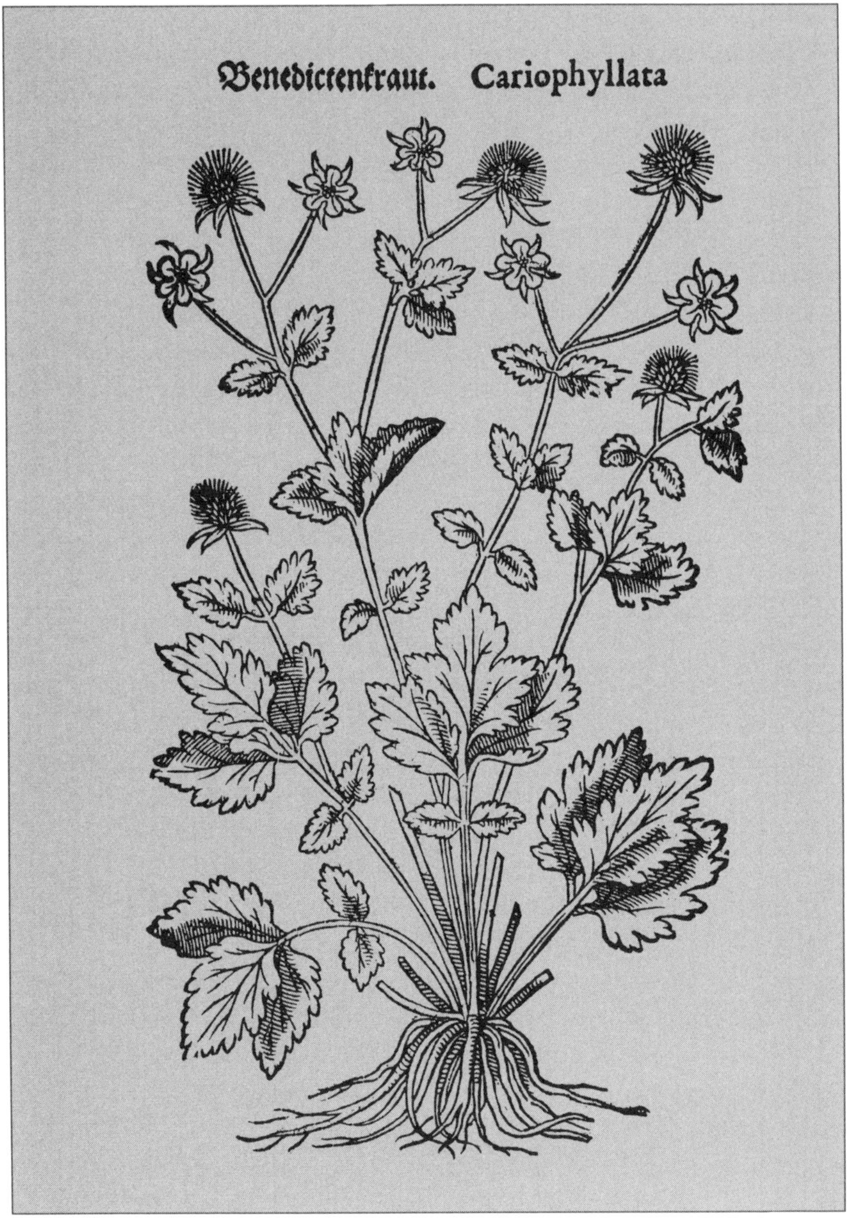
Benedictenkraut. Cariophyllata

Benediktenkraut

Das Benediktenkraut, bekannt auch als Bitterdistel und Heildistel, wird seit der Römerzeit medizinisch verwendet. Die nach Nelken duftende Pflanze enthält Eugenol, ist blutstillend, entzündungshemmend und stärkt die Verdauung.

Aussehen: Die Pflanze gehört zu den Korbblütlern und wird 30 bis 40 Zentimeter hoch, hat einen astigen, haarigen Stängel mit gezähnten Blättern. Die Blüten sind gelblichweiß und filzig.

Vorkommen: Auf nicht zu trockenem Boden, in Gärten, teilweise auch verwildert.

Blütezeit: Juni bis August.

Sammelzeit: Blätter etwa Anfang Juni, vielfach bevor sich die Blüten geöffnet haben, Blüten zur Blütezeit.

Anwendung äußerlich: Bei Verletzungen, Brandwunden, Geschwüren und Frostbeulen als Abkochung oder als frischer Saft.

Anwendung innerlich: Anregung der Magensaftsekretion. Stärkt den Magen und ist gut bei Verdauungsstörungen. Bewährt bei zu starker Gasbildung und ebenso bei Leberschwellung. Der Tee darf jedoch nie zu stark angesetzt werden, da zu große Gaben leicht Brechreiz hervorrufen können. Das gilt auch für Extrakte und für Tinkturen.

Anwendungsgebiete: Haut, Magen, Darm, Leber.

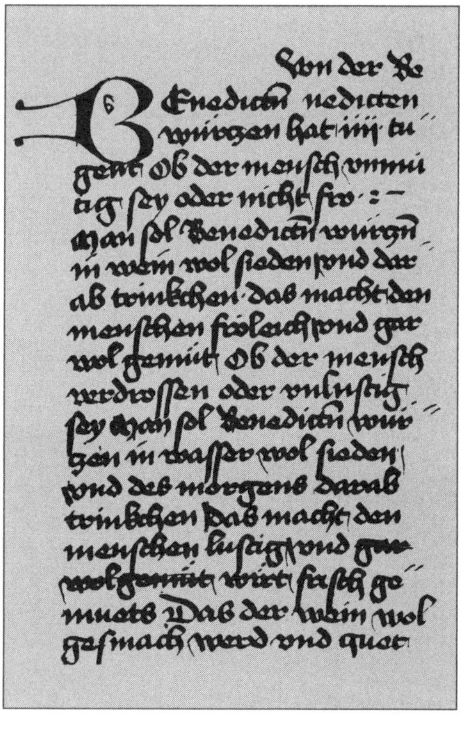

Von der Be
B Enedicten nedicten
wurtzen hat iiij tu
gent Ob der mensch vnmu
tig sey oder nicht fro :–
Man sol Benedicten wurtzn
in wein wol sieden vnd dar
ab trinkchen das macht den
menschen frolaich vnd gar
wol gemut Ob der mensch
verdrossen oder vnlustig
sey Man sol Benedicten wur
tzen in wasser wol sieden
vnd des morgens darab
trinkchen Das macht den
menschen lustig vnd gar
wol gemut wirt frisch ge
muets Das der wein wol
gesmach werd vnd guet

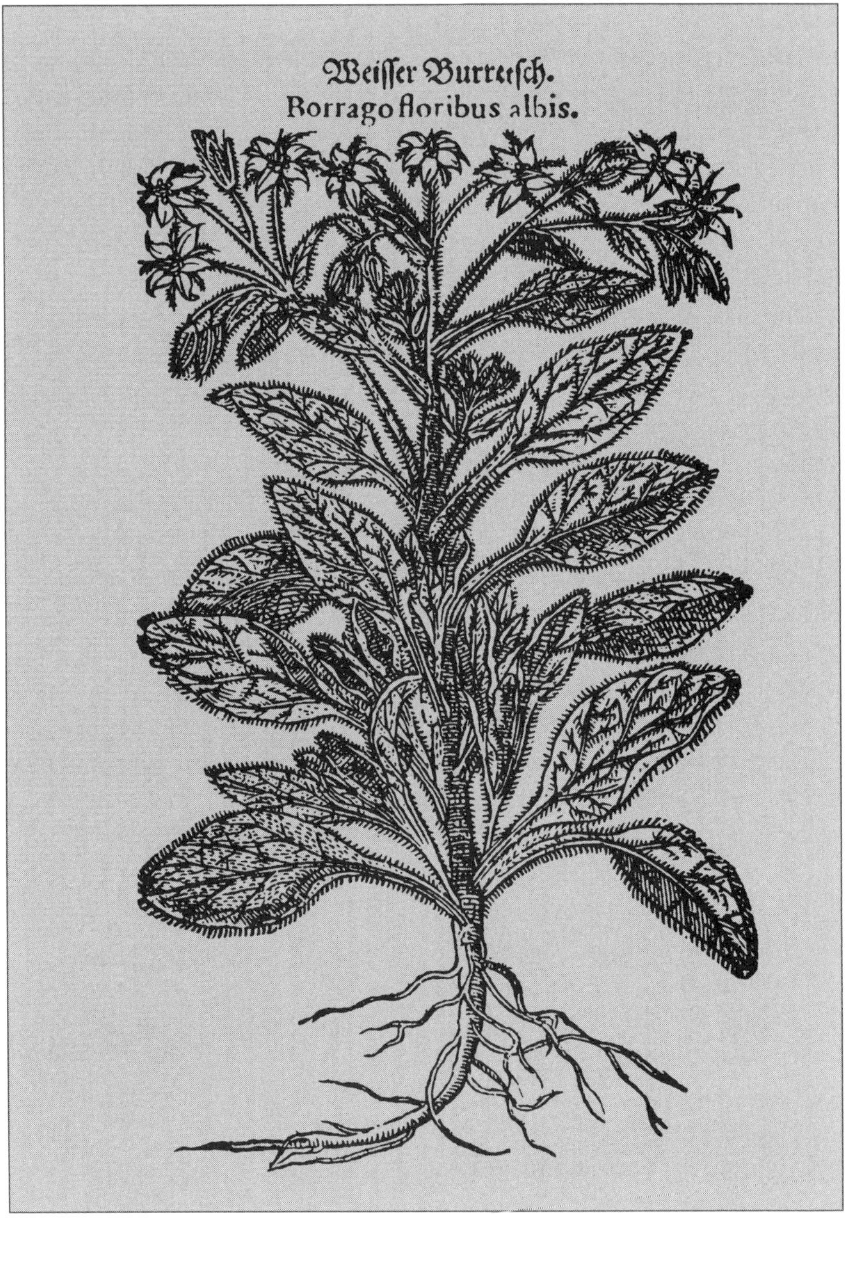
Weisser Burretsch.
Borrago floribus albis.

Borretsch

Aus der Rezeptur eines Benediktinerabtes des 16. Jahrhunderts: »Wer unter häufiger Verstopfung leidet, der lasse sich Borretsch, Spinat und Ringelkraut in fetter Fleischbrühe sieden, mit Mandelöl oder frischer Butter gekocht, und esse als Erstes vor dem Essen davon. Solches Mus hält den Leib offen.« Heute finden Feinschmecker wieder Gefallen am Kräutermus. Schonendes Kochen, wenn möglich nur Blanchieren, erhält den Vitamingehalt der frischen Kräuter.

Aussehen: Saftiger, bis 60 Zentimeter hoher, ästiger Stängel mit zungenförmigen, behaarten Blättern. Himmelblaue, manchmal auch rötliche oder weiße Blüten stehen in Büscheln. Die frische Pflanze riecht nach Gurken und schmeckt salzig.

Vorkommen: Verwildert an Zäunen, angebaut in Gärten.

Blütezeit: Juni bis August, vereinzelt auch im Herbst.

Sammelzeit: Das Kraut zur Blütezeit.

Anwendung äußerlich: Umschläge mit dem Saft des Borretsch unterstützen die Behandlung von Kopfschmerzen und Gelenkrheumatismus (im Anfangsstadium). Ein Brei aus frischen Pflanzen wirkt bei Brandwunden sowie bei Gicht schmerzlindernd.

Anwendung innerlich: Ein Teeaufguss hat harn- und schweißtreibende, aber auch eine beruhigende Wirkung. Borretsch ist außerdem Bestandteil vieler Teemischungen, die verschiedenen Heilzwecken dienen.

Anwendungsgebiete: Haut, Niere, Gelenke.

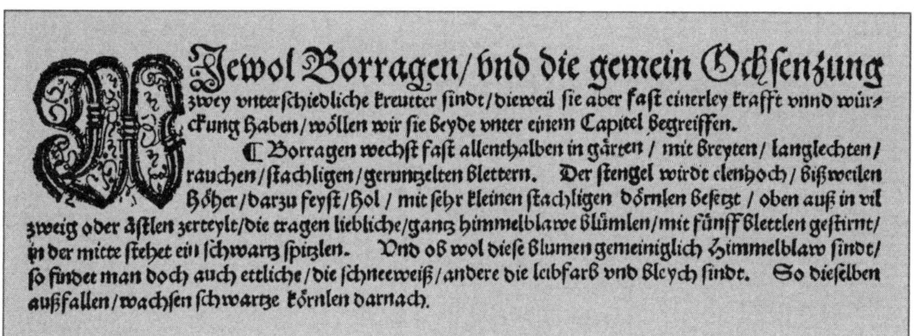

Wiewol Borragen/ vnd die gemein Ochsenzung zwey vnterschiedliche kreutter sindt/dieweil sie aber fast einerley krafft vnnd würckung haben/wöllen wir sie beyde vnter einem Capitel begreiffen.

Borragen wechst fast allenthalben in gärten / mit breyten/ langlechten/ rauchen/stachligen/gerunzelten blettern. Der stengel wirdt elenhoch/ bißweilen höher/darzu feyst/hol / mit sehr kleinen stachligen dörnlen besetzt / oben auß in vil zweig oder ästlen zerteylt/die tragen liebliche/gantz himmelblawe blümlen/mit fünff blettlen gestirnt/ in der mitte stehet ein schwartz spitzlen. Vnd ob wol diese blumen gemeiniglich Himmelblaw sindt/ so findet man doch auch ettliche/die schneeweiß/andere die leibfarb vnd bleych sindt. So dieselben außfallen/wachsen schwartze körnlen darnach.

Groß Nessel. Urtica II. major.

Brennnessel
Das Lob der zwei großen Kräuterpfarrer Kneipp und Künzle vor etwa 120 Jahren soll nicht unerwähnt bleiben. Pfarrer Kneipp widmete den Brennnesseln sogar ein Kochrezept: »Diese werden gut gewaschen, im Wasser weich gekocht und mit Zwiebeln fein gewiegt; das Gewiegte wird in heller Einbrenne gedünstet, mit Fleischbrühe angerührt, gesalzen und gewürzt, worauf man es dann gut aufkochen lässt.« Auch der Schweizer Pfarrer Künzle pries dieses Gericht in seinem Büchlein *Chrut und Uchrut:* »Die jungen Blätter der Brennnessel geben eine ausgezeichnete Nahrung; sie werden bereitet wie Spinat; ich esse dieses Gericht mit Vorliebe in der Zeit vom Mai bis in den Sommer hinein und tische es meinen Gästen auf, die es mit Appetit genießen.«
Aussehen: Im Frühjahr treibt ein bis zu 120 Zentimeter hoher Stängel mit herzförmigen, gesägten Blättern, die mit feinen Haaren überzogen sind. Beim Anfassen brechen die Spitzen der Brennhaare ab, deren Säure auf der Haut kleine Entzündungen verursacht. Die Blüten sind hellgrün und hängen am Stängel herab.
Vorkommen: Überall, selbst auf schlechtestem Boden, unter fast allen klimatischen Bedingungen. Die weniger heilkräftige Kleine Brennnessel kommt fast nur in der Nähe menschlicher Siedlungen vor.
Blütezeit: Juni bis Oktober.
Sammelzeit: Junge Blätter und Wurzeln im Sommer, Samen im September und Oktober.
Anwendung äußerlich: Kraut und Blüten werden abgebrüht und als Einreibungen bei Nerven- und rheumatischen Schmerzen verwendet, auch bei Lippen- und Mundgeschwüren und bei Fieber mit Nesselausschlag. Gegen Verbrennungen legt man ein mit verdünnter Brennnesseltinktur getränktes Läppchen auf.
Anwendung innerlich: Tee und blühendes Kraut sowie Wurzeln in Abkochung fördern die Blutbildung, wirken blutreinigend und blutstillend, auch schleimlösend, auswurffördernd und wassertreibend.
Anwendungsgebiete: Haut, Schleimhaut, Niere, Harnblase, Gelenke, Atemwege.

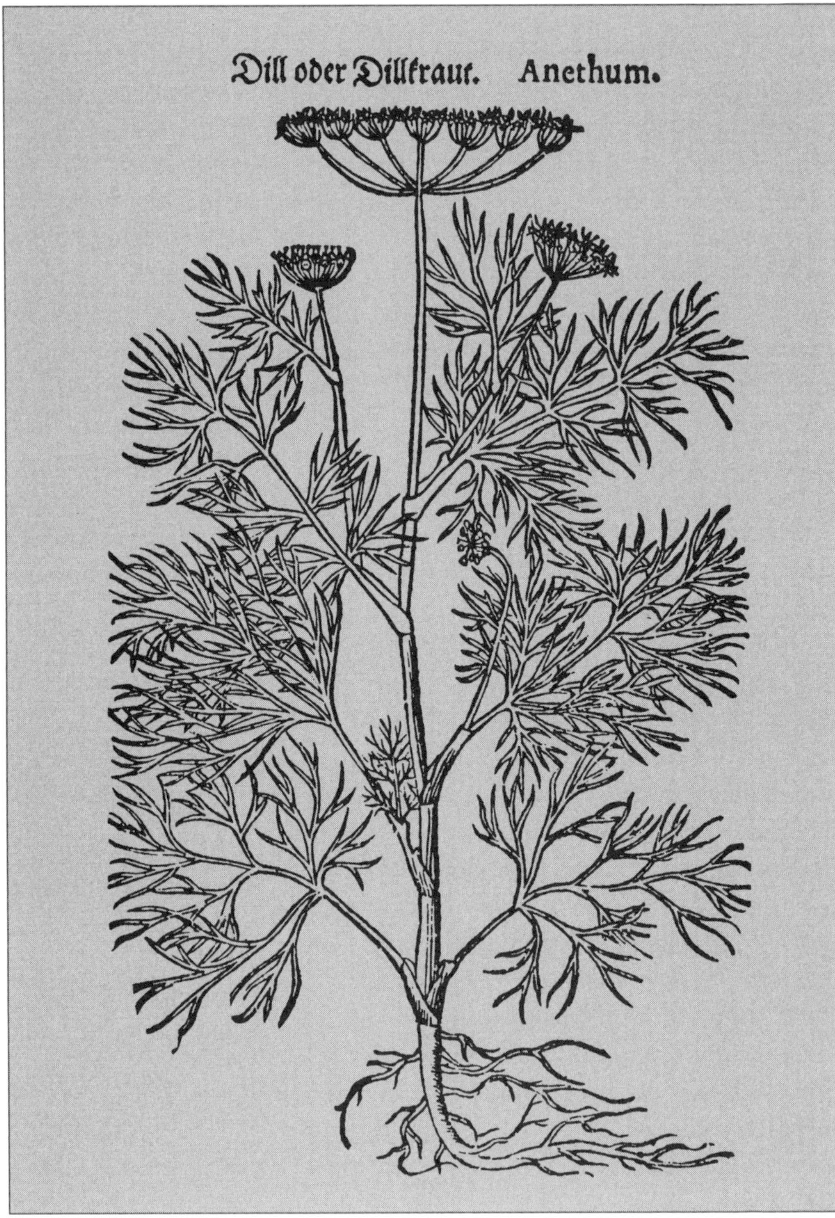
Dill oder Dillkraut. Anethum.

Dill

Bereits in der Frühzeit verwendeten Griechen und Römer Dill in ihren Küchen. Vergil lobte ihn. Römische Grenzsoldaten und später die Mönche brachten ihn über die Alpen, wo er sich an das kältere Klima gewöhnte. Im Mittelalter genossen unsere Vorfahren bereits den würzigen Geschmack in Suppen und Saucen. Hildegard von Bingen beschrieb Dill als Heilkraut gegen Kopfschmerzen, übermäßige Fleischeslust und Gicht.

Aussehen: Die einjährige, etwa 40 bis 80 Zentimeter hohe Pflanze hat schmalgliedrige Blätter und eine gelbliche Blütendolde. Diese enthält ätherische Öle und Mineralien.

Vorkommen: Meist angebaut, aber auch verwildert an sonnigen Standorten.

Blütezeit: Juli bis September.

Sammelzeit: Juli bis September (reife Früchte beziehungsweise ganzes Kraut ohne Wurzel).

Anwendung innerlich: Bei Blähungen und Magenschmerzen, auch bei schlechtem Mundgeruch, Samen oder Blätter kauen. Als Tee (Zubereitung: 1 Teelöffel zerriebener Blätter auf 1 Tasse siedendes Wasser) wirksam gegen Unwohlsein.

In Form eines Einlaufs hat sich Dill bei Hämorrhoiden bewährt. Dill fördert die Verdauung, ist krampf- und schmerzlösend, blähungstreibend und regt die Magensaftproduktion, bei jungen Müttern auch die Milchsekretion an. Frisches Kraut wird als Gemüse und Gewürz verwendet.

Anwendungsgebiete: Magen, Darm, Brustdrüse.

> ES haben die Alten wie der Poet Virgilius in Alexi bezeuget/ ein Salsen von Dillkraut/ Quendel und Knoblauch untereinander gestossen/ gemacht / und solche den Schnittern zu essen fürgestellt. Und ist zwar das Dillkraut und sein Saamen noch heutiges Tags in unsern Küchen des Teutschlands sehr gemein / und den Armen ein nützliche Würtz. Das grüne Kraut wird in Suppen und Gemüß nützlich gebraucht / und gibt denselben ein guten Geschmack. Mit dem Saamen machet man die jungen Cucumern ein/ so brauchen ihn auch die Weiber zum Kappiskraut / wann sie über das Jahr zu brauchen einsaltzen / welches ihm nicht allein ein guten Geschmack gibt / sondern er benimmt ihm auch die Windigkeit/ und macht es desto verdaulicher. Desgleichen wird der Saamen nützlich gebraucht/ das Fleisch damit einzumachen/ und zu den Würsten/ darvon dann alle solche Speisen ein anmüthigen Geschmack bekommen / und auch desto verdäulicher werden. In summa/ unsere Weiber und Köch können des Dills in ihren Küchen keines wegs entbehren.

* Weiſſe Eberwurtz. *
Chamæleon albus ſive Carlina.

Eberwurz

Dass die Eberwurz, die auch unter den Namen »Silberdistel, Karlsdistel, Wilde Artischocke« bekannt ist, das Heer Karls des Großen vor der Pest gerettet habe, steht in einem alten Kräuterbuch der Klosterbibliothek Neresheim. Im früheren Volksglauben hingegen waren schaurige Geschichten verbreitet: Als »Sonnwend- oder Donnerdistel« sollte die Eberwurz, an die Stalldecke genagelt, Hexen abwehren! Freuen wir uns, dass diese Zeiten unwiederbringlich vorbei sind!

Aussehen: Die bis zu 30 Zentimeter lange und 3 Zentimeter dicke Wurzel dieses Korbblütlers ist ölhaltig, schmeckt wie ein Gewürz. Der nur etwa handhohe Stängel hat stachelige und gezähnte Blätter, silberweiße bis rötliche Blüten. Die Eberwurz steht unter Naturschutz!

Vorkommen: Vorwiegend im Gebirge auf kalkhaltigem Boden, auch auf trockenen Bergwiesen.

Blütezeit: Juli bis September.

Sammelzeit: Die Wurzel im Frühjahr oder Herbst.

Anwendung äußerlich: Bei Hautleiden zum Auswaschen von Wunden.

Anwendung innerlich: Der Tee aus der Wurzel ist ein altes Hausmittel gegen Katarrh und Verschleimung der Atemwege. Der Tee wird auch als Tonikum für den Magen getrunken.

Anwendungsgebiete: Haut, Atemwege, Magen.

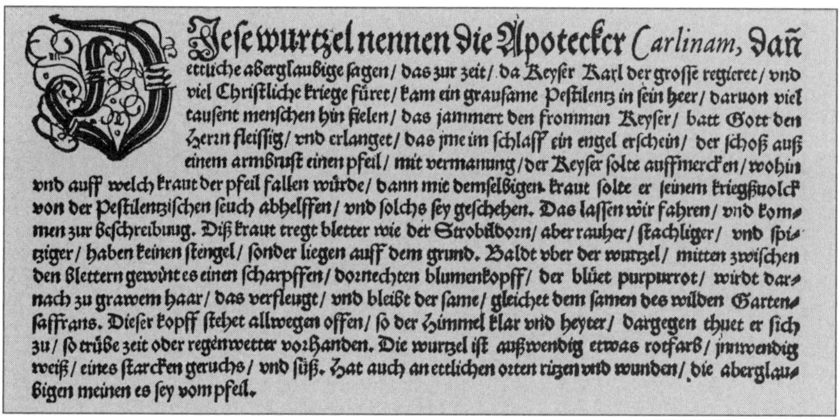

Dieſe wurtzel nennen die Apotecker *Carlinam*, dañ ettliche abergläubige ſagen/ das zur zeit/ da Keyſer Karl der groſſe regieret/ vnd viel Chriſtliche kriege füret/ kam ein grauſame Peſtilentz in ſein heer/ daruon viel tauſent menſchen hin fielen/ das jammert den frommen Keyſer/ batt Gott den Herrn fleiſſig/ vnd erlanget/ das jme im ſchlaff ein engel erſchein/ der ſchoß auß einem armbruſt einen pfeil/ mit vermanung/ der Keyſer ſolte auffmercken/ wohin vnd auff welch kraut der pfeil fallen würde/ dann mit demſelbigen kraut ſolte er ſeinem kriegßvolck von der Peſtilentziſchen ſeuch abhelffen/ vnd ſolchs ſey geſchehen. Das laſſen wir fahren/ vnd kommen zur beſchreibung. Diß kraut tregt bletter wie der Strobildorn/ aber rauher/ ſtachliger/ vnd ſpitziger/ haben keinen ſtengel/ ſonder liegen auff dem grund. Baldt vber der wurtzel/ mitten zwiſchen den blettern gewint es einen ſcharpffen/ dornechten blumenkopff/ der blüet purpurrot/ wirdt darnach zu grawem haar/ das verfleugt/ vnd bleibt der ſame/ gleichet dem ſamen des wilden Gartenſaffrans. Dieſer kopff ſtehet allwegen offen/ ſo der Himmel klar vnd heyter/ dargegen thuet er ſich zu/ ſo trübe zeit oder regenwetter vorhanden. Die wurtzel iſt außwendig etwas rotfarb/ jnnwendig weiß/ eines ſtarcken geruchs/ vnd ſüß. Hat auch an ettlichen orten ritzen vnd wunden/ die abergläubigen meinen es ſey vom pfeil.

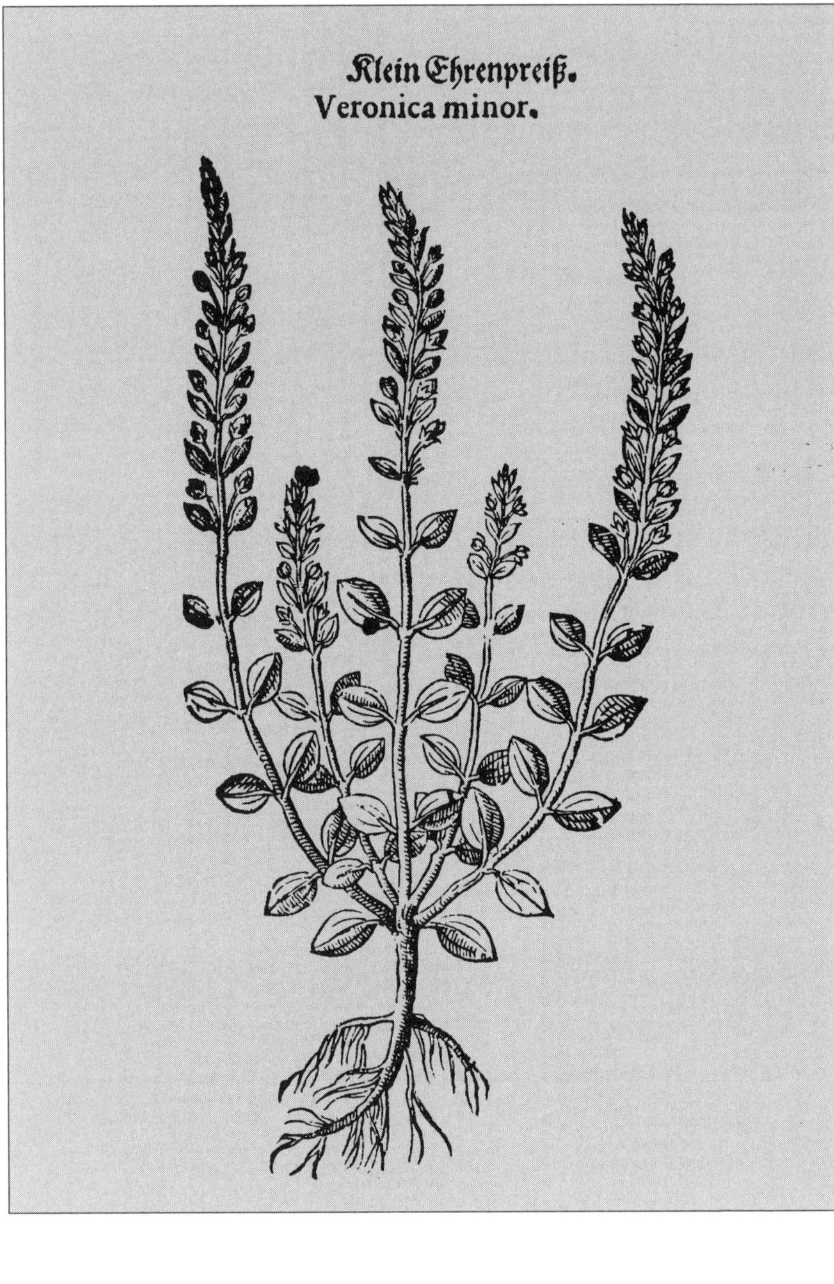
Klein Ehrenpreiß.
Veronica minor.

Ehrenpreis

Ehrenpreis mit vielen Unterarten ist seit alters her in der Kloster- und Volksmedizin wegen seiner heilenden Wirkung auf nahezu alle Organe des menschlichen Körpers sehr beliebt. Die Namen »Grundheil, Heil aller Schäden, Steh auf und geh weg« weisen auf die Verwendung dieses Allheilmittels hin. Hirten versuchten sogar, damit lungenkranke Schafe zu heilen.

Aussehen: Zeichnet sich durch einen behaarten, kriechenden Stängel aus, an dem kurzgestielte, elliptisch geformte und behaarte Blätter sitzen. Die Blüten – aus den Blattwinkeln kommend – bilden eine Traube. Die Farbe kann blassblau, weiß oder rötlich sein.

Vorkommen: In Wäldern, an Waldrändern, auf trockenen Wiesen und Halden.

Blütezeit: Juni bis August.

Sammelzeit: Das blühende Kraut im Juni und August.

Anwendung äußerlich: Ein Auszug des Krauts in Wein mit einem Zusatz von Alaun ergibt ein Gurgelwasser, das bei Entzündung der Mundschleimhäute sowie bei Halsentzündungen hilft.

Anwendung innerlich: Der Tee wird gegen Brustkrankheiten, Katarrh, Verschleimungen der Atemwege angewandt. Wirksamer als der Tee ist der ausgepresste Saft. Ehrenpreis in Wein stärkt den Magen und reinigt das Blut.

Anwendungsgebiete: Schleimhaut, Atemwege, Magen.

¶ Erenpreiß hat billich den namen/ vnd soll von menniglich hoch geachtet werden/ wegen seiner reichlichen tugendt/ dann kaum ein köstlicher kraut ist zu der verserten lungen/ vnd brust/ wider den husten/ schweren athem/ flüsse/ eyterige geschwüre/ vnd schwindsucht. Man mag ein tranck darauß machen/ oder latwergen. Es haben auch die Hirten jre sondere erfarung von Erenpreiß/ dann sie geben dieselbige dem vihe gepuluert/ vnd mit saltz vermischt/ wider den husten.

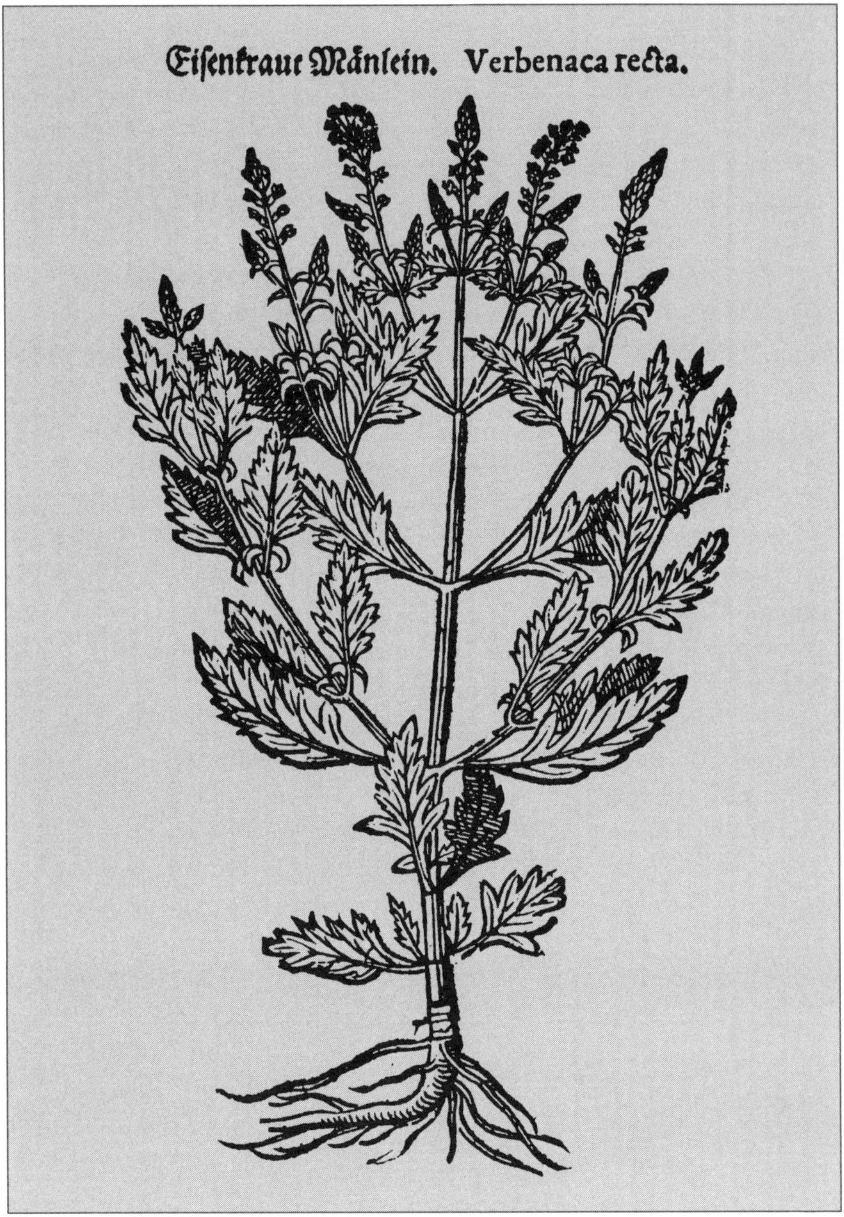
Eiſenkraut Mänlein. Verbenaca recta.

Eisenkraut
Seit Jahrtausenden spielt diese Pflanze eine herausragende Rolle in der Kulturgeschichte des Menschen. Eisenkraut, auch unter den Namen »Verbena« und »Venusträne« bekannt, war zur Heilanwendung und für religiöse Rituale, wie uns durch Plinius den Älteren überliefert ist, gleichermaßen geschätzt: »Keine Pflanze ist unter den Römern so berühmt wie die hiera botane (heilige Pflanze), die lateinischen Autoren nennen sie verbenaca.« Dioskurides wusste, dass die Blätter des Eisenkrauts »als Umschlag langwierige Ödeme und Entzündungen heilen und schmutzige Geschwüre reinigen. Die ganze Pflanze, mit Wein gekocht, heilt als Gurgelmittel fressende Geschwüre im Mund.« Auch viele andere Autoren antiker wie mittelalterlicher Heilkräuterliteratur rühmen die Wirkungen des Eisenkrauts, darunter Isidor von Sevilla und Hildegard von Bingen. Die Heilempfehlungen für Eisenkraut wurden immer umfangreicher, und im Hochmittelalter war Eisenkraut ein Allheilmittel.
Aussehen: Aufrechter, ungefähr 60 Zentimeter hoher, vierkantiger Stängel. Die Blätter haben eine rautenartige Form und sind gekerbt, am Rand und auf den Nerven rauhaarig. Die kleinen Blüten sind blasslila bis rötlich-weiß.
Vorkommen: Auf Halden, an Wegrändern und Zäunen.
Blütezeit: Ende Juni bis August, manchmal auch noch im September.
Sammelzeit: Im Sommer das Kraut, im Herbst die Wurzel.
Anwendung: Früher wurde Eisenkraut auf Wunden und Geschwüre gelegt. Als Tee wurde es bei Husten, Verdauungsstörungen und Bleichsucht verwendet. Heute findet sich Eisenkraut mit seinen ätherischen Ölen, Glykosiden wie Verbenalin und Gerbstoffen in Kombination mit anderen Pflanzen in einigen homöopathischen Präparaten. Als Teespezialität erfreuen sich die Blätter jedoch nach wie vor und vor allem bei unseren französischen und schweizerischen Nachbarn großer Beliebtheit.
Anwendungsgebiete: Haut, Atemwege, Magen, Darm.

Angelick/oder Engelwurtz. Angelica

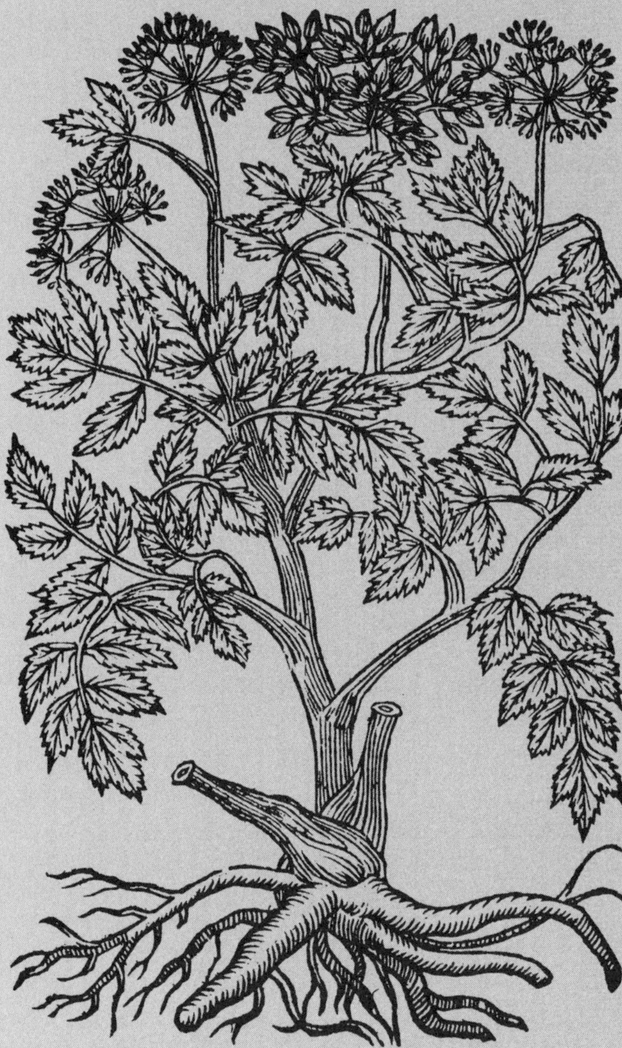

Engelwurz
Der Legende nach soll der Erzengel Raphael im Jahr 1374, als die Pest in Europa wütete, vom Himmel auf die Erde gekommen sein und den Menschen die Wurzeln dieser Pflanze zur Rettung vor dem »Schwarzen Tod« gebracht haben. Diesem Umstand verdankt die Engelwurz, auch unter dem Namen »Angelika« bekannt, ihren Namen. Kräuterpfarrer Künzle preist die Engelwurz so: »Sie treibt den zähen, verhockten Schleim aus Lunge, Magen und Gedärm.« Pfarrer Künzle warnt allerdings davor, die Engelwurz mit dem Schierling zu verwechseln, »weshalb man keine dummen Leute in die Angelika-Lese schicken darf«. Als Hausmittel empfahl Kräuterpfarrer Künzle Angelika-Honig. »Er übertrifft an Feinheit und Güte den Bienenhonig.«
Aussehen: Doldengewächs. Lange, fleischige Wurzel, saftiger, über drei Zentimeter hoher Stängel, verästelt, mit doppelt gefiederten Blättern. Die großen Doldenblüten sind grünlich- bis gelblichweiß. Würziger, moschusartiger Geruch und Geschmack. Vorsicht: Pflanze ähnelt dem Schierling!
Vorkommen: An Bachufern, in Gärten auf feuchtem – nicht tonigem – Boden.
Blütezeit: Juni bis August.
Sammelzeit: Wurzel im Frühjahr und Herbst.
Anwendung äußerlich: Umschläge mit dem Saft und Pulver der Wurzel gegen Wunden. Ein Destillat aus der Wurzel wird als Einreibemittel gegen rheumatische Schmerzen und Neuralgien verwendet.
Anwendung innerlich: Als schleimlösendes, magenstärkendes, blähungs-, schweiß- und bluttreibendes Mittel. Saft oder pulverisierte Wurzel in Wein beheben Unterleibsbeschwerden, die auf eine Erkältung zurückzuführen sind. Ferner bei Hals- und Brustleiden, außerdem zur Stärkung von Herz, Lunge und Leber, durchwärmt den Magen. Zu diesem Zweck wird die Wurzel mit warmen Wein eingenommen.
Anwendungsgebiete: Haut, Lunge, Leber, Herz, Magen, Gelenke, Nervensystem.

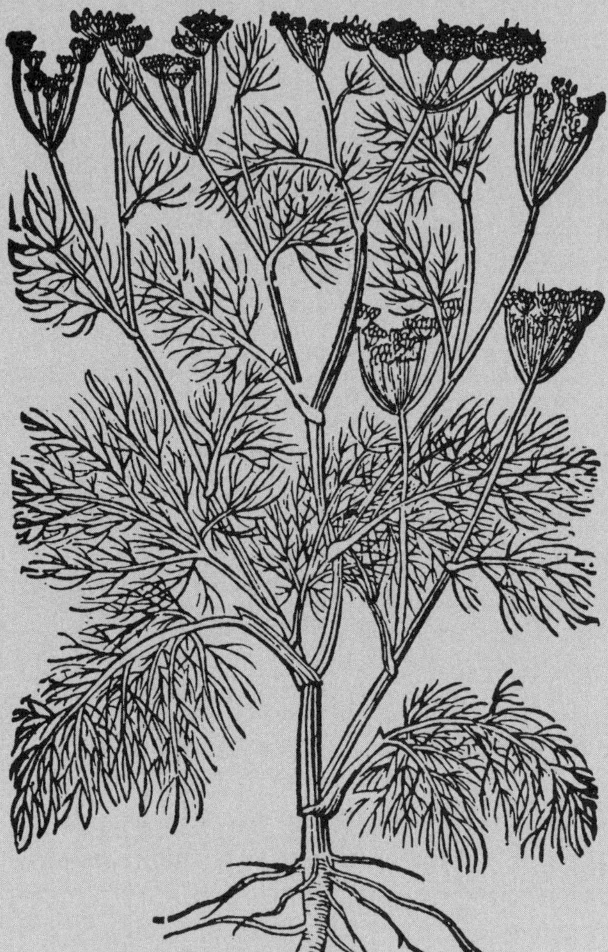

Fenchel. Fœniculum.

Fenchel

Hildegard von Bingen zählte den Fenchel zu einer ihrer Lieblingspflanzen. Über seine Wirkungen schrieb sie: »Und wie auch immer er gegessen wird, macht er den Menschen fröhlich und vermittelt ihm angenehme Wärme und guten Schweiß, und er verursacht gute Verdauung. Denn wer Fenchel oder seinen Samen täglich nüchtern isst, der vermindert den üblen Schleim oder die Fäulnisse in ihm, und er unterdrückt den üblen Geruch seines Atems, und er bringt seine Augen zu klarem Sehen.« Nach dem *Lorscher Arzneibuch* soll Fenchel den »Rotz zum Stehen bringen« sowie »auftretende Heiserkeit nehmen«. Diese beiden Heilanzeigen liegen nahe den heutigen: Fenchelöl-Präparate als Sirupe oder als Inhalation sind zur Behandlung von »Erkältungskrankheiten der Atemwege mit zähflüssigem Schleim« offiziell zugelassen (Näheres siehe unten).

Aussehen: Doldengewächs, wird ein bis zwei Meter hoch. Charakteristisch sind der kräftige bläulichgrüne oder dunkelrote Stängel, die rübenartige, gelbliche Wurzel und die großen gelben Blütendolden. Die mehrfach gefiederten Blätter sitzen auf langen Scheiden. Die Früchte haben einen würzigen Geruch und Geschmack.

Vorkommen: Angebaut in Gärten als Gemüse- oder Arzneipflanze, selten wildwachsend.

Blütezeit: Mitte Juni bis August.

Sammelzeit: Wurzelsprossen, Dolden und Früchte im September und Oktober. Für Heilzwecke werden vorwiegend die Früchte gesammelt.

Anwendung äußerlich: Augenspülungen und Augenumschläge bei Entzündungen des äußeren Auges.

Anwendung innerlich: Schleimlösend und krampfstillend, blähungslösend, appetitanregend, verdauungsfördernd und harntreibend. Gut bei Magen- und Darmstörungen, ebenso geeignet bei allen Erkältungskrankheiten. Besonders beliebt bei Säuglingen und Kleinkindern mit Verdauungsstörungen. Bei stillenden Müttern regt es die Milchproduktion an.

Anwendungsgebiete: Augen, Atemwege, Magen, Darm, Milchdrüsen.

Holderbaum
Sambucus

Holunder

Dass nicht nur der einfache Bauer den Holunder, bekannt auch als Flieder, Holler (Österreich) und Holder, schätzte, sondern auch der Mönch bis hinauf zum Abt, geht aus verschiedenen Handschriften der Klosterbibliotheken hervor. Neben der Kamille gilt er als das wichtigste Volksheilmittel. Mit Rinde, Blättern, Blüten, Beeren und Wurzeln bekämpfte man seit der Antike eine Fülle von Krankheiten. Heute werden überwiegend die Blüten medizinisch verwendet. Sie gelten als entzündungshemmend, fiebersenkend, harntreibend, blutreinigend und Katarrh bekämpfend.

Die vielen Anwendungsbereiche aller Pflanzenteile verhalfen ihm zur Bezeichnung »Hausapotheke der Bauern«.

Aussehen: Zwei bis zehn Meter hoch werdender Strauch mit einfachen oder gefiederten Blättern und gelbweißen Blütendolden. Stamm und dickere Zweige besitzen ein dickes, weißes Mark. Doldenförmige Fruchtstände mit schwarzen Beeren.

Vorkommen: An Waldrändern, Flüssen und Schluchten, in Gärten und Anlagen.

Blütezeit: Mai bis Juni.

Sammelzeit: Blätter vor der Blütezeit, frische Blüten (gleich nach dem Sammeln zum Trocknen auslegen) in der Blütezeit, geschälte Rinde im Frühjahr, Beeren (reich an Vitamin C) im August und September.

Anwendung äußerlich: Ein Aufguss der Blüten ist ein wirkungsvolles Gurgelwasser bei Entzündungen im Mund- und Rachenraum.

Anwendung innerlich: Heißer Holunderblütentee wirkt gut bei Erkältungskrankheiten, fieberhaften Infekten und als Spülmittel bei Zahnschmerzen. Tee aus Blättern hat stark wassertreibende Kraft. Ein Rindenaufguss erzielt gute Erfolge bei Nieren- und Blasenerkrankungen, Rheuma und Gicht. Heilsam ist frische Rinde auch bei leichten Verbrennungen. Das Mus aus den Früchten hilft bei Verstopfung und Blutreinigungskuren.

Anwendungsgebiete: Haut, Atemwege, Darm, Niere, Harnblase, Gelenke.

Sanct Johanneskraut.
Hypericon.

Johanniskraut
Der Name »Johanniskraut« stammt aus dem Mittelalter. Zu dieser Zeit benannte man die Pflanzen gern nach den Heiligen. Da diese Heilpflanze um das Fest des heiligen Johannes des Täufers, den 24. Juni, blüht, und einen blutähnlichen Saft enthält, dachte man an das Blut dieses Märtyrers und benannte das Kraut nach ihm. Die frühesten Belege für die Anwendung bei seelischen Beschwerden in der Klosterheilkunde finden sich im *Lorscher Arzneibuch* anhand zweier Rezepturen, unter deren Zutaten das Johanniskraut auftaucht: Das eine, ein »Heiligmittel, welches Galen benutzte«, richtet sich in besonderer Weise gegen »die Melancholie, aufgrund eines Überschusses der schwarzen Galle«. Bei dem anderen handelt es sich um ein Kräuterpulver, genannt »Das Beschauliche«, da es einen »verwirrten Geist wieder gesund macht«. Ein Abt aus einem der großen Benediktinerklöster empfiehlt Johanniskrautöl bei rheumatischen Beschwerden.
Aussehen: Aufrecht stehender, zweikantiger Stängel, bis zu 50 Zentimeter hoch, von dem paarweise Ästchen abzweigen. Kleine, oval geformte, durchsichtig punktierte Blätter. Wenn man die gelben Blüten zwischen den Fingern zerreibt, tritt ein roter Saft aus.
Vorkommen: An Wegen, in Wäldern, auf Bergen und an trockenen Hügeln.
Blütezeit: Ende Juni bis August.
Sammelzeit: Blüten, Wurzeln und Blätter im Juni und August.
Anwendung äußerlich: Mit Öl angesetzte Blüten ergeben ein Einreibemittel gegen Schwellungen, Hexenschuss und Gicht. Mit Wasser ausgelaugter Saft hat sich bei frischen Wunden – besonders bei Brandwunden – bewährt.
Anwendung innerlich: Der aus dem getrockneten Kraut zubereitete Tee wirkt beruhigend bei depressiven Zuständen. Als harn- und galletreibendes Mittel wird Johanniskraut auch bei Nierenerkrankungen sowie Koliken im Bereich von Magen, Darm und Galle verwendet.
Anwendungsgebiete: Haut, Magen, Darm, Galle, Niere, Nervensystem, Gelenke.

Kamille

In vielen Kräuterbüchern und Rezeptsammlungen der Mönche wird die Kamille als »Pflanzendoktor« bezeichnet, und auch das *Lorscher Arzneibuch* zählt einige Anwendungen auf, in denen die Kamille vertreten ist, zum Beispiel in Arzneien gegen Fieber, Lungenbeschwerden und gegen Zahnschmerzen. Außerdem geben die Lorscher Mönchsärzte eine Anleitung zur Bereitung eines Kamillenöls. Kamillenöl empfehlen sie für eine Mundspülung gegen schmerzendes und geschwollenes Zahnfleisch. Das ist eine Anwendung, die auch heute noch für Kamillentee bei »Reizungen der Mund- und Rachenschleimhaut und bakteriellen Erkrankungen der Mundhöhle und des Zahnfleisches« angezeigt ist.

Aussehen: Der vielästige Stängel der Korbblütlerpflanze wird 12 bis 15 Zentimeter hoch. Weiße Blüten um gelbe Mittelscheibe, hohler Blütenboden. Stiellose Blätter, fühlen sich fleischlich an und teilen sich von der Mittelrippe fiederig nach beiden Seiten.

Vorkommen: Angebaut in Gärten, wildwachsend auf Wiesen, Äckern und an Wegrändern.

Blütezeit: Ende Mai bis August.

Sammelzeit: Blütenköpfe zur Blütezeit.

Anwendung äußerlich: Wirkt warm in Säckchen aufgelegt wohltuend bei Entzündungen, Erkältungen, Geschwülsten und Kopfschmerzen, beschleunigt das Eitern von Wunden. Kamillebäder eignen sich hervorragend bei allen Frauenleiden. Gurgeln mit Kamillentee hilft gegen Zahnschmerzen und geschwollene Rachenmandeln.

Anwendung innerlich: Die krampf- und schmerzstillende Wirkung von Kamillentee und Kamillenöl – auf Zucker eingenommen – wird bei Krämpfen, Schmerzen und Übelkeit vor oder während der Menstruation genutzt, außerdem ist Kamillenextrakt gegen Blähungen, Durchfall, Magen- und Darmbeschwerden sowie Blasenleiden gut wirksam und beruhigt die Nerven.

Anwendungsgebiete: Haut, Schleimhaut, Magen, Darm, Harnblase, weibliche Geschlechtsorgane, Nervensystem.

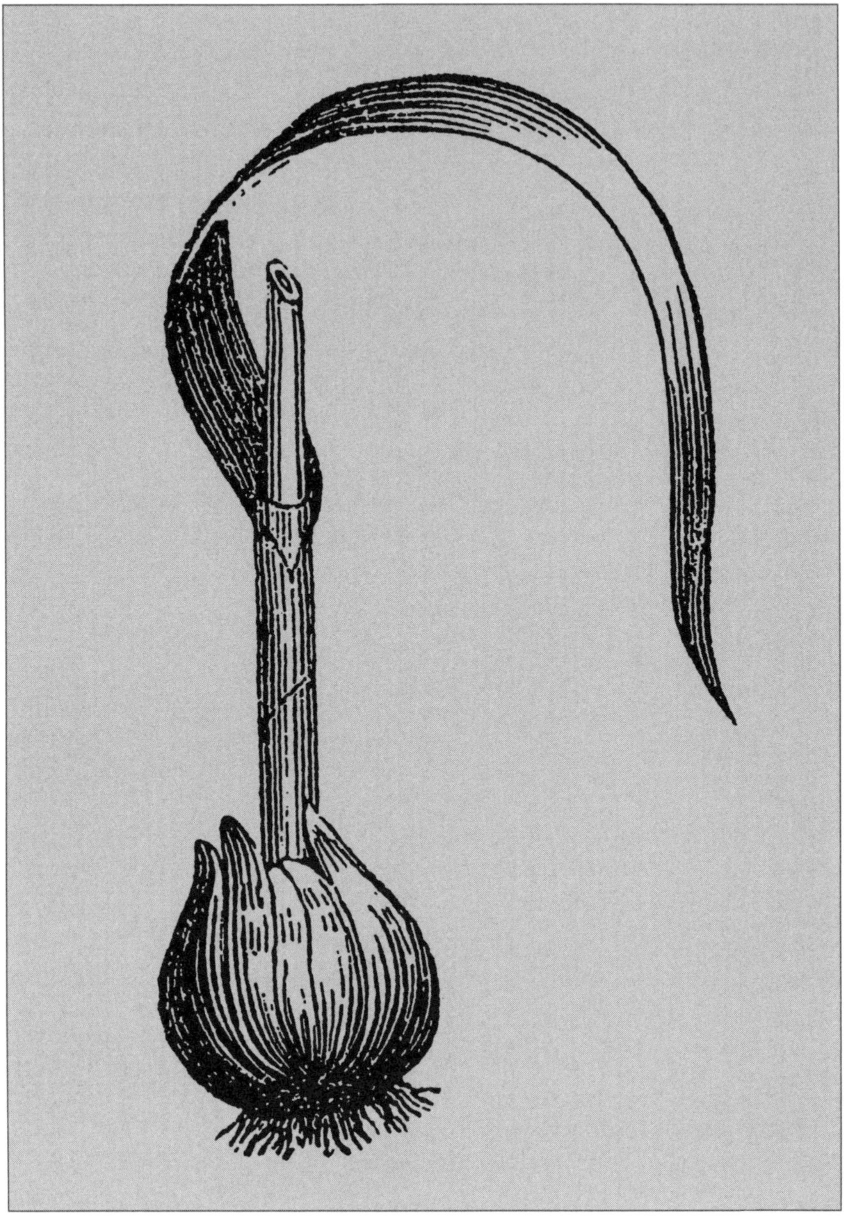

Knoblauch

In der Antike war Knoblauch als Gemüse ein Grundnahrungsmittel. Die Arbeiter und Sklaven sollen ihn beim Pyramidenbau gegessen haben. Die Israeliten in der Wüste Sinai sehnten sich nach dem Knoblauch, den sie in Ägypten reichlich genossen hatten. Nach Griechenland wurde er aus Ägypten importiert, vom einfachen Volk geliebt, vom Adel mit gerümpfter Nase bedacht. In der feinen römischen Küche war er verpönt, die Sklaven, Bauern und Handwerker aßen ihn jedoch als selbstständiges Gericht, und den Seeleuten diente er als Kost und zugleich als antibakterieller Schutz gegen faulendes Trinkwasser. Hervorgehoben worden sind seine Heilwirkungen gegen Magenschmerzen, Läuse und Nissen, gegen giftige Tiere, Lungenkrankheit, giftige Luft (Pest), Husten, Niedergeschlagenheit und Impotenz.

Aussehen: Zwiebelpflanze, wird bis zu 70 Zentimeter hoch und blüht weiß. Die Brutzwiebeln sind bis zehn Millimeter groß. Die Knoblauchzwiebeln setzen sich aus mehreren »Zehen« zusammen. Knoblauch enthält ätherisches Öl, Fermente und Vitamine.

Vorkommen: Angepflanzt auf Feldern und in Gärten.

Blütezeit: Ende Juni bis August.

Sammelzeit: Zwiebeln von September bis Oktober. Der reife Knoblauch wird ausgerissen und getrocknet. Es ist darauf zu achten, dass er trocken und frostfrei gelagert wird.

Anwendung innerlich: Bei Verdauungsstörungen und Blähungen, Appetitlosigkeit, Sodbrennen sowie bei infektiösen Erkrankungen des Magen-Darm-Bereichs hat sich Knoblauch bewährt. Seine blutdrucksenkende Wirkung bewährt sich beim Einsatz gegen altersbedingte Arteriosklerose und wirkt außerdem entgiftend bei chronischer Bleibelastung. Presssaft kann man täglich dreimal je einen halben Teelöffel (verdünnt) einnehmen. Die im Handel angebotenen Knoblauchpräparate sind zwar in der Regel geruch- und geschmacklos, haben aber eine wesentlich geringere Wirkung (der spätere typische, durch die Hautausscheidung verursachte Geruch ist aber nicht zu vermeiden).

Anwendungsgebiete: Blutgefäße, Magen, Darm.

Lavendel
Lavandula

Lavendel
Die vielen medizinischen Anwendungsgebiete des fiebersenkenden, antidepressiven, antiseptischen und verdauungsfördernden Öls finden sich bereits in den dicken Kräuter-Folianten des 16. Jahrhunderts und in der mittelalterlichen Handschrift des Bartholomäus. Für den Haushalt ist schon seit der Antike Lavendel als Insektizid in Gebrauch. Die Kräuterliteratur der Klöster belegt, dass Lavendel zunächst zur Abwehr von Milben, Motten und Schaben verwendet wurde. Lavendelsträuße oder -kissen, zwischen die wertvollen Messgewänder und zwischen die gewöhnliche Kleidung eingelegt, hat die Textilschädlinge vertrieben. Nicht nur zu Großmutters Zeiten, sondern auch heute noch sind Lavendelkissen in unseren Kleiderschränken zu finden.
Aussehen: Der 15 bis 60 Zentimeter hohe Lavendelstrauch hat lanzettförmige, am Rand etwas zurückgebogene Blätter. Die Blüten bilden eine Ähre, meistens blauviolett, seltener weißlich. Die Blüten und Blätter haben einen starken, angenehmen Geruch.
Vorkommen: Wildwachsend im Mittelmeerraum, in Süd- und Südwesteuropa, in den deutschsprachigen Ländern vorwiegend in Gärten angebaut.
Blütezeit: Juli bis August.
Sammelzeit: Blüten vor dem Aufblühen, Blätter Ende August und September.
Anwendung äußerlich: Gegen Verrenkungen, Quetschungen, als Badezusatz.
Anwendung innerlich: Tee wirkt beruhigend bei nervösen Herzleiden und bei Schlaflosigkeit. Lavendelöl fördert den Gallenfluss und wird auch als harn- und blähungstreibendes Mittel bei Nierenkrankheiten oder bei Störungen im Magen-Darm-Bereich verwendet. Äußerlich und innerlich kann Lavendel in zwei Formen angewandt werden, entweder als getrocknete Blüte (Tee, Aufguss usw.) oder als Lavendelöl. Es ist unter dem Namen Spiköl oder Lavendelessenz bekannt.
Anwendungsgebiete: Magen, Darm, Herz, Gallenblase, Niere und Nervensystem.

Liebſtöckel. Liguſticum adulterinum.

Liebstöckel

Liebstöckel, bekannt auch unter dem Namen »Badkraut« und »Maggikraut«, wurde bereits in der mittelalterlichen Klostermedizin von den Mönchen wegen seiner angenehmen Wirkung bei lästigem Harndrang und dessen Heilung besonders geschätzt. Das *Handwörterbuch des deutschen Aberglaubens* aus dem Jahr 1927 erklärt den Namen »Badkraut« so: »Sorgsame Mütter geben ihren Töchtern in der Kindheit Liebstöckel ins Bad (Badkraut), damit sie später Gunst bei den Männern hätten.« Das könnte allerdings auch eine andere Wirkung hervorgerufen haben: Die intensiv nach Maggi duftenden Frauen dürften bei den Burschen möglicherweise weniger Liebes- als vielmehr Hungergefühle hervorgerufen haben!

Aussehen: Fleischige, verästelte, bis zu 40 Zentimeter lange Wurzel; verzweigter, hohler Stängel bis über zwei Meter mit doppelt gefiederten Blättern. Gelbe Doldenblüten, ebenso gefärbte, längliche Samen.

Vorkommen: Wild wachsend in Südeuropa, wird im deutschsprachigen Raum in Gärten angebaut.

Blütezeit: Juni bis August.

Sammelzeit: Von älteren Pflanzen die Wurzeln im Frühjahr, Kraut und Samen etwa im Oktober.

Anwendung innerlich: Die Wurzel hat eine harntreibende, schleimlösende und blähungstreibende Wirkung. Die getrocknete und gestoßene Wurzel fördert die Verdauung und hilft gegen Beschwerden der Luftwege (Husten, Halsentzündungen), ebenso das Kraut bei Erkrankungen der Niere und Blase. Wegen ihrer harntreibenden Wirkung ist die Wurzel Bestandteil wasserausschwemmender Tees.

Anwendungsgebiete: Atemwege, Darm, Niere, Harnblase.

¶ Das dritte geschlecht/ welchs man Hipposelinum vnnd Leuisticum, Deutsch Liebstöckel nennet/ pflantzt man gemeiniglich in gärten/ ist das gröste vnter allen Eppichen. Es stößt baldt grosse zweige von der wurtzel/ mit blettern/

Herbstrosen.
Malva arborea.

Malve

Die Malve, auch unter dem Namen »Stockrose«, »Käsepappel« oder einfach »Pappel« bekannt, ist in alten Kräuterbüchern als wertvolle Heilpflanze beschrieben. Sogar der Kirchenlehrer Isidor von Sevilla, der sich bei den meisten Pflanzen in seinen *Etymologien* mit der antiken Namenserklärung begnügte, wusste Heilkräftiges über die Malve zu berichten: »Die Malve wird nach einem Teil einer griechischen Vokabel benannt (in der Bedeutung von weich machen); weil die Malve die Eigenschaft hat, den Bauch weich zu machen und (Schleim) zu lösen. Wenn sich jemand mit deren Saft, mit Öl verschmischt, einschmiert, wird er von Bienen nicht gestochen.« Im 19. und 20. Jahrhundert scheint der Gebrauch der Malve als Heilmittel etwas abgenommen zu haben, nicht zuletzt wegen seiner Anfälligkeit auf Malvenrost. Die Klosterschwestern aus Fulda zum Beispiel vermeiden jedoch diese Pflanzenkrankheit durch guten Kompost und durch das Spritzen mit Brennnesselwasser und angesetzten Baldrianblüten. In den Klöstern gilt die Malve noch heute als Allheilmittel.

Aussehen: Die Malve treibt einen bis ein Meter hohen, meist liegenden Stängel mit grasgrünen, kleinen fünf- bis siebenlappigen Blättern. Die rosavioletten Blüten wachsen aus den Blattachseln. Die Samen sind nierenförmig.

Vorkommen: Außer in Gärten gezogen, wächst die Malve wild auch auf Hügeln, an Gebäuden, Wegen und Feldrainen.

Blütezeit: Juli bis Oktober.

Sammelzeit: Blüten und Blätter im Juli bis September.

Anwendung äußerlich: Die Blätter haben erweichende und zusammenziehende Eigenschaften und wirken als Klistier oder Gurgelmittel gut bei Entzündungen der Schleimhäute. Gestoßene Blätter beschleunigen die Heilung frischer Wunden.

Anwendung innerlich: Bei Erkrankungen der Atemwege wird die schleimlösende, bei Erkrankungen im Magen-Darm-Bereich die stimulierende und abführende Wirkung genutzt.

Anwendungsgebiete: Haut, Schleimhäute, Atemwege, Magen, Darm.

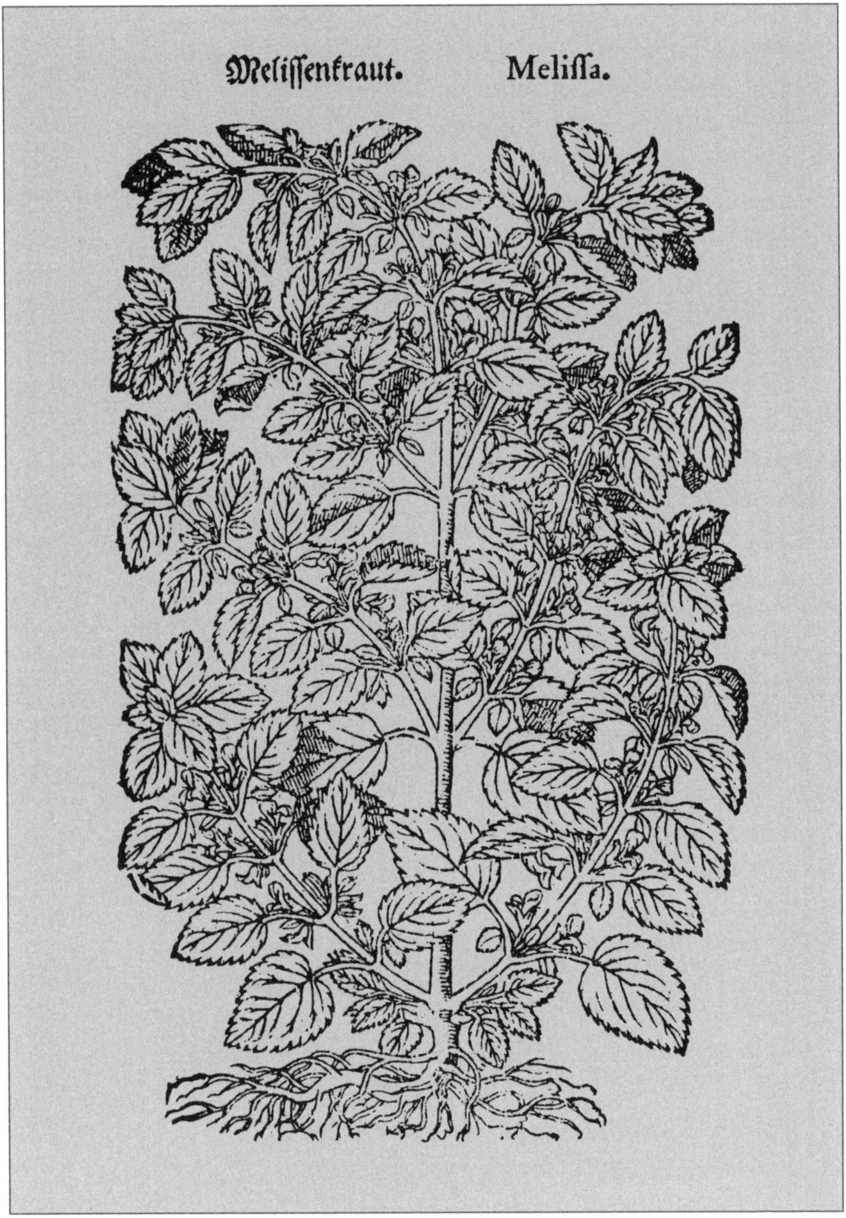
Meliſſenkraut. Meliſſa.

Melisse

Seit alters her standen heilkräftige Rezepturen mit Melisse stets in klosterärztlichen Diensten zur Beruhigung der Nerven und zur Wiederherstellung eines erholsamen Schlafs. Für einen gesunden und erholsamen Schlaf galt sie als so wirksam, dass Hildegard von Bingen von der Melisse sagte, sie »trägt die Kräfte 15 anderer Kräuter in sich«. Da die Zutaten zum weltbekannten Klosterfrau-Melissengeist verständlicherweise geheim gehalten werden, sei Ihnen das Rezept einer Nonne aus dem Jahr 1733 verraten, das hier zum ersten Mal veröffentlicht wird: »Nimm alten guten Wein 1 Maß (1,40 Liter), guten Weinbrand 1 Maß, gezuckerte Zitronenschalen 2 Lot (1 Lot = 17 Gramm), Muskatnuss und Koriander je 2 Lot, Gewürznelken und Zimt je 1 Lot. – 3 große Handvoll Melisse klein gehackt, die anderen Gewürze klein gestoßen in ein Glas geben, Wein und Weinbrand darauf gießen, verschließen und 3 Tage beizen lassen, täglich aufrühren. – Sehr kühl in gläsernem Kolben brennen. Der klare Lauf ist der bessere Geist, der weiße der schlechtere.«

Aussehen: Krautiges, verästeltes, bis 80 Zentimeter hohes Lippenblütengewächs mit eiförmigen, gekerbten, krausen Blättern.

Vorkommen: Wird in Gärten gezogen, wächst aber auch wild.

Blütezeit: Juli bis August.

Sammelzeit: Die Blätter noch vor der Blüte.

Anwendung äußerlich: Wirkt heilfördernd bei Quetschungen und Wunden. Man wendet sie auch zu stärkenden Bädern an, außerdem gegen Rheuma, Kopf- und Zahnschmerzen.

Anwendung innerlich: Der Tee aus Melissenblättern vertreibt Blähungen und wird besonders bei nervösen Störungen von Magen und Darm verwendet. Melissentee wirkt außerdem beruhigend auf das Nervensystem (gut bei Schlafstörungen und nervösen Herzbeschwerden). Durch Destillation (siehe oben) erhält man Melissengeist, durch weitere Verfahren Melissenöl, Melissensirup und Melissenwasser.

Anwendungsgebiete: Haut, Magen, Darm, Herz, Gelenke und Nervensystem.

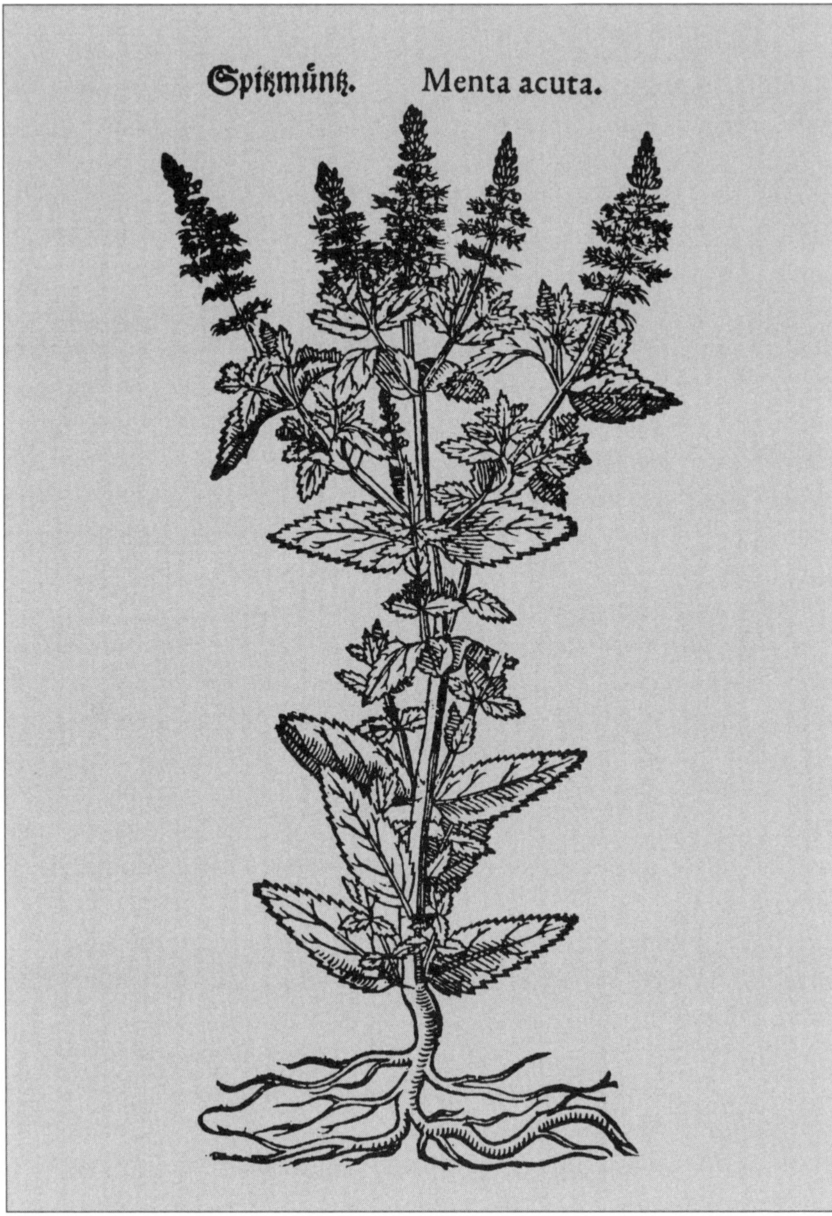
Spitzmüntz. Menta acuta.

Pfefferminze

Schon im *Lorscher Arzneibuch* gibt es Hinweise auf die Wirksamkeit der Minze gegen Kopfschmerzen: »Frische Minze und Ladanum reibt man mit Essig und streicht es auf die Stirn. Es heilt wunderbar!« Ebenso war die wohltuende Wirkung bei Magenbeschwerden schon vor Jahrhunderten in Lorsch offensichtlich bekannt, denn »zur Erwärmung des Magens« rät eine Rezeptur zur Einnahme einer Abkochung »von Raute, Dill, Minze und Sellerie – je ein Bund in drei Bechern Wasser«.

Aussehen: Dieses auch kurz Minze genannte Lippenblütengewächs kommt in 30 bis 80 Zentimeter hohen Stauden vor. Der Stängel hat Knoten, aus denen zwei Blätter und ein paar Zweige kommen. Die weißlichviolett- bis violettfarbenen kegelförmigen Blütenähren sitzen am Ende des Stängels beziehungsweise der Zweige. Die Blätter sind eiförmig und gezähnt.

Vorkommen: Wird in Gärten kultiviert, wächst wild auch an Bächen.

Blütezeit: Juni bis August.

Sammelzeit: Blätter vor der Blütezeit und im Herbst. Die Blätter werden am besten in der Zugluft bei Temperaturen von maximal 25 Grad Celsius getrocknet. Pflanzen, die von Rost befallen sind, dürfen nicht verwendet werden.

Anwendung äußerlich: Wirkt kühlend und schmerzlindernd bei Hautverletzungen und Schwellungen. Pfefferminztee wird als Gurgel- und Spülmittel gegen Zahnschmerzen und entzündetes Zahnfleisch eingesetzt.

Anwendung innerlich: Die krampflösenden, blähungs- und galletreibenden Eigenschaften des Pfefferminzöls werden bei Appetitlosigkeit, Verdauungsstörungen, Blähungen und Koliken im Bereich von Magen, Darm, Leber und Galle genutzt. Pfefferminztee wird außerdem bei Erkältungskrankheiten gern getrunken.

Anwendungsgebiete: Haut, Schleimhaut, Atemwege, Magen, Darm, Leber, Gallenblase.

Roßmarin. Rosmarinus hortensis coronarius.

Rosmarin

Seit dem Mittelalter gilt Rosmarin in der Klostermedizin als bewährtes Heilmittel. Noch heute empfehlen zum Beispiel die Nonnen der Abtei Fulda Rosmarin als durchblutungsfördernde und stärkende Heilpflanze, vor allem für Herz, Kreislauf und den gesamten Organismus. Rosmarinöl ist auch in der Küche sehr beliebt. Hier das Rezept einer Nonne: »In Fläschchen mit Olivenöl werden Rosmarinzweige gesteckt, ein attraktives Geschenk für alle, die die italienische Küche lieben. Für den Eigengebrauch zerdrücke ich Rosmarinblätter, lege sie in Olivenöl und kann bereits nach drei Wochen das abgeseite aromatische Öl für Lammgerichte, Salate und italienische Speisen verwenden.«

Aussehen: Wird bis zu einem Meter hoch und treibt lange, graue Zweige. Die Blätter sind stängellos, immergrün, am Rand leicht umgebogen. Sie zeigen an der Oberseite eine dunkelgrüne, an der Unterseite silberweiße Farbe. Zwischen ihnen erscheinen hellviolette bis bläulichweiße Blüten.

Vorkommen: Besonders in den Mittelmeerländern, wird in Mitteleuropa in Gärten gezogen.

Blütezeit: März bis Anfang Juni.

Sammelzeit: Blüten und Blätter zur Blütezeit.

Anwendung äußerlich: Das aus den Blättern gepresste Rosmarinöl wirkt belebend und nervenstärkend; wird bei rheumatischen Gliederschmerzen und Verstauchungen sowie zur Behandlung von Wunden, Geschwüren und Ekzemen angewandt. Der Rosmaringeist, ein Ansatz von Rosmarinblättern in Weingeist, dient zur Einreibung bei hartnäckigen Fällen von Rheuma, Krämpfen usw.

Anwendung innerlich: Rosmarinwein wird bei älteren Leuten mit Herz- und Kreislaufbeschwerden eingesetzt. Rosmarin hilft bei niedrigem Blutdruck und bei Schwächezuständen, außerdem bei Rheuma, Blähungen und Erkrankungen der Verdauungsorgane. Auch in der Küche ist Rosmarinöl sehr beliebt.

Anwendungsgebiete: Haut, Magen, Darm, Herz, Kreislauf, Gelenke, Nervensystem.

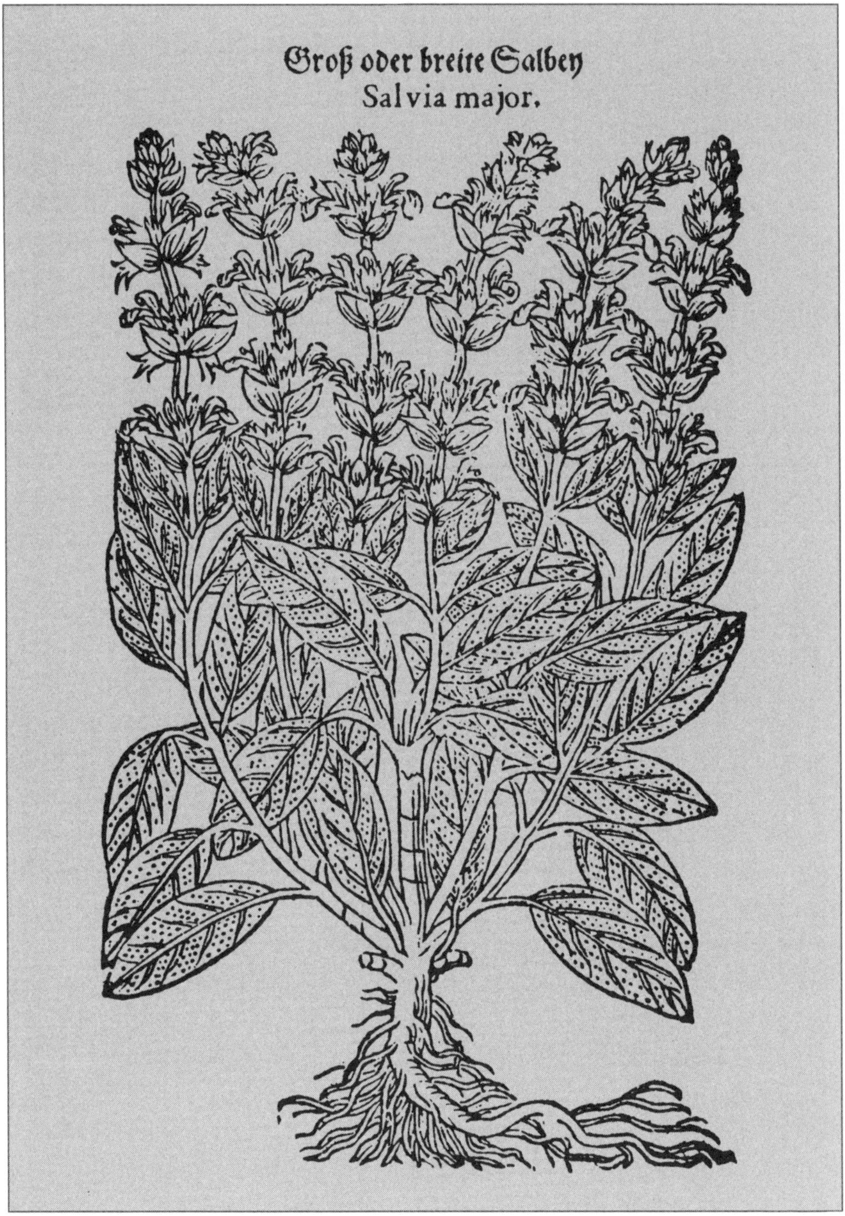
Groß oder breite Salbey
Salvia major.

Salbei
Salbei galt in der Antike als eines der wichtigsten Heilkräuter. Walahfried Strabo ließ sein Lehrgedicht *Hortulus* (Gärtlein) mit dem Salbei beginnen, er nannte ihn *dulcis odore, gravis virtute atane utilis haustu* (süß an Duft, stark an Kraft und nützlich als Trunk). Auch das gesamte Mittelalter hindurch war die Salbeipflanze als »heiligende Ratgeberin der Natur« in jedem Klostergarten vertreten. Noch heute wird Salbei in den Klostergärten als wichtige Heilpflanze gezogen. Unseren Vorfahren diente Salbei übrigens als eine Art »Zahnbürste«, was sich angesichts der aufgerauten Oberfläche der Blätter und der leicht bakterieziden und zusammenziehenden Wirkung der Inhaltsstoffe durchaus nachvollziehen lässt.
Aussehen: Der immergrüne, 30 bis 80 Zentimeter hohe Busch hat krautartige, aufrechte Stängel. Die graugrünen Blätter sind lanzettförmig und riechen angenehm. Die blauen, violetten oder weißen Blüten sind in Ähren angeordnet.
Vorkommen: Wird in Gärten angebaut, ist seltener wild wachsend.
Blütezeit: Ende Juli bis Anfang August.
Sammelzeit: Blüten und Kraut ab Juni.
Anwendung äußerlich: Bei Zahnfleischbluten, geschwollenen Mandeln, entzündeten Schleimhäuten in Mund und Rachen (Gurgelwasser). Wasch- und Badewasser mit einem Zusatz von Salbei ist gut gegen Entzündungen und Geschwüre.
Anwendung innerlich: In Form von Tee (etwas Honig und Weinessig zusetzen) werden schleimige Durchfälle, Blähungen, Appetitlosigkeit, Erkältungen, Halsschmerzen, Katarrh, Schnupfen und Husten mit Salbei erfolgreich bekämpft. Der Tee aus Salbeiblättern wirkt sich auch bei allgemeiner Nervosität, Müdigkeit und Erschöpfung vorteilhaft aus. Bei Keuchhusten und Grippe wird eine Abkochung von Salbeiblättern in Milch empfohlen.
Anwendungsgebiete: Haut, Schleimhaut, Atemwege, Magen, Darm, Nervensystem.

Römischer Quendel. Welscher Quendel.
II. Thymus niger.

Thymian

Seit über 4000 Jahren wird Thymian als Gewürz- und Arzneipflanze genutzt. Im alten Ägypten nutzte man das Kraut als duftende Beigabe bei der Einbalsamierung der Toten. In der Antike war der Thymian der Liebesgöttin Aphrodite geweiht. Im *Lorscher Arzneibuch* findet sich Thymian in Zubereitungen, die gegen viele Beschwerden als Allheilmittel angelegt waren, so zum Beispiel eine »zur Förderung der Verdauung sowie gegen alle Gesundheitsstörungen«, die man »gegen alle Säfte, die obenauf im Magen schwimmen, sowie alle Säfte, die sich in den Eingeweiden zusammengezogen haben«, geben soll. Noch heute wird in der Klostermedizin Thymiantee oder noch wirkungsvoller der Thymiansirup als Hustenmittel empfohlen.

Aussehen: Wird etwa 30 Zentimeter hoch, hat rosafarbene Blüten und kleine eiförmig-spitze, paarweise am Stängel aufsitzende Blätter. Die Pflanze verbreitet einen angenehm würzigen Geruch.

Vorkommen: Auf trockenen, sonnigen Weiden, Feldern, Waldschlägen, Felshängen.

Blütezeit: Mai bis September.

Sammelzeit: Das Kraut vor und während der Blütezeit.

Anwendung äußerlich: Besitzt ätherisches Öl, das sich besonders als Badezusatz wohltuend auswirkt. Wegen seiner keimtötenden Wirkung ist Thymian als Gurgelwasser beliebt.

Anwendung innerlich: Aufgrund seiner antiseptischen Eigenschaften wird Thymianextrakt als Wurmmittel eingesetzt, außerdem bei Infektionen im Bereich von Magen, Darm, Niere und Blase sowie bei Erkrankungen der Atemwege.

Anwendungsgebiete: Schleimhaut, Atemwege, Magen, Darm, Niere, Harnblase.

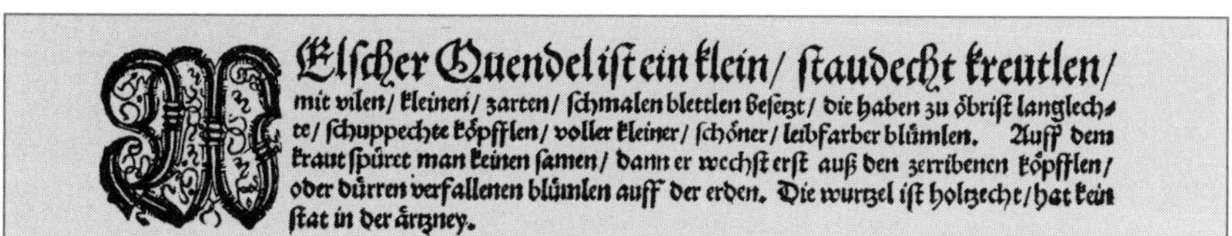
WElſcher Quendel iſt ein klein/ ſtaudecht kreutlen/ mit vilen/ kleinen/ zarten/ ſchmalen blettlen beſetzt/ die haben zu öbriſt langlechte/ ſchuppechte köpfflen/ voller kleiner/ ſchöner/ leibfarber blümlen. Auff dem kraut ſpüret man keinen ſamen/ dann er wechſt erſt auß den zerribenen köpfflen/ oder dürren verfallenen blümlen auff der erden. Die wurtzel iſt holtzecht/ hat kein ſtat in der ärtzney.

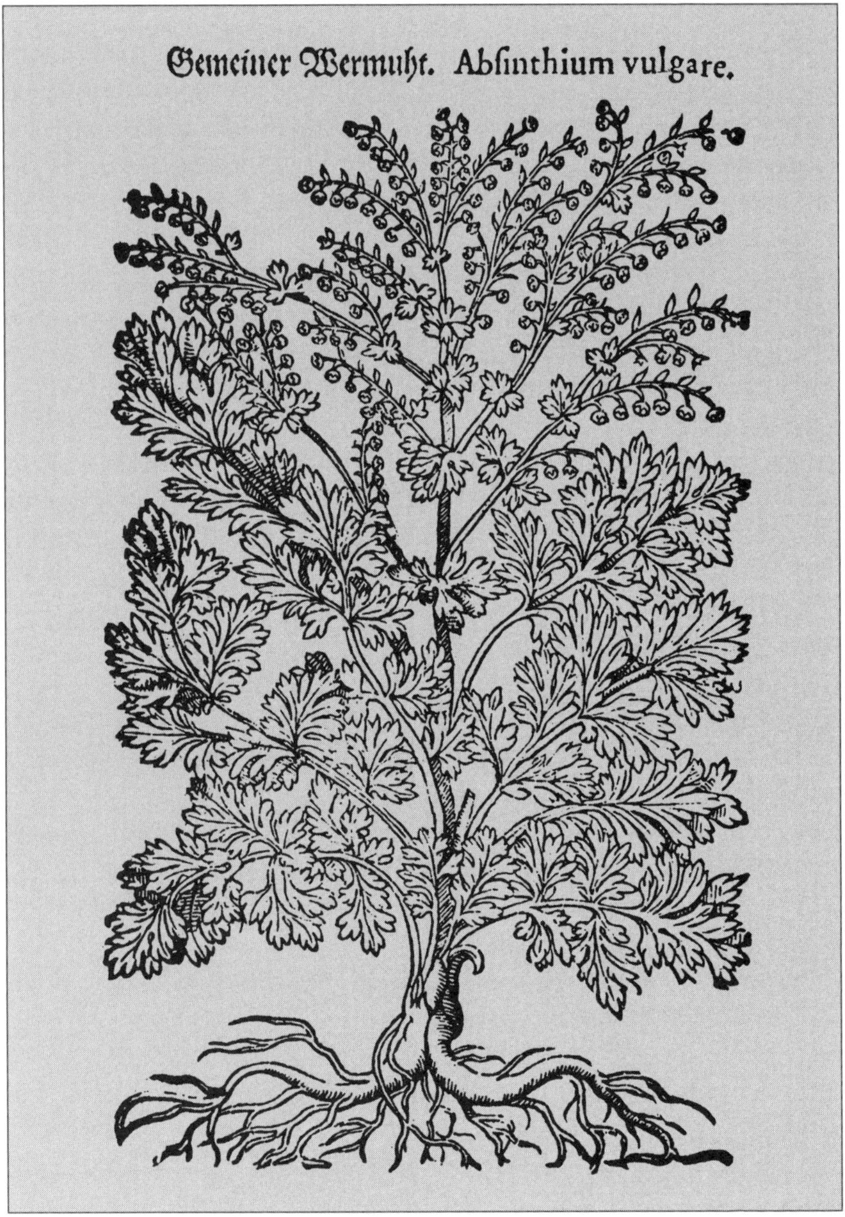
Gemeiner Wermuht. Absinthium vulgare.

Wermut

Wermut fand zu allen Zeiten und bei allen bedeutenden Autoren stets lobende Erwähnung. Strabo zum Beispiel schätzte den Wermut gegen Kopfschmerzen und nannte folgende Rezeptur: »Koche des laubigen Wermut bitteres Grün; dann gieße den Saft aus geräumigen Becken und überspüle damit den höchsten Scheitel des Hauptes. Hast du mit dieser Brühe die feinen Haare gewaschen, lege dir auf, daran denke, zusammengebundene Blätter, und eine mollige Binde umschlinge das Haar nach dem Bad. Ehe noch viele Stunden im Lauf der Zeiten verrinnen, wirst du dies Mittel bewundern nebst all seinen anderen Kräften.« Auch Hildegard von Bingen hebt die lindernde Wirkung des Wermuts bei Kopfschmerzen hervor und empfiehlt ähnlich wie ihr Kollege von der Reichenau: »Mache vom Saft einen genügend großen Aufguss auf Wein und feuchte das ganze Haupt des Kranken an und tue das zur Nachtzeit, wenn du schlafen gehst. Stecke den Kopf ganz in eine wollene Mütze bis zum Morgen, und die Kopfschmerzen und der Schmerz von der Gicht im Kopf werden vergehen.«

Aussehen: 60 bis 120 Zentimeter hoher Busch mit ästigem Stängel und vielfach zerteilten, wollig-graugrünen Blättern. Die Blüten sind gelb, fast kugelrund.

Vorkommen: Für Heilzwecke wird Wermut besonders in Klostergärten kultiviert.

Blütezeit: Juni bis August.

Sammelzeit: Blätter und Blüten im Juli und August.

Anwendung innerlich: Wermut regt den Appetit an, fördert die Verdauung und ist entzündungshemmend. Wermut unterstützt die Tätigkeit von Magen, Darm, Leber und Gallenblase. In allen diesen Fällen werden Wermutblätter als Aufguss, Tinktur oder Extrakt verwendet. Wermutöl wirkt gegen Krämpfe und Erbrechen. Gelegentlich wird Wermut auch als Wurmmittel verwendet.

Anwendungsgebiete: Magen, Darm, Leber, Gallenblase.

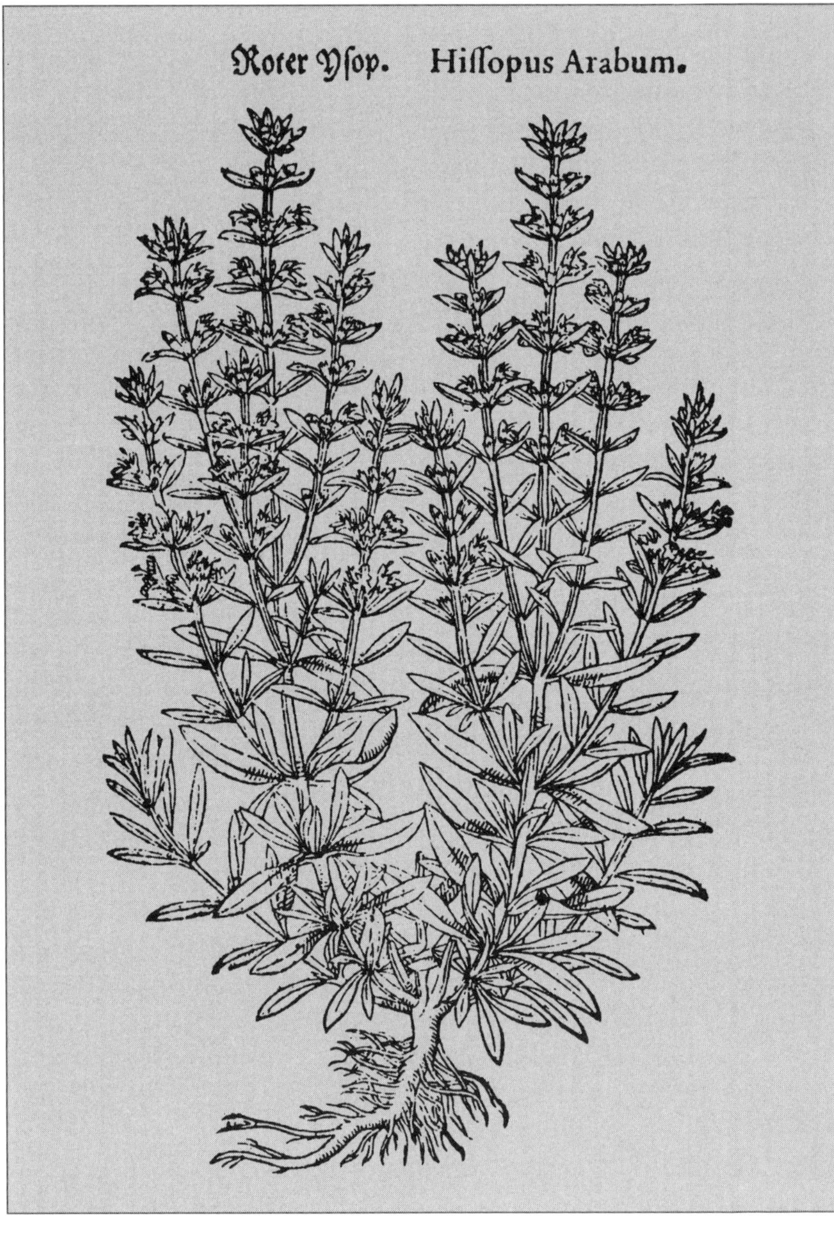
Roter Ysop. Hissopus Arabum.

Ysop

Der weiße, rosa und blaue Ysop im Kräutergarten der Klöster duftet herb-aromatisch. Er wird von den Besuchern bestaunt und dient als Bienenweide. Als Heilkraut ist er zwar heute weniger gebräuchlich, aber in der Antike und im Mittelalter galt Ysop als eines der wichtigsten Hustenmittel. Hildegard von Bingen: »Der Ysop ist von trockener Natur und von so großer Kraft, dass sogar der Stein ihm nicht widerstehen kann, der dort wächst, wo der Ysop hingesät wird. Wer hustet und an der Lunge leidet, soll Ysop essen.«

Aussehen: Der kleine Strauch besitzt einen 30 bis 50 Zentimeter hohen, fast strauchartigen Stängel, lanzettförmige Blätter. Die Blüten können blau, violett, rosarot oder weiß sein. Die getrocknete Pflanze riecht stark würzig und schmeckt aromatisch.

Vorkommen: Sie wird in Gärten angebaut, selten wild wachsend an sonnigen Hügeln und Felsen.

Blütezeit: Juni bis August.

Sammelzeit: Blätter und Blüten im Juli und August.

Anwendung äußerlich: Bei Wunden, als Gurgelmittel bei Zahnfleisch- und Halsentzündungen sowie bei Heiserkeit.

Anwendung innerlich: Ysop wirkt zusammenziehend und verdauungsfördernd und hat sich bei Atemwegserkrankungen und bei Störungen im Magen-Darm-Bereich bewährt.

Anwendungsgebiete: Haut, Schleimhaut, Atemwege, Magen, Darm.

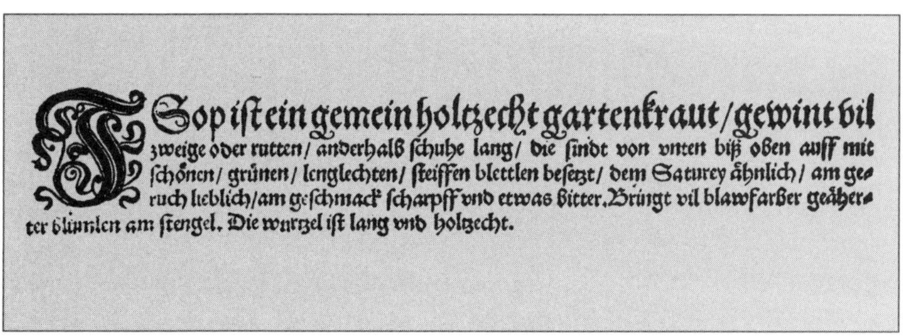
YSop ist ein gemein holtzecht gartenkraut/ gewint vil zweige oder rutten/ anderhalb schuhe lang/ die sindt von unten biß oben auff mit schönen/ grünen/ lenglechten/ steiffen blettlen besetzt/ dem Saturey ähnlich/ am geruch lieblich/ am geschmack scharpff und etwas bitter. Bringt vil blawfarber geäherter blümlen am stengel. Die wurtzel ist lang und holtzecht.

Schätze der georgischen Klostermedizin

Die Menschen in der Republik Georgien, zu der die Gebiete Abchasien, Adscharien und Ossetien gehören, gelten als »Volk ohne Krankheit« mit auffallender Langlebigkeit und guter Gesundheit bis ins hohe Alter. Von je 100000 Einwohnern werden durchschnittlich 55 Georgier 100 Jahre und älter. Womit hängt dies zusammen, wie urteilen Fachleute darüber?

Der berühmte russische Wissenschaftler Professor Dr. Metschnikoff erforschte viele Jahre in Abchasien die Ursachen der Langlebigkeit der Bevölkerung. Zu seinen interessantesten Entdeckungen zählten die jahrhundertealten Errungenschaften der georgischen Klostermedizin, die wiederum bis heute die dortige Volksmedizin nachhaltig prägte und von der die weitere Entwicklung und Anwendung biologischer Kenntnisse angeregt wurde.

Handschriften in georgischen Klöstern, die bis ins 5. Jahrhundert zurückreichen, belegen, dass es in Georgien schon damals eine hoch entwickelte Klostermedizin gegeben hat und dass den georgischen Seelsorgern wirkungsvolle »Arzneien zur Heilung von Gebrechen« zur Verfügung standen.

In diesen Schriften sind mit einer für jene Zeit erstaunlichen Genauigkeit und Tiefgründigkeit zum Beispiel äußerst komplizierte Fragen der Funktionsweise des menschlichen Körpers beschrieben. Der Organismus wird als einheitliches Ganzes aufgefasst, in dem alle Organe »miteinander zusammenhängen«.

Zu den Entwicklungen der georgischen Klöster gehörten Asyle für Kranke, Alte und Gebrechliche, in denen der Pfleger dreimal am Tag die Kranken aufsuchte und sie mit allem Erforderlichen versorgte. Neben praktischer Krankenbehandlung wurde in diesen Zentren der georgischen Kultur ebenso wertvolle literarische Arbeit geleistet. So entstand zum Beispiel in den Chandsti-Kartäuserklöstern Ischchani und Schatberdi das anatomisch-physiologische Werk *Erschaffung des Menschen* – eine wertvolle Dokumentation altgeorgischer klostermedizinischer Praxis und Denkweise.

Nachzeichnung des Klosterkomplexes von Nekresi mit der kleinen Kirche aus dem 4. Jahrhundert, der Kuppelkirche aus dem 8./9. Jahrhundert und dem gleichzeitig errichteten Bischofspalast.

Dieses aus 30 Kapiteln bestehende Werk beschreibt Fragen der Entstehung des Menschen, dessen Beziehungen zur Umwelt, den Bau seines Organismus, den Zusammenhang des Körpers, der Seele und des Geistes. Das 30. Kapitel enthält Informationen über die einzelnen Körperteile und über die »Geburt des Menschen«. Der Verfasser legt kurz und

Zu den Abbildungen Seite 184 und 185: Mit ihren frühmittelalterlichen Aufzeichnungen beeinflussten die Klosterärzte von St. Gallen auch die georgische Klostermedizin.
Seite 184: Illustration zu einer medizinischen Handschrift über Erwartungen im Leben und nach dem Tod, darunter ein Rezept.
Seite 185: Titelseite einer medizinischen Handschrift, geschrieben und gemalt im frühen 9. Jahrhundert.

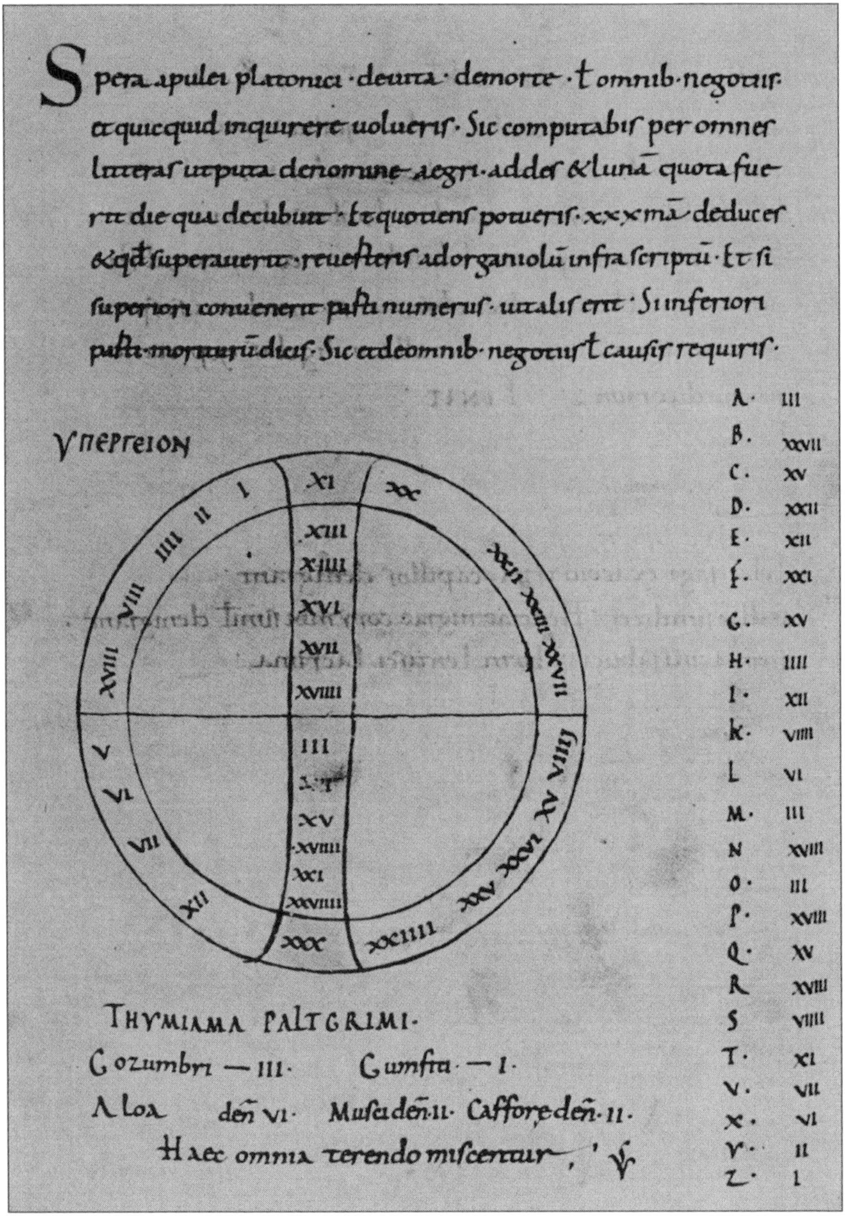

Spera apulei platonici · de uita · de morte · t omnib · negotiis · et quicquid inquirere uolueris · Sic computabis per omnes litteras ut puta de nomine aegri · addes & lunā quota fuerit die qua decubuit · Et quotiens potueris · xxx ma deduces & qd superauerit · reuesteris ad organiolū infra scriptū · Et si superiori conuenerit pusti numerus · uitalis erit · Si inferiori pusti mortuū dices · Sic et de omnib · negotiis t causis requiris ·

ΥΠΕΡΤΕΙΟΝ

A ·	III
B ·	XXVII
C ·	XV
D ·	XXII
E ·	XII
F ·	XXI
G ·	XV
H ·	IIII
I ·	XII
K ·	VIIII
L	VI
M ·	III
N	XVIII
O ·	III
P ·	XVIII
Q ·	XV
R	XVIII
S	VIIII
T ·	XI
V ·	VII
X ·	VI
Y ·	II
Z ·	I

THYMIAMA PALTGRIMI ·

Gozumbri — III · Gumfra · — I ·

Aloa den VI · Muscaden · II · Cassore den · II ·

Haec omnia terendo miscentur

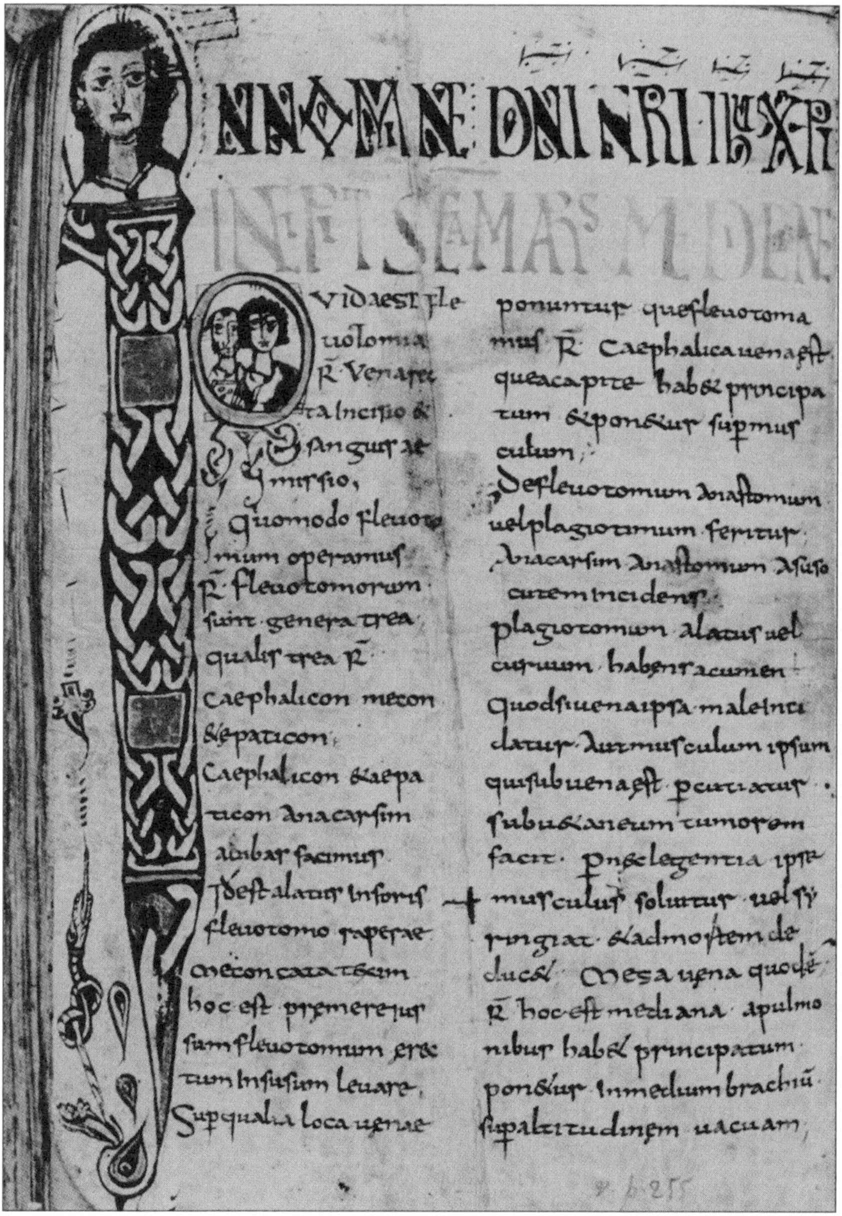
IN NOMINE DNI NRI IHU XPI

[P]uida est fle-
uotomia
R. Uena ...
... incisio et
sanguinis
emissio.
Quomodo fleuoto-
mum operamus
R. fleuotomorum
sunt genera trea.
qualis trea R.
caephalicon meson
et epaticon.
Caephalicon et epa
ticon diacarsim
aliubas facimus
idest alatus in foris
fleuotomo ...
meson cata ...
hoc est premere ius-
sum fleuotomum ere-
tum in susum leuare.
Sup qualia loca uenae
ponuntur que fleuotoma
mus R. Caephalica uena est
que a capite habet principa
tum et ponetur sup mus
culum.
De fleuotomum diastomum
uel plagiotomum feritur.
diacarsim diastomum de suso
cutem incidens.
plagiotomum alatus uel
curuum habens acumen
quod si uena ipsa male inci
datur ... musculum ipsum
qui sub uena est ...
subuetaneum tumorem
facit. ... ipse
musculus soluitur uel sy
ringiat et ad mortem de
ducet. Mesa uena quod est
R. hoc est mediana a pulmo
nibus habet principatum
ponetur in medium brachium
sup altitudinem uacuam.

präzise Bau und Funktion der Organe dar: die Anatomie und die Funktionen des Kopfes, des Herzens, der Leber, der Sinnesorgane, des Bauchs, der Lunge, des Gehirns, des Magens, des Blutes, der Haut, der Muskeln, der Knorpel, der Gefäße, des Darms, der Haare, der Nägel, der Augen, der Ohren usw. Die Weiterentwicklung der georgischen Kloster- und Volksmedizin basiert auf diesem Werk *Erschaffung des Menschen.*

Ebenso wurde in anderen georgischen Klöstern neben der Krankenpflege große Arbeit zur Schaffung medizinischer Literatur geleistet. Klosterhospitäler zu Ehren der Heiligen Georg und Modest sowie Hospitäler zur Pflege Leprakranker wurden in den georgischen Klöstern errichtet. Weitere Dokumentationen zeugen davon, dass es im 11. Jahrhundert in den georgischen Klöstern auch Apotheken und medizinische Lehranstalten gab, an denen Klosterärzte unterrichteten.

Die georgische Klostermedizin genoss auch bald hohes Ansehen andernorts, zum Beispiel auf der Iberischen Halbinsel. Der russische Gelehrte und Forschungsreisende Uspenski, der im 15. Jahrhundert das iberische Athos-Kloster besichtigt hatte, war sehr beeindruckt von der Gewissenhaftigkeit und den medizinischen Kenntnissen der Klosterärzte aus Georgien, die im dortigen Hospital für Leprakranke wirkten.

Auch im iberischen Petrizi-Kloster wurde enorme Arbeit zur Schaffung medizinischer Literatur neben der aktiven praktischen Tätigkeit geleistet. Das Hospital dieses Klosters unterhielt mehrere Klosterärzte und ständige Pfleger zur Betreuung der Kranken und Alten. Hier waren 20 Jahre lang die namhaften Gelehrten und Klosterheilkundigen Ioane Petrizi und Arsen Igaltoeli tätig, die dann nach der Gründung der Gelat-Klosterakademie mit eigenem Hospital nach Georgien zurückkehrten.

Die Heilerfolge der georgischen Klostermedizin fanden keineswegs nur in der wissenschaftlichen Medizin Verbreitung, sondern ebenso in der Landbevölkerung durch Mund-zu-Mund-Propaganda, sodass sich neben der wissenschaftlichen Medizin, geprägt von der Klostermedizin, auch eine Volksmedizin entwickeln konnte, die ihrerseits bis heute hohen Stellenwert in der Vorsorge und Krankenbehandlung erzielte:

Von den Klosterheilkundigen inspiriert und angeleitet, haben Heilkundige aus dem Volk in jahrhundertelanger praktischer Tätigkeit und Beobachtung eigene Behandlungsverfahren entwickelt, die ihren würdigen Platz in der Schatzkammer der georgischen Medizin bis heute einnehmen.

Schon früh fand neben der Klostermedizin daher die Volksmedizin in Georgien große Anerkennung. Dies ist zum Beispiel dadurch belegt, dass die in Swanetien, in Chewsurien und anderen Regionen Georgiens bis heute erhalten gebliebenen alten Regeln und Ritualhandlungen sehr oft zu Aspekten der Heilbehandlung Bezug haben.

Seit früher Zeit sind in der georgischen Kloster- und Volksmedizin so komplizierte Eingriffe wie Schädeloperationen, Staroperationen am Auge ebenso bekannt wie überaus effektive Heil- und Vorbeugemittel: Heilquellenwasser, Heilpflanzen, Mittel mineralischer und tierischer Herkunft, Schutzimpfungen, um nur einige Beispiele zu nennen.

Zu den besonderen Schätzen der georgischen Klostermedizin gehört die Entdeckung und Anwendung von Kefir und in Verbindung damit eine sehr wirksame Diät, die so genannte *Georgische Balance-Diät,* die noch heute mit großem Erfolg angewendet wird und auf die Georgier schwören (siehe Seite 188 ff.).

Herstellung und Anwendung von Kefir

Der kaukasische Name für Kefir steht für den *Bazillus Saucassicus*. Er wird in gekochter Kuhmilch gezüchtet. Dieser Bazillus verändert die Milch in einem luftdicht verschlossenen Gefäß bei einer Raumtemperatur von 18 bis 20 Grad Celsius zu dem Kefirgetränk. Durch unterschiedliche Ansätze, die zu verschiedenen Reifegraden führen, ergeben sich differenzierte Wirkungen. Die Klosterärzte behandelten folgende Erkrankungen schon früh erfolgreich mit Kefir: Anämien, Ekzeme, Stoffwechselstörungen, Gallen- und Leberleiden, Magen- und Darmentzündungen, Arteriosklerose, Nierenentzündungen.

Sie stellten außerdem fest: Bei jeder Krankheit beeinflusst Kefir günstig die Genesung. Außerdem wiesen die Klosterärzte nach, dass

Kefir die Fäulnis von zurückgebliebenen Stoffen im Darmbereich verhindert.

Bei Ausschlägen und Ekzemen, auch bei nässenden, werden die erkrankten Stellen allabendlich mehrmals mit Kefir eingerieben. Der Belag soll eintrocknen und über Nacht einwirken. Am Morgen erfolgt dann die Reinigung mit einer Reinigungsmilch oder mit Wasser.

In Verbindung mit Kefir entwickelten die Klosterärzte auch die oben bereits erwähnte *Georgische Balance-Diät.* Diese Diätform beruht auf der Erkenntnis, dass andere, zu lange anhaltende Diäten oft schädliche Eingriffe in den Organismus – vor allem in den Stoffwechsel – zur Folge haben und häufig nur eine Rückkehr zur negativen Ausgangsbasis bewirken. Anders hingegen diese Balance-Diät, die den Begriff *Balance* ernst nimmt, die Diät in milder Form wirksam werden lässt, und die hiermit auch den Leserinnen und Lesern empfohlen sei.

Georgische Balance-Diät

Erster Tag
Morgens: Kefir und ein bis zwei Sesambrötchen, ein bis zwei Tassen Fencheltee!
Mittags: Kopfsalat (ohne Dressing).
Spätnachmittags: ein Esslöffel Aloesaft, Knäckebrot mit Quark, Birnensaft.
Abends: eine halbe Ananas.

Zweiter Tag
Morgens: Obstsalat (ungezuckert), Anistee.
Mittags: Kefir, ein Sesambrötchen.
Spätnachmittags: ein Esslöffel Aloesaft.
Abends: einige Scheiben Knäckebrot mit Ziegen- oder Schafskäse, dazu Gemüsesaft.

Dritter Tag
Morgens: Kefir, ein Sesambrötchen, Anistee.
Mittags: eine halbe Ananas, Birnensaft,
Spätnachmittags: ein Esslöffel Aloesaft, ein Apfel.
Abends: ein halbes Hähnchen, Gemüsesaft.

Vierter Tag
Morgens: Waffeln mit Kirsche, Anistee.
Mittags: Spargel mit Kartoffel in Folie (mit Sonnenblumenöl zubereitet), dazu Karottensaft.
Abends: Schwarzbrot mit Senf, Gemüsesaft.

Fünfter Tag
Morgens: eine halbe Wasser- oder Honigmelone, Anistee.
Mittags: Quark mit Kartoffel in Folie (mit Kräutern zubereitet), dazu Kirschsaft.
Nachmittags: ein Glas Birnensaft.
Abends: Weißkrautsalat mit Schwarzbrot, dazu Gemüsesaft oder Mineralwasser; danach eine halbe Ananas.

Sechster Tag
Morgens: Kefir, Sesambrötchen, Fencheltee.
Mittags: Spargel mit Schwarzbrot, Mineralwasser, ein Apfel.
Nachmittags: ein Esslöffel Aloesaft.
Abends: Tomatensalat ohne Dressing, mit Schwarzbrot, dazu Fencheltee; danach eine halbe Ananas.

Siebter Tag
Morgens: Kefir, Sesambrötchen, Fencheltee.
Mittags: gedünsteter Weißfisch, reichlich, aber ohne Beilagen, danach Obstsalat und ein kleines Glas Weißwein.
Nachmittags: Anistee und leichtes Gebäck.

Abends: Hühnerbrühe mit Eistich, dazu Schwarzbrot und Tomatensaft, eine halbe Ananas.

Achter Tag
Morgens: Kefir.
Mittags: Gemüsesuppe, Mineralwasser, eine halbe Ananas.
Nachmittags: ein Glas Birnensaft.
Abends: Spargelsalat mit Knäckebrot, ein Apfel, Kirschsaft.

Neunter Tag
Morgens: eine halbe Melone, eine Waffel, Fencheltee.
Mittags: Kefir, eine viertel Ananas, Mineralwasser.
Nachmittags: Schwarztee, etwas Gebäck.
Abends: eine Scheibe Räucherlachs mit Meerrettich und Schwarzbrot, Tomatensaft.

Zehnter Tag
Morgens: zwei Bananen, Anistee.
Mittags: Spinat mit wenig Salzkartoffeln.
Nachmittags: ein Esslöffel Aloesaft.
Abends: Kopfsalat mit Zitrone, Knäckebrot, Fencheltee.

Elfter Tag
Morgens: Kefir, Anistee.
Mittags: gedünsteter Fisch, eine viertel Ananas, Mineralwasser.
Abends: zwei Bananen, eine viertel Ananas, Mineralwasser.

Zwölfter Tag
Morgens: Kefir, Sesambrötchen, Anistee.
Mittags: ein Blumenkohlkopf (mit Sonnenblumenöl zubereitet), eine Scheibe Schwarzbrot, Kirschsaft.
Abends: Spargelsalat oder Selleriesalat, Knäckebrot, eine halbe Ananas, Kirschsaft.

Dreizehnter Tag
Morgens: zwei Bananen, leichtes Gebäck, Anistee.
Mittags: Spargel oder Karotten mit Salzkartoffeln, eine viertel Ananas, Kirschsaft.
Abends: Kefir, Schwarzbrot, ein Apfel, Mineralwasser.

Vierzehnter Tag
Morgens: Obstsalat, Fencheltee.
Mittags: ein halbes Hähnchen, Kopfsalat mit Zitrone, Mineralwasser.
Abends: Kefir, Schwarzbrot, eine viertel Ananas, Kirschsaft.

Fünfzehnter Tag
Morgens: zwei Bananen, etwas Gebäck, Fencheltee.
Mittags: Karotten-, Weißkohl- oder Wirsingkohleintopf ohne Fleisch, eine viertel Ananas, Kirschsaft.
Nachmittags: ein Esslöffel Aloesaft.
Abends: Kefir, Knäckebrot, grüner Salat mit Tomaten und Radieschen, Anistee.

Diese Balance-Diät beruht auf langjährigen ernährungstherapeutischen Erfahrungen. Lediglich das im Kaukasus übliche Fladenbrot ist durch wertgleiche Lebensmittel ersetzt. Die Diät kann bei Bedarf wiederholt werden.

CHRONICON ANDECENSE.

Von dem Vrsprung/

Herkomen/ auffnemen im Gaistlichen so wol als Weltlichen vnnd herrlichen Stifftungen der Grauen von Andechs/ deren alten Gräuenlichen Sitz vnd Schloß Andechs in Obern Bayrn Augspurger Bisthumbs der Hailig Berg genannt/ durch wen/ zu was zeit vnd warumb der ruchbar auch darauff ein Gottshauß sey gebawt/ das ansehlich Hochwürdig Haylthumb dahin gebracht/ daselbst vergraben/ vnd widerumb erfunden/ biß daher wunderbarlich erhalten vnd andechtigklich geehret worden.

Item von Freyheiten/ Gnad vnd Ablaß/ welche alda zuerlangen vnd zu suchen seyn.

Sampt etlichen Zaichen vnd Wunderwercken die daselbst der allmechtige Gott den Glaubigen zu trost gewürckt vnd erzaigt hat.

Cum Gratia & Priuilegio Cæs: Maiest:

Gedruckt zu München/ bey Adam Berg.

Anno M. D. XCV.

Willkommen im Kloster!

Stille finden in Zeiten, in denen vieles auf uns einstürzt, bedeutet innerlich ruhig und gelassen werden, zu sich selbst finden und aus der konzentrierten Kraft dieser Stille vital nach außen zu wirken. Mönche aller Religionsgemeinschaften empfehlen deshalb, für einige Tage im Jahr oder öfter qualifizierte »Auszeiten« im Kloster zu nehmen, wo Hektik und Stress vor der Tür bleiben.

Immer mehr Menschen realisieren diese Empfehlungen des zeitweisen Rückzugs in die Stille eines Klosters. Sie kommen aus allen sozialen Schichten und suchen nach innerer Einkehr: einfache Menschen, Spitzenmanager, Wissenschaftler, Sportler, Studierende und Familien. Sie eint die Suche nach intensiver Ruhe, die ihnen die Konzentration auf das Wesentliche ihrer gegenwärtigen Situation oder ihres künftigen Lebens erlaubt. Die Klöster, die ihre Pforten für alle offen halten, die Abstand vom Alltag finden und von der Oberfläche in die Tiefe gehen wollen, haben in der Rolle dienender Gastfreundschaft eine jahrhundertealte Tradition.

Dienende Gastfreundschaft in Vergangenheit und Gegenwart

Das Wort »Hospital« geht auf den lateinischen Begriff *hospitalitas* zurück und bezeichnet die Tugend »dienender Gastfreundschaft«. Sie war schon im frühen Mönchtum sehr ausgeprägt und nach dem Willen Be-

Abbildung gegenüber: Titelblatt der unter Abt David Aichler erschienenen und 1595 bei Adam Berg in München gedruckten Chronik von Andechs; Bibliothek des Klosters Andechs.

nedikts von Nursia ein wesentliches Leitziel klösterlichen Lebens. Das erklärt auch, weshalb es bereits im frühen Mittelalter und in der Folgezeit zur Gründung von »Hospitälern« als Einrichtungen für Fremde, Pilger, Kranke, Arme und überhaupt für Hilfsbedürftige kam, getragen von der Umsetzung der Tugend »dienender Gastfreundschaft«. Die Bibel enthält viele Hinweise auf die Tugend der Gastfreundschaft.

Schon die ersten Christen haben die Gastfreundschaft im biblischen Sinn großzügig verwirklicht, nachdem sich in der Aufnahme eines Gastes Ähnliches vollzieht wie in der Aufnahme des apostolischen Wortes die Begegnung mit Christus.

Clemens rühmt an den Korinthern zum Beispiel »die großzügige Weise ihrer Gastlichkeit« (1 Clemens 1,2). Chrysostomos berichtet, die Gemeinde von Antiochien habe täglich 3000 Witwen, Fremde und Kranke gekleidet und gespeist. Der Kirchenvater Basileios der Große hatte vor den Toren von Caesarea eine ganze Stadt als »Hospitium« und Werk der Barmherzigkeit aufgebaut.

Besondere Ausprägung sollte die *hospitalitas* jedoch in der Mönchsregel Benedikts erhalten (*Regula Benedicti*), die zutreffend auch als »Grundbuch dienender Gastfreundschaft des Herbergs- und Pilgerwesens« bezeichnet wird. Im Kapitel 53 der benediktinischen Regel heißt es:

> »Alle ankommenden Gäste sollen wie Christus aufgenommen werden, weil dieser selbst einst sprechen wird: Ich war ein Fremdling, und ihr habt mich aufgenommen. Der Obere soll wegen der Gäste das reguläre Fasten brechen. Der Aufnahme von Armen und Pilgern werde vor allem die größte Sorgfalt zugewandt, denn in ihnen wird Christus besonders aufgenommen.«

Auf diese Weise hat »dienende Gastfreundschaft« hohe Pflege gefunden und ist auch nach dem Aufkommen des Gaststättenwesens im mönchisch-karitativen Selbstverständnis bis heute von unersetzlichem Wert geblieben. So steht zum Beispiel in der Hospizordnung des Würzburger Juliusspitals: »Es ist Gott wohlgefällig, wenn wir für die armen Menschen in unserem Lande eine Wohnung herrichten und dieselbe mit geziemendem Unterhalt versehen.«

Viele Klöster besitzen heute Hospize für ihre Gäste mit modernen Tagungsräumen sowie Gastronomie und Unterbringung zu erschwinglichen Preisen. Unter den Leitworten »Besinnung, Bildung und Begegnung« bietet so zum Beispiel das Klosterhospiz der Benediktinerabtei Neresheim in seinem *Neresheimer Programm* (siehe Seite 206) seit 1968 jedes Jahr etwa 100 Veranstaltungen für Meditation und innere Einkehr an.

Dazu kommen Gasttagungen von Verbänden und Unternehmen, die ebenfalls hier eine Quelle gegen das spirituelle Verdursten in der Hektik des Alltags entdeckt haben. Seit 1991 ergänzt das Martin-Knoller-Haus, benannt nach dem Freskenmaler der berühmten Neresheimer Abteikirche, als Jugend- und Familienbegegnungsstätte das Neresheimer Klosterhospiz.

Zu Gast in der Stille des Klosters

Ähnlich wie in der Benediktinerabtei Neresheim öffnen sich überall die Klöster, um die Entdeckung des Inneren zu fördern und manchmal auch, um gefährlichen ideologischen Irrwegen oder Scharlatanerie vorzubeugen.

Überall sammeln Menschen durch »Urlaub im Kloster« Erfahrungen, die sie in der Hetze des Alltags nicht mehr für möglich gehalten haben. Im *Manager Magazin* berichtet zum Beispiel ein Manager, wie er sich zunächst als Exot in einem Kreis fühlte, in dem sich alle duz-

Seite 196: Pilger, Federzeichnung von Hans Schäufelein, um 1510; Wien/Albertina. Zu allen Zeiten fanden Pilger ebenso wie Kranke und Arme im Zeichen dienender Gastfreundschaft Aufnahme in den Klöstern.
Seite 197: Ein blinder Krüppel erfleht Heilung im Kloster St. Gallen; Codex 602 der Stiftsbibliothek St. Gallen.

An den stetten siner ogen
zu stotte und bald do ward
er von der gesicht erschr-
ekt und rieff über lut
und viel zitrende uff die
erden und als er lang uff
dem estrich sich weltzlote
Do ward im die hut die
im ob den ogen gewachsen

wz ab geschowen als ob es
mit einem schwert besch
ehen wär und bald ward
er erfröwt vō der wider
gebung des verlornē lie
chtes und dar nach über
etwz zit do erschein die
gesicht siner ogen denen
die in sachent so luter dz

ten und wo er seit einem ersten Experiment auf dem Weg zur inneren Einkehr inzwischen Stammgast ist: im Benediktinerkloster von Ottobeuren. Er hatte wie andere vor ihm und aus anderen sozialen Schichten ebenfalls erkannt: Hinter Klostermauern gibt es keine unrealistischen Heilslehren, sondern Erfahrungswerte, die jahrhundertelang die Gesellschaft geprägt haben und die etwas von dem vermitteln, das über die Erwartungen des Einzelnen hinaus auf einen Weg zurück zu den spirituellen Quellen weist. Das sind mehrere gute Gründe, um über das Angebot »Kloster auf Zeit« zu informieren, wie es heute nicht nur von Klöstern in Deutschland, sondern ebenso umfassend auch in der Schweiz und in Österreich angeboten wird (siehe dazu auch Adressen im Serviceteil Seite 401 ff.).

Nachdem ein deutscher Unternehmer auf seinen Auslandsreisen andere Kulturen und Religionen kennen gelernt hatte, fiel ihm auf, dass in den Gesellschaften der buddhistischen Länder Spiritualität einen wesentlichen Teil des Lebens darstellt. So hörte er zum Beispiel auch, dass dort Menschen aus allen Gesellschaftsschichten regelmäßig für eine bestimmte Zeit im Kloster leben, um geistige Kräfte für den Alltag zu gewinnen, darunter auch hochkarätige Unternehmer und Politiker, die sich vor wichtigen Entscheidungen in Klöster zurückzogen.

Da es um 1960 im deutschsprachigen Raum noch kein vergleichbares Angebot gab, wandte sich dieser Unternehmer an den Abt des Benediktinerklosters Niederaltaich in Niederbayern. Er konnte den Abt sofort für seine Idee »Kloster auf Zeit« gewinnen, und dieser Unternehmer verfasste ein Rundschreiben, das er und die Niederaltaicher Benediktiner Anfang 1962 gezielt an Adressaten versendeten, bei denen sie aufgrund persönlicher Kenntnisse ein gewisses Interesse voraussetzen konnten.

Dieses Rundschreiben mit dem Motto »Benediktinerkloster auf Zeit« enthielt nicht nur eine Einladung zu einer qualifizierten Auszeit im Kloster, sondern stellte mit folgendem Inhalt, der hier auszugsweise wiedergegeben wird, das ganze Programm vor:

»Hiermit möchte ich Menschen der heutigen modernen Welt, insbesondere Persönlichkeiten, die an verantwortungsvoller Stelle in unserem öffentlichen Leben und in der Wirtschaft stehen, ferner die akademische Jugend zu einem Klosterleben von etwa zwei bis drei Wochen Dauer einladen.

In der buddhistischen Religion ist das Klosterleben auf Zeit üblich, Könige, Staatsmänner, Ärzte, Wirtschaftsführer, aber auch Angestellte und Arbeiter leben für kurze Zeit wie Mönche in einem Kloster, um sich zu konzentrieren. In diesem Zusammenhang darf ich auf den von den Vereinten Nationen einstimmig zum neuen Generalsekretär ernannten Burmesen U Thant hinweisen. Eine Beobachtung in den europäischen und europäisch beeinflussten Ländern zeigt, dass die Materialisierung des gesamten Denkens und Lebens der Menschen immer größeren Umfang angenommen hat. Gleichzeitig treten aber auch erfreulicherweise schon Reaktionen auf, und ich konnte mit vielen Menschen erkennen, dass eine große Sehnsucht besteht, sich von der materialistischen Zielstrebung zu entfernen und wieder nach innen zu kehren.

Durch kürzlich von mir unternommene Reisen in die USA und insbesondere in die Sowjetunion hat sich diese Erkenntnis verstärkt. Daraus erwuchs der Plan, diese Sehnsucht vieler Menschen nach Entmaterialisierung und Sinnfindung in einem kurzen Klosterleben auf Zeit zu erfüllen. Die Benediktinerabtei Niederaltaich, bekannt durch ihre Arbeit im Dienst der Einigung der getrennten Christen, hat sich bereit erklärt, den Versuch eines solchen Klosters auf Zeit zu ermöglichen. Der heilige Benedikt kennt drei Hauptbeschäftigungen seiner Mönche: Gotteslob – Lesung – Arbeit.

Dementsprechend feiern die Mönche auf Zeit das Gotteslob vom Frühoffizium der Laudes bis zu der den Tag abschließenden Komplet mit den Mönchen. Sie nehmen mit ihnen auch die Hauptmahlzeiten im Refektorium der Abtei ein. In dem bei der Abtei liegenden St. Guntherhaus erhalten sie Wohnung und widmen sich der Lesung. Sie erhalten dazu Unterweisung über Wesen und Praxis des spirituellen Lebens, Einführung in das Gebetsleben, in den Gebrauch der Heiligen Schrift. Es wird Gelegenheit gegeben, über konkrete Probleme des Lebens in einer sich verändernden Welt zu sprechen.

Die Teilnahme am Klosterleben auf Zeit soll keine Flucht vor der Welt bedeuten. Sie soll den Menschen beruhigen und verinnerlichen, soll ihn bescheidener und einfacher machen, damit er nach Beendigung der kurzen Klosterzeit mit größerer Ausgeglichenheit und neuer Glaubenskraft in diese turbulenten Zeitläufe zurückkehren kann.

Wie oft erleben wir es, dass viele unserer gehetzten Mitmenschen erst im Krankenhaus oder Sanatorium erfahren, dass sie bei ihrem materiellen und nervenaufreibenden Vorwärtskommen vergessen haben, dass ein gesunder Körper und eine gesunde Seele die Basis unseres ganzen Lebens sind. Das Kloster auf Zeit soll hier helfend eingreifen. So bitte ich alle, die sich angesprochen fühlen, an der ersten Zusammenkunft im Benediktinerkloster Niederaltaich in der Zeit vom 7. bis 27. März 1962 teilzunehmen.

Wenn das erste ›Kloster auf Zeit‹ in Niederaltaich erreicht, was angestrebt wird, ist anzunehmen, dass sich auch andere Klöster im deutschen Sprachraum dem Vorhaben anschließen werden. Erst soll aber gewissermaßen – um einen Ausdruck aus der Technik zu gebrauchen – ein Modell laufen, um Erfahrungen zu sammeln. Dies ist auch der Grund, warum diese Einladung ausdrücklich vertraulich und persönlich zu behandeln ist. Eine vorzeitige und übereilte Erörterung unseres ernsten Anliegens etwa in der Presse könnte nur schaden. Erst nach glücklicher und zufriedenstellender Durchführung eines oder mehrerer Versuche ist der Zeitpunkt gekommen, die Öffentlichkeit zu informieren.«

Der Abt des Niederaltaicher Klosters legte einen Brief bei, in dem er den Plan nicht nur begrüßte, sondern auch die Position des Klosters dazu erläuterte.

Das Programm »Kloster auf Zeit« wurde sofort zu einem Erfolg, sodass auch bald andere Klöster diese Idee aufgriffen und umsetzten. Pater Vinzenz Michael Proß hat eine größere wissenschaftliche Arbeit über das Niederaltaicher Programm verfasst und darin auch eine Reihe von Briefen von Teilnehmern ausgewertet, die inzwischen in anderen Klöstern ebenso die Chance »Kloster auf Zeit« nutzten.

Als wesentlichen Punkt, so analysierte Pater Vinzenz in seiner Arbeit, hätten fast alle Teilnehmer die Zeiten des Schweigens und die Hinführung zur Stille sowie das Erleben des Schweigens in seiner Spannung zum Gemeinschaftsleben hervorgehoben: »Sehr heilsam war das Schweigen. Hier scheiden sich die Geister in einem selbst.«

Die stressfreie Atmosphäre drückte ein Teilnehmer mit folgender Zuschrift aus: »Auch wenn ich mich nicht als übermäßig religiös bezeichne beziehungsweise über ein ausgeprägtes Religionswissen verfüge, genieße ich die stressfreie, würdevolle Atmosphäre, die einfach der Seele gut tut und Geborgenheit ausstrahlt und mir die Möglichkeit bietet, Kraft zu tanken für die nächsten Runden im Alltagsringen.« Einige Teilnehmer hoben als besonders positive Erfahrung hervor: »Dieses Angebot tut gut. Ich fühle mich wohl. Ich werde zu nichts gezwungen, ich darf zuhören, ohne Stellung nehmen zu müssen.« Andere teilten mit, dass sie »in sich hineinhorchen«, sich mit ihren »Stärken und Schwächen auseinander setzen und auf diese Weise sich selbst finden mit Konsequenzen für den Alltag: sich zurücknehmen, beim Gespräch den anderen zuhören lernen, beim Umgang mit anderen spontan Anerkennung zukommen zu lassen. Überhaupt das Anderssein des anderen verstehen zu lernen.«

Das »Kloster auf Zeit« bietet die Möglichkeit, die Dinge des Alltags neu zu bestimmen und ihnen eine neue Bedeutung zuzumessen. Die Entdeckung, dass es wichtigere Dinge gibt, »als nur hinter Geld, Status beziehungsweise Befriedigung durch Konsum herzuhetzen«, unterstrich ein Kursteilnehmer. »Außerdem hilft es, Werte wie menschliche Nähe beziehungsweise Güte in eine Alltagswelt zu übertragen, die weitgehend durch Rücksichtslosigkeit, Egoismus und Kälte geprägt ist.« Angesichts solcher Erfahrungen bedarf es kaum noch des Hinweises, dass sich heute im deutschen Sprachraum qualifizierte Auszeiten im Kloster immer größerer Beliebtheit erfreuen.

Auf keinen Fall will das »Kloster auf Zeit« eine Art Volkshochschule sein. Es geht nicht um Vermittlung eines festen Lebenslaufes, sondern um die Vermittlung erprobter und gelebter Spiritualität im Miteinanderleben, begleitet von geistigen und geistlichen Impulsen. Schon gar nicht soll Nachhilfe in Religionsunterricht vermittelt, sondern vielmehr sollen Wege aufgezeigt werden, Abstand von Stress und Hektik zu finden und von der Oberfläche in die Tiefe zu gelangen.

Im Rahmen einer größeren Umfrage nach der Motivation heutiger Teilnehmer an qualifizierten Auszeiten im Kloster stellte sich mehrheitlich heraus, dass das »Kloster auf Zeit« vor allem vor schwierigen Lebensentscheidungen aufgesucht wird. Das ist auch der Grund dafür, dass die meisten Teilnehmer aus einem Lebensalter kommen, das mit zentralen Lebensübergängen verbunden ist: vor dem Eintritt oder Austritt aus dem Berufsleben, in der Lebensmitte, vor größeren beruflichen und persönlichen Entscheidungen oder in der Ahnung vom Lebensende.

Die Kursteilnehmer kehren durchweg mit besonderen Vorsätzen nach Hause zurück. Dazu gehören konkrete Konsequenzen aus der Erfahrung der Stille:

- Erlebtes weitererzählen und damit andere begeistern;
- erlebtes Glück an die Familie und die Mitmenschen weitergeben;
- manche Themen weiter bearbeiten;
- Arbeits- und freie Tage sinnvoller gestalten;
- ein bewussteres Leben führen;
- Zeichen setzen in der alltäglichen Umgebung;
- wiederbelebte Wertvorstellungen wie menschliche Nähe und Güte im Alltag leben;
- sich selbst zurücknehmen, dem anderen zuhören lernen;
- dem anderen vermitteln: Es ist gut, dass es dich gibt;

- eine gelassene ruhige und hilfsbereite Verfassung gegenüber den Mitmenschen aufrechterhalten;
- die anderen in ihrem Anderssein verstehen lernen und ihnen mit mehr Verständnis und Liebe begegnen;
- mehr Selbstdisziplin aufbringen.

Außer ihrem Programm »Kloster auf Zeit« mit m ehrwöchigem Aufenthalt bieten die Klöster auch Meditationskurse und Besinnungstage an, und zwar jeweils an drei bis sieben Tagen in ihren Hospizen und Gästehäusern.

Meditationskurse und Besinnungstage

Für Suchende nach Ruhe und Einkehr – Christen aller Konfessionen und Nichtchristen – öffnen viele Klöster heute (Adressen siehe Serviceteil Seite 401 ff.) ihre Pforten und bieten Einführungs-, Aufbau- und Fortgeschrittenenkurse zur Meditation an, ebenso Besinnungstage im Rahmen ökumenischer Veranstaltungen und Kurse mit besonderen Schwerpunkten.

Am Beispiel des *Neresheimer Programms* (siehe Seite 206 ff.), das unter den Stichworten *Besinnung – Bildung – Begegnung* aufs ganze Jahr verteilt einlädt und von Frauen, Männern, Familien und Jugendlichen wahrgenommen wird, soll das reichhaltige Angebot veranschaulicht werden. Wie viele andere Klöster will die Benediktinerabtei Neresheim mit diesem Angebot allen entsprechen, die in unserer oft beziehungsarmen Gesellschaft auf der Suche nach neuem Lebenssinn, nach sich selbst und nach Gott sind.

Abbildung Seite 204: Blick zum Hochaltar der Abtteikirche des Benediktinerklosters Neresheim.
Abbildung Seite 205: Blick in den Chorraum mit Abtssitz und Chorgestühl der Abteikirche Neresheim.

Meditations-Einführungskurse

»Innehalten – in sich, in Gott Halt finden«

Meditation, eutonische Übungen (Körperübungen zum Ausgleich von Spannungen), Einzelgespräche, meditativer Tanz (vier Tage)

»Gebet und Meditation als Hilfen im Alltag«

Verschiedene Gebetsformen anwenden und zur Meditation werden lassen. Stellen aus der Bibel und Psalmen im Herzen bewegen, durch Körper- und Atemübungen vertiefen, Wandlung erfahren. Vortrag, Einzelgespräche, Gottesdienst (vier Tage)

»Schöpfen aus den Quellen des Heils«

Meditation, Entspannungsübungen, Impulsreferat, meditativer Tanz, Schweigezeiten, Gebetszeiten, Einzelgespräche, Gottesdienst (vier Tage)

»Ruhig werden – mit mir in Einklang kommen«

Meditation, Entspannungsübungen, Vorträge, Einzelgespräche, meditativer Tanz, Gottesdienst (vier Tage)

»Gelassenheit einüben«

Schweigekurs, Zen-Methode, fleischloses Essen, Meditation, Lockerungsübungen, Vorträge, Einzelgespräche (fünf Tage)

»Zur Mitte finden – aus der Mitte leben«

Meditation, eutonische Übungen, Impulsreferat, meditativer Tanz, Schweigezeiten, Gebetszeiten, Einzelgespräche, Gottesdienst (vier Tage)

»Vom Segnen und gesegnet werden«

Die Kraft des Segens entdecken und anwenden, heil
sein an Körper und Seele. Vortrag, Körper- und Atemarbeit, Einzelgespräche, Gottesdienst (vier Tage)

»Loslassen – auf den Grund kommen«
Meditation, eutonische Übungen, Vorträge, Einzelgespräche, meditativer Tanz, Gottesdienst (vier Tage)

»Meditation«
Atem-Übungen, eutonische Übungen, Vorträge, meditatives Tanzen, Einzelgespräche, Schweigen, Gebetszeiten, Gottesdienst (vier Tage)

»Ich ließ meine Seele ruhig werden und still«
Meditation, eutonische Übungen, Impulsreferat, meditativer Tanz, Schweigezeiten, Gebetszeiten, Einzelgespräche, Gottesdienst (vier Tage)

»All meine Quellen entspringen in Dir«
Meditation, eutonische Übungen, meditativer Tanz, Bibelgespräch, Vorträge, Gottesdienst, Einzelgespräche (drei Tage)

Meditations-Aufbaukurse
»Hilfe für den Alltag, Kraft schöpfen, Erschöpfung heilen«
Meditation, Eutonie und Atemarbeit, Vorträge, Beratung und Einzelarbeit für Problemlösung, Gottesdienst (drei Tage)

»In der Stille liegt die Kraft«
(Schweigekurs, Zen-Methode, fleischloses Essen), Meditation, Lockerungsübungen, Vorträge, Einzelgespräche, 4 x 20 Minuten Meditation pro Tag (fünf Tage)

»Was meinem Leben Tiefe gibt«
(Schweigen, Meditation, eutonische Übungen), Vorträge, Einzelgespräche, meditativer Tanz, Meditation eines biblischen Textes, Gottesdienst (fünf Tage)

»Der Weg ist das Ziel«
(Schweigekurs, Zen-Methode, fleischloses Essen), Lockerungsübungen, Vorträge, Einzelgespräche, 5 x 30 Minuten Meditation pro Tag (fünf Tage)

»Gelassenheit – Weisheit – Güte«
(Schweigekurs, Zen-Methode, fleischloses Essen), Lockerungsübungen, Vorträge, Einzelgespräche, 5 x 30 Minuten Meditation pro Tag (fünf Tage)

»In der Stille zum Grund des Lebens kommen«
Schweigen, Meditation, eutonische Übungen, Vorträge, Einzelgespräche, meditativer Tanz, Meditation eines biblischen Textes, Gottesdienst (vier Tage)

»Sterben, Wiedergeburt und Auferstehung«
(Schweigekurs, Zen-Methode, fleischloses Essen), Lockerungsübungen, Vorträge, Einzelgespräche, 5 x 30 Minuten Meditation pro Tag (fünf Tage)

»Macht euch zum Stalle auf«
Vorbereitung auf Weihnachten, Meditation, Körperübungen, meditativer Tanz, Vorträge, Bibelgespräch, Einzelgespräche, Gottesdienst (fünf Tage)

Meditations-Fortgeschrittenenkurse für Geübte
Strenger Kurs
»Gott allein – Theresia von Avila«
Meditation, Vorträge, Einzelgespräche, Gottesdienst (sieben Tage)

Zen-Sesshin
»Im Erkennen seiner Selbst zum Grund des Lebens erwachen«
Zen-Jou, Teishou, Dokusan, Gottesdienst (sechs Tage)

Strenger Meditationskurs
»Die Seligpreisungen der Bergpredigt«
(Schweigekurs, Zen-Methode, fleischloses Essen), Lockerungsübungen, Vorträge, Einzelgespräche, 8 x 30 Minuten Meditation pro Tag (sechs Tage)

Strenger Meditationskurs
»Jesus als Zen-Meister«
(Schweigekurs, Zen-Methode, fleischloses Essen), Lockerungsübungen, Vorträge, Einzelgespräche, 8 x 30 Minuten Meditation pro Tag (sechs Tage)

Ökumenische Veranstaltungen
Benediktinischer Kreis Neresheim
»Impulse aus der Benediktusregel für Christen in Alltag und Familie«
Veranstaltung für evangelische und katholische Christen, die nach größerer Verbindlichkeit ihres geistlichen Lebens suchen unter dem Leitwort »Gott zuerst!« (sechs Tage)

Ökumenische Begegnung mit Meditation
»Das Gebet als Quelle der Einheit«
Meditation, eutonische Übungen, Vorträge, Einzelgespräche, Gebetszeiten (drei Tage)

Ökumenische Begegnung mit Meditation
»Christen beten um die Gemeinschaft am Tisch des Herrn«
Meditation, eutonische Übungen, Vorträge, Einzelgespräche, Gebetszeiten (drei Tage)

Kurse für verschiedene Gruppen

Wochenende für Trauernde
»Alles hat seine Zeit«
Besinnung, meditative Übungen, Einzel- und Gruppengespräche, Gebetszeiten, Gottesdienst (drei Tage)

Besinnungswochenende für Frauen
»Ganz Frau, ganz ich – auf der Suche nach der ›Rolle‹ meines Lebens«
Ein Wochenende für Frauen, um aus dem Alltag herauszutreten und zur Ruhe zu finden, mit den eigenen Lebensthemen in Berührung zu kommen, sich auf andere Frauenleben einzulassen (drei Tage)

Biografieseminar für Frauen
Besinnung, schriftliches Sammeln und Ordnen der eigenen biografischen Daten und Ereignisse (fünf Tage)

Wochenende für Stieffamilien
»Deine Kinder – meine Kinder – unsere Kinder?
Patchworkfamilie als Herausforderung und Chance«
Ein Besinnungswochenende für »neu zusammengesetzte« Familien nach Trennung, Scheidung oder Tod. Gespräche, kreative Methoden, besinnliche Elemente (drei Tage)

Meditationskurs für Eltern und Kinder
»Wege zu mir – Wege zueinander – Wege zu Gott«
Meditation, eutonische Übungen, meditativer Tanz, Gebetszeiten, Gottesdienst (vier Tage)

Partnerschaftswochenende
»Die besten Jahre«
Besinnung, Einzel- und Gruppengespräche (drei Tage)

Sakraler Tanz
Tänze, Körperübungen, Dehnungs- und Lockerungsübungen, Improvisation, Körpergebet, Meditation, getanzte Andacht (vier Tage)

Qi Gong als Weg der Mitte
Bewegung in innerer Stille, Loslassen im Tun, Qi-Gong-Form, Meridianmassage, taoistische Atemübungen, sich erden (fünf Tage)

Ikonen malen
Mal-Technik, Theologie und Symbolik der Ikone (sieben Tage)

Geistliches Wochenende
»Die soziale Frage in Europa«
Vorträge, Diskussion, Bibelgespräch, Gebetszeiten, Meditation (zwei Tage)

Fastenkurs mit Meditation
Methode: Dr. Buchinger/Dr. Lützner
»Neuen Geschmack am Leben finden«
Meditation, eutonische Übungen, Impulsreferat mit Austausch, Einzelgespräche, Gebetszeiten, Gottesdienst, meditativer Tanz, Wandern (sieben Tage)

Wege zu sich selbst
»Lebenskraft aus Lebenskrisen«
Besinnung, Impulsreferat, Einzel- und Gruppengespräche, meditativer Tanz, Elemente aus der Transaktionsanalyse, Gebetszeiten (drei Tage)

Familiensystemisches Seminar
Methode Bert Hellinger
»Wenn Vergebung schwer fällt«
Meditation, lösungsorientiertes Familienstellen, Blockaden zum Flie-

ßen bringen, seelische Verletzungen heilen, Befreiung erfahren, mit neuer Kraft weitergehen (drei Tage)

Meditatives Zeichnen
»Zeichen der Stille«
Besinnung, Gespräch (drei Tage)

Meditieren und Wandern
»Geh aus mein Herz und suche Freud'«
Meditation, eutonische Übungen, meditativer Tanz, bewusstes Wandern in der Natur, Impulsreferat mit Erfahrungsaustausch, Schweigezeiten, Gebetszeiten, Gottesdienst (fünf Tage)

Einkehrwoche
»Einkehr in biblischen Gärten«
Meditation, Körperübungen, kreatives Tun, meditatives Tanzen, Vorträge, Bibelgespräche, Gottesdienst (sieben Tage)

Erholungswoche
»In der Erde verwurzelt – dem Himmel nahe sein«
Meditation, Bibelgespräch, Tanzen, Malen (sieben Tage)

Wege zur Mitte
»Behutsam – bedachtsam – leise«
Aus Übungen der Stille spielerisch ins Zeichnen, Malen, Tanzen und Gestalten finden. Künstlerische Vorkenntnisse sind nicht erforderlich, Material wird gestellt (drei Tage)

Durchatmen
Körperbezogene Meditation – Atem- und Körperarbeit (drei Tage)

Besinnliches Wochenende zur Vorbereitung auf Weihnachten
»Alle Jahre wieder ...«

Besinnung, Gespräch, Gebetszeiten, kreatives Tun, Bibliodrama (drei Tage)

»Im Kloster Weihnachten feiern«
(Vier Tage)

Angebote für Jugendliche und junge Erwachsene
Musikalischer Workshop für neue geistliche Lieder
(Drei Tage)

Ora-et-labora-Tage für Jugendliche
und junge Erwachsene von 16 bis 25 Jahren
Arbeiten im Klosterbereich – Liturgie, Gebet, Besinnung – Gespräch und Austausch – Kreativität und Spiel (sechs Tage)

Klösterlich Kulinarisches

»Im Kloster ist noch keiner verhungert oder verdurstet«, weiß der Volksmund, doch dahinter verbirgt sich weit mehr, denn seit vielen Jahrhunderten schon bereichern die Klöster auch unsere Ess- und Trinkkultur wesentlich.

Sogar Bezeichnungen für die Mahlzeiten und bestimmte Tischsitten gehen auf Verhaltensweisen in den Klöstern zurück. So leitet sich zum Beispiel das italienische Wort für Mahlzeit *pietanza* direkt aus dem Klosterleben ab. *Pietas* war die Bezeichnung für den Nahrungsbeitrag, den die Gläubigen den Mönchen aus Pietät gewährten, und zwar je für zwei Personen auf *einem* Teller und das Getränk in *einem* Becher. Vor diesem Hintergrund lässt sich auch erklären, weshalb es bis heute ungehörig ist, zum Beispiel mit vollem Mund zu trinken, und weshalb wir uns mit einer Serviette den Mund abtupfen, bevor wir trinken. Die Mönche prägten als Erste diese Sitte. Um Essensreste am gemeinsamen Becher zu vermeiden, tranken sie mit leerem Mund

und tupften mit einer Tischserviette ihren Mund ab – eine absolute Rarität zu einer Zeit, als ansonsten der Ärmel der Bekleidung dafür herhalten musste.

Ebenso leitet sich das englische Wort *breakfast* aus dem Klosterleben ab, denn es bedeutet nichts anderes als das Fasten (*fast*) zu brechen (*to break*). So erinnert auch dieses Wort noch heute an das Fasten nach der Klosterregel Benedikts: Man brach nur einmal innerhalb von 24 Stunden das Fasten, indem man im Refektorium (Speisesaal) zum *breakfast* zusammentraf und das Fasten mit dieser einzigen Mahlzeit »brach«. Auch unser Begriff *Dinieren* – im Französischen *diner*, im Italienischen *desinare* – geht bis in die Zeit des ersten Fastenbrechens zurück, er leitet sich aus dem Lateinischen *disiunare* ab und bedeutet *trennen, brechen*. Das sind nur einige Beispiele, die veranschaulichen, wie die Klosterkultur Einfluss auf alltägliche Sitten und Gebräuche genommen hat.

Generell ging es in der Tischkultur der Mönche von Beginn an um den bewussten Genuss der Mahlzeiten – eine Lebenspraxis, die heute wieder auf der Empfehlungsliste der Ärzte und Ernährungsberater ganz oben steht, nämlich die Mahlzeiten nicht zu bloßem Kalorientanken verkommen zu lassen, was häufig in der Hektik des beruflichen Alltags geschieht, sondern das Essen zu einer Achtsamkeitsübung zu machen, wie sie in den Klöstern seit Jahrhunderten gepflegt wird. Das ist auch ein Stück Lebensqualität, die erheblich zu unserem Wohlbefinden beiträgt und die wir uns stets aufs Neue bewusst machen sollten. Im Folgenden nun ein kleiner Streifzug durch die Klosterküchen und ihre Speisepläne von anno dazumal und heute.

Die Kost in den mittelalterlichen Klöstern war überwiegend vegetarisch, Gemüse, Salate, Kräuter und Obst beherrschten den Speiseplan. Täglich gab es Vitamine, Mineralstoffe und ebenso reichlich andere wertvolle Pflanzenstoffe – das Ideal einer gesunden Ernährung, wie sie

Abbildung gegenüber: Blick in den Speisesaal, Refektorium, eines Benediktinerklosters.

auch heute empfohlen wird, weil sie sich seit vielen Jahrhunderten bewährt hat.

Frisches Obst gab es in der Regel als Nachtisch zum Mittag- oder zum Abendessen, ebenso wie man abends gerne Kräuter und Salate, angemacht mit Essig und Öl zum Brot aß. Um das viele Obst aus der alljährlichen Ernte im Herbst vor dem Verderben zu bewahren, kamen als Erste Nonnen in den Klöstern auf die Idee, es durch Einkochen zu konservieren und zu leckeren Konfitüren zu verarbeiten. Und Mönche waren es, die als Erste auf die Idee kamen, Äpfel und Birnen aus den klösterlichen Obstgärten zu Most zu verarbeiten. Apfelmost war schon bei den Mönchen im Mittelalter wegen seines gesundheitlichen Wertes besonders geschätzt.

Vorherrschend in der Klosterküche war auch die Zwiebel, die Karl der Große einführte, ebenso der Knoblauch. Im Folgenden ein paar Rezepte zum Ausprobieren aus der altbewährten vegetarischen Klosterküche:

Sauerampfersuppe
1 Hand voll Sauerampfer
1 Zwiebel, fein gehackt
2 Esslöffel Butter
100 Gramm Dinkelmehl
1,25 Liter Fleischbrühe
1 Messerspitze Muskat, Salz, Pfeffer
125 Gramm Sahne
1 Eigelb

Die frischen Blätter des Sauerampfers klein hacken und zusammen mit der gehackten Zwiebel in Butter andünsten. Langsam das Dinkelmehl unterrühren und zu einer goldgelben Schwitze verarbeiten. Nach und nach Fleischbrühe angießen und etwa 15 Minuten bei geringer Hitze köcheln lassen.

Gefüllte Steinpilze
Schöne, gleichmäßig große Steinpilze putzen, den Stiel ausdrehen und die Hüte mit folgender Masse füllen:
eingeweichte Brötchen mit angedünsteter Zwiebel und Petersilie,
mit fein gehackten Pilzstielen,
Ei, Salz und Pfeffer gut vermengen

Die gefüllten Pilze in eine mit Butter gefettete Form geben, mit Zitronensaft beträufeln und im Rohr backen, mit Rahmsauce servieren.

Kastanienauflauf
250 Gramm Kastanien
1,25 Liter Milch
1 Päckchen Vanillezucker
30 Gramm Butter
45 Gramm Zucker
1,25 Liter Milch
5 Eigelbe, 5 Eiweiße, zu Eischnee geschlagen
20 Gramm Butter für die Form

Die Kastanien quer einschneiden, mit Wasser bedeckt aufsetzen, salzen, zum Kochen bringen und 10 Minuten kochen, abgießen und schälen, dabei auch das braune Häutchen abziehen. In der Milch etwa 40 Minuten weich kochen und durch ein Sieb drücken. In einem Topf Milch oder Sahne mit Vanillezucker und Butter erhitzen. Den Kastanienbrei und den Zucker hinzufügen und zu einem dicken Mus kochen. Die Masse abkühlen lassen, nach und nach die Eigelbe zugeben. Den Eischnee unter die Kastanienmasse heben und alles in eine gefettete Auflaufform füllen. Bei mittlerer Hitze etwa 30 bis 35 Minuten backen.
Weitere Rezepte aus der Klosterküche siehe Seite 227 ff.

Neben viel Gemüse, Kräutern und Obst ist Brot seit altersher ein Grundnahrungsmittel auch in den Klöstern. Benedikt bestimmte, dass die normale tägliche Ration aus einem Pfund Brot bestehen solle: »Ein reichlich bemessenes Pfund Brot genüge für den Tag, ob man nur eine Mahlzeit hält oder Mittag- und Abendessen einnimmt. Essen die Brüder auch am Abend, hebe der Cellerar (Wirtschaftsleiter des Klosters) ein Drittel dieses Pfundes auf, um es ihnen beim Abendtisch zu geben.« Es gab *gewöhnliches Brot (panis solitus)* und das bessere, noch *schmackhaftere Brot (panis delicior)*, das vor allem an Festtagen gereicht wurde. Darüber hinaus gab es Backwerk wie die Brezel, die ebenfalls im Kloster erfunden wurde und einen Mönch mit gekreuzten Armen darstellen soll.

Die Mönche und Nonnen verstanden es zu allen Zeiten auch, sich das asketische Leben mit mancherlei Leckerem zu versüßen. Dem klösterlichen Hang zum Süßen entsprangen neben Gebäck auch Pastillen in allen möglichen Geschmacksrichtungen, kandierte Früchte, Gelees und verschiedene Marmeladesorten.

Eier, Milch und Milchprodukte sind in der Regel Benedikts weder ausdrücklich erlaubt noch wie das Fleisch vierfüßiger Tiere eindeutig verboten. Ob Eier, Milch und Käse für Mönche gestattet seien, wurde im frühen Mittelalter einige Zeit diskutiert, weil es sich um tierische Produkte handelt. Strenge Asketen verzichteten auf diese Kost. Doch erklärt Hildemar, dass sie nicht aus dem Fleisch, sondern aus der Nahrung des Tieres entstünden und daher kein Fleisch seien, wie Wein kein Rebstock und Öl kein Holz sei. Dementsprechend galten sie als erlaubt. Eier und Käse werden oft gemeinsam genannt. Sie sind in manchen Quellen als Feiertagskost angegeben, auch finden sie eigene Erwähnung als Kräftigungsmittel für Kranke und besonders für die zur Ader Gelassenen. Doch blieben – zumindest bei den Benediktinern – Eier und Käse nicht auf diese besonderen Anlässe beschränkt, sondern kamen zu allen Zeiten im Großteil des Jahres fast regelmäßig auf den Tisch.

Bienenhonig und Imkerei haben ebenfalls große klösterliche Tradition. Honig diente nicht nur dazu, das asketische Leben zu versüßen, sondern auch als wirksame Arznei. Bereits der römische Heilkundige

Plinius der Ältere (23 bis 79 n. Chr.) empfahl täglichen Honiggenuss zur Gewährleistung eines langen und gesunden Lebens, denn für Plinius war Honig eine »Himmelsmedizin für Augen, Eingeweide und gegen Geschwüre«. Deshalb spielte der Honig auch wegen seiner vielen wertvollen Inhaltsstoffe in der Klostermedizin eine große Rolle: als kräftigendes und konzentrationsförderndes Tonikum ebenso wie zur Stärkung der Abwehrkräfte, gegen Erkältungen und Schlafstörungen sowie zur Wundbehandlung. Viele Klöster haben sich deshalb seit ihrem Bestehen auf die Imkerei spezialisiert und bieten noch heute den besten Bienenhonig weit und breit an. Honig aus klostereigener Herstellung gilt als echte Delikatesse. Im Serviceteil Seite 431 ff. finden Sie Bezugsquellen für klostereigenen Bienenhonig wie den Lavendelhonig.

Weinbau und Brauereiwesen haben besonders große klösterliche Traditionen, weshalb ihnen zwei eigene Kapitel gewidmet sind.

Auf den Spuren klösterlichen Bierbrauens

Benedikt erwähnt zweimal im Kapitel über das Maß der Getränke die örtlichen Bedingungen, derentwegen es erforderlich sein könne, dass der Abt die Weinration erhöht, was aber auch ohne Murren ertragen werden müsse, falls das Land keinen Wein hervorbringe.

Auf den ersten Teil dieser Bestimmung beriefen sich die Cluniazenser, wenn sie ihre größeren Weinrationen verteidigten. Den zweiten Teil missachtet schon der strenge Benedikt von Aniane ganz offenkundig, indem er das Biertrinken gestattet, wo kein Wein vorhanden ist. Ihm folgen die in Mitteleuropa sich niederlassenden lothringischen und hirsauischen Reformmönche.

Bier, »flüssiges Brot« in der Fastenzeit, wie geschaffen für die Mönche und wie viele meinen, die Motivation dafür, dass das europäische Mönchtum das Bierbrauen für sich entdeckte. Das geschah jedoch vor einem anderen Hintergrund und hatte viel mit der Trinkwasserqualität im frühen Mittelalter zu tun.

In den frühen Ordensgemeinschaften vor Benedikt von Nursia galt zunächst die Bestimmung, nur Wasser zu trinken. Die Qualität des Trinkwassers verschlechterte sich jedoch zusehens. Das Wasser war mit vielen Krankheitserregern verseucht, und sein Genuss barg die Gefahr schwerer Erkrankungen, in erster Linie durch Cholerabakterien verursacht. Das führte dazu, dass den Mönchen schließlich das in der jeweiligen Region übliche Getränk gestattet wurde. Häufig war dies Wein oder Bier, beides Getränke, die einen Gärprozess durchlaufen, der schädliche Bakterien tötet und es ermöglicht, die erforderlichen Flüssigkeitsmengen gefahrlos zu sich zu nehmen, wenn dies maßvoll geschah.

Benedikt von Nursia, der sein Kloster im mediterranen Süditalien gegründet hatte, legte demzufolge in seiner Ordensregel den Genuss von Wein fest. Wo jedoch aufgrund der Klima- und Bodenverhältnisse Weinbau nicht möglich war, verlegte man sich aufs Bierbrauen. Das hatte auch Vorzüge in der landwirtschaftlichen Nutzung, denn Gerste ist einfacher zu kultivieren als der Rebstock und zugleich nahrhaft für das klösterliche Vieh. Für viele Klöster war so die kombinierte Nutzung der Ländereien und der Brauerei die ideale landwirtschaftliche Lösung, die auch die Ernährung sicherstellte.

So erfreute sich das Bierbrauen in den Klöstern bald großer Beliebtheit, denn außer im Schutz vor verseuchtem Wasser liegt sein Produkt auch im hohen Nähr- und Gesundheitswert begründet.

Die Gesundheitsregeln aus Salerno geben zum Beispiel nicht ohne Grund zu bedenken, dass Bier nicht nur die »Kräfte erhöhet«, sondern auch »das Fleisch im Körper mehret«. Bier, nahrhaft und dabei wohlschmeckend, war Mönchen wie Nonnen stets erlaubt, denn schließlich galt und gilt bis heute: »Flüssiges bricht das Fasten nicht.« Und, falls es sich um Reben- oder eben Gerstensaft handelte, diente Bier auch der Gesundheit, denn der gesundheitliche Wert von Bier war auch den Klosterärzten bestens bekannt.

Sie nutzten Bier, pur oder mit Honig gemischt, gegen Schlafstörungen sowie gegen Erkältungen und Husten, mit Kümmel, Anis und anderen verdauungsstärkenden Heilpflanzen versetzt, gegen Verdauungsbeschwerden. Bier wurde aufgrund seiner anregenden Wirkung auf die Harnausscheidung auch zur Entwässerung und bei Nierenleiden erfolgreich eingesetzt sowie zur Stärkung der Nerven. Auch Hildegard von Bingen beschäftigte sich eingehend mit den vielen guten Kräften des Bieres und empfahl es vor allem schwermütigen Menschen, weil »Bier den Mut hebt und die Seele erneuert«. Und Hildegard merkt dazu ergänzend an: »Zu jeder Zeit aber, ob im Sommer oder Winter, soll sich der Mensch vor übermäßigem Trinken hüten. Wie zu reichlicher Regen dem Erdreich durch das viele Wasser schadet, so schadet auch übermäßiges Trinken dem menschlichen Organismus.«

Bierbrauen war zwar schon in Ägypten im 3. Jahrtausend v. Chr. ein hoch angesehenes Handwerk, aber zu uns nach Mitteleuropa gelangte das Bier erst über die Griechen und Römer. Von Tacitus (um 55 bis nach 115) wissen wir einiges über die Germanen, zum Beispiel dass die ganz gern ein Hörnchen Bier über den Durst tranken. Tacitus kam sogar zu dem Schluss, dass man den Germanen ebenso gut mit der Lieferung von *cervisia* (Bier) den Garaus machen könne wie mit dem *pilum* und dem *gladius* (Speer und Schwert).

Uns befremdet heute vor allem die Art des Gebräus, das sich die Germanen so gut schmecken ließen. Sie nahmen als Bierwürze alles, was ihnen als geeignet erschien, zum Beispiel Eichenrinde, Eschenlaub und Ochsengalle.

Diese ungewöhnlichen »Bierverfeinerungen« änderten sich auch noch nicht wesentlich, als die ersten Mönche nach Germanien kamen. Diese experimentierten aber weiter, unter anderem mit Wacholder, Blaubeeren und Pilzen.

Ein weiterer Schritt in Richtung unserer heutigen Biere war jedoch spätestens im Jahr 786 vollzogen, als in einer Urkunde Pippins III. zum ersten Mal Hopfengärten in den Klöstern erwähnt wurden. Außerdem belegen diverse Quellen, dass die Mönche ihr Handwerk systematischer als die privaten Hausbrauereien betrieben. Die Mönche überlieferten ihre durch Versuch und Irrtum erworbenen Erfahrungen schriftlich. Und die Qualität der Klosterbiere wurde dank des Hopfens immer besser.

Für die Mönche und Nonnen war es auch eine Überlebensfrage, gutes und kräftiges Bier zu brauen, denn wie sonst hätten sie die langen Fastenzeiten überstehen sollen? Im warmen Italien war Fasten noch einigermaßen erträglich, aber im kalten Germanien? Dennoch wurden für die Mönche und Nonnen im Norden die Fastenregeln nicht wesentlich gelockert. So kam es zu den ersten Starkbieren, und der Ausdruck »Bier ist flüssiges Brot« war geboren. Ein Glück für die Mönche, dass auch der Grundsatz »Flüssiges bricht das Fasten nicht« galt. Dem Papst, der diesen Grundsatz hätte abändern können, wurde das Starkbier in weiser Voraussicht vorenthalten. Vielleicht trifft ja die alte Geschichte tatsächlich zu, die Klosterbraumeister noch heute gerne erzählen: Das im Mittelalter in Klöstern erfundene, nahrhafte Starkbier soll nur deshalb einem päpstlichen Verbot entgangen sein, weil es auf dem langen Weg im Fässchen über holprige Wege von Deutschland nach Rom sauer geworden sei. Nachdem am Heiligen Stuhl davon probiert worden war, hatte der Papst Mitleid mit den Mönchen.

Im Jahr 817, auf dem Aachener Konzil, wäre aber das Bier fast doch für die Mönche verboten worden, wäre nicht ein findiger Kopf auf die rettende Idee gekommen, Bier als Heiltrank zu deklarieren. Also wurde auf dem Konzil bezüglich des Biers nur noch festgelegt, wo die Obergrenze des täglichen mönchischen Verbrauchs zu liegen habe. Demnach bekam auch in den ärmsten Klöstern ein Mönch täglich über einen Liter Bier, neben einem guten viertel Liter Wein. In reichen Klöstern gestand man den Ordensleuten oft die dreifache Biermenge und mehr täglich zu. Und nicht wenige Klöster machten gute Geschäfte mit Bier.

Das galt auch für die Brauerei im Kloster Weihenstephan bei Freising. Als ihr Gründungsjahr wird das Jahr 1040 angegeben, doch Hopfen haben die Benediktiner dort schon viel früher angebaut. Weihenstephan ist außerdem der älteste, erhaltene und noch brauende Bierbetrieb der

Bild gegenüber: Mönch bei der Arbeit; das älteste Bild eines deutschen Bierbrauers, um 1397 entstanden.

Welt. Im Jahr 1803 wurde die Klosterbrauerei von weltlichen Herren übernommen, mit einer Landwirtschaftsschule verbunden, und heute gehört Weihenstephan zur Technischen Universität der Stadt München.

Von 1629 an brauten auch die Paulaner, die Mönche aus Neudeck bei München, ihr erstes Starkbier. Das war schon mitten im Dreißigjährigen Krieg, der in Deutschland tiefgreifende Veränderungen mit sich brachte.

Ein Mönch bedient sich als Braumeister heimlich selbst mit einer Schale Bier, während er einen Krug füllt, Miniatur aus dem 13. Jahrhundert.

Auch Nonnen arbeiteten schon sehr früh in den Klosterbrauereien tüchtig mit, und das ist heute noch so, denn allein in Bayern brauen noch rund ein Dutzend Klosterbrauereien Bier. So bestand zum Beispiel 1975 eine 27-jährige Franziskanerin aus Mallersdorf bei München ihre Braumeisterprüfung als Beste von 30 sonst nur männlichen Brauern. Jetzt ist Schwester Doris nicht nur Braumeisterin, sondern sogar Leiterin der Mallersdorfer Klosterbrauerei.

Schon vor über hundert Jahren wurde auf schönen Plakaten wie diesem für Andechser Klosterbier geworben.

Besonders berühmt werden sollte das Andechser Klosterbier. Vor dem Hintergrund des beginnenden Massentourismus auf den Heiligen Berg Andechs als Wallfahrtsort wurden zwischen 1972 und 1983 Zug um Zug zuerst Fass- und Flaschenkeller, dann das Sudhaus mit Gär- und Lagerkeller von den beengten Raumverhältnissen in unmittelbarer Nähe des Bräustüberls befreit.

Das Verdienst eines in die Zukunft weisenden wirtschaftlichen Ausblicks auf die Jahre nach 1972 kommt Pater Daniel Gerritzen zu, dem »Vater« sozusagen der ökonomischen Modernisierung der Andechser Klosterbrauerei. Der Klosterbetrieb stand in den späten sechziger und frühen siebziger Jahren an einem Scheideweg: entweder totale Aufgabe dieses Wirtschaftszweigs oder Modernisierung im Zuge der Expansion. Dabei kam zur wirtschaftlichen Notwendigkeit des Lebensunterhalts von Kloster Andechs und Sankt Bonifaz der soziale Gesichtspunkt der Erhaltung und Vermehrung von Arbeitsplätzen. Aber Andechs befand und befindet sich gegenüber den Stadtbrauereien in der günstigen Lage, sich nicht mit beengten Raumverhältnissen arrangieren zu müssen, sondern genießt den Vorteil einer so genannten »Grünen Wiese«. So mangelte es nicht an Fläche, und damit waren größere Schwierigkeiten erst gar nicht vorhanden, indem der Brauereikomplex am Fuß des Berges neu erstand, nach intensiven Vergleichen mit dem Bayerischen Landesamt für Denkmalpflege. Kloster Andechs hatte allerdings die Last einer Verschuldung von 16 Millionen DM zu tragen. So findet sich heute modernste Brauereitechnologie in unauffällige Hülle verpackt, die sich durchaus der Natur organisch einfügt.

Mit seinen fünf Biersorten erreicht Andechs einen Jahresausstoß von über 80000 Hektolitern und zieht jährlich über eine Million Besucher an.

Andechser Klosterbier wird aber nicht nur in Andechs freudig konsumiert, sondern ist auch als Verkaufsartikel sehr beliebt. Beachtliche sieben Achtel des erwähnten Jahresausstoßes von mehr als 80000 Hektolitern gehen in den Vertrieb. In Flensburg wie in Garmisch-Partenkirchen gibt es Getränkemärkte, die Andechser Klosterbier führen, abgefüllt in der 1990 auf den modernsten Stand der Technik gebrachten Abfüllanlage. Dabei hat sich Andechs auf den Preiskampf der großen Brauereien nicht eingelassen, das Andechser Klosterbier ist kein Billigbier geworden und strebt dies auch nicht an.

In Andechs wurde immer nach dem »Bayerischen Reinheitsgebot« von 1516 gebraut, das heißt, es werden nur die drei Grundstoffe Gerstenmalz, Hopfen und Wasser verwendet, und dies soll auch in Zukunft so bleiben.

Auch über die nationalen Grenzen hinaus hat das Andechser Klosterbier seit September 1990 wirtschaftliche Bedeutung erlangt. Von der *Andechs Trading Company* wird es in Lizenz auch in Amerika gebraut. Das Benediktinerkloster Mount Angel in Oregon, 1880 von der Schweiz aus besiedelt, hat nach dem Zweiten Weltkrieg Sankt Bonifaz und Andechs unterstützt, woraus sich eine fruchtbringende Beziehung entwickelte. Das amerikanische Kloster war bisher allein auf Spenden angewiesen und musste auch die Ausgabe für eine Philosophisch-theologische Hochschule, die der Niederlassung angeschlossen ist, bestreiten. Für die Andechser Benediktiner waren dies ein Pilotprojekt und Erfahrungen auf neuem Gebiet.

Die zunehmende Eigendynamik der Andechser Klosterbetriebe erforderte inzwischen eine zusätzliche Anstellung von Laien. Die Aufgabenfelder in Brauerei, Bräustüberl und auch bei den an sie angeschlossenen klösterlichen Handwerks- und Produktionsbetrieben sind in zweifacher Hinsicht als Arbeitgeber für das Umland von Andechs bemerkenswert. Die Klostergutsverwaltung gibt 170 Menschen Arbeit, von denen gut ein Drittel mit ihren Familien in Erling lebt; darüber hinaus fördern die klösterlichen Betriebe den lokalen Einzelhandel.

Und nicht nur im Kloster Andechs, dessen Brauerei als Beispiel ausführlich beschrieben wurde, und in allen übrigen Klöstern, in denen man mit der Braukunst seit langem vertraut ist, greift man auch dann zum Bier, wenn es darum geht, leckere Gerichte damit zu zaubern. Im Folgenden eine Auswahl zum Ausprobieren aus Schwester Benediktas Rezeptsammlung:

Bierwecken

500 Gramm Weizenkornmehl (Typ 1700 oder 1050)
1/2 Liter helles Bier
400 Gramm dunkles Weizenmehl (Typ 1700 oder 1050)
1 Esslöffel Salz
je 1 Prise Koriander und Kümmel
100 Gramm geräucherter Speck
1 kleine Zwiebel
30 Gramm Hefe
1 Esslöffel Zucker
Fett für das Blech
Bier zum Bepinseln

Vollkornmehl mit dem Bier verrühren und 10 bis 12 Stunden stehen lassen. Backofen auf 220 Grad Celsius vorheizen. Das dunkle Mehl, Salz, Koriander und Kümmel dem Vorteig zugeben und unterarbeiten.

Speck klein schneiden, in der Pfanne erhitzen und darin die geschälte und klein gewürfelte Zwiebel hellbraun anrösten. Zwiebel und Speck zu dem Teig geben. Hefe mit dem Zucker und etwas warmem Wasser anrühren und zu dem Teig geben. Teig mit dem Knethaken gut durcharbeiten. An einem warmen Ort gehen lassen, bis der Teig etwa doppelt so hoch wie ursprünglich ist. Etwa 12 Wecken formen und auf einem gefetteten Blech im vorgeheizten Backofen backen. Nach 10 Minuten Temperatur auf 200 Grad Celsius zurückstellen und die Wecken in weiteren 30 Minuten braun backen. Dabei mehrmals mit Bier bepinseln. Auskühlen lassen und frisch mit Butter und Radieschen zu einem kühlen hellen Bier servieren.

Forelle in Biersud

4 küchenfertige Forellen
1 Liter helles Bier
1 Liter Wasser
Salz
Pfeffer
2 Lorbeerblätter
3 Nelken
10 Senfkörner
4 Wacholderbeeren
1 Zwiebel
2 Karotten

Forellen unter fließendem Wasser waschen und abtropfen lassen. Bier und Wasser in einen großen, flachen Topf gießen. Salz, Pfeffer, Lorbeerblätter, Nelken, Senfkörner und zerdrückte Wacholderbeeren zugeben. Zwiebel schälen und in Ringe schneiden, Karotten putzen und grob schneiden. Zwiebelringe und Karottenstücke in den Sud geben und alles aufkochen lassen. Hitze reduzieren und die Forellen 20 Minuten darin ziehen lassen. Dazu gibt es Salzkartoffeln und Endiviensalat.

Räucheraal in dunkler Biersauce
Etwa 700 Gramm Räucheraal
1/2 Liter dunkles Bier
1 Lorbeerblatt
1 kleine Zwiebel
1 Zitronenscheibe
1 Esslöffel Butter
Salz
Pfeffer
1 Eigelb
1 gestrichener Esslöffel Speisestärke
1/8 Liter Milch

Aal enthäuten, von der Hauptgräte befreien und in etwa vier Zentimeter große Stücke schneiden. Das Bier mit dem Lorbeerblatt, der in Ringe geschnittenen Zwiebel, der Zitronenscheibe und der Butter aufkochen, mit Salz und Pfeffer abschmecken. Die Aalstücke einlegen und etwa sieben Minuten ziehen lassen. Eigelb mit Speisestärke und Milch verrühren und damit die Sauce legieren. Sehr gut schmecken zum Aal Kartoffelklöße, grüner Salat und als Getränk ein dunkles Weizenbier.

Bierhähnchen
1 Hähnchen
4 Esslöffel Öl
20 Milliliter Gin
1/2 Liter helles Bier
4 Wacholderbeeren
Salz
Pfeffer
100 Gramm Bauchspeck
2 Zwiebeln
100 Gramm Champignons

4 Esslöffel gehackte Petersilie
200 Gramm Crème fraîche

Das Hähnchen vierteln, waschen und trocken tupfen. Im heißen Fett anbraten, mit Gin übergießen und flambieren. Hähnchenteile herausnehmen, den Bratenfond mit Bier ablöschen, mit zerdrückten Wacholderbeeren, Salz und Pfeffer würzen. Den klein geschnittenen Speck in einer Pfanne erhitzen, die geschälten und kleingeschnittenen Zwiebeln darin anbraten und zu der Biersauce geben. Die Hähnchenteile ebenfalls dazugeben und alles bei kleiner Hitze 70 Minuten schmoren. 15 Minuten vor Ende der Garzeit die geputzten und feinblättrig geschnittenen Champignons dazugeben. Hähnchenteile mit Petersilie bestreut anrichten. Die Crème fraîche zu der Sauce rühren und die Sauce separat zum Fleisch reichen. Mit Stangenweißbrot und hellem Bier servieren.

Ente in Gemüsebier
1 Ente (circa 2 bis 2,5 Kilogramm)
Salz
Pfeffer
getrockneter Thymian
getrockneter Oregano
je 200 Gramm Porree, Knollensellerie und Karotten
1 Zwiebel
1 Bund Petersilie
1 Apfel
4 Esslöffel Bratfett
$^1/_2$ Liter helles Bier
etwas Bier zum Begießen

Die küchenfertige Ente innen und außen waschen und trocken tupfen. Überflüssiges Fett herauslösen und beiseite legen. Ente mit den Gewürzen einreiben. Gemüse und Petersilie putzen, waschen und klein schneiden. Apfel schälen, vom Kernhaus befreien und ebenfalls klein schneiden. Apfel- und Gemüsestücke miteinander vermengen und die Ente mit einem Teil davon füllen. Den Vogel zunähen und im heißen Bratfett von allen Seiten in der Pfanne anbräunen. Herausnehmen und beiseite stellen. In der Pfanne das ausgelöste Entenfett zerlassen, das restliche Gemüse darin einige Minuten dünsten. Mit dem Bier ablöschen, dabei den Bratenfond gut ablösen. Die Hälfte dieser Menge in ein großes Bratgeschirr geben, die Ente darauf legen und den Rest des Gemüses zugeben. Die Ente im nicht vorgeheizten Backofen bei 220 Grad Celsius 2 bis 2 1/2 Stunden schmoren. In der letzten halben Stunde öfter mit Bratflüssigkeit und frischem Bier begießen. Ente herausnehmen und warm stellen. Sauce entfetten, durch ein Sieb passieren und mit Salz, Pfeffer, Thymian und Oregano abschmecken. Dazu gibt es Apfelrotkraut, Kartoffelklöße und als Getränk Exportbier.

Rehrücken nach Klosterbierbrauerart
1 Rehrücken (circa 1,5 Kilogramm)
Für die Beize:
2 Karotten
1 Petersilienwurzel
1 Sellerieknolle
2 Zwiebeln
6 Wacholderbeeren
1 Lorbeerblatt
1 Teelöffel Thymian
8 schwarze Pfefferkörner
2 Teelöffel Salz
1/2 Liter Wasser
3/4 Liter Bockbier
200 Gramm Bauchspeck
2 Esslöffel Bratfett
200 Gramm saure Sahne
evtl. 1 Esslöffel Speisestärke

Rehrücken waschen, trocken tupfen und enthäuten. Für die Beize: Karotten, Petersilienwurzel und Sellerie putzen und klein schneiden, die Zwiebeln abziehen und würfeln. Das Gemüse mit den Gewürzen in einen großen Topf oder Bräter mit dem Wasser und 1/2 Liter Bier aufkochen und etwa 30 Minuten weiter köcheln lassen. Nach dem Abkühlen das restliche Bier zugießen, Rehrücken einlegen und zugedeckt 2 Tage an einem kühlen Ort ziehen lassen. Rehrücken aus der Beize nehmen, abtrocknen. Gemüse durchseihen und beiseite stellen. Backofen auf 180 Grad vorheizen. Den klein geschnittenen Bauchspeck im Bratfett goldgelb werden lassen, dann den Rehrücken darin von allen Seiten anbraten. Fleisch herausnehmen und den Bratfond mit etwas Beize ablöschen. Das Gemüse zugeben und 5 Minuten kochen lassen. Den Rehrücken darauf legen und alles im vorgeheizten Backofen 1 Stunde garen, dabei ab und zu mit dem Bratfond und etwas von der restlichen Beize übergießen. Fleisch von den Knochen lösen, schräg aufschneiden, anrichten und warm halten. Bratfond durch ein Sieb passieren, falls nötig noch etwas Beize zugeben, aufkochen lassen und mit der Sahne binden. Wer die Sauce gern etwas sämiger wünscht, kann sie mit Speisestärke eindicken.

Steak nach Klosterbraumeisterart

80 Gramm Schweineschmalz
2 Karotten
2 Zwiebeln
4 Schweinesteaks
2 Esslöffel Mehl
3/4 Liter dunkles Bier
Salz
Pfeffer
Selleriesalz

Die Hälfte des Schmalzes in der Pfanne zerlassen und die klein geschnittenen Karotten und Zwiebeln darin anbraten, herausnehmen und beiseite stellen. Wieder etwas Fett in der Pfanne zerlassen und das Fleisch darin scharf anbraten. Fleisch zu den Karotten und Zwiebeln geben, Bratfett abgießen. Restliches Schweineschmalz in der Pfanne erhitzen, das Mehl darüber stäuben, braun werden lassen und mit dem Bier ablöschen. Angebratenes Fleisch, Karotten und Zwiebeln in die Sauce geben, mit den Gewürzen abschmecken und alles zugedeckt bei mittlerer Hitze 30 Minuten schmoren. Dazu werden grüner Salat, Spätzle oder Semmelknödel gereicht und dunkles Bier getrunken.

Wein und klösterlicher Weinbau

Als allgemein gebräuchliches Getränk gilt seit Benedikt von Nursia der Wein auch für Mönche. Der Vater des abendländischen Ordenswesens schloss sich damit der im Mittelmeerraum herrschenden Gepflogenheit an, um seine Mönche nicht zu überfordern. Benedikt kannte aber auch die ältere Tradition, dass Mönche eigentlich keinen Wein trinken sollten. Die Ausführlichkeit seiner Bestimmungen zeigt, dass Benedikt diese Erlaubnis des Weingenusses nicht leicht gab und er es für erforderlich hielt, viele Sicherungen einzubauen. Auch hier setzte Benedikt zwar eine Norm fest, eine Hemina (entspricht etwa 0,4 Liter), lässt aber nach beiden Seiten Spielraum.

Der Wein wird in den Quellen sehr häufig erwähnt, vielfach auch im Zusammenhang mit den verschiedenen Trinkzeiten. Bei den Benediktinern des Hochmittelalters war es üblich geworden, die vom Ordensvater Benedikt nur ausnahmsweise gewährte Vergrößerung der Weinration häufiger zu gestatten, sei es einfach als zusätzlichen Trank oder an Festtagen. In Cluny jedoch wurde auch dann zusätzlich Wein gegeben, wenn einem Mönch die Ration nicht ausreichte. Auch wurde ihnen die Möglichkeit gegeben, zusätzlich zur vorgeschriebenen Ration Wein verdünnt zu trinken, wenn sie Durst hatten.

Diese Anordnungen, die es den Mönchen ersparen sollten, dass sie Durst litten, sind mancherorts ausgenutzt worden. Die Klagen, dass manche Mönche zu viel tränken, wären sonst nicht verständlich. Bernhard von Clairvaux (1090 bis 1153), der den Zisterzienserorden zu hoher Blüte brachte, aber auch Petrus Abaelard (1079 bis 1142) erhoben warnend ihre Stimmen. Solche Klagen über die Trunksucht der Mönche stehen in den Quellen aber nur vereinzelt. Es waren zwar massive Angriffe, die aber die Klöster, in denen Ordnung herrschte, nicht treffen konnte. Manche mittelalterlichen Autoren versuchen – wenn auch mit Bedauern – übermäßigen Weingenuss zu entschuldigen: Man solle es nicht verurteilen, wenn an Festtagen, an denen es größere Mühen gibt, ein wenig mehr getrunken werde, da ja auch Benedikt gestattet hätte, bei größerer Arbeit mehr zu trinken. Alles brauche Flüssigkeit, auch die Mönche, die den Schlaf unterbrechen, um Psalmen zu singen. »Glaubst du, dass dies eine kleine Arbeit sei, den Körper nicht ermüde, das Fleisch nicht austrockne?« Der Verfasser war oft selbst »vom Chordienst so ausgetrocknet und ermüdet«, dass er »von Durst geplagt« mehr Wein zu sich nahm als die übliche Hemina (etwa 0,4 Liter).

Die Kartäuser tranken wenig Wein und diesen stark mit Wasser verdünnt, ebenso die Zisterzienser. In Fastenzeiten gab es keinen Wein. Die seitenlangen Ausführungen des Petrus Abaelard über die Gefährlichkeit und Verwerflichkeit des Weintrinkens sind jedoch nur Warnungen vor dem Übermaß. Die Wanderprediger unter den Mönchen lehnten den Wein strikt ab.

Der in den Ländern mit größerem Weinkonsum verbreiteten Sitte entsprach es, dass auch in den Klöstern der Wein meist mit Wasser verdünnt wurde. Die cluniazensischen und lothringischen Reformmönche fügten allerdings nur während des Sommerhalbjahres dem Wein Wasser bei, wohl wegen des größeren Flüssigkeitsbedarfes, während man im Winter den Wein unverdünnt trank. Dagegen erlaubten

Bild gegenüber: Außer den Weinheiligen Urban, Kilian, Laurentius, Bartholomäus und Rochus galt und gilt auch die Muttergottes als Schutzpatronin für den Weinbau; Darstellung ihrer Himmelfahrt in der Bildfolge »Marienleben« von Albrecht Dürer.

die strengeren Orden der Askese wegen grundsätzlich nur gewässerten Wein, so die Kartäuser und Zisterzienser.

Wir erfahren aus den Quellen auch, dass vor allem die Benediktiner Wert auf die Qualität des Weines legten und mehrere Qualitäten unterschieden. Dazu muss angemerkt werden, dass man in den mittelalterlichen Klöstern weniger die Weinqualität im heutigen Sinn beachtete, sondern man verbesserte diesen durch Zusätze. Man versetzte ihn vor allem mit Honig und Kräutern oder Gewürzen und nannte ihn daher *Würzwein, pigmentum* oder *claretum.* Den cluniazensischen Verordnungen zufolge durften Würzweine unter Umständen sogar bei den alltäglichen Trinkzeiten serviert werden. Doch dies war nicht an jedem beliebigen Tag freigestellt, sondern galt für Feiertage. Die Feiertage und andere festliche Anlässe, an denen Würzwein getrunken werden durfte, sind in vielen Quellen besonders hervorgehoben. Vor allem waren die Würzweine als Stärkung während des Fastens beliebt, sei es in Form der *caritas* an den Sonntagen der Fastenzeit, sei es an den Fasttagen selbst. Würz- und Kräuterweine dienten außerdem als Medizin für Kranke. Vor allem Hildegard von Bingen sprach dem Wein allgemein und den Kräuterweinen im Besonderen große Heilkräfte zu. Wein hilft nach Hildegards Erfahrung gegen »Magenschmerzen, kräftigt die Lunge und reinigt das Blut«. Entsprechend finden sich bei ihr Dutzende von Rezepturen, nach denen Heilkräuter im Wein zu kochen und dieser mit Honig zu versetzen sei, um schließlich als Arznei eingenommen zu werden.

Die Würzweine wurden in den Klöstern auf verschiedene Art hergestellt. Meist fügte man – wie es auch Hildegard empfahl – Honig hinzu. In Kräuterweine wurden einheimische Kräuter, die man im Klostergarten anpflanzte oder in der Natur sammelte, zum Auslaugen hineingehängt. Welche Kräuter dazu genommen wurden, ist außer bei Hildegard in anderen Quellen kaum vermerkt, mit Ausnahme des Wermut, der wohl am häufigsten Verwendung für Kräuterweine fand. Das eigentliche *pigmentum* aber erhielt man dadurch, dass ein Säckchen mit pulverisierten scharfen Gewürzen in den Wein gehängt wurde.

Was die Rebkultur und die Verbreitung des Weinbaus selbst betrifft, so leisteten die Mönche schon im Mittelalter auch auf diesem Gebiet hervorragende Arbeit. Die Rebkultur und ihre Verbreitung zählen zu den größten Kulturleistungen der Mönche. In vielen Gegenden waren die Klöster die Keimzellen der Rebkultur, zum Beispiel das berühmte Zisterzienserkloster Eberbach im Rheingau oder das Benediktinerkloster Einsiedeln in der Schweiz. Bruder Eduard Fuchs, Kellerbruder und Dipl. Ing., vom Kloster Einsiedeln berichtet darüber Folgendes:

»Die erste Nachricht über den Weinbau des Klosters Einsiedeln erscheint in den Konstitutiones (Verordnungen) am Ende des 12. Jahrhunderts. Dort heißt es, ›deinde planatores vineae facti sumus in Luogatun‹ (wir ließen in der Luegeten einen Weinberg anlegen). Dieses Gelände, etwas oberhalb von Pfeffikon gelegen, trägt heute den Namen Weingarten.

Im Urbar (Verzeichnis der Einkünfte aus einem Grundstück) von 1217 wird der Rebbau erwähnt. Aus dem Urbar geht auch hervor, dass das Kloster am Zürichsee zahlreiche Rebberge besaß, namentlich in Meilen, Stäfa, Männedorf und Erlenbach sowie diverse kleinere Rebflächen in der March und den Höfen. In den Höfen wurde der Weinbau vom Kloster nicht im großen Stil geführt, und das Rebland war stark zerstückelt. In diesem Gebiet kaufte das Kloster aber Rebland hinzu, so vor allem in der Leutschen.

Wie oben erwähnt, besaß das Kloster Rebland in Meilen, Stäfa und anderen Orten am Zürichsee, von wo es den so genannten ›nassen Zehnten‹ bezog. An diesen Orten mit größeren Zehnteneinnahmen errichtete das Kloster so genannte Zehntentrotten. In guten Jahren lieferte Meilen circa 500 bis 600 Eimer Wein, Männedorf 200 Eimer und Stäfa 200 bis 250 Eimer. Abt Joachim Eichhorn forderte 1558 die Leute in der Kirche auf, den Weinzehnten getreulich abzuliefern, da es trotz Verordnungen für Trottmeister, Trottknechte und Schiffsleute zu Unstimmigkeiten gekommen war.

Im späten Mittelalter war der Wein ein verbreitetes Getränk und diente häufig als Zahlungsmittel, zusammen mit anderen Naturalien. Diese Weinabgaben wurden zuerst nach Pfäffikon zum Schlossturm geliefert und dort eingelagert, bis sie dann nach Einsiedeln weiter transportiret wurden. 1556 gingen zum Beispiel von Stäfa, Männedorf und Meilen insgesamt 886 Eimer Wein ein, davon wurden 129 im Schloss Pfäffikon selbst verbraucht, 578 Eimer wurden nach Einsiedeln geliefert, 53 Eimer dienten für diverse Zahlungen aller Art, und ein Rest blieb am Lager. An die Weintransporte nach Einsiedeln erinnert noch der ›Winmännerweg‹.

Die Weine des Mittelalters waren von anderer Art, als wir uns das heute vorstellen. Grundsätzlich enthielten die Weine viel mehr Säure und Gerbstoff. Das führte dazu, dass sie ziemlich gut haltbar waren. Solche Weine wurden oft jahrelang in Fässern gelagert, bis sie durch die fortschreitende Oxidation etwas harmonischer wurden, jedoch vermutlich fast sämtliche fruchtigen Aromen und subtileren Ausprägungen verloren. Geschmacklich und geruchlich dürften sie einem modernen, ganz trockenen Sherry sehr ähnlich gewesen sein.

Es war auch üblich, die Fässer nicht ganz zu füllen; die großen Fässer hatten im oberen Teil eine Öffnung, den so genannten Wecker, der anzeigte, bis wohin das Fass gefüllt werden sollte. So entstand ein Kahmhefeteppich. Beim Sherry wird diese Methode noch heute bewusst angewandt.«

Überallhin brachten die Mönche den Weinbau: die Zisterzienser von Heiligenkreuz nach Clos-Vougeot, die Mönche von Rioja nach Sancerre; die Cluniazenser von Clos de Bèze – bis heute einer der großen Burgunderweine – nach Egri Bikaner in Ungarn, von Wilberton in England nach Einsiedeln und Dezaley in der Schweiz.

Auch in Italien, wo die Kultivierung der Trauben weniger unter den Barbareneinfällen gelitten hatte, zeigten sich die Mönche auf diesem Gebiet besonders aktiv: Den verschiedenen Benediktinerordensgemeinschaften verdanken wir Weine wie die der Colli Euganei, den Freisa, den Gargano, den Greco di Geraze und den Greco di Tufo, den Mantonico oder den Santa-Magdalena aus dem Ober-Etschgebiet. Die Mönche von Grottaferrata haben uns den Frascati geschenkt, die Zisterzienser den Gattinara, die Kartäuser den Capri, die rauen Ritter von Rhodos den Bardolino, den Soave und den Valpolicella, die Templer den Locorotondo aus Apulien, und schließlich darf auch der Lacrima Christi nicht vergessen werden, den wir den Jesuiten verdanken. Viele gelungene und weniger gelungene, auf jeden Fall aber mit viel Intelligenz durchgeführte Experimente ließen die Mönche, die Benediktiner von Cluny oder Cîteaux, die Kartäuser, die Ritter von Rhodos, die Karmeliter und Jesuiten über Jahrhunderte hinweg zu den unumstrittenen Meistern des Weinbaus werden.

Den Zisterziensern Deutschlands verdanken wir den terrassenförmigen Weinanbau. Das erste Schriftstück, in dem die schwierigen und komplexen Techniken des Weinanbaus behandelt werden, ist Teil der Gründungsakte der Abtei von Muri in der Nähe von Zürich und geht auf das 11. Jahrhundert zurück. Warum zeigten die Mönche so großes Interesse an der Weinrebe?

Der erste und wohl wichtigste Grund ist der, dass Wein als Messwein benötigt wurde. Im Mittelalter war außerdem der Transport der Weine auch mit großen Risiken verbunden, hohe Zölle mussten entrichtet werden, die Qualität des »Blutes der Weinreben« war ungewiss, und zudem wurde der Wein auf den damaligen Straßen erheblich durchgerüttelt, weshalb der Transport auf dem Wasserweg bevorzugt wurde. Ein weiterer Unsicherheitsfaktor waren das Kriegsvolk und die Räuber entlang der Hauptstraßen, die eine ständige Bedrohung darstellten. Obendrein lebten die Mönche fern der bewohnten Gebiete,

Abbildung Seite 240: Traminer ist einer der edelsten und vollkommensten Weine im mittleren Europa.
Abbildung Seite 241: Der Blau- oder Spätburgunder ergibt einen vollen, samtigen Wein von großem Körper und je nach Vorkommen mit viel Feuer und schönem Bukett.

die Zufuhr von Wein war daher immer sehr teuer und unsicher. Vor diesem Hintergrund ist es verständlich, dass die Mönche überall dort, wo sie sich ansiedelten, systematisch Weinanbau betrieben, auch in Gegenden, die auf den ersten Blick weniger geeignet erscheinen. Das trifft zum Beispiel für die Champagne, für Belgien und für England zu, wo insgesamt allein circa 300 verschiedene Rebsorten angebaut wurden, ebenso für Irland, Schottland, Dänemark, Pommern und Polen. Man kann sich sehr gut vorstellen, welcher Wein (*piquette*) in den Weinfässern unter derartigen klimatischen Bedingungen zustande kam. Das ist andererseits auch eine Erklärung dafür, warum viele nördlich gelegene Abteien Weinberge in günstigeren Gebieten kauften – eine zusätzliche Art der Förderung der Kultur der Weinreben.

Der zweite Grund: Über Jahrhunderte war es Brauch, dass die Gläubigen – und nicht nur die Geistlichen – mindestens dreimal jährlich in Form von Brot und Wein die Kommunion empfingen. Außerdem erhielten die Gläubigen jeden Sonn- und Festtag am Ausgang der Kirche einen Schluck Wein.

Den dritten Grund könnten wir als »theologisch« bezeichnen: In der Bibel gibt es viele Stellen, die sich auf den Wein beziehen, auf die Rebe, auf die Weinpresse, den Weinbauer, und alle sind sehr positiv und voll des Lobes. Im Bewusstsein der Gläubigen war stets auch, dass Noah, der Vater der Weinrebe, ein »gerechter Mann vor Gott« war und dass Jesus auf der Hochzeit von Kana Wasser in Wein verwandelt hat, ebenso der Rat des Apostels Paulus an Timotheus: »Trink nicht nur Wasser, sondern nimm auch etwas Wein, mit Rücksicht auf deinen Magen und deine häufigen Krankheiten« (1 Timotheus 5,23). Darauf beruht nicht nur die Klosterweinmedizin, sondern es sind auch noch Spuren davon in den heutigen volksmedizinischen Arzneibüchern enthalten.

Ein weiterer Grund für die Verbreitung sowie den Erfolg des Weins und des Weinanbaus ist darin zu sehen, dass der Wein über lange Zeit das Getränk der Römer und damit der Eroberer und Kolonisatoren war. Auch dies verlieh dem Wein in Europa ein besonderes Prestige unter allen Völkern des Imperiums. Cervoise, Cidre oder Met zu trinken, bedeutete in ihren Augen eine Herabsetzung, eine »Verrohung«. So hatte sich die Vorliebe für den Wein trotz der vielen kriegerischen Überfälle erhalten, und es gibt Beweise dafür, dass auch die einfachen Leute kräftig Wein tranken – und dies nicht nur an Festtagen. Insgesamt tranken Bauern und Handwerker, auch wenn sie arm waren, nicht gerne Wasser, dem sie nicht sehr gewogen waren.

Zudem sah man sich durch das tägliche Verhalten der Mönche ermutigt. Der heutige Brauch, dass zu bestimmten Anlässen die Stadt zu einem Glas Wein einlädt, ist ein lebendiges Zeichen für die Bedeutung, die der Wein in der von den Mönchen geprägten mittelalterlichen Zivilisation hatte und noch heute hat: Viele Geistliche und weltliche Wohlfahrtsstiftungen sind dem Weinbau verbunden, oder sie beziehen sogar aus dem Weinbau einen Teil ihrer Finanzmittel. Beispiele hierfür sind das Pilgerhospiz in Einsiedeln in der Schweiz, aber auch das Julius-Spital in Würzburg, die Heiliggeiststiftung in Freiburg i. Br. und das Nikolaus-Cusanus-Stift in Bernkastel an der Mosel. Die Mönche empfehlen den Wein und sehen seine Vorzüge so:

- Der Wein, in Maßen genossen, hat viele positive Wirkungen auf die Seele des Menschen. Er fördert die psychische Erlebnisfähigkeit und schenkt ein tieferes Empfinden für die schönen Dinge des Lebens.
- Mäßiger Weingenuss gefährdet beim gesunden Menschen weder die Leber noch andere Organe. Es ist auch wissenschaftlich bewiesen, dass maßvoller Weingenuss sogar die Gesundheit fördern und die Lebenserwartung erhöhen kann.
- Sich in geselliger Runde bei einem Glas Wein zu treffen, in der Familie oder im Gasthaus, ist in den deutschsprachigen Weinländern eine gute, alte Sitte. Beim Wein gedeihen Fröhlichkeit und Humor. Beim Wein finden Freunde zueinander. Andererseits bekommt der Wein auch viel besser, wenn man ihn in angeregter Stimmung genießt. Wo gesungen und gelacht wird, entsteht keine stupide Trunkenheit. Der Einzelne steht dort unter der Kontrolle der Gemeinschaft.

- Die alte Art der weinfrohen Geselligkeit scheint aber leider in unseren Tagen immer mehr abhanden zu kommen. In unserer Massengesellschaft ist vielen Menschen überhaupt die Fähigkeit verloren gegangen, miteinander zu sprechen, einander zuzuhören und sich zu verstehen. Das Gespräch mit den Mitmenschen, das früher die Kommunikation schlechthin war, droht in unserer Zeit von den modernen Kommunikationsmitteln, vor allem von Fernsehen und Internet, überflutet und erdrückt zu werden. In dem Maß, in dem die Menschen immer dichter beieinander leben müssen, wächst die Vereinsamung des Einzelnen. In der Massengesellschaft, die sich sonst alle moralischen und unmoralischen Freiheiten herausnimmt, haben immer mehr Menschen Hemmungen, dem Mitmenschen frei und offenherzig zu begegnen. Selbst in der Familie glaubt man, einander nicht mehr verstehen zu können.
- Hier liegt eine mögliche kulturelle Aufgabe des Weines in unserer Zeit. Er muss die Menschen zueinander führen und ihnen, wie Goethe es nannte, die »sklavischen Zungen« lösen. Und diese Fähigkeit hat der Wein. Er beweist sie bei den vielen Festen von Vereinen und Kirchengemeinden und vor allem bei den vielen Weinfesten und Dorfhocks, die heutzutage in unseren Winzerdörfern gefeiert werden. Die Menschen zueinander zu bringen, ist tatsächlich eine kulturelle Aufgabe, denn Kultur, dass sind nicht nur gotische Dome, Malerei und klassische Musik. Kultur zeigt sich im Zusammenleben der Menschen, im Verständnis der Erwachsenen und der Jugend, zwischen Einheimischen und Zugezogenen. Hängen Sie also den Wein nicht zu hoch auf! Er soll kein elitäres Getränk sein. Er soll vielmehr für alle Menschen da sein, die verstehen, damit umzugehen. Wenn der Wein diese Funktion erfüllt, leistet er einen großen Beitrag zur sozialen Gesundheit unserer Gesellschaft.
- Der Weinfreund sollte stets bedenken: Nur in Maßen, nicht in Massen genossen, hat der Wein seine guten Seiten. Die Entspannung beim abendlichen Weingenuss kann zwar dazu beitragen, die Alltagsprobleme mit mehr Distanz zu sehen, aber der Wein selbst löst

keine Lebensprobleme. Wer deshalb glaubt, seine Schwierigkeiten in Ehe, Familie oder Beruf dadurch meistern zu können, dass er unsinnig viel trinkt und damit der Wirklichkeit entflieht, ist auf dem falschen Weg und steuert in den Alkoholismus.

- Es sollte die Pflicht aller sein, auf einen zivilisierten, vernünftigen und mäßigen Weinkonsum hinzuwirken. Nur so ist zu erreichen, dass der Wein von anderen alkoholhaltigen Getränken abgehoben bleibt und auch den Menschen unserer Zeit zum Segen und nicht zum Fluch wird. Treten Sie deshalb durch Ihr persönliches Beispiel in Ihrer Familie und im Bekannten- und Freundeskreis für einen kultivierten Weingenuss ein.
- Trinken Sie, wenn Sie irgendwo zu Gast sind, nie den angebotenen Wein, ohne die Herkunft, die Sorte und den Jahrgang zur Kenntnis zu nehmen. Bieten Sie umgekehrt Ihren Gästen nie Wein an, ohne diesen in der Tischrunde wie einen neu hinzu kommenden Gast vorzustellen. Ein guter Wein hat nach Herkunftsgebiet, Sorte, Jahrgang und Qualitätsstufe eine Individualität und verdient es, dass diese respektiert wird.
- Trinken Sie selbst keinen Wein in Erregung oder aus Ärger. Isolieren Sie sich beim Weintrinken nicht bewusst von Ihren Mitmenschen, sondern suchen Sie die Geselligkeit und das Gespräch. Sie werden feststellen: Der Segen des kultivierten und mäßigen Weingenusses lässt nicht lange auf sich warten!

Wie die bisherige Darstellung zeigt, liegt der Klosterheilkunde ein ganzheitliches Lebenskonzept zugrunde, das sinnvollen Genuss keineswegs ausschließt und nach dem der Tag, die Woche, die Jahreszeit, das Jahr, ja das gesamte Leben ausgerichtet wird. Deshalb ist immer wieder vom maßvollen Essen und Trinken die Rede. Eine der zentralen Säulen im Mönchsleben ist seit alters her daher auch das Fasten. Es gehört zum Klosterleben wie das Stundengebet und geht ebenfalls auf Benedikt von Nursia zurück, denn nach seiner Regel sollte das Leben des Mönches immer auch eine Übung des Fastens sein.

Fasten nach der Klosterheilkunde

»Siehe da, was das Fasten bewirkt! Es heilt die Krankheiten, trocknet die überschüssigen Säfte im Körper aus, vertreibt die bösen Geister, verscheucht verkehrte Gedanken, gibt dem Geist größere Klarheit, macht das Herz rein, heiligt den Leib und führt schließlich vor den Thron Gottes.«
Athanasios, griechischer Kirchenvater (295 bis 373)

Die Vorzüge des Fastens aus medizinischer Sicht
Es gibt vermutlich niemanden, der die moderne Zauberformel nicht kennt: »Wer sich von Übergewicht befreit und abnimmt, lebt länger.«

Der statistische Zusammenhang erscheint so eindeutig, dass man sich zu der Annahme gezwungen sehen könnte, hier müssten auch Ursache und Wirkung übereinstimmen: Mit dem Anwachsen des Leibesumfangs sinkt gleichzeitig die Lebenserwartung.

Die Frage, warum das so ist, wird auf diese Weise allerdings nicht beantwortet. Darüber kann auch die Statistik kaum etwas aussagen. Noch deutlicher ausgedrückt: Wollte man sich allein auf eine in Zahlen zum Ausdruck kommende Wechselbeziehung verlassen, so käme man zu dem absurden Schluss, dass mit fortschreitender Reduzierung des Gewichts in Richtung Nullwert sich die Lebenserwartung dem Faktor Unendlich annähern müsse.

Nun ist es aber so, dass es Menschen mit Übergewicht und solche mit Untergewicht gibt. Was unter die eine oder die andere Kategorie fällt, richtet sich nach der gesundheitlichen Norm. Diese Norm aber lässt sich vor allem am Zustand des Darms ablesen. Darmgesundheit und Allgemeinzustand, so hat zum Beispiel schon Hildegard von Bingen erkannt, bedingen einander.

Umgekehrt zieht ein kranker Darm den ganzen Organismus in Mitleidenschaft, wie die heutige Medizin bestätigt, denn in der Kurzfassung lautet eine medizinische Spruchweisheit: »Der Tod sitzt im Darm.«

Deshalb hat eine Reihe von Ärzten sich der Sanierung des kranken Darms zugewandt. Mit besonderem Scharfsinn hat das in Anlehnung an die Klostermedizin Dr. F. X. Mayr getan, der dabei zu dem Schluss kam, Schädigungen des Darms seien »das verbreitetste, unbekannteste und folgenschwerste aller Übel«. Denn nachweisbar seien es die Gifte im Darm, »die den Menschen krank, vorzeitig alt und hässlich machen«.

Wird der Organismus aber vom Darm aus vergiftet, dann kann man ihn durch Umkehrung des Vorgangs auch wieder entgiften. Voraussetzung dafür ist, dass man die »Giftküche Darm« sauber bekommt. Die wirkungsvollste Hilfe dafür leistet ein altes Heilverfahren: das Fasten. Es war Bestandteil kultischer Bräuche, und jede große Religion weist darauf hin, dass Fasten Körper und Seele reinigt.

Schon im Mittelalter haben die Klosterärzte beobachtet, dass Fasten einen starken Einfluss auf die seelische Verfassung ausübt. Man darf diese Form der freiwilligen Nahrungsenthaltung aber keinesfalls mit Hungern verwechseln. Hungern ist eine meist unfreiwillige Unterversorgung mit Nährstoffen, die zu schweren körperlichen Schäden führen kann. Fasten dagegen ist eine Ausscheidungs- und Reinigungskur, bei der es zu einem gründlichen Abtransport der Schlacken aus dem Organismus kommt. Deshalb hat dieses Heilverfahren eine günstige Auswirkung bei fast allen Erkrankungen und wird darum auch als »Operation ohne Messer« bezeichnet. Was die Lebenserwartung betrifft: Mönche, die sich regelmäßig ein strenges Fasten auferlegen, erreichen sehr oft das sprichwörtliche »biblische Alter«.

Die Charakterisierung als Operation ohne Messer weist aber auch darauf hin, dass es sich dabei um einen einschneidenden Eingriff in die Stoffwechselvorgänge unseres Organismus handelt. Deshalb sollten Fastenkuren auch immer von fachkompetenter Seite überwacht werden.

Ein Heilfasten darf auch nicht mit irgendwelchen Diäten verwechselt werden, wie sie alljährlich im Frühjahr in der Boulevardpresse wie Pilze aus dem Boden schießen. Bei diesen »Diäten« geht es immer nur um möglichst rasche Gewichtsabnahme; die dabei angewandten Ratschläge und Maßnahmen zur Ernährung sind aber oft sogar gesundheitsschädlich.

Das Heilfasten dagegen zielt nicht in erster Linie auf den Gewichtsverlust und darf nicht nur als Abmagerungskur verstanden werden. Auch magere Menschen können davon profitieren. Sie nehmen dabei nur wenig oder gar nicht ab, während Dicke oft beträchtlich an Gewicht verlieren.

Die Forderung der Fastenärzte, die sich an der Klostermedizin orientieren, zielt auch darauf ab, dass sich alle Menschen, unabhängig von Gewichtsproblemen, regelmäßig solch einer Entschlackung unterziehen. Zum Heilfasten haben die Klosterärzte durch Naturbeobachtung gefunden.

Ein Beispiel soll dies veranschaulichen: Ein krankes Tier erlegt sich Schonung auf, indem es in seinem Wundbett ruht und keine oder nur ganz bestimmte Nahrung in kleinsten Mengen zu sich nimmt. Auch der instinktiv reagierende Mensch verweigert im Vorstadium oder während einer Erkrankung die Aufnahme von Nahrungsmitteln oder nimmt nur einen geringfügigen Anteil ausgewählter Kost zu sich. Er belastet sich dadurch nicht weiter und setzt alle Kräfte zur Krankheitsbekämpfung frei.

Diese Schonung gibt dem Körper die Möglichkeit zur Erholung, sie führt zur Säuberung des Darms und zur Entgiftung des Organismus, bewirkt schließlich sogar eine bedeutende Steigerung der Abwehrkräfte gegen Krankheiten: Es kommt zu einer Mobilisierung der Selbstheilungskräfte. Heute können Ärzte messtechnisch eine gesteigerte Fähigkeit zur Abtötung von Krankheitserregern im Blutserum feststellen, außerdem eine gute Wundheilung und Blutgerinnung. Heilfasten beugt Krankheiten vor und lässt Krankheiten schneller überwinden. Auch bei der Vorbereitung auf Operationen hat es sich bewährt.

Die Fastendauer beträgt im Allgemeinen zwei bis drei Wochen, eine weitere Woche dient der Wiedergewöhnung des Organismus an die

Mikrokosmos Darm

Benediktinerpater Kilian Saum, der dem Fasten nach der Klosterheilkunde mit Kompetenz und publizistischem Engagement zu neuer Popularität verholfen hat, bezeichnet den Darm zu Recht als »Mikrokosmos ganz besonderer Art« und das Nervensystem des Darms als »Darmhirn«.

Im Darm leben rund 500 verschiedene Arten von Bakterien, und die meisten von ihnen verrichten nützliche Aufgaben, helfen bei der Verdauung oder halten andere, schädliche Bakterien in Schach.

Wie kompliziert das Wechselspiel mit den bakteriellen Bewohnern ist, sieht man bei Säuglingen, bei denen sich die Darmflora erst mühsam und nicht selten unter Schmerzen aufbauen muss.

Der Dünndarm ist der wichtigste Teil des Verdauungskanals, weil hier ein »Cocktail« aus Bauchspeichel-Enzymen und Gallenflüssigkeit mithilfe der Darmflora sein Werk verrichtet und hier in großem Maßstab der eigentliche Sinn der Ernährung beginnt: die Aufnahme der Nährstoffe ins Blut.

In der Klosterheilkunde wird das Nervensystem des Darms deshalb als »Darmhirn« bezeichnet, weil es neben dem sympathischen und parasympathischen System das dritte autonome Nervensystem des Organismus ist, das unabhängig vom Bewusstsein gesteuert wird. Entwicklungsgeschichtlich ist der Darm mit seiner hohen Dichte an Nervenzellen, der seine Aktivitäten – vorwiegend Muskelbewegungen, Hormonausschüttungen und Notreaktionen – selbst regelt, sogar älter als das Gehirn.

Nahrung und dem Training der Stoffwechselprozesse. Die bei uns bekanntesten Fastenkuren, die auf dem Erfahrungsschatz der Klostermedizin beruhen, sind die Mayr-Kur, die Buchinger-Kur, die Schroth-Kur und die Waerland-Kur. Gemeinsam ist diesen Kuren die Schonung des Organismus, der Abbau von Fettreserven und die Ausscheidung von Stoffwechselschlacken und Giftstoffen. Die Unterschiede liegen in den Hilfen, die man dem Verdauungstrakt und dem Körper während der Fastenzeit gibt. Wie aber erkrankt der Darm?

Durch zu vieles und zu häufiges Essen, auch dadurch, dass wir das Falsche zur falschen Zeit zu uns nehmen, sowie durch Zufuhr schädlicher Substanzen erkrankt der Darm. Vor einer zu großen Nahrungsmenge (Kalorien) wird heute zu Recht ständig gewarnt; die Veränderung der Nahrung durch chemische Zusätze und ihre Denaturierung, Nikotin, Alkohol- und Medikamentenmissbrauch sind ebenfalls erhebliche Risikofaktoren.

Es wird aber überhaupt noch nicht oder zu wenig beachtet, dass das in der Hektik des Alltags heute übliche hastige Verschlingen der Nahrung ohne gründliches Kauen eine mangelnde Einspeichelung und damit ein schlechtes Aufschließen der Nährstoffe zur Folge hat. Daraus aber resultiert der Beginn der Darmschädigung. Gleichermaßen kaum bekannt ist, dass unsere Verdauung verschiedene, sonst hochwertige Lebensmittel zu bestimmten Tageszeiten nicht oder nur unzureichend verarbeiten kann.

Aus all diesen Gründen kommt es im Darm zu Fäulnis- und Gärungsprozessen. Es entstehen Gase und Zersetzungsgifte. Die normale Bakterienflora wird gestört, Schmarotzer überwiegen. Die Schleimhaut des Darms, sonst eine nur schwer überwindliche Barriere gegen alle Gifte, wird entzündet und durchlässig. Besonders der rund sieben Meter lange Dünndarm hat wesentliche Aufgaben der Ernährung und Entschlackung zu erfüllen. Seine Schädigung ist noch folgenschwerer als die des Dickdarms allein.

Mithilfe des Blutes und der anderen Körpersäfte werden die Organe unseres Körpers über den Verdauungsapparat ernährt und entgiftet.

Das macht die Bedeutung seiner Aufgaben deutlich: nicht nur ohne Ernährung, sondern vor allem auch ohne Entgiftung wäre kein Leben möglich. Die Zellen würden in ihrem eigenen »Abwasser« zugrunde gehen. Schon bei nur ungenügendem Abtransport kommt es zu einer Schädigung des Gewebes. Sind aber wichtige Entgiftungsorgane wie der Darm nicht mehr voll funktionsfähig, dann muss das zu allgemeinen gesundheitlichen Schädigungen führen. Und nicht nur das: Der Darm, der sonst als »Kläranlage« des Organismus arbeitet, wird jetzt zur Giftquelle. Die angesammelten Schlacken und Gifte werden infolge der »Darmträgheit« nicht mehr restlos mit dem Stuhl ausgeschieden. Der Rückstau des Stoffwechselmülls macht den Darm zur Giftküche und führt über die durchlässig gewordene Darmschranke zur Selbstvergiftung des Organismus.

Dünndarmschäden sind heimtückisch, weil sie kaum lokale Symptome verursachen. Erst im fortgeschrittenen Stadium führen sie zu bekanntlich wenig beachteten Anzeichen wie Völlegefühl, Druckgefühlen, zu aufgetriebenen oder hängenden Bäuchen. Die im Darm gebildeten und ausgestreuten Schadstoffe werden im Körper mit Wasser und Fett gebunden und auf diese Weise dem Stoffwechsel entzogen. Das Bindegewebe quillt auf und wird mit Fett ausgepolstert.

Es klingt zunächst grotesk, ist kaum bekannt, aber dennoch wahr: Dicke sind »unterernährt«. Es fehlt ihnen an wichtigen Nährstoffkatalysatoren. Diese können von der gestörten Bakterienflora nicht mehr gebildet werden, oder sie werden von denen an ihre Stelle getretenen Parasiten verbraucht. Nicht eine gestörte Drüsenfunktion ist also meistens die Ursache der Fettpolster, sondern der überforderte, kranke Verdauungstrakt.

Erst in der letzten Phase führen Darmschädigungen auch zu schweren Erkrankungen im Bereich des Verdauungstraktes selbst. Magen- und Darmgeschwüre können ebenso auftreten wie gefährliche Dünn- und Dickdarmerkrankungen mit Bauchschmerzen, Durchfällen oder Verstopfungen; auch Leber, Galle und Bauchspeicheldrüse werden beeinträchtigt.

In diesen Fällen muss dann meistens der Chirurg eingreifen, oder es kommt überhaupt jede Hilfe zu spät: Der Nährboden für das Entstehen einer Krebsgeschwulst hat schon zu lange bestanden. Doch das Vorstadium der Erkrankung wurde nicht beachtet.

»Darmschäden sind heimtückische Prozesse«, so bestätigen heutige Ärzte die Erkenntnisse, die die Klosterärzte schon lange vor ihnen gewonnen hatten. »Der Betroffene spürt dabei nämlich – abgesehen von schweren Stadien – wenig oder gar nichts. Durch die Regelmäßigkeit der Entleerungen getäuscht, suchen heute ungezählte Millionen Menschen vergeblich überall im Körper, aber nur nicht im Darm die Ursache ihrer Leiden.«

Das hängt auch damit zusammen, dass gerade die durch Darmerkrankungen ausgeslösten Fernsymptome noch weniger als die lokalen Anzeichen auf den Darm als Ursache hinweisen. Kaum jemand denkt bei folgenden Symptomen an den Darm:

- schlechtes Allgemeinbefinden,
- Missmut,
- Gereiztheit,
- Arbeitsunlust,
- Erregbarkeit,
- Nervosität,
- übler Körper- und Mundgeruch,
- Kopfdruck und Kopfschmerzen,
- Organbeschwerden in allen Bereichen, besonders morgens in den Nieren,
- Zahnfleischbluten und Zahnfleischschwund,
- Gelenkleiden,
- Nervenerkrankungen,
- kalte Hände und Füße,
- starkes Schwitzen,
- Schlafstörungen,
- Depressionen.

Doch all diese Krankheitszeichen können durch Darmsanierung und Fasten nach der Klosterheilkunde zum Abklingen gebracht werden. Vor allem konnte aus solchen Heilerfolgen geschlossen werden, dass Gifte nicht nur den Körper, sondern in weitaus größerem Ausmaß auch Geist und Seele in Mitleidenschaft ziehen. Über den Zusammenhang von Giften und Depression wird ja auch in der wissenschaftlichen Literatur mehr und mehr berichtet.

Ein weiterer Vorzug des Fastens nach der Klosterheilkunde: Es führt nicht nur zur Gesundung, es ist durch die Entschlackung der Haut auch die beste Kosmetik von innen. Die Zusammenhänge zwischen Schönheit und Verdauung werden heute mehr und mehr beachtet und in so genannten Beautyfarmen genutzt. Die Entgiftungsprozesse sind so wirkungsvoll, dass zum Teil sogar Hautschäden verschwinden.

Aufschlussreich ist zum Beispiel der Fall einer Kosmetikerin, die jahrelang vergeblich gegen ihre Akne ankämpfte. Trotz Verwendung von diversen Cremes und Puder unterschiedlichster Herkunft und dem beharrlichen Auftragen von Hautmasken bildete sich der Ausschlag nicht zurück. Erst nach vier Wochen Fasten nach der Klosterheilkunde erzielte sie einen durchschlagenden Erfolg.

Im Verlauf einer solchen Fastenkur treten individuell unterschiedliche Reaktionen auf. Meistens sind nur die ersten Tage von Hungergefühl und Müdigkeit begleitet. Doch dann gewöhnen sich fast alle an das Fasten und wirken erstaunlich frisch. Man muss bedenken, dass der Fastende nicht etwa schon am ersten Tag von der eigenen Substanz lebt. Im Darm sind noch genügend Nährstoffe zurückgeblieben, die jetzt verwertet werden.

Während der Fastenkuren kann es auch zu so genannten Kurkrisen kommen. Diese zeigen sich durch Kopfschmerzen, Appetitlosigkeit, Übelkeit, Schlaflosigkeit, Schwindelgefühl, Benommenheit, bleierne Müdigkeit, schlechte Laune, Gereiztheit, Niedergeschlagenheit und ein allgemeines Schwächegefühl. Solche Krisen währen jedoch nicht lange, manchmal wenige Stunden, gelegentlich ein bis zwei Tage.

Um auch diese Risiken zu minimieren und um die Gifte rasch zur Ausscheidung zu bringen, empfiehlt sich das Trinken großer Mengen Flüssigkeit, Bürsten, Wechselduschen, Bewegung an frischer Luft (Näheres dazu siehe Seite 257). Je mehr durch solche Maßnahmen der Körper unterstützt wird, umso schneller stellt sich auch wieder Wohlbefinden ein.

Die Fastenärzte sind sich darin einig, dass Fasten nach der Klosterheilkunde ein Entgiftungs-Heilverfahren erster Ordnung ist. Der Kurverlauf und die Erfolge geben ihnen Recht, wenn auch noch wenige wissenschaftliche Feststellungen und Messungen über die dabei ablaufenden Stoffwechselprozesse vorliegen. Der Fastenspezialist Dr. Otto Buchinger bemerkte dazu zusammenfassend: »Man begnügt sich eben mit dem großen und überzeugenden Erfahrungsschatz der Klosterärzte. Bedarf dieser, vom Standpunkt des Fastentherapeuten und des Fastenden, überhaupt noch einer wissenschaftlich-exakten Untermauerung?«

Das spirituell motivierte Fasten

Viel essen und reden sind häufig genutzte Mittel, ungelöste Fragen und Probleme zu verdrängen, zu vergessen und tief im Innersten sitzende Unzufriedenheit zu überdecken. Hier liegt nach der Klosterheilkunde die Chance des Fastens, wenn es mit Zeiten der Stille und mit meditativen Übungen verbunden wird. Fastend werden die vielen Ersatzbefriedigungen aus der Hand gelegt, die uns oft genug betäuben und blind machen. »Das Fasten deckt mir auf, wer ich bin«, sagt zum Beispiel Benediktinerpater Anselm Grün, und seine Erkenntnis deckt sich mit der Erfahrung Mahatma Gandhis.

Anlässlich eines Fastens, das Gandhi im November 1925 als stellvertretende Buße für ein Vergehen im Ashram Sabarmati auf sich nahm, bekannte Gandhi, dass das Fasten ein Teil seines Wesens sei. Er könne auf diesen Teil seines Wesens ebenso wenig verzichten wie auf seine Augen. Was die Augen für die äußere Welt seien, das sei das Fasten für die Erforschung der inneren Welt.

Spirituell motiviertes Fasten heißt, uns und unseren Weg besser zu erkennen, und das bedeutet auch, uns als begrenzt abhängig und zugleich als frei zu erfahren. Dieser scheinbare Widerspruch bedarf einer kurzen Erläuterung: Im Fasten leben wir sozusagen aus unserem »Depot«, existieren also buchstäblich aus uns heraus. Neben der allgemein gemütsaufhellenden Wirkung des Fastens liegt in dieser Erfahrung der Grund für das Gefühl der Freiheit und einer gewissen Überlegenheit. Andererseits und nicht weniger existenziell schärfen wir während des Fastens unsere Sinne dafür, dass wir von anderen Menschen, von Wasser und Luft, von Pflanze und Tier abhängig sind und dass wir auf Dauer gar nicht ausschließlich aus uns selbst leben können und dies im Grunde auch nicht wollen. Diese Erfahrung kann uns dankbar machen. So liegen denn Überheblichkeit und wahre Bescheidenheit sowie Selbsterkenntnis ganz nahe beieinander. Dies ist eine Tatsache, wie sie die Mönche seit Jahrhunderten kennen, deren wir uns besonders im Fasten bewusst werden.

»Die Zeugnisse aller Zeiten und aller Kulturen bestätigen, dass das Fasten seelische Kräfte, außernatürliche ›magische‹ Kräfte und Zustände auslöst, die den Kontakt mit der Überwelt begünstigen.« Dieser Satz in Régameys Buch *Wiederentdeckung des Fastens* macht auf den ersten Blick stutzig. Warum setzt der Autor das Wort *magisch* in Anführungszeichen?

Aus dem Zusammenhang wird jedoch schnell deutlich: Régamey weist hier auf eine Gefahr hin, nämlich die Gefahr der Überheblichkeit – die Gefahr, das Fasten zu einer magischen Zauberformel zu machen, um sich Gottes zu bemächtigen und seiner auf eine dingliche Weise habhaft zu werden. Muss das so sein? Gibt es neben der schwarzen nicht auch die weiße Magie, helle und vielleicht vergessene Kräfte bei Menschen, die vor allem durch das Fasten aktiviert werden? Die Frage kann unter bestimmten Voraussetzungen bejaht werden und soll im Folgenden auch kurz begründet werden.

Die mit dem Fastenvorgang physiologisch mitbegründete Wende nach innen, das *Zu-sich-Kommen* und *Bei-sich-Sein* sowie die eigenartige Verfassung in den Stunden der Nacht, die fastende Menschen besinnlich wachend wie Mönche oder schlafend in tiefen wegweisenden Träumen verbringen, vermögen die Offenheit für die Transzendenz zu aktivieren und lassen sie hören und sehen, was Menschen sonst *überhören* und *übersehen*. Angelus Silesius hat dies so ausgedrückt:

> Wer seine Sinne hat
> ins Innere gebracht,
> der hört, was man nicht red't,
> und siehet in der Nacht.

Einige Zeugnisse der Bibel und der mönchischen Tradition belegen diese durch das Fasten begünstigte *Hellhörigkeit* und *Hellsichtigkeit* wie folgende Beispiele zeigen.

Der Prophet Daniel erhält nach einem dreiwöchigen Fasten eine Offenbarung, und zwar ausdrücklich als Antwort auf das Fasten, das er stellvertretend für andere auf sich genommen hat (Daniel 10). Von Moses und Elias, den beiden hervorragenden Vertretern des Gesetzes und der Prophetie, ist bekannt, dass ihnen auf ein 14-tägiges Fasten hin auf dem Berg Horeb eine überwältigende Gotteserfahrung zuteil wurde (Deuteronomium 9 beziehungsweise 1 Könige 19).

Die Wüstenväter, die schon früh erkannt hatten, dass das Vielessen die »scharfe Sicht des Herzens« (Cassian) abstumpft, wurden nicht müde, im Interesse einer größeren Klarsicht und Einsicht das Fasten zu propagieren. Laut Philoxenes (5. Jahrhundert) beginnt der vom »Schleier der Herzverfettung« befreite Mensch zu erkennen, »dass noch etwas anderes existiert als das, was er sieht und greift«.

Auch die heutigen Mönche lehren uns, dass es in der Tat noch etwas anderes als das gibt, was wir mit den Augen sehen und mit den Händen fassen können. Anhand einiger Stichworte soll verdeutlicht werden, wie Fasten uns hilft, neben oder besser in der Welt des Sicht- und Greifbaren jene Wirklichkeit zu erfahren, die wir als *Gott, höhere Macht* oder *inneres Licht* bezeichnen.

Die wichtigsten Fastenregeln nach der Klosterheilkunde

Sanfter Einstieg: Vor dem eigentlichen Fasten den Körper mit Schonkost entlasten.

Keine feste Nahrung: Sechs Tage lang nur Kräutertees, Gemüsebrühe und Getreidecremes zu sich nehmen. Dazu viel Wasser trinken.

Loslassen vom Alltag: Alle Verpflichtungen möglichst vor dem Fasten abschließen und sich vor Reizüberflutung abschirmen: kein Radio, kein Fernsehen und keine laute Musik. Auf Genussmittel wie Alkohol und Nikotin verzichten.

In sich hineinhören: Bewusst auf Körper und Seele achten und das tun, was sie verlangen.

Ausscheidungen fördern: Darm entleeren, Leber und Lunge stärken, Nieren spülen und viel schwitzen. Hautpflege dabei nicht vergessen.

Viel Bewegung: Spazieren gehen, gezielte Gymnastikübungen machen oder schwimmen, um Kreislauf und Stoffwechsel anzuregen.

Ruhezeiten einplanen: Bei Streck- und Atemübungen sowie durch Meditation zur Ruhe kommen, Körper und Seele bewusst Zeit lassen.

Ausreichend schlafen: Das Einschlafen mit festen Ritualen erleichtern, mit erbaulicher Lektüre, mithilfe einer Duftlampe, ebenso mit Schlaftees und Entspannungsbädern.

Aufbautage nach dem Fasten behutsam angehen: Das Essen ausgiebig und bewusst genießen, den Kostaufbau nur langsam steigern.

Man muss kein Pessimist sein, um festzustellen, dass in unserer Zeit Hoffnungslosigkeit, Unsicherheit und Orientierungslosigkeit stark verbreitet sind. Viele Menschen erwarten von der Zukunft nichts mehr oder nichts Gutes. In unserer westlichen Welt wird zunehmender Werteverfall beklagt, Resignation macht sich breit.

In dieser Situation kommt dem Fasten eine wichtige Rolle zu. Fasten, verbunden mit Gebet und Meditation hat nämlich viel mit Hoffnung zu tun, was folgendes Beispiel veranschaulicht.

Ein unschuldig Gefangener, dem es gegeben war, aus dem auferlegten Hungern einen freiwilligen Akt und damit ein echtes Fasten zu machen, hat dies so erfahren: »Ich glaube, dass man schließlich auch einen tiefen und grundlegenden Zusammenhang zwischen dem Fasten und der Hoffnung hervorheben muss. Fasten heißt, sich der ›Weisheit dieser Welt‹ entgegenzustellen und gewissermaßen das Sein dem Tun vorzuziehen, das übernatürliche ›Du wirst haben‹ dem natürlichen ›Da hast du‹.«

Die Mönche sehen es ähnlich: In der Spannung von »Da hast du« und »Du wirst haben« steht der Mensch. Er ist versucht, der Spannung auszuweichen, zu Gunsten des Appells: »Iss und trink, denn morgen bist du tot.« Er kann aber auch die Spannung aushalten, mehr noch, er kann sie fruchtbar und schöpferisch werden lassen. Die Mönche veranschaulichen es so:

Dank der durch das Fasten gestärkten Hoffnung vermag der Mensch die von ihm ersehnte »neue Schöpfung« und ihre Ordnung der Freiheit und des Friedens aus dem »noch nicht« in das »schon jetzt« wirklich hereinzuholen: das Reich Gottes. Das Reich Gottes ereignet sich nämlich nicht erst am Ende der Welt, also nach der horizontalen, beliebig langen Ausdehnung dieser Zeit und Geschichte. Die Mönche artikulieren: »Das Reich Gottes ist schon da! Es ist in uns, und das Fasten öffnet uns die Augen dafür.«

Die spirituellen Fasten-Erfahrungen der Einsiedler und Mönche zusammenfassend, sagt zum Beispiel Isaak von Ninive: »Tatsächlich wird man, sobald man begonnen hat zu fasten, unmittelbar im Geist dazu gedrängt, mit Gott ins Gespräch einzutreten. Der Körper, der fastet, kann es nicht ertragen, die ganze Nacht auf seinem Lager zu verbringen, denn das Fasten drängt ganz naturgemäß dazu, in Gesellschaft Gottes zu wachen, nicht nur bei Tage, sondern sogar des Nachts. Der Leib eines Menschen, der fastet, hat keine große Mühe, gegen den Schlaf anzukämpfen.«

Diese Worte entlocken allen, die schon einmal gefastet haben, ein verständnisvolles Nicken. Wie ist dieses buchstäbliche Wachsein in der Nacht und wie ist die eigenartig empfängliche, offene und zum Beten animierende Haltung am Tag zu erklären?

Die Umschaltung auf die innere Ernährung bedeutet eine relativ hohe Energie-Einsparung, die es erlaubt, während des Fastens auch nach wenig Schlaf frisch und erholt aufzustehen. Beim Fasten kommt es außerdem zu einer Reduzierung der Adrenalinmenge im Körper, was eine entspannende Wirkung hat. Andererseits steigt der Noradrenalinspiegel, was seinerseits stimulierend und stimmungsaufhellend wirkt und beim Schlafen das Träumen fördert.

Die Mönche empfehlen ebenso wie gute Fastenärzte, vor allem die nächtlichen Stunden der wachen, gehobenen Stimmung besinnlich lesend und nachdenkend zu verbringen. Denn »nicht selten melden sich so aus der Verdrängung wichtige Erkenntnisse zu Wort oder tauchen ganz neue Ideen auf und bringen Lösungen von Problemen, nach denen man vorher lange vergeblich gesucht hat«.

In diesem Zusammenhang müssen auch die Fastenträume erwähnt werden. Sie sind oft so nachhaltig, dass man gar nicht anders kann, als sie am Morgen aufzuschreiben. Die Fastenträume bewegen sich gleichsam in allen Etagen unseres Seelenraums und wirken klärend und erhellend.

Wir sehen also, dass das Fasten dank der *Wende nach innen* einerseits die Selbstfindung und Selbsterkenntnis und andererseits die Öffnung und ein eigenartiges Wachsein auf die Transzendenz hin fördert. Das spirituell orientierte Fasten wird aber nur dann zum eigentlichen *Heilfasten*, wenn die Gesetze des Körpers und der Seele sowie die medizinischen

Benediktinerpater Kilian Saum, der dem Fasten nach der Klosterheilkunde mit Kompetenz und publizistischem Engagement zu neuer Popularität verholfen hat.

und psychologischen Erkenntnisse entsprechend beachtet werden. Auch darin verfügen die Mönche über einen reichen Erfahrungsschatz.

Wie aus den bisherigen Ausführungen über das Fasten hervorgeht, bezieht es seine Kraft aus der Verbindung von natürlichen, körperlich-seelischen und medizinisch überprüfbaren Fakten einerseits sowie aus einer tieferen, ganzheitlichen und spirituellen Motivation andererseits. Beide Dimensionen durchdringen, ergänzen und bedingen sich gegenseitig. Wollten wir die Frage stellen, was zuerst da war, das medizinische oder das spirituell motivierte Fasten, müsste die Antwort lauten: Das Fasten ist gleich ursprünglich wie Religion. Es hat Letztere begünstigt, so wie Religion ihrerseits durch kluge Regeln das Fasten kultiviert und es vor Auswüchsen geschützt hat.

In heutiger Zeit haben kundige Nonnen und Mönche, für die Beten und Fasten zusammengehören wie Einatmen und Ausatmen, wie oben und unten, wie Himmel und Erde, einen übergeordneten, umfassenden Begriff für das gesundheitlich und spirituell motivierte Fasten geprägt: *Heilfasten.* Dabei umfasst der Wortstamm *Heil* folgende Aspekte:

- das medizinische Heilen (*curare*),
- das körperlich-seelische Heil- und Ganzsein (*integritas*),
- das von Gott zugesagte Heil (*salus*),
- das vom Profanen ausgesparte Heilige (*sanctum*).

In einem Satz ausgedrückt, lässt sich das Fasten nach der Klosterheilkunde so kennzeichnen: Es ist das Verdienst der Mönche, zwei wesentliche Dimensionen des Fastens vereint zu haben – das Fasten als Therapie und das spirituell motivierte Fasten.

Es ist zu hoffen, dass sich weiterhin in Fastenangeboten die neuen medizinischen Erkenntnisse und die alten religiösen, christlichen und außerchristlichen Einsichten zu einer umfassenden Motivation verbinden. Dies geschieht dort, wo dieser Empfehlung der Mönche entsprochen wird:

> »Nicht die (medizinische) Technik, sondern das Motiv ist es, das das Fasten heiligt. Der Arzt, der über Heilfasten spricht, sollte der seelsorgerischen Erfahrung nicht ermangeln und der Seelsorger nicht gänzlich der ärztlichen.«

Pater Kilians Tipps für jeden Fastentyp in der Nachfastenzeit

Sanguiniker können ihre Freude an abwechslungsreichen Speisen unterschiedlich nutzen und Obst-, Saft- sowie Getreidetage in den Wochenablauf einbauen. So wirken sie ihrer Neigung zum Übergewicht optimal entgegen.

Choleriker leiden in der Regel nicht unter Appetitlosigkeit, sondern haben im Gegenteil meistens großen Appetit und verspüren nicht selten großen Heißhunger. Da sie einen stabilen Verdauungstrakt haben, ist eine ballaststoffreiche, rohkostbetonte und vegetarische Kost für sie ideal. Sie sollten besonders auf Ruhe vor und beim Essen achten. Da Choleriker dazu neigen, zwischen den Mahlzeiten an den Kühlschrank zu gehen, sollten sie dies ab sofort vermeiden und ganz generell auf den Imbiss zwischendurch verzichten.

Phlegmatiker sollten ihre Lust an der Übersättigung zügeln, ebenso ihren Hang zu Zwischenmahlzeiten. Rohkost wird von Phlegmatikern nicht so gut vertragen. Deshalb sollten sie diese nur in kleinen Mengen und gut vorbereitet genießen. Phlegmatikern fällt es am leichtesten, ein oder zwei Fastentage pro Woche einzuplanen.

Melancholiker vertragen vegetarische Kost aufgrund ihres anfälligen Verdauungstrakts oft nicht so gut. Sie sollten deshalb auf leicht bekömmliche Nahrung achten, Rohkost meiden und gedünstetes Gemüse öfter auf den Speiseplan setzen. Tees und Artischockensaft unterstützen die Verdauung.

Über das Fasten und entsprechende Fastenkuren nach der Klosterheilkunde sind in letzter Zeit ausgezeichnete Bücher erschienen (siehe Serviceteil Seite 435 ff.). Dazu zählt vor allem das Buch *Fasten nach der Klosterheilkunde – Durch Entgiften und Entsäuern zu neuer Vitalität und Lebenskraft.* Da dieses Buch Fastenprogramme für jeden Typ enthält, die die Erfahrungen der Nonnen und Mönche mit neuen wissenschaftlichen Erkenntnissen verbinden, sei es hiermit zur weiteren Beschäftigung mit dem Fasten und Heilfasten nach der Klosterheilkunde besonders empfohlen.

Lebenskunst aus dem Kloster

»Wenn ich nicht *das* in meinem Leben entdecke, was alle Menschen zutiefst betrifft, hat es für mich keinen Sinn, ist mein ganzes Leben im Kloster null und nichtig.«
Worte eines Benediktinerabtes

Viele Menschen sind auf der Suche nach dem Glück, und sie sind sogar davon überzeugt, ein Recht auf Glück zu haben, wissen aber nicht mehr, wie sie das Glück finden können. Sie haben materiell alles, was sie brauchen, aber es fehlt ihnen die Lebenskunst zum Glücklichsein.

»Die meisten Menschen leben in mehreren Welten zugleich. Deshalb verlieren sie die Einheit in ihrem Leben und finden nicht zum Glück«, sagt eine Franziskanerin. Und sie fährt fort: »Als Ordensfrau ist mir die Stille lieb und teuer. Denn Stille ist der Weg, auf dem ich zusammen mit dem anderen – für mich ist das Gott – die Einheit in mir wieder herstelle.«

Gott, die Menschen und die eigene Mitte finden

Die folgenden Vergleiche sind zwar etwas überzeichnet, aber in ihrer Tendenz richtig und spiegeln heutige Alltagssituationen:

Unser Leben kennzeichnen Quantität und Komplexität, das Leben der Frauen und Männer in den Klöstern Qualität und Einfachheit. Wir

Bild gegenüber: Die heilige Ottilie als Fürbitterin für ihren verstorbenen Vater. Das Bild zeigt die Äbtissin von Hohenburg, die für ihren schuldig gewordenen Vater betet. Auf die Fürsprache der Tochter hin zieht ein Engel den Sünder aus dem Rachen eines höllischen Ungeheuers.

sind Individualisten – Nonnen und Mönche lassen deutlich werden, was Gemeinschaft von Schwestern und Brüdern bedeutet. Wir sind auf die Wahrung und Mehrung des Besitzstandes häufig zu sehr fixiert und verhalten uns oft rücksichtslos und egoistisch – die Ordensleute hingegen leben ohne materiellen Besitz und in bedingungsloser Nächstenliebe. Während unsere Zeit der Flexibilisierung und dem Kult der vielen Möglichkeiten in der »Spaßgesellschaft« huldigt, entscheiden sie sich für einen festen Rhythmus von Gebet und Arbeit. Gegen die Globalisierung setzen sie den Wunsch dort zu bleiben, wo sie sind.

Anstelle von Umsatzsteigerung und Gewinnmaximierung geht es den Frauen und Männern in den Klöstern vorwiegend um die Bildung und das Wachsen des Herzens, das sich Gott und den anderen Menschen öffnet. Soweit einige klösterliche Schätze.

Ist das Klosterleben nicht weltfremd – was haben denn die Menschen außerhalb des Klosters von einem solchen Leben?

Antworten auf diese und ähnlich häufig gestellte Fragen geben zwei Ordensleute, die aus reicher Erfahrung sprechen. Assumpta Schenkl, Äbtissin des Zisterzienserklosters St. Marien zu Helfta, Eisleben, sieht es so:

»Mancher mag denken: ›Na ja, sie schwebt ein wenig in höheren Sphären, abgehoben vom Alltag, letztlich wirklichkeitsfremd.‹ Aber dem ist nicht so. Ich muss mich sehr wohl um unseren klösterlichen Alltag kümmern, mich mit finanziellen Problemen herumschlagen, mit vielen Anfragen, Bitten, Forderungen, Tag für Tag an mich herangetragen. Ich muss mich den Medienleuten stellen oder werde in öffentliche Angelegenheiten hineingezogen. Aber all das ist nicht außerhalb ›meiner‹ Welt. Es ist vielmehr eingebettet in diese andere Dimension und durchdrungen von ihr. Und dadurch bekommt es eine andere Qualität. Für mich sind all die vielen Dinge des Alltags keine ›Zufälle‹, ärgerliche, lästige oder auch erfreuliche, sondern alles, bis ins Kleinste hinein, ist Fügung, von Gott geplant, ist Medium der Liebe Gottes, die hinter allem steht, durch alles wirkt, die meine Entfaltung will – manchmal vielleicht gerade durch die Dinge, die mir zunächst beschwerlich sind.

Aus dieser Sicht der Welt und des Lebens heraus fühle ich mich frei, und der klösterliche Tagesablauf, so fest gefügt und scheinbar einschränkend, trägt er eher dazu bei, diese innere Freiheit zu mehren.

Ich bin davon überzeugt, dass jeder Mensch die Atmosphäre dieser Welt mitbestimmt und -prägt – positiv oder negativ. Wenn ich nun in dieser meiner Lebensform und Überzeugung inneren Frieden finde, Freude, Zuversicht, eine absolut wohlwollende und freundliche Einstellung zum Mitmenschen, dann strahlt das aus. Mit Sicherheit auf meine nähere Umgebung, aber gewiss auch darüber hinaus.

Daneben aber schließe ich aus der Tatsache, dass sehr viele Menschen zu uns kommen, Fragen stellen, Gespräche suchen, eine Weile mitleben möchten, immer und immer wieder kommen, dass hier etwas ist, das ihnen gut tut, sie zur Ruhe und zu innerem Frieden kommen lässt. Etwas, das ihnen hilft, ihr Leben, ihre Probleme und Nöte besser zu bewältigen, das ihren Hunger nach Sinn und Erfüllung stillt – mit einem Wort: sie glücklicher macht.

Und die Tatsache, dass es uns, aus unserer Gottbezogenheit heraus, immer wieder gelingt, den Menschen dies tatsächlich zu vermitteln, ist wohl Rechtfertigung genug, dass wir *diese* Lebensform leben und so, einfach durch unser Dasein, ein Zeichen dafür setzen: Gott lebt, Gott liebt, und ein Leben in ständigem Kontakt mit ihm schenkt inneren Frieden und Freiheit, schenkt tiefe Erfüllung, schenkt endlich ein Glück, das nichts und niemand zerstören und uns rauben kann.«

Alberic Bruschke, Abt der Trappistenabtei Sion, hält diese Antwort bereit:

»Wir leben hinter Klostermauern. Äußerlich betrachtet leben wir im Verborgenen. Wir haben sehr klare Regeln, sagen nein zu vielen Dingen. Wir treten auch nicht gern in die Öffentlichkeit, möchten keine oder nur ganz selten Fernsehkameras. Wir leben wie der Gärtner, der eine kleine Pflanze umsorgt. Die Klostermauern sind zwar wichtig, aber dabei darf es natürlich nicht bleiben. Es geht um den Innenraum, um das verborgene Leben in der Tiefe: Dieses muss gewahrt bleiben, es muss wachsen können, Licht und Luft bekommen.

Das Bild des Mönchs, der sich zu Gott hin auf den Weg macht, kann bei Menschen, die dafür offen sind, etwas auslösen. Ich spüre, dass so etwas geschieht. Das Mönchsein weckt das verborgene Leben in anderen Menschen, der Mönch in jedem Menschen gleichsam wird erweckt oder wach gehalten, weil es uns gibt. Ich spüre das bei den Gästen unseres Klosters, und immer wieder bin ich darüber erstaunt, wie viele Menschen uns kennen und schätzen.

In jedem Menschen steckt ein Mönch: ein Verlangen nach Ganzheit, nach Verbundensein mit Gott, oder wie er ihn versteht, nach Ruhe und Stille, nach dem Verbundensein untereinander, nach einer Beständigkeit, die nach Ewigkeit schmeckt, nach einer Seele, die schließlich einmal leer wird, zur Ruhe kommt und aus der göttlichen Quelle vollströmt und überfließt.

Mönche sind wie Stehaufmännchen, die auf die Schwerkraft Gottes vertrauen, auf Ruhe, Stille, Leben in der Gemeinschaft, Handarbeit und Gebet, um dadurch mit den Füßen immer wieder auf dem Boden zu landen.

In unserer schwierigen Zeit ist jeder Mensch ein Stehaufmännchen. Er kann von uns lernen, trotz allem Hin und Her immer wieder auf den Füßen zu landen. Aber dazu muss man auch das Wagnis eingehen, die eigene Position kritisch zu überprüfen, still zu werden, die Seele und den Geist von Belastendem befreien.«

Die Kunst, den Lebenssinn neu zu entdecken

In allen Religionen und Hochkulturen gab und gibt es Beschreibungen paradiesischer Welten. Träume von friedlicher Eintracht aller Lebewesen finden in religiösen Darstellungen und in den Mythen der Völker sowie in den Bildern der Künstler ihren Ausdruck. Das Paradies erscheint als ein ursprünglicher Ort und Zustand der Glückseligkeit:

ein zeitloses Erfülltsein ohne Entbehrungen und Leiden. Für die meisten Menschen ist das Paradies eine andere Welt als die, die sie in ihrem Alltag erleben.

Man preist uns Ferien-, Nudisten-, Märchen- und Einkaufsparadiese an. Die religiösen Bedeutungen der ursprünglichen Paradiesvorstellungen geraten durch solche Banalisierungen menschlicher Sehnsüchte in den Hintergrund. Sie werden durch kommerziell verbreitete Denkschablonen ausgebeutet und entzaubert. Wir können dies beklagen. Es gibt aber auch die Möglichkeit, aktiv zur Wiederverzauberung der Welt und Neuentdeckung des Lebenssinns beizutragen.

Schon in den alten Mythen unterschiedlichster Kulturen wird betrauert, dass das Paradies verloren sei. Zugleich finden wir aber auch Antworten auf die Frage, wie es überhaupt dazu kommen konnte, dass sich das menschliche Leben auf dieser Erde nur selten dauerhaft paradiesisch anfühlt, sondern im Gegenteil oft beschwerlich und leidvoll ist.

Paradies-Mythen sind nicht eindeutig, sondern rätselhaft. Jeder Mensch hat die Möglichkeit, sie mit seinen eigenen Lebenserfahrungen in einen sinnvollen Zusammenhang zu bringen oder sich von ihnen abzugrenzen.

Erinnern wir uns. In der biblischen Erzählung vom paradiesischen Leben der ersterschaffenen Menschen, ihrem Sündenfall und der nachfolgenden Vertreibung aus dem Paradies in eine andere, mühselige und leidvolle Welt geht es darum, dass Gott dem Menschen geboten hatte: »Von allen Bäumen des Gartens darfst du essen. Von dem Baum der Erkenntnis von Gut und Böse aber sollst du nicht essen; denn sobald du von ihm isst, wirst du sterben!« Die Schlange aber sprach zu der Frau: »Sollte Gott wirklich gesagt haben: ›Ihr dürft nicht von allen Bäumen des Gartens essen?‹ Vielmehr weiß Gott: Sobald ihr davon esst, werden eure Augen aufgetan, und ihr werdet sein wie Gott, wissend um Gut und Böse.«

Nachdem Adam und Eva die verbotene Frucht vom Baum der Erkenntnis gegessen hatten, sahen sie die Welt anders als zuvor, und sie erkannten auch, dass sie nackt waren. Sie machten sich Schurze aus

Feigenlaub und versuchten, sich vor Gott zu verstecken. Gott verfluchte daraufhin die Schlange – Symbol für das Böse – und vertrieb die Menschen aus dem Paradies.

Mönche weisen heute gern darauf hin, dass die Botschaft des Alten Testaments alles andere als ein nostalgischer, rückwärts gerichteter Blick auf »das verlorene Paradies« ist. Zwar wird das ursprüngliche Leben im Paradies als ein Zustand bedingungsloser Geborgenheit dargestellt, der nun der Vergangenheit angehört. Doch die menschlichen Fähigkeiten zum bewussten Erkennen und zum planvollen Handeln fordern uns auch dazu heraus, nicht einfach die vorgefundene äußere Welt wie ein Schneckenhaus zu erleben, in das wir uns gerne immer wieder passiv, die Zeit vergessend, verkriechen können, sondern so wach wie möglich zu sein und die vielfältigen Möglichkeiten des Lebens immer wieder neu zu entdecken. An jedem Tag, so regen die Mönche an, können wir eine Mitverantwortung dafür übernehmen, wie sich von nun an das weitere Leben entwickeln wird. Eine wichtige Botschaft sehen sie darin, Sehnsüchte nach einer besseren Welt anzuregen, denn Sehnsucht führt uns oft weit über das alltägliche Denken und Handeln hinaus.

»Heimweh« beispielsweise, eine wichtige Erscheinungsform von Sehnsucht, bezieht sich oft auf sehr subjektive Gefühls- und Traumwelten, die nur teilweise mit objektiven Merkmalen der äußeren sichtbaren Heimat beschrieben werden können.

Eine damit verwandte und für die weitere Evolution vielleicht noch interessantere Variante ursprünglicher Paradiesvorstellungen kann auch als »Fernweh« betrachtet werden. Wollen wir uns in einem größeren Ganzen aufgehoben fühlen, so die Mönche in ihren Anregungen, ist es erforderlich, den Horizont weit über vorgefundene Heimatbereiche – die Wohnung, die Familie, den Garten, die Gleichgesinnten, die Stadt, die Nation – auszudehnen, zugunsten einer neuen Vorstellung von Verantwortung für die Welt, in der wir leben.

Diese Bewusstseinserweiterung erfordert ein Offensein für das Fremde und für das, was noch in der Ferne liegt. Nicht ein egoistisches Sehnen nach einer Welt von gestern im Sinne eines »es war einmal ein Land, in dem Milch und Honig flossen« führt zum Glück, sondern die gesamte heutige Welt ist unter dem Gesichtpunkt zu sehen, wie sie sein könnte und was jeder von uns beitragen kann, damit sie sich so gut wie möglich weiterentwickelt.

Solche Vorstellungen – verbunden mit der Neuentdeckung von Lebenssinn – haben neben der spirituellen auch eine Funktion für die Natur und das Gemeinwohl. Sie können ein feinsinniges Umweltbewusstsein und ein verantwortungsbewusstes Handeln fördern. Täglich wird uns von den Massenmedien ein krankes Weltbild eingehämmert: Terror, Kriege, Unfälle, Skandale und Katastrophen beherrschen die Nachrichten.

Umso notwendiger erscheint es, dass wir uns noch entschiedener als bisher auf die real existierende Schöpfung besinnen. Das »Heimweh« nach dem nur scheinbar »verlorenen« Paradies und das »Fernweh« nach einer besseren Welt – beide haben letztlich dasselbe Ziel, nämlich Entfremdung aufzuheben und sich dauerhaft in der näheren und weiteren Lebenswelt zu Hause fühlen zu wollen.

Im Idealfall gibt es also weder zwischen »Heimweh« und »Fernweh«, noch zwischen den inneren Wunschvorstellungen und der Realität einen wesentlichen Unterschied. Dies ist der Idealzustand eines Gefühls von Aufgehobensein, das wir nicht als etwas Unerreichbares in den Bereich von Utopie verweisen müssen, sondern an jedem Tag immer wieder neu entdecken können.

Dazu schlagen die Mönche vor, dass wir uns in besonderer Weise auf die Elemente besinnen, die schon immer die Grundlage unseres Lebens waren. Diese Elemente bilden auch heute noch den Nährboden für unsere Lebenswelt, die trotz aller Schattenseiten zumindest in bestimmten Augenblicken als zauberhaft, als paradiesisch wahrgenommen werden kann. Wir leben, wie Paracelsus es ausdrückte, im Durchzug der Elemente: Luft, Wasser, Feuer, Erde.

Mit jedem Atemzug, mit jedem Schluck Wasser, mit jedem Essen nehmen wir Elemente aus der paradiesischen Umwelt in uns auf und atmen sie wieder aus oder scheiden sie auf andere Weise wieder aus. Die Grenze zwischen uns und der paradiesischen Welt gibt es daher vielleicht nur in den ichbezogenen Definitionen der Menschenwelt. Eine neue Art der Wahrnehmung könnte darin bestehen, die Luft, die wir ein- und ausatmen, als ein Element des uns umgebenden Paradieses zu werten – auch das Trinkwasser, das aus den Quellen der Mutter Erde sprudelt, als ein Element des Paradieses zu erleben.

Mönche finden die Vorstellung faszinierend, dass nach dem Tod über ihrem Grab Elemente, die bisher in ihrem Körper waren, von den Wurzeln der Pflanzen aufgesogen werden und in duftenden Nektar verwandelt werden. Bienen und Schmetterlinge werden daraus Energie als Treibstoff für ihren Flügelschlag gewinnen. Solche Vorstellungen können auch Menschen, die keiner bestimmten Religionsgemeinschaft angehören, mit dem Sterbenmüssen versöhnen. In folgendem Gedicht, in dem buddhistische Spiritualität aufleuchtet, kommt dies besonders schön zum Ausdruck:

Steht nicht an meinem Grab und weint,
ich bin hier nicht, ich schlafe nicht.
Ich bin die tausend Winde,
das Diamantglitzern auf dem Schnee.
Ich bin der Sonnenschein auf reifem Korn,
ich bin der sanfte Herbstregen.
Wenn ihr aufwacht in der Morgenstille,
bin ich der schnelle Flügelschlag
stiller Vögel in kreisendem Flug.
Ich bin der Stern, sein mildes Licht in der Nacht.
Steht nicht an meinem Grab und weint,
ich bin hier nicht ...

Obwohl nichts so sicher ist wie unser Lebensende, verdrängen wir Menschen oft den Tod. Unsere Vorfahren verhielten sich anders, und entgegen landläufiger Meinung, dass das Mittelalter »finster« gewesen sei, bietet es auch im Hinblick auf die Sicht des Todes als physisches Ende und Durchgang zu einer neuen Existenz viel Erhellendes. So finden wir zum Beispiel in den Handschriften, in denen die Mönche antikes und religiöses Wissen überlieferten, immer wieder Hinweise darauf, dass die Menschen im Mittelalter und am Beginn der Neuzeit *cum humilitate – mit Demut* – Krankheit, Leid und Tod bewusst in ihre Lebenswirklichkeit hineinnahmen.

Was auf den ersten Blick seltsam erscheinen mag, vollzog sich mithilfe der Mönche, die zu allen Zeiten Seelsorger und immer auch praktische Lebensphilosophen waren, auf diese Weise: Unsere Vorfahren, die noch keinen Werteverfall wie wir zu beklagen hatten, fanden in ihrer tiefen Gläubigkeit durch die »Kunst des Sterbens« – *ars moriendi* – zur »Kunst des Lebens«, *ars vivendi*.

Zu dieser Lebenskunst durch Sterbekunst verhalfen die Mönche den Menschen, indem sie Gedanken der Philosophen Platon und Seneca übernahmen und allgemeinverständlich weitergaben. Nach Seneca schöpft zum Beispiel die Lebenszeit nur *der* richtig aus, der weiß, dass er »täglich stirbt« (1. Brief an Lucilius). Nur wer bereit ist fortzugehen, genießt das Leben (61. Brief an Lucilius), der hingegen »lebt schlecht, der nicht gut zu sterben weiß« (*Über die Ruhe der Seele* XI,4). *Lebenskunst* setzt in diesem Selbstverständnis *Sterbekunst* voraus, denn »leben muss man ein ganzes Leben lang lernen, und – worüber du dich vielleicht wundern wirst: Während des ganzen Lebens muss man sterben lernen« (*Über die Kürze des Lebens* VII,3).

Im christlichen Nachdenken über Tod und Jenseits kam noch etwas hinzu. Vor allem im Zusammenhang mit der Entstehung des Asketen- und Mönchtums (siehe Seite 390 f.) muss auf ein Thema hingewiesen werden, das bereits im Neuen Testament der Bibel angesprochen ist, im Verlauf der Zeit aber von zentraler Bedeutung wurde, nämlich die Gewissheit der Existenz des Teufels, seiner Dämonen und einer ewigen Hölle für die Verdammten.

Das erklärt auch, weshalb in der Literatur, aber vor allem auf vielen Bildern Darstellungen überliefert sind, die den Entscheidungskampf

in der Todesstunde zum Thema haben: Der Teufel und seine Dämonen hecken in den mittelalterlichen Darstellungen zur *Sterbekunst* – *artes moriendi* – ihre allerletzten Strategien, »Versuchungen«, aus, um die Seele doch noch in ihren Machtbereich zu ziehen. In entsprechend personaler Realität treten mit Bezug auf die Bibel die Engel als Mitkämpfer Gottes und Vermittler göttlicher Gnadenhilfe auf. Es sind Engelsmächte, besonders Michael als Fürst der Engel, die den Kampf erfolgreich führen und das Böse, den Teufel, überwinden helfen. Dieser Kampf und schließlich der Sieg des Guten über das Böse haben als bildhafte Darstellungen in den Illustrationen der so genannten *Bilder-Ars* ihren Ausdruck gefunden.

Zur Veranschaulichung, wie unsere Vorfahren durch die *Sterbekunst* zur *Lebenskunst* fanden, ist auf den folgenden Seiten eine solche *Bilder-Ars* zu sehen: Im Leben und Sterben Christi, der Märtyrer und Heiligen hat der Glaubende von Engeln geleitet, das Vorbild für sein eigenes Leben und Sterben gesehen.

Dass die Formen der historischen *artes moriendi,* wie sie Mönche zur Vermittlung von »Lebenshilfe«-Programmen seinerzeit schufen, heute nicht einfach übernommen werden können, bedarf kaum des Hinweises.

Entscheidend und trostreich zugleich ist aber die Feststellung, mit welch' großem Ernst sich unsere Vorfahren mit den Fragen des Lebenssinns, von Tod und Jenseits beschäftigten. Dahinter verbergen sich viele Denkanstöße, die für uns Suchende auch am Beginn des dritten Jahrtausends nichts von ihrer zentralen Bedeutung verloren haben, denn wer wollte behaupten, dass das Böse aus der Welt verschwunden sei! Dass dies aber kein Grund zur Resignation sein muss, lehren uns einmal mehr die Mönche (siehe Seite 285 ff.).

Bild gegenüber: Auch für Albrecht Dürer sind es die Engelsmächte, vor allem Michael als Fürst der Engel, die den Kampf erfolgreich führen und das Böse – hier in der Gestalt des Drachens, den Michael tötet – überwinden helfen. Holzschnitt aus Dürers Zyklus »Apokalypse«.

Versuchung des Teufels hinsichtlich des Glaubens

Ein Teufel versucht durch Hochziehen des Bettlakens dem Sterbenden die – als innerlich gedachte – Sicht auf Gottvater, Christus und Maria zu nehmen. Ein zweiter weist auf eine Gruppe Diskutierender, denen der Sterbende gleichgültig ist. Derselbe Teufel weist auch auf zwei Götzenanbeter. Rechts zeigt ein Teufel auf einen Mann, der sich umbringen will, und rät: »Töte dich selbst!«

Gute Eingebung des Engels hinsichtlich des Glaubens
Gottvater, Christus, der Heilige Geist (Taube), Maria, Moses (mit »Hörnern«) und alle Heiligen stehen bei. Der Engel mahnt zur Standhaftigkeit im Glauben. Drei Teufel fliehen: »Fliehen wir!« – »Wir sind besiegt!« – »Wir mühen uns vergeblich!«

Versuchung des Teufels hinsichtlich der Verzweiflung
Sechs Teufel werfen dem Sterbenden begangene Vergehen vor. Der Teufel zur Rechten wirft ihm Unzucht und Meineid vor. Ein Teufel hält ein Sündenregister hoch. »Sieh deine Sünden!« Zu Füßen des Betts erinnern Teufel an die Ausraubung eines Menschen, an einen Mord und an Geiz gegenüber Bettlern.

Gute Eingebung des Engels gegen die Verzweiflung

Der Engel ermahnt den Kranken: »Verzweifle nicht!« und zeigt ihm Sünder, die Vergebung erlangt haben: Petrus (Schlüssel), der den Herrn verleugnete (Hahn), Maria Magdalena (Salbtopf), Dismas, den guten Schächer, und den vor Damaskus vom Pferd gestürzten Christenverfolger Saulus (Paulus). Der Teufel flieht.

Versuchung des Teufels hinsichtlich der Eitelkeit
Vor Gottvater mit erlösten Seelen, vor Christus und Maria reichen die Teufel dem Sterbenden Kronen, um ihn zu Selbstgefälligkeit zu verführen: »Du kannst dich rühmen«! – »Du hast die Krone verdient!«

Gute Eingebung des Engels gegen die Eitelkeit
Einer der drei Engel mahnt den Sterbenden: »Sei demütig!« Rechts büßen Stolze in der Unterwelt. Gottvater, Christus, der Heilige Geist (Taube), Maria und der Einsiedler und Abt Antonius der Große (mit Abtsstab und »Antoniusglöckchen«), der die Versuchung des Teufels durch Selbsterniedrigung überwand.

Versuchung des Teufels hinsichtlich der Habgier
Drei Teufel weisen auf weltorientierte Freunde, Verwandte und Besitztümer – Haus, Weinkeller, Stall mit Pferdeknecht – des Sterbenden hin.

Gute Eingebung des Engels gegen die Habgier
Christus, Maria. Ein Engel mahnt: »Sei nicht geizig!« und weist auf eine Menschengruppe (Arme, Hirte als Symbol selbstloser Aufopferung). Der zweite Engel verdeckt die Sicht auf – störende – Freunde: »Schau nicht auf diese Freunde!«

Unmittelbar vor dem Tod (Schlussbetrachtung)
Unter dem Kreuz Maria, Johannes, Maria Magdalena, Heilige. Dem Sterbenden wird die Sterbekerze gereicht. Engel empfangen die als kleine Gestalt dargestellte Seele. Die Teufel rasen vor Wut über den verlorenen Kampf.

Wege zum Glück

Wir werden mit Informationen überschüttet und ertrinken fast im Wissen, aber den Weg zur Weisheit, zu Zufriedenheit und Glück kennen wir nicht oder verstellen wir uns. Wir kommunizieren mithilfe von Internet und Telefon mit der ganzen Welt, aber der Mensch in unserer nächsten Nähe ist uns oft fremd. Wir wissen, wo die Welt am schönsten ist, und erreichen schnell mit modernen Verkehrsmitteln jedes Urlaubsparadies, aber wo das Glück im Alltag liegt und wie Glück »geht«, wissen wir nicht. Wie werden wir wirklich glücklich?

Frauen und Männer, die in der Stille des Klosters leben, haben den Weg zum Glück gefunden. Zwei Äbtissinnen und zwei Äbte kommen im Folgenden zu Wort und blicken zurück auf ihr Leben im Kloster. Sie sprechen in großer Offenheit über ihre Entscheidung, über ein Leben zwischen Zweifeln, Gottsuche und spiritueller Erfüllung, über ihre Beziehungen zum Menschen und Wege zur eigenen Mitte – Wege zum Glück, Lebenskunst aus dem Kloster im besten Sinn.

Máire Hickey, Äbtissin der Abtei der Benediktinerinnen Burg Dinklage

»Mein Weg führte mich nicht geradewegs zum Eintritt ins Kloster. Das Leben entfaltete sich, die Welt bot endlos viel an und lockte in verschiedene Richtungen. Immer wieder galt es, eine Entscheidung zu treffen. Manch eine sollte sich im Nachhinein als gut erweisen, manch andere als unreif.

Um mich herum war Kirche. Da ging es um Gott und um Seine Sache. Es wäre für mich undenkbar gewesen, nicht dorthin zu gehen, nicht dazuzugehören. Ich begegnete dort Menschen, die mitten in einem bunten, manchmal chaotischen Leben, voll von unbeantworteten Fragen und ungelösten Rätseln, von der Suche nach ihm nicht lassen wollten oder konnten. Mit vielen schloss ich Freundschaft. An manchen beeindruckte mich, dass sie den schweren Dingen im eigenen Leben oder dem anderer nicht aus dem Weg gingen, sondern sich mit ihnen auseinander setzten und die Kraft entwickelten, sie anzunehmen – Schicksalsschläge, zerbrochene Lebensentwürfe, Einschränkungen. Ich erlebte, dass die, die einen Platz für sich auf der Sonnenseite des Lebens ergattert hatten, nicht unbedingt die Glücklichen waren. Ich wollte für mich das Glück entdecken, das unabhängig war von Erfolg, Geld, Sicherheit. Ich war dabei, leben zu lernen, und ich war leidenschaftlich begeistert, gespannt darauf, was noch werden würde. Manchmal lockte es mich in andere Richtungen. Manchmal habe ich meinen Kompass versteckt oder sogar verwünscht!

Eines Tages führte der Weg nach Dinklage. Ich war inzwischen knapp über 30 Jahre alt. Nebensächlich war der Anlass meines Besuchs. Ich war auf Gott- und nicht auf Klostersuche. Ich hatte nicht die mindeste Erwartung, dass dieser Besuch eine Wende auf meinem Lebensweg bedeuten würde. Als ich aber nach drei oder vier Tagen wieder wegfuhr, ahnte ich in den Tiefen, dass etwas Neues am Aufgehen war. Der innere Kompass vibrierte heftig. Nach einem zweiten und dritten Besuch wusste ich, ich komme nicht daran vorbei, diesen Weg zu probieren. Ich wusste: Wenn du das werden willst, was mit dir gemeint ist, geh diesen Weg.

Was Gott für mich ist

Gott ist für mich der Schöpfer dieser herrlichen Welt, in der wir leben. Wenn ich ein Buch oder einen Artikel lese, in dem Fragen nach der Entstehung und Entwicklung der Welt erörtert werden, verstehe ich zwar die Physik nur sehr laienhaft, aber ich finde mich unbeirrbar auf der Seite jener Experten wieder, die keine letzte Erklärung haben. Voller Fragen an den Grenzen des Wissens stehend, ahne ich etwas von dem, den ich suche.

Gott ist für mich auch der, von dem die Bibel erzählt. Die unendlich faszinierenden Erzählungen haben mich in eine Welt hineingeführt, die nach und nach Anhaltspunkte für die Auseinandersetzung mit meinen Lebensfragen gibt. Wenn Jesus von seinem Vater spricht, denke ich: Das ist der, den ich suche. Weil er sagt, ›der Vater und ich sind eins‹, versuche ich an ihm diesen Vater näher kennen zu lernen, ihm näher zu kommen. Von Jesus lerne ich, was ›Menschsein‹ in seiner Grundgestalt ist. Ich meditiere seine Worte und vertraue ihnen. Er ist der, dem ich mein Leben anvertraue.

Gottes Anwesenheit heißt für mich, die vielen Spuren von Ihm wahrzunehmen, die ich überall finde: Seine Kreativität und Seine Lebendigkeit in der Natur, Seine Macht und Seine Ohnmacht in der Geschichte und der Gegenwart. In der großen Vielfalt der Menschen sehe ich unendlich viele Facetten Seines Abbildes. Viele Worte der Bibel vermitteln mir eine Kraft und eine Zärtlichkeit, in denen ich Ihn und Seine Nähe fühle. In der Eucharistie und der Liturgie spüre ich etwas ganz Tiefes von Ihm und von Seinem großen ›Heilsplan‹ für die Welt.

Es gibt Tage – manchmal auch längere Zeiten –, an denen ich, ganz gleich aus welchen Gründen, so aufgelegt bin, dass mich nichts von all dem rühren kann. Er ist nicht abwesend, aber ich habe keinen Sinn für Ihn. Ich kann so erfüllt sein von eigenen Plänen, von negativen Gedanken und egoistischen Gefühlen, dass ich nicht offen bin für die Zeichen Seiner Gegenwart, die mich sonst ansprechen. Ein subjektives Erleben von Abwesenheit, das manchmal an die Substanz geht.

Was kann mir dann helfen, mich wieder zu öffnen? – Einfach das zu tun, was ansteht. Eine Arbeit, ein Gespräch, das was die Gemeinschaft und die Tagesordnung gerade verlangen. Die vorgegebene Wirklichkeit ist Sein Raum, und ich bleibe darin, auch wenn ich emotional nichts von seiner Gegenwart spüre. Die Umgebung im Kloster hilft auch: die Liturgie, ein guter Mensch, die Schönheit der Natur, Zeit für mich, um dahinter zu kommen, was das ist, was mich besetzt. Beten ist meistens

»Gott ist für mich der Schöpfer dieser herrlichen Welt, in der wir leben. Von Jesus lerne ich, was Menschsein in seiner Grundgestalt ist. Ich meditiere seine Worte und vertraue ihnen. Er ist der, dem ich mein Leben anvertraue.«
Abbildung Seite 288: Die Heilige Dreifaltigkeit – Der Gnadenstuhl, Holzschnitt von Albrecht Dürer, 1511.
Abbildung Seite 289: Die Messe des heiligen Gregor, Holzschnitt von Albrecht Dürer, 1511.

die große Hilfe, auch wenn sich nicht unbedingt eine sofortige Wirkung zeigt. Irgendwann stellt sich die Sehnsucht nach ihm wieder ein. Eine Sehnsucht, die zu Frustrationen führt, wenn sie nicht erfüllt wird. In der Sehnsucht selbst liegt ein Stück Glück und Erfüllung, sie reicht über lange Strecken als Erfahrung seiner Anwesenheit. Im Kloster wie außerhalb gilt: Man tut sich mit dem Warten schwer, hat man noch nicht existenziell erfahren, dass es etwas gibt, worauf zu warten sehr lohnt.

Gott suchen geschieht nicht nur im Alleingang. Er kommt uns in anderen Menschen entgegen. Wenn ich das Leben mit anderen teile, erfahre ich etwas davon, wie sie Ihn suchen und wie Er in ihrem Leben führt und wirkt. Das bestätigt und ermutigt mich. In einer benediktinischen Gemeinschaft übernehmen die Einzelnen viel Verantwortung füreinander und für die Gemeinschaft. Jeder hat Anteil daran, an einem Lebenshaus mitzubauen, in dem die Gegenwart Gottes erlebbar sein kann und in dem andere Ihn suchen können. Das kann sehr herausfordernd sein. Selbstverwirklichung hat kein Recht auf den ersten Platz. Auf dieser Grundlage können sehr gute, nähere Beziehungen wachsen, aber die Gemeinschaft bietet für viele tiefe Bedürfnisse nach Zweisamkeit, Freundschaft, Intimität und Liebe keine Befriedigung. Es kann gemütliche Stunden geben, und man kann viel Freude aneinander erleben, aber die Gemeinschaft an sich ist nichts Gemütliches. Das ist für manche Menschen nicht tragbar und nicht gesund. Dann ist es gut, wenn sie gehen und ihren Weg mit Gott anderswo suchen.

Die Gemeinschaft setzt Einsamkeit voraus, weil ich von ihr nicht erwarten darf, dass sie alle meine emotionalen Bedürfnisse befriedigt. Dann bin ich allein mit meinen Sehnsüchten nach Gemeinschaft der Interessen und nach Nähe, auch allein mit Verletzungen und Schmerzen. Ich muss lernen, die Gemeinschaft und die Schwestern für das zu schätzen, was sie mir schenken und mit mir teilen und allein zu bleiben, mit dem, was nur meines ist. Der geistliche Weg zeigt mir, wie ich Gott in der Gemeinschaft und in der Einsamkeit erwarten kann.

Während der ersten Jahre in Dinklage habe ich mich als Ausländerin einsam gefühlt. Ich lebte mich gut ein, konnte aber meine irische und englische Kultur mit niemandem teilen. Und ich fühlte mich aus den Selbstverständlichkeiten der deutschen Kultur ausgeschlossen. Das hätte ich mir vorher nicht vorstellen können. Ein solches Leben in Gemeinschaft lässt einen menschlich reifen, so wie Freundschaft und Ehe einen reifer werden lassen können. Man lernt, die eigene Identität zu bewahren und sich mit anderen Menschen einzulassen. Man entdeckt Möglichkeiten und nimmt Grenzen an.

Die Kraft der Stille

Meine Aufgaben im Kloster bringen es mit sich, dass ich sehr viel Zeit in Gesprächen und Besprechungen unterschiedlicher Art verbringe. Viele Gedanken und manchmal ein Chaos von Gefühlen beschäftigen mich während der Arbeitszeit – und darüber hinaus.

Stille fängt für mich an, wenn – fünfmal am Tag – die Glocke zum Gebet läutet und ich das Gespräch oder die Besprechung zu einem Abschluss bringe und mich auf den Weg in die Kirche mache. Bevor das gemeinsame Gebet beginnt, gibt es fünf Minuten Stille. Fünfmal am Tag erlebe ich also, dass ich den Inhalten und Geräuschen des Tages nicht schutzlos ausgeliefert bin. Ich lege sie einfach ab, um in einen anderen Raum einzutreten. Da ist Stille. Es wird nichts in mich eingeflößt, ich darf einfach da sein und lauschen. Dann beginnt am frühen Morgen das Gebet ›Herr, öffne meine Lippen, damit mein Mund dein Lob verkünde‹. Und zu den anderen Zeiten: ›Gott, komm mir zu Hilfe, Herr eile mir zu helfen.‹ In die innere Stille fließen Worte der Psalmen und Lesungen hinein. Es gibt Pausen, um über das, was ich gehört habe, zu meditieren. Meditieren heißt, mir die Worte, die ich gehört habe, aufs Herz schreiben zu lassen.

Manchmal gibt es längere Zeiten der Stille – abends, am frühen Morgen, mal mittags, mal einen oder mehrere ganze Tage. Zum Glück liegt unser Kloster an einem schönen Ort am Rand einer kleinen Stadt. Der Garten, der Wald und die Wege um die Felder herum führen in die Stille. Ich schaue sehr selten fern, und aus dem Radio hören wir meistens nur einmal am Tag die Nachrichten. All das schafft einen schönen, weiten, geistigen Raum, der den Alltag mit seinem Betrieb umfängt.

Das erste Wort der Regel des heiligen Benedikt ist: ›Höre‹. Als Benediktinerin ist man das Leben lang mit dem Einüben des Hörens beschäftigt: das Hören hin zu Gott, hin zu den Mitmenschen und zur Welt, das Hören hin zur Natur und zum Kosmos, zum eigenen Inneren und den eigenen Seelentiefen. Stille ist der Raum, in dem ein waches Hören geschehen kann. Es ist auch der Raum, in dem ich mir selbst begegne und mich mit mir auseinander setze. Manchmal ist gar nichts anderes zu hören als nur die Stille.

Manchmal höre ich statt der Stille allerdings ein eigenes inneres Stimmengewirr. Sicher konfrontiert mich die Stille mit meinen dunklen Seiten, den Widerständen, Misserfolgen, Verletzungen aus dem Alltag, die beim laufenden Geschäft nicht verarbeitet werden konnten. Das Leben mit den Schwestern in der Gemeinschaft spiegelt oft ein anderes Bild wider als das, das ich von mir habe. Ich muss es mir anschauen, sonst zieht sich der ›Schatten‹ zurück, um auf eine Gelegenheit zu lauern, sich ins Wort – oder Schlimmeres – zu bringen. Unsere Ordensregel legt uns nahe, die ›Dornen‹ des Alltags täglich in das Beten des Vaterunsers hineinzubringen und nach einem Streit vor Sonnenuntergang zum Frieden zurückzukehren. Das heißt für mich, mich der Innenseite mit ihren Schatten zuzuwenden, was geschehen ist, anzunehmen, mich damit auseinander zu setzen und mich innerlich zu versöhnen. Wenn ich das nicht tue, kehre ich nur die salonfähigen Seiten meines Selbst nach außen. Im Inneren dagegen wächst ein Berg des Grolls oder der Traurigkeit. Auch Wünsche und Fantasien, die ich zurückgedrängt habe, verstecken sich im Inneren und wirken sich auf meine Stimmung und mein Verhalten aus.

Das Menschenbild, das die monastische Lebensform prägt, leitet zu intensiver Arbeit an inneren Vorgängen, an Gedanken und Gefühlen an. Stille und Abstand von Gesprächen und Geschäften sind Voraussetzungen dafür, dass ich diese Arbeit hin zu einer seelischen Ausgeglichenheit machen kann. Das, was ich als Glück in diesem Leben erfahre, hängt zu einem guten Teil mit dem inneren Frieden und mit dem Einklang mit mir selbst zusammen.

Umgang mit Leidenschaften

Als ich jung war, wollte ich voller Leidenschaft das Leben erobern. Alles Mögliche wollte ich erleben – Freundschaften, Liebe, Kultur, schönes Essen, fremde Länder. Ich wollte wissenschaftlich arbeiten. Leidenschaften waren für mich starke, authentische Gefühle, die alle Widerstände überwanden, um ihr Objekt zu erreichen. Ich erlebte sie als positive Kräfte, aber sie besaßen eine unberechenbare und daher verdächtige Seite. Ich hielt mich selbst für zu flach und bewunderte Menschen im Leben, der Geschichte und Literatur, die lustvoll liebten, heftig kämpften, herrlich dichteten oder unbeirrbar nach der Wahrheit suchten. So wollte ich leben, aber ich wusste noch nicht, worauf ich meine Leidenschaft mit allen Konsequenzen ausrichten sollte. Damals kannte ich mein eigenes Inneres noch nicht.

In einer entscheidenden Phase aber lernte ich Menschen kennen, die von etwas anderem bewegt waren. Bei ihnen spürte ich wohl Authentizität und Intensität. Aber sie waren auf etwas anderes ausgerichtet als Wissen, Lust und Erleben. Menschen, die mit allen Kräften für Gerechtigkeit kämpften, Menschen wie der Gründer der ›Arche‹, Jean Vanier, der sich mit einer Lebensleidenschaft auf Menschen mit Behinderungen einließ und Gemeinschaften mit ihnen zusammen aufbaute. Einmal sah ich jemanden im Gebet, wie ich noch nie einen Menschen im Gebet erlebt hatte. Da gingen langsam andere Welten für mich auf. Sie ließen sich aber nicht ohne weiteres erobern. Ich merkte, ich musste ganz Neues lernen. Ich musste anfangen, mein inneres Leben kennen und neu ordnen zu lernen.

Damit hatte ich schon begonnen, bevor ich in Dinklage eintrat, aber noch war der Zustand sehr chaotisch. Heftig und stark drückten sich meine Leidenschaften nach Leben aus. Im Kloster entdeckte ich, dass das schöne Geordnetsein, die schlichte Anziehungskraft und die Tiefe, die hier spürbar waren, mit einem ›Leben nach dem Evangelium‹

zusammenhingen. In den Probejahren entdeckte ich, dass zum benediktinischen *Ora et labora – Bete und arbeite* – nicht nur die Arbeit für den Lebensunterhalt gehörte, sondern auch die Arbeit an sich. Ich lernte, dass nach dem Evangelium leben heißt: Mensch werden in Gemeinschaft mit Jesus und sich von innen heraus nach seiner Gestalt formen lassen.

Wie sollte ich Mensch werden – auf diesem engen Raum mit ungefähr 30 Mitschwestern, weit ab von der bunten Welt des Familien- und Berufslebens, mit sehr schmalen Aussichten auf Selbstverwirklichung, Ablenkung, Tapetenwechsel? Ich hatte Abschied von meinen Berufsplänen genommen. Das Gemeinschaftsleben, das Schweigen, der Gehorsam, die enge Tagesordnung brachten mich immer wieder zur Strecke. Ich musste lernen, mit meinen Gelüsten nach Begegnungen zu leben, nach Zusammensein mit geliebten Menschen, Essen gehen, Büchern, Musik und Theater, ohne Aussicht auf Befriedigung. Die Intimität der partnerschaftlichen Liebe vermisste ich manchmal sehr. – Allerdings, hätte ich Kinder gehabt, sie hätten sich mit mir wahrscheinlich schwer getan. Denn sicher wäre ich keine ausreichend geduldige Mutter gewesen. Das wusste ich. Deshalb habe ich auch nicht so sehr unter Kinderlosigkeit gelitten. – Ich entdeckte aber, dass ich von einer Stelle im engen Raum Kloster in die Tiefe hineintauchen konnte. In dieser Tiefe habe ich meinen Enttäuschungen und meiner Traurigkeit, meinem Zorn, meinem Neid und meiner Frustration ins Gesicht gesehen, ohne ihnen ausweichen zu können. Ich wurde immer sicherer, dass ich diesen Weg weiter gehen wollte. Ich war lange genug durchs Leben gesurft, jetzt hatte ich das Tauchen entdeckt, und ich wollte nicht davon lassen.

In einer der grundlegenden Schichten des monastischen Lebens geht es um den Umgang mit den Leidenschaften, wobei damit nur zum Teil das gemeint ist, was wir heute unter ›Leidenschaften‹ verstehen. Man erkennt, dass manche ›Leidenschaften‹ vordergründig sind, dass hinter ihnen andere, tief verwurzelte ›Anhänglichkeiten‹ stecken, die der Reife und der Freiheit noch mehr entgegenstehen als etwa Eifersucht, Jähzorn oder die Sehnsucht nach Lustbefriedigung, Liebe und Anerkennung. Ich kann mich zum Beispiel an Illusionen über die eigenen Talente, an die Vorstellung der eigenen Bedeutung oder an dem Wunsch, alles unter Kontrolle zu haben, festklammern. Oder an einem schmeichelhaften Selbstbild, weit weg von der Realität. Solche Anhaftungen sind für mich die schwierigsten ›Leidenschaften‹.

Dass das Klosterleben eine Existenz in Niedrigkeit bedeutet, streite ich leidenschaftlich ab! Der heilige Benedikt spricht die Menschen an, die ›das Leben lieben und gute Tage zu sehen wünschen‹. Sie bringen die Gaben, die Gott ihnen gegeben hat, zur Entfaltung und dienen ihm und der Klostergemeinschaft mit ihren Fähigkeiten. Die Mönche sollen sich gegenseitig dienen, aber niemand ist Knecht oder Magd eines anderen. Man lernt, die Leiter der Demut zu erklimmen, und man wird dabei nicht kleiner oder niedriger, als man ist, sondern ehrlicher und wahrhaftiger, als man war.

Innere Freiheit

Außerhalb des Klosters sieht man nur einen Teil davon. So wie wir von außen die ›Persona‹ der anderen wahrnehmen, nicht aber ihre Innenseite, ist es auch mit einem Kloster. Oft sagt ein Gast zu einer Schwester: ›Sie leben hier in einem kleinen Paradies.‹ Er erlebt Ruhe, Ordnung, meditativen Gottesdienst, geschulten Gesang. Er kann sich nicht vorstellen, dass die Menschen im Kloster zur gleichen Menschheitsfamilie gehören wie er selbst. Sie sind aber nicht anders. Der Unterschied ist, dass Frauen und Männer, die sich für das Klosterleben entscheiden, ihre Lebensziele auswechseln, das Streben nach Geld, Karriere, Freizeit, Sex, Familie, Kultur ist vorbei. Sie haben eine existenzielle Erfahrung gemacht, die sie das Leben hier und jetzt als nur einen Teil in einem viel größeren Zusammenhang sehen lässt. Vieles, was nach Glück aussah, erkennen sie für sich jetzt als Illusion, sie stellen ihren Kompass ein in Richtung Wirklichkeit und Wahrhaftigkeit. Dafür braucht man nicht im Kloster zu sein, aber viele Menschen entdecken das Kloster als den Raum, in dem sie diesen Weg gehen können.

Im Johannesevangelium sagt Jesus: ›Die Wahrheit wird euch frei machen‹ (Johannes 8,32). Wenn man im Kloster mehrere Krisen überstanden und sich für den Weg der Befreiung der Illusionen entschieden hat, wird diese innere Freiheit, die die Wahrheit uns schenkt, zum Ziel des Lebens. Der Rahmen, der nach vielen Vorschriften aussieht, gleicht mehr der Partitur für die Musik eines Lebens auf der Suche nach innerer Freiheit. Die Musik und das eigene Instrument kennen und spielen zu lernen kostet viel Disziplin – jahrelang. Die Partitur zeigt mir einen Weg zur Befreiung aus meiner Stummheit, meinen Missklängen, meinem egozentrischen Solospiel. Ob ein solches Leben und das Gebet, das sein Ausdruck ist, der Welt etwas nützt? Ich weiß es nicht. Ich weiß nur, dass Menschen, die so gelebt haben, mir in meinem Leben helfen konnten. Ich hoffe, dass mein Leben auch jemandem helfen kann. Wem und wie, brauche ich nicht zu wissen, es genügt mir zu wissen, dass niemandes Stimme – auch meine nicht – in der Musik des Kosmos verloren geht. Dazu ist Gott in Christus Mensch geworden.«

Monika Thumm, Äbtissin der Zisterzienserabtei Wurmsbach am Zürichsee/Schweiz

»In vielen Gesprächen mit jungen Menschen, in der Begleitung unserer jungen Schwestern, nicht zuletzt aber in meiner eigenen Lebensgeschichte bin ich immer wieder auf das Geheimnis *Berufung* gestoßen.

Die eigene Berufung finden, heißt für mich, den Platz in der Welt entdecken, den Gott für mich vorgesehen hat, den Platz, an dem Gott gerade mich in meiner Einzigartigkeit braucht, damit ich seine Welt mitgestalte. Dieser Platz wird gewöhnlich nicht einfach ein Platz an der

Bild gegenüber: Die Marienverehrung der Zisterzienserinnen und Zistzienser, hier in einer Illustration, die dem Kloster Cîteaux gewidmet ist, war zu allen Zeiten ein zentrales Thema der bildenden Kunst. Die deutsche Übersetzung des lateinischen Textes lautet:
Wie dir der heilige Orden von Cîteaux gefallen möge,
das beweist uns zuerst sein Erscheinungsbild:
Möge er darum unter deiner Segenshuld sicher sein
und dir ergeben vor anderen, seligste Jungfrau.

Quam tibi Cisterci placeat sanctissimus ordo.
Hec nobis primum ostensio facta probat:
Ergo tuo maneat semp sub numine tutus.
Deditus ante alios Virgo beata tibi.

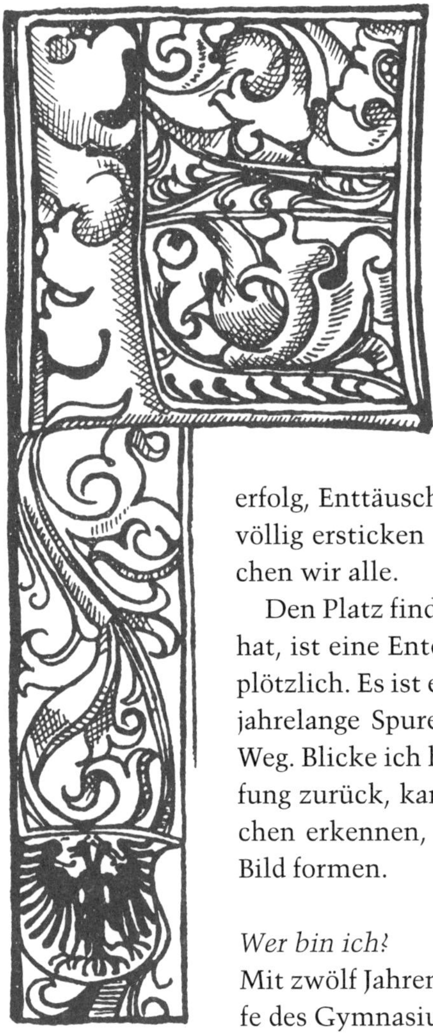

Sonne sein. Ich werde nicht weniger als alle anderen den Stürmen des Lebens ausgesetzt sein. Und dennoch: Es wird der einzige Platz sein, wo ich glücklich werde – glücklich nicht in einem oberflächlichen Sinn. Ein Lottogewinn, ein bestandenes Examen, eine Ferienreise – all das sind Glückserfahrungen. Doch es gibt eine Art Freude, die viel tiefer geht. Ihr ist es eigen, dass auch Misserfolg, Enttäuschung, Lasten und Sorgen sie nicht völlig ersticken können. Gerade dieses Glück suchen wir alle.

Den Platz finden, den Gott für mich vorgesehen hat, ist eine Entdeckungsreise. Man hat ihn nicht plötzlich. Es ist ein Vor- und Weitertasten, eine oft jahrelange Spurensuche, ein oft jahrzehntelanger Weg. Blicke ich heute auf meine persönliche Berufung zurück, kann ich verschiedene Mosaiksteinchen erkennen, die sich, je älter ich werde, zum Bild formen.

Wer bin ich?

Mit zwölf Jahren – ich war gerade in der Unterstufe des Gymnasiums – sagte ich zu meiner Mutter:

Ein besonders schönes Zeugnis der Marienverehrung im Zisterzienserorden ist der Marienpsalter von Zinna in der Mark Brandenburg, der 1492/1493 in der Druckerei des dortigen Zisterzienserklosters hergestellt wurde. Die P-Initiale ist einer Seite des Originaldrucks entnommen; unten der Doppeladler als Zeichen kaiserlicher Huld.

›Ich werde einmal Musik studieren.‹ Sie meinte lachend: ›Bis dahin ist es noch lang. Bis du das Abitur hast, wird dir noch vieles in den Sinn kommen.‹ Sie glaubte es mir also nicht, musste ich feststellen. Für mich aber war es ein unumkehrbarer Entschluss – es gab nichts mehr daran zu rütteln. Wenn die Erwachsenen das nicht verstanden, konnte man eben nichts machen. Die Schuljahre verliefen mit ihren Hochs und Tiefs, mit Krisen und mancherlei Fragen, aber eines stand für mich nie in Frage, dass mein Beruf und meine Berufung die Musik war. Die Zweifel, die sich in meinen jugendlichen Träumereien einstellten, drehten sich einzig darum, ob ich wohl Konzertpianistin, Cembalistin oder Komponistin werden sollte.

Wie zu erwarten, wurden meine kindlichen und pubertären Höhenflüge nach und nach von der Realität eingeholt. Doch im Kern hatte ich gespürt, was meine besondere Gabe war, die zu entfalten es galt.

Irgendwann stellt sich wohl jedem Menschen die Frage: Wer bin ich? Was sind meine besonderen Fähigkeiten? Welches sind die Gaben, die mir auf den Lebensweg mitgegeben wurden? Darin erfahre ich meine Einzigartigkeit und unterscheide mich von anderen. Es geht um meinen persönlichen Beitrag zu Gottes Welt. Indem ich langsam meine Identität entdecke, finde ich eine wichtige Spur.

Der 18-jährigen Jugendlichen, die ich damals war, galt die Musik als *L'art pour l'art* (Kunst für die Kunst). Ich war richtiggehend verliebt in sie. Dazu kam das große Glück, dass sich mir die Türen der Musikhochschule auftaten. Vielleicht hätte ich tatsächlich für die Musik gelebt, wäre da neben der Faszination rund um diese Kunst nicht ein zweiter Strom gewesen, der den ersten durchkreuzte.

Gegen Ende meiner Gymnasialzeit trieb mich immer mehr die Frage nach Gott um. Hing es mit den Grundfragen zusammen, die jeden Menschen einmal einholen: ›Wer bin ich? – Woher komme ich? – Wohin gehe ich?‹, oder stellten sich durch gelegentliche schulische Grenzerfahrungen, den Leistungsdruck, die Angst zu versagen und den Konkurrenzkampf in der Klasse, plötzlich ganz neue und andere Fragen? – Ich weiß es nicht.

In dieser Phase geschah ein paar Mal beim Chorsingen etwas Merkwürdiges. Der geistliche Text des Liedsatzes bekam eine so noch nie erlebte Macht über mich. Die Musik trat völlig hinter der Botschaft der Worte zurück. Es waren eigentlich ganz alltägliche Situationen. Merkwürdig war eher, dass ich diese Momente nie mehr vergessen habe.

Damit begann sich ein Wendepunkt abzuzeichnen. Hatte die Musik sich bisher selbst genügt, so stand sie jetzt im Dienst eines Größeren. Da war Gott. Er war größer.

Und dann noch eine zweite Schlüsselerfahrung, wohl die entscheidenste. Es war während eines Morgengebets in Taizé. Ich stand auf der Seite der Orgel, nicht weit von den Brüdern, und die Sonne warf durch die bunten Scheiben ihr farbiges Licht in den Kirchenraum. Während wir die Psalmen sangen, wusste ich auf einmal mit ungeheurer Klarheit, dass mich das, was wir in dieser Stunde taten, für den Rest meines Lebens verpflichtete. Wollte ich mir selbst im Tiefsten treu sein, musste das Gotteslob von nun an ebenso in die Mitte meines Lebens rücken, wie es im Leben der Brüder von Taizé stand.

Auch das ein Moment, in dem das Ganze schon eingefangen war, alltäglich und gewöhnlich. Unzählige ähnliche Augenblicke sollten ihm noch folgen. Aber all das wusste ich damals nicht.

An ein Leben im Kloster dachte ich mit keinem Gedanken. Doch durch das, was ich verstanden hatte, drang etwas Neues in mein Leben. Von nun an hatten die Psalmen und biblischen Texte einen Platz in jedem Tag – auch unter den unmöglichsten Umständen. Zeiten der Stille wurden mir immer wichtiger, nicht nur zum Beten, sondern ebenso zum Nachdenken. So verwandelte sich manches merklich oder unmerklich. Aus der Berufung, der Musik zu dienen, wurde eine Berufung zum Lob Gottes.

Von Frère Roger Schutz aus Taizé stammt der Rat: ›Lebe das, was du vom Evangelium verstanden hast – und sei es noch so wenig.‹ Oft haben wir nicht mehr als eine kleine Ahnung unserer Berufung. Wir müssen nicht mehr als dieser Spur folgen, dann kann Gott mit uns weitergehen. Franz von Assisi hörte den Ruf Christi: ›Geh Franziskus, baue mein Haus wieder auf!‹ – Er konnte in diesem Auftrag zunächst nichts anderes sehen, als das verfallene Kirchlein San Damiano aus Steinen wieder aufzubauen; und das tat er. Gott ging Schritt für Schritt mit ihm weiter zum eigentlichen und viel größeren Auftrag: Seine Kirche zu erneuern.

Der lange Atem

An diesem Punkt meiner Geschichte hatte ich nicht mehr und nicht weniger als eine Spur meiner Berufung. Es folgte ein langer und schwieriger Weg. Dazu gehörten die Spannungen, ja manchmal Zerreißproben im Elternhaus, da meine Hinwendung zur Kirche die Familie irritierte. Dazu gehörte die Erfahrung, allein zu sein, nicht verstanden zu werden.

Und doch war da etwas Größeres, stärker als alle Schwierigkeiten. Damals lernte ich, mir selber treu zu sein und, wenn es sein muss, gegen den Strom zu schwimmen. Und ich lernte den Preis zu zahlen, den all dies kostet.

Und irgendwann konnte ich der Frage nicht mehr ausweichen, was Gott eigentlich und letztlich von mir will. Bei meinen häufigen Besuchen in Taizé ließ sich die Frage nicht verdrängen, ob Gott vielleicht auch mich in eine Gemeinschaft ruft. Doch allein der Gedanke daran ließ schon die Angst in mir hochkriechen. Ein traditionelles Klosterleben war für mich unvorstellbar. Nicht zu reden von den Konsequenzen. Wäre ich überhaupt stark genug, den Widerstand der Familie auszuhalten, das Kopfschütteln meiner Kolleginnen und Kollegen? Wäre ich stark genug, die Sympathien meiner Bekannten und Freundinnen aufs Spiel zu setzen? Und dann – nie eine eigene Familie, nie Kinder ... Immer wieder klammerte ich mich an die Hoffnung, dass Gott ›es‹ nicht will!

In dieser Zeit stellte ich mich in Gedanken manchmal an das Ende meines Lebens. Was sollte es am Ende einmal sein? Ich spürte mehr und mehr, dass am Schluss nur ein Bedauern sein könnte, wenn ich aus Angst ausweiche und Gott nicht alles geben würde. Mein Leben käme nicht zur Fülle. Der Ruf Gottes war nie eine leise Frage: ›Willst du?‹ Ich war frei, ja oder nein zu sagen.

Aus einem langen Ringen mit Gott und mir selbst ging ein Ja hervor. ›Ja, ich will!‹ - ›Ja, ich komme!‹ Wohin, das wusste ich auch noch nicht.

In diesen Jahren machte ich die Erfahrung, dass Berufung einerseits ein Geschenk des Himmels ist, andererseits aber geerdet sein will. Gott ergreift zwar die Initiative – aber er wartet auf unsere Antwort, auch unser Mittun. Ist mir das Geschenk seiner Freundschaft einen wagemutigen Einsatz wert? Habe ich den Mut, etwas aufs Spiel zu setzen, vielleicht sogar alles?

Als dann mein Vater unerwartet schnell an Krebs starb und nicht klar war, wie es mit der kranken Mutter weitergehen sollte, schienen mit einem Schlag alle meine Zukunftspläne zu zerbrechen. Hatte ich mich getäuscht? War ich wirklich sicher, dass Gott mich in einer Gemeinschaft wollte? Es ging ja alles nicht ... Alles schien dagegen zu sprechen. Alle Türen schienen verschlossen.

Und doch: Wenn Gott Gott ist, dann sieht er weiter als wir. Er handelt jenseits unserer menschlichen Berechenbarkeit. Es kam der Tag, an dem sich unsere familiären Sorgen soweit gelöst hatten, dass ich frei war. Und es kam der Tag, an dem ich einer Klostergemeinschaft begegnete und tief im Herzen spürte, dass da mein Platz war. Es kam die Zeit, in der ich gegen alle Angst den entscheidenden Schritt zu tun wagte.

Auf der Spur weitergehen

Mit dem Klostereintritt war meine Berufungsgeschichte nicht zu Ende, auch nicht mit der Profess (Ablegung des feierlichen Ordensgelübdes) oder der Wahl zur Äbtissin. Bis heute geht es darum, den Sinnlinien Gottes nachzuwandern und immer mehr die zu werden, die ich nach seinem Plan sein soll. Gott will uns glücklich. Das Schwierige daran ist, dass wir Menschen das Glück auf direktem Weg erreichen

Graduale der Zisterzienserabtei Seligenthal. Das Bild beinhaltet die Umsetzung folgender Anmerkung der Schreibernonne: »hiems transiit, abit et recessit, flores apparuerunt in terra. vox tuturis audita est« (Der Winter ging vorüber, ging fort und ist verschwunden. Die Erde zeigt sich im Blumenschmuck. Das Gurren der Taube ist wieder zu hören), Hohes Lied 2,11.

wollen. Und das geht in vielen Fällen schief. Selbstverwirklichung nach eigenem Plan läuft oft ins Leere. Da ist die Frage: Welchem Ruf folge ich? Dem Ruf meines eigenen Willens oder dem Ruf eines Größeren?

Echtes Glück habe ich viel öfter gefunden, wenn ich mich den schicksalhaften Fügungen nicht in den Weg stellte, sondern mich auf das einließ, was das Leben eben brachte, wenn es mir gelang, mich ans Leben und an die anderen, letztlich an Gott zu verschenken. Wenn wir uns auf das Leben einlassen, mit seinen hellen und dunklen Seiten, und unser Glück nicht selbst zu schmieden versuchen, dann kann es sein, dass es uns wie nebenbei geschenkt wird.

Die Wahl zur Äbtissin war für mich Gewinnen *und* Verlieren zugleich. Neben den schönen Seiten des Amtes hieß es auch, viel Liebgewordenes loszulassen. Doch was ist Gewinnen und was ist Verlie-

ren? Können wir das aus unserer menschlichen Begrenztheit heraus beurteilen? Etwas davon berührt das schwierige Wort Jesu: ›Wer das Leben gewinnen will, wird es verlieren; wer aber das Leben um meinetwillen verliert, wird es gewinnen‹ (Matthäus 10,39).

Für mich ist es wichtig geworden, regelmäßig mein Leben zu überdenken – sei es auf einem Spaziergang oder beim Tagebuchschreiben. Es gibt Zeichen an unserem Weg, in denen Gott zu uns spricht: Ereignisse, Menschen, Erfolg, Misserfolg, Ermutigungen und Enttäuschungen. Das soll nicht heißen, dass wir alle Fragen und Rätsel lösen können, wenn wir sie durchdenken. Im Gegenteil: In manch einer schwierigen Situation kam bei mir erst dann innere Klarheit, als ich auf mein Herz hörte.

Auch heute versuche ich in meinem Klosterleben, auf dieser Spur zu bleiben, keine allzu konkreten Erwartungen ans Leben zu haben, sondern mich immer wieder auf Neues einzulassen. Auch wenn meine heutigen Aufgaben ganz anderer Art sind, als ich als Musikstudentin geahnt hätte, so sehe ich doch auch jetzt noch diesen durchgehenden roten Faden. Was einmal Beruf war, ist wieder zum Hobby geworden. Manchmal ist die Musik für mich auch eine Art zu beten; besonders dann, wenn ich in freien Stunden für unsere Wurmsbacher Liturgie komponiere. Geht es nicht letztlich darum, Gott nicht nur zu loben, sondern Lob Gottes zu *werden*?

Gott führt uns weiter, über das hinaus, mit dem wir am Anfang beginnen. Wir sind nie am Ziel. Solange wir leben, sind wir am Werden. Und es geht schließlich darum, *der* Mensch zu werden, den Gott sich ausgedacht hat, von Anfang an, und immer mehr in Gottesbild von uns hineinzuwachsen. Unmerklich setzen sich die Mosaiksteinchen zum Bild zusammen, auch durch Farben, die scheinbar nicht dazu passen. Wie werden wir staunen, wenn wir einmal das Ganze sehen ...«

»Wenn wir uns auf das Leben einlassen, mit seinen hellen und dunklen Seiten, und unser Glück nicht selbst zu schmieden versuchen, dann kann es sein, dass es uns wie nebenbei geschenkt wird.«
Bild gegenüber: Die Auferstehung Christi von Albrecht Dürer.

Zisterzienserinnenklöster und Buchkunst der Zisterzienser

Die Zisterzienserinnenklöster sind aus der Frauenbewegung des 12. und 13. Jahrhunderts hervorgegangen. Ihre Entwicklung vollzog sich schneller als die der Mönchsklöster. Diesen waren die Nonnenklöster vor allem im deutschen Sprachraum auch zahlenmäßig überlegen.

Von den Mönchsklöstern unterscheiden sich die Nonnenklöster durch die Eigenständigkeit ihrer Geschichte, die Lage ihrer Klöster und die Bauart ihrer Kirchen. Das fruchtbare religiöse Leben, das seit Bestehen der Klöster vorbildlich praktiziert wird und vielen Menschen auch außerhalb der Klöster zugute kommt, spiegelt sich besonders in der klösterlichen Buchkunst.

Auf den Bildseiten 308 bis 313 wird daher ein zusammenhängender Einblick gegeben, ein Querschnitt aus der etwa 400-jährigen Arbeit in den Schreibstuben der Klöster. Trotz der Verluste an Handschriften durch Brand, Krieg, durch die Reformation und nicht zuletzt durch die Enteignung der Klöster während der Säkularisation zu Beginn des 19. Jahrhunderts ist der vorhandene Bestand noch sehr bedeutend. Erstaunlich, dass vor allem viele zisterziensische Handschriften, die sich in den Klöstern und in öffentlichen Bibliotheken befinden, bisher kaum eine wissenschaftliche Darstellung und kunsthistorische Wertung erfahren haben.

Die Bildfolge Seite 308 ff. zeigt Abbildungen aus Büchern, die vorwiegend zur Feier der Liturgie, zur Erbauung und für Bibellesungen verwendet wurden. An den Anfang dieser Bildsequenz ist bewusst eine Abbildung aus der Stephansbibel als Beispiel für frühe klösterliche Buchkultur gestellt.

Erläuterungen zur Bildfolge
Seite 308 bis 313

Seite 308: Der Löwe als Symbol des Evangelisten Markus auf der ersten Seite des Markus-Evangeliums in der nach Abt Stephan Harding (1109 bis 1134) benannten Stephansbibel der Zisterzienserabtei Cîteaux. Die aufrecht stehende Figur des Löwen unterstreicht den Anfangsbuchstaben des Evangeliums, das I des Incipit *(Es beginnt).*

Seite 309: Titelseite des ersten Buches der Moralia in Job. *Wie auf dieser Seite mit der Darstellung des fliegenden Drachen, dem Basilisken und obersten der Dämonen, wurden mit solchen und ähnlichen Darstellungen den Nonnen und Mönchen die Anfechtungen veranschaulicht, die ihnen von innen und außen drohten. Dämonen in ihrem Versuch, den Menschen zu sündhaftem Handeln zu verleiten, durchziehen die gesamte* Moralia, *entstanden im Zisterzienserkloster Cîteaux um die Mitte des 12. Jahrhunderts.*

Seite 310: Die Vertreibung Adams und Evas aus dem Paradies durch den Engel Gottes; aus einem spätromanischen Psalterium des Zisterzienserinnenklosters Wöltigerode bei Goslar, erste Hälfte des 13. Jahrhunderts.

Seite 311: Abbildung aus einem Zisterzienser-Brevier um 1260, Initiale H. Oben Papst Leo der Große (440 bis 461) am Pult schreibend, daneben kniende Zisterzienserin, vielleicht eine Äbtissin, die den Text des Kirchenlehrers in Empfang nehmen möchte. Die Handschrift entstand im Eberbacher Skriptorium und diente einem der 16 Frauenklöster, die Eberbach unterstanden.

Seite 312: Titelseite des Güterbuches (Urbarium Tennenbachense) *des Zisterzienserklosters Tennenbach im Breisgau, verfasst von Abt Johann Zenlin (1337 bis 1353). Die Miniatur zeigt zwei Bildkreise in Initialbuchstaben mit daneben stehenden Texten. O-Initiale: Auf einer Wolkenbank stehen Gottvater, dazwischen der Heilige Geist als mannshohe Taube, darunter die Heiligen Benedikt und Bernhard. Die S-Initiale zeigt zwei Bildgruppen: oben Zisterzienserabt, unten am Schreibpult Mönch mit Buch, davor Konverse (Laienbruder) mit hinzu tretendem Bauern.*

Seite 313: Miniatur aus einem Zisterzienser-Graduale des Frauenklosters Wonnental im Breisgau um die Mitte des 15. Jahrhunderts. Die Filigran-Initiale O stellt die Vision Bernhards von Clairvaux dar, wie Christus sich ihm vom Kreuz herab zuneigt, um ihn zu umarmen. Ein Ordensbruder ist als Zeuge zugegen und verehrt dieses Wunder. Die Dämonen links und rechts in der O-Füllung haben durch dieses Wunder ihren bedrohlichen Charakter verloren und fungieren nur noch als dekoratives Beiwerk.

REVE
RENTIS
SIMO
ET SCTISSIMO
FRI LEANDRO
CO EPO
GREGORI
SERVVS
SERVORV DI:

sollempnitatem dilectissi
mi.inprecipuis festis esse

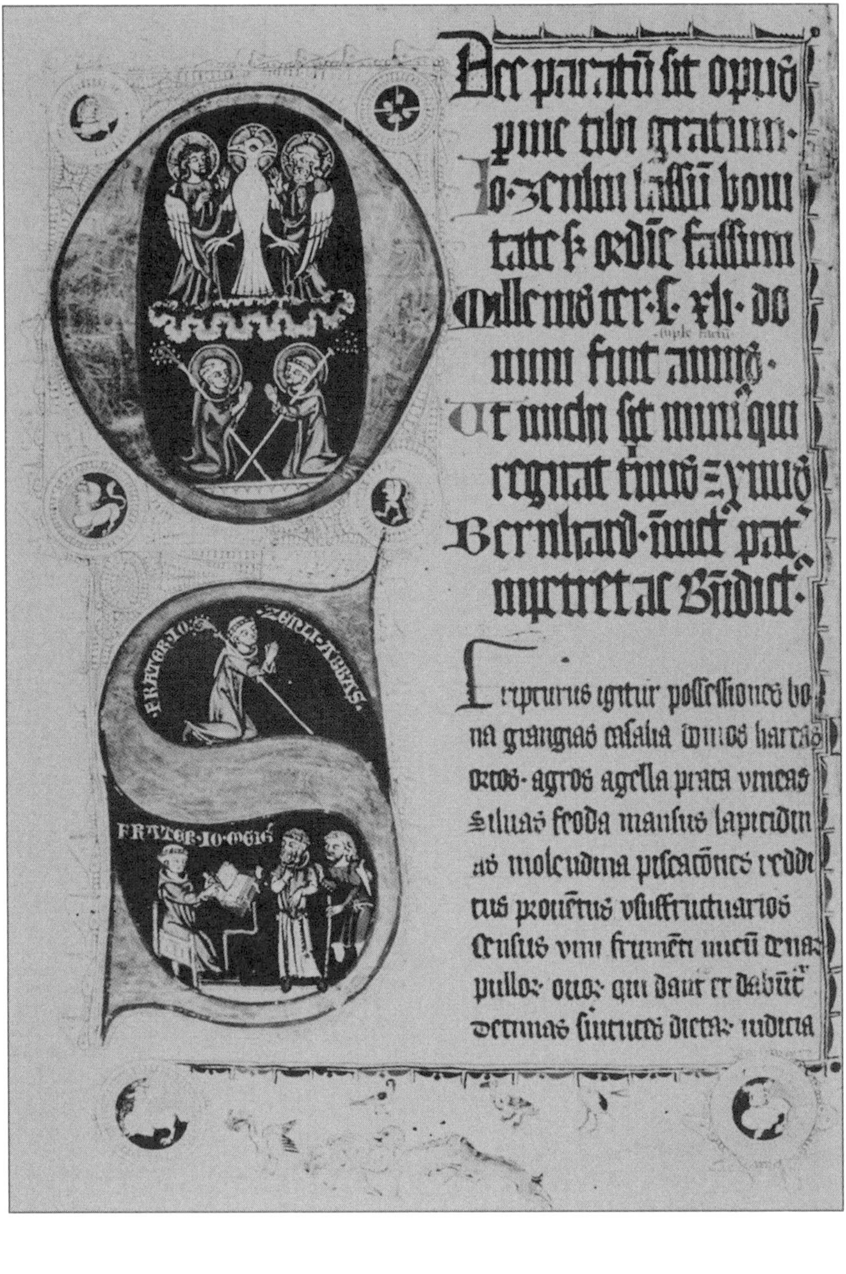

bernharde

Martin Werlen, Abt der Benediktinerabtei Maria Einsiedeln/Schweiz
»›Bist du glücklich?‹, so fragte mich kürzlich ein Bekannter, dem ich zufälligerweise auf dem Hauptbahnhof in Zürich begegnete. Ich konnte nicht mit einem Ja antworten, und das irritierte meinen Gesprächspartner. Nein, glücklich bin ich noch lange nicht – dafür habe ich noch zu viele unerfüllte Wünsche und Visionen. Glücklich werden wir erst dann sein, wenn unsere Sehnsucht nach Leben ganz erfüllt ist. Darum nennen wir ja auch diejenigen Glückliche, die das Ziel ihres Lebens erreicht haben: die Heiligen. Das Kloster ist nicht das Ziel meines Lebens. Das Kloster ist ein möglicher Weg zu diesem Ziel. Dass ich aber im Kloster Einsiedeln auf dem Weg zum Glück bin – davon bin ich überzeugt.

Die Karwoche 1981 war für meinen weiteren Lebensweg von großer Bedeutung. Seit drei Jahren schon war ich Organist in meiner Heimat- und der Nachbarpfarrei. Nun machte ich einen Besuch beim Pfarrer, um die Liturgie der bevorstehenden Tage zu besprechen. Soeben war die Post angekommen.

Auf dem Schreibtisch des Pfarrers lag auch eine Ansichtssendung der neuesten Publikationen des Benziger Verlags. Ein Buch fiel mir sofort in die Augen: *Die Benediktsregel. Eine Anleitung zu christlichem Leben. Der vollständige Text der Regel übersetzt und erklärt von Georg Holzherr, Abt von Einsiedeln.* Ich konnte mich erinnern, einmal im Geschichtsunterricht etwas vom heiligen Benedikt und seinem großen Einfluss auf die abendländische Kultur gehört zu haben. Aber seine Mönchsregel hatte ich noch nie gesehen. Ich fragte den Pfarrer, ob ich das Buch einmal zum Lesen mitnehmen könne. Und so begann ich mit der Lektüre der Benediktsregel – und war vom ersten Wort an gefesselt: ›Höre, mein Sohn, auf die Lehren des Meisters, und neige das Ohr deines Herzens.‹ Ich war angesprochen – ich wusste: Das ist mein Weg. Besonders beeindruckt hatte mich schon damals die Weitsicht des heiligen Benedikt, der weiß, wohin der Mensch unterwegs ist, dabei aber den Blick für das Unscheinbare, vor allem für die Unscheinbaren nicht verliert.

Mit großer Begeisterung ging ich zum Pfarrer und erklärte ihm, dass ich Benediktiner werden wolle. Er ließ sich von meiner Begeisterung nicht anstecken. Auf gut benediktinische Art (Benedikt mahnt, dass man den Eintritt nicht leicht gewähren soll) brachte er mich zurück auf den Boden der Realität. Die Regel sei eines, wie sie gelebt werde, ein anderes. Ich solle doch einmal mit dem Theologiestudium beginnen. Ein Klostereintritt sei dann immer noch möglich. Ich ließ mich überreden. Seit der Karwoche 1981 las ich jeden Tag in der Regel des heiligen Benedikt und nach den Osterferien 1981 hing in meinem Zimmer ein Poster mit der ältesten Darstellung Benedikts.

Nach Erlangen der pädagogischen Matura (entspricht dem deutschen Abitur) im Sommer 1982 besuchte ich die Rekrutenschule und begann im November das Theologiestudium an der Theologischen Hochschule Chur. Obwohl ich mich dort sehr wohl fühlte, wurde die Sehnsucht nach einem Klostereintritt immer stärker. Da ich kein Benediktinerkloster kannte und auch keinen Mönch, war Einsiedeln das Benediktinerkloster, das für mich in Frage kam. Der Name des Klosters stand ja auch auf dem Buch, das mich das benediktinische Leben kennen lernen ließ. Im Januar machte ich eine Wallfahrt nach Einsiedeln. Anfang Mai 1983 schrieb ich einen Brief an Abt Georg Holzherr und bat um die Möglichkeit, an einem Samstag oder Sonntag das Kloster von innen kennen lernen zu dürfen. Der Novizenmeister antwortete mir. Am Dreifaltigkeitssonntag 1983 war es soweit. Es war klar: Das ist der Ort meiner Gottsuche und Gottesbegegnung, der Ort meiner Menschwerdung. Und so trat ich am 1. September 1983 ins Kloster Einsiedeln ein.

Ort meiner Gottsuche

Bei der Aufnahme eines Interessenten für das klösterliche Leben soll man nach der Weisung des heiligen Benedikt darauf achten, ob einer wirklich Gott sucht. Ja, das wollte ich, das war meine tiefste Sehnsucht. Bald musste ich jedoch feststellen, dass da offensichtlich auch andere Motivationen mitspielten. Gerade die ersten Wochen waren eine große Herausforderung. Die mir zugeteilte Arbeit im Garten fiel mir nicht leicht. Ich dachte an die vielen Aktivitäten, mit denen ich zuvor vielen Menschen Freude bereiten konnte – und jetzt vergrub ich meine Fähigkeiten und arbeitete im Garten. Das war ja genau der Einwand, den befreundete Menschen in den vergangenen Wochen immer wieder gebracht hatten. Es war nicht einfach, die Gottsuche in den Mittelpunkt zu stellen, alles loszulassen, was mir vorher wichtig war und auch viel Sympathie einbrachte. Gerade in dieser Aufgabe habe ich das Kloster als eine große Schule erfahren. Dabei denke ich besonders an das Noviziat, in dem ich mich unter Anleitung des Novizenmeisters ein Jahr lang intensiv mit der Benediktsregel auseinander setzen konnte und Arbeiten erledigen musste, die ganz im Verborgenen blieben. Eine harte Schule. In der geistlichen Begleitung konnte ich an der Herausforderung arbeiten, die sich aus dem Zusammenleben mit Mitbrüdern ergab, mit denen ich meine große Mühe hatte.

Das Studienjahr in St. Meinrad/Indiana in den USA half mir, vieles loszulassen, das mir sehr wichtig war. Die Abwesenheit der Berge machte mir sehr zu schaffen. Denn die Berge galten mir seit meiner Kindheit in besonderer Weise als Orte der Gegenwart Gottes. Und jetzt waren sie mir genommen. Wie nie zuvor habe ich eine Erfahrung der Gottferne gemacht. Ich war gezwungen, tiefer zu suchen. Das Psychologiestudium mit der Lehranalyse war für mich ein zweites Noviziat. In dieser Zeit vertiefte ich mich besonders intensiv in die Regel des heiligen Benedikt.

Anschließend durfte ich als Novizenmeister junge Mönche in die Welt der Benediktsregel einführen. Der Widerstand, dem ich bei dieser Arbeit auch begegnet bin, war eine schwer zu bewältigende Aufgabe. Schmerzlich musste ich lernen, dass das Kloster tatsächlich eine Schule ist, Gott zu suchen. Und das braucht viel Zeit und viel Geduld. Die Zeit als Novizenmeister – eine große Herausforderung in meiner eigenen Gottsuche.

Dann wurde mir die Leitung des Internats anvertraut. Eine Herausforderung ganz anderer Art. Die Arbeit mit jungen Menschen gefiel mir. Aber vieles musste ich loslassen, das mir zuvor sehr wichtig war:

regelmäßige Teilnahme am Klosterleben, besonders an den Gebets- und Mahlzeiten. Aus dieser Arbeit im Internat wurde ich am 10. November 2001 von meinen Brüdern zum 58. Abt des Klosters Einsiedeln gewählt. Das ist heute die Aufgabe, in der ich Gott suchen kann.

Ort der Gottesbegegnungen

Mit der so genannten benediktinischen Devise *Ora et labora* hatte ich von Beginn an große Mühe. Diese Kurzformel fasste meines Erachtens nie das zusammen, um das es Benedikt in seiner Regel ging. Bereits bei der ersten Lektüre war mir klar geworden, dass Gott der Hauptakteur war und nicht der Mensch mit seinem Beten und Arbeiten. Ich freute mich, als ich feststellte, dass *Ora et labora* erst seit knapp 100 Jahren als benediktinische Devise ins Feld geführt wird. Und ich begann mit der Suche nach einer angemesseneren Kurzformel. *Gott ist der immerzu Kommende.* Von diesem Geheimnis ist die Regel Benedikts von Anfang bis Ende beseelt. Gott kommt auf den Menschen zu, er spricht ihn an. ›Höre!‹ – ›Wer ist der Mensch, der das Leben liebt und gute Tage zu sehen wünscht?‹ – ›Liebe Brüder, was kann beglückender für uns sein als dieses Wort des Herrn, der uns einlädt?‹ Im Abt kommt Gott auf den Mönch zu, im Gast, in den Armen, in den Kranken, in den Pilgern, in den Mitbrüdern, in der Heiligen Schrift, in der geistlichen Lesung, in der Meditation, im Stundengebet, in jeder Situation und Begebenheit. Diese Grundbewegung – Gott als der immerzu Kommende – ist Voraussetzung für eine zweite Grundbewegung. *Der Mensch ist der immerzu Gott Suchende.* Deshalb ist auch die Grundfrage bei der Aufnahme eines Bruders: ›Man achte genau darauf, ob der Novize wirklich Gott sucht.‹

Auf den folgenden vier Seiten ist der Benedikt-Zyklus von Albrecht Dürer abgebildet.
Seite 318: Benedikt in der Höhle von Subiaco.
Seite 319: Benedikt in der Einsamkeit.
Seite 320: Benedikt und die Versuchung durch den Teufel.
Seite 321: Benedikt kasteit sich.

Michel Wolgemut
2

Weil Gott ihm überall entgegenkommen will, kann der Mensch ihn überall suchen und in seiner Gegenwart leben. Für den benediktinischen Menschen wird alles zum Einfallstor Gottes: Erfolg und Misserfolg, Arbeit und Gebet, Einsamkeit und Gemeinschaft, Gesundheit und Krankheit. In allem kann und soll Gott verherrlicht werden. Deshalb soll der Mönch immer bereit sein. Dankbar möchte ich hier ein paar alltägliche Erfahrungen weitergeben, in denen ich Gottes Gegenwart in besonderer Weise erleben durfte.

Bruder Jakob arbeitete noch bis ins hohe Alter in der Telefonzentrale. Damals liefen noch alle Verbindungen über die Zentrale. Besonders groß war die Beanspruchung zwischen 17 Uhr und 18.30 Uhr. Mitbrüder wollten telefonieren und erhielten Anrufe. Unsere internen Schüler mussten verbunden werden. Nicht selten passierte es, dass es regelrecht chaotisch wurde: Alle Lichtsignale blinkten, und immer noch kamen neue Anrufe. Was tat Bruder Jakob? Er nahm seinen Rosenkranz, verließ die Telefonzentrale und betete im Klausurgang ein Gesätzlein vom Rosenkranz. Als er zurückkam, hatte sich alles wieder beruhigt. Gottes Botschaft war klar: Nimm dich nicht so wichtig! Diese Erfahrung begleitet mich auch jetzt als Abt immer wieder. Durch Bruder Jakob lehrte mich Gott Gelassenheit.

Aus der Zeit meines Theologiestudiums habe ich besonders einen Satz eines Professors in den Ohren und im Herzen behalten. Pater Alfons führte uns in die Welt des Neuen Testaments ein. Wir besprachen die Verkündigungsszene im Lukas-Evangelium. Auf die Botschaft des Engels antwortete Maria mit den Worten: ›Ich bin die Magd des Herrn; mir geschehe, wie du es gesagt hast.‹ Dazu meinte Pater Alfons: ›Es stimmt: Über Maria ist nicht an vielen Stellen im Evangelium die Rede. Aber was könnte über einen Menschen mehr gesagt werden als diese Antwort auf Gottes Ruf?‹ Hier ist mir aufgegangen, worauf es wirklich ankommt.

In den vergangenen Jahren konnte ich einige Menschen auf ihrem letzten Lebensabschnitt begleiten. Ich wurde aber auch mit einigen völlig überraschenden Todesfällen konfrontiert. Dabei kam ich mit

Gott mehrmals ganz gehörig ins Hadern. Ohnmacht, Wut, Sinnlosigkeit machten sich breit. Ich brauchte lange Zeit, bis ich ja sagen konnte. Eine Begegnung hat mich besonders geprägt, es war die Begegnung mit dem beliebten Schweizer Schauspieler Martin Schenkel und seiner Familie. In seinen letzten Lebensmonaten durfte ich ihn auf einem Weg begleiten, der mir selbst sehr geholfen hat, auch zum eigenen Tod ja zu sagen. Ich durfte Martin Schenkel in die katholische Kirche aufnehmen, ihm das Sakrament der Firmung schenken, ihm Christus in der Eucharistie schenken, ihm im Sakrament der Versöhnung Gottes Vergebung zusprechen, bei seiner kirchlichen Eheschließung assistieren und ihn auch beerdigen. Durch Martin Schenkel hat Gott mir die Bedeutung der Sakramente neu bewusst gemacht und die Hoffnung auf die Auferstehung genähert.

Eine Erfahrung des Wirkens des Heiligen Geistes in unserer Mitte sind viele Mitbrüder, die immer neu bereit sind zu hören, was Gott uns sagt, und auch aufzubrechen. Dazu gehören Mitbrüder aus allen Altersstufen. Dieses Zeugnis ist tatsächlich bewegend.

Ort der Menschwerdung

Abt sein ist eine große Herausforderung. Die Aufgaben sind vielseitig. Und von allen Seiten kommen Erwartungen. Nicht zuletzt dank der vielen Briefe, die jeden Tag eintreffen, kann ich mir den Eintritt ins Schwimmbad ersparen und jeden Tag im Büro schwimmen. Manchmal ist es fast zum Davonlaufen. Schon Benedikt machte solche Erfahrungen. Er war einmal ganz außer sich. Seine Mönche wollten ihn vergiften. Er war ihnen zu streng. Nachdem er den Mordversuch entdeckt hatte, verabschiedete er sich von der Gemeinschaft und zog sich in die Einsamkeit zurück. Und genau über diese Zeit schreibt Papst Gregor der Große: ›In der Gegenwart Gottes war er bei sich selbst daheim.‹ Vorher war er offensichtlich auch in der Sicht des Biografen außer sich gewesen. Das ist durchaus verständlich, wenn einen die eigenen Mitbrüder umbringen wollen. Aber jetzt war er nicht mehr außer sich, jetzt war er wieder bei sich selbst daheim.

Ich erfahre das Kloster als eine Hilfe, in der Gegenwart Gottes immer mehr bei mir selbst daheim zu sein, mir nicht davonzulaufen. Und wenn es trotzdem geschieht, erinnert mich spätestens die Verneigung beim ›Ehre sei dem Vater‹ im Gottesdienst wieder daran, dass ich in Gottes Gegenwart leben darf. Das tönt einfacher, als es ist. Tatsächlich gehört es zu den größten Herausforderungen des menschlichen Lebens, sich selbst zu stellen – einfach da zu sein. Das ist hartes Feilen, gegen das ich mich sträube. Ich denke zum Beispiel an Verleumdungen. Erst im Nachhinein entdecke ich, dass ich daran menschlich gereift bin.

Vor ein paar Wochen erkundigte sich die Auszubildende eines Notariats, was Kloster Einsiedeln für eine Gesellschaft sei. Ich antwortete: ›eine lustige Gesellschaft‹. Übers Telefon konnte ich fast mitsehen, wie diese junge Frau die vor ihr liegende Liste aller juristischen Gesellschaften durchschaute und dann antwortete: ›Das gibt es nicht!‹ – ›Doch, doch das gibt es‹, erwiderte ich. Sie bat mich, am Apparat zu bleiben, sie würde ihre Chefin ans Telefon holen. Wir sind tatsächlich eine lustige Gesellschaft: Männer verschiedenen Alters, mit unterschiedlichen Interessen, aus verschiedenen Ländern und verschiedenen Schweizer Kantonen, mit ganz unterschiedlichen Begabungen. Und doch bilden wir eine Gemeinschaft. Wir alle suchen dem gleichen Herrn zu dienen. Manchmal gelingt es uns besser, manchmal schlechter. Wenn ich bei den Mahlzeiten die Mitbrüder anschaue, staune ich immer wieder: Gott traut es uns zu, dass wir heute an diesem Gnadenort leben und hier seine Gegenwart bezeugen! Miteinander und mit unzähligen Menschen, die diesen Ort aus aller Welt besuchen, dürfen wir hier auf dem Weg zum Glück sein, nach dem wir uns alle sehnen.«

Marianus Bieber,
Abt der Benediktinerabtei Niederaltaich/Niederbayern

»Die Beschäftigung mit Literatur während meiner Gymnasialzeit – besonders mit den Werken von Hermann Hesse – begann meine Suche nach etwas anderem Größeren, nach dem Sinn des Lebens auch in eine religiöse und innerliche Richtung zu lenken.

Den entscheidenden Wendepunkt aber brachte die erste große Liebe. Es war eine Frau, die mir die inneren Augen öffnete. Mein Leben vor dieser Begegnung und mein Leben danach sind zwei verschiedene Dinge. An das Davor kann ich nur noch wie an ein vergangenes Leben denken, doch das Danach bleibt mir immer gegenwärtig. Diese Liebe weckte auch die große und tiefe Sehnsucht, die den Weg für die Gottessuche bereiten sollte. Wichtig ist nicht die Sexualität, sondern die Sehnsucht, die die Liebe zu wecken weiß. Entscheidend ist es, die Kraft der ersten Liebe, die in der Jugendzeit aufbricht, auf die ganze Wirklichkeit, vor allem aber auf das große Andere, auf Gott zu lenken.

Wenn ich gefragt werde, ob es sich bei der Berufung zum Mönch um einen Moment oder einen Prozess handelt, kann ich nur für mich antworten: Für mich war diese Liebe der Aufbruch. Insofern gab es einen Zeitpunkt der Berufung. Dem aber folgte ein jahrelanger Prozess der Vertiefung – bis heute. Wichtig waren mir dabei die Beziehung zur Natur – ich lebte mit mehreren Leuten in einem Haus am Waldrand –, die intensive Beschäftigung mit Philosophie und Literatur – meinen damaligen Studiengängen –, vor allem aber die intensive Neigung zur Meditation, die sich mir seinerzeit in der Richtung des Zen-Buddhismus eröffnete. Dies alles prägte meinen Lebensstil in den Jahren zwischen 20 und 30, der zunächst nicht ausschließlich christlich ausgerichtet war – nie besuchte ich etwa kirchliche Gottesdienste –, aber doch intensiv religiös. Einen Lebensstil, angelegt auf Bewusstwerden und Verinnerlichung und dabei ganzheitlich orientiert, etwa in Ernährung oder Wohnung. Im Lauf der Jahre trat die Annäherung an meine eigene Tradition hinzu, die Beschäftigung mit dem Christlichen. Hier war es die byzantinische, östliche Tradition, die mich anzog, vor allem der kontemplative Weg des Herzensgebetes, der für mich bis heute entscheidend ist. Zum Abschluss dieser Zeit zog ich mich für ein halbes Jahr in ein einsames Haus in Griechenland zurück, um ganz dem inneren Gebet zu leben. Am Ende stand die Entscheidung, in das Benediktinerkloster Niederaltaich einzutreten, das auch den byzantinischen Ritus pflegt.

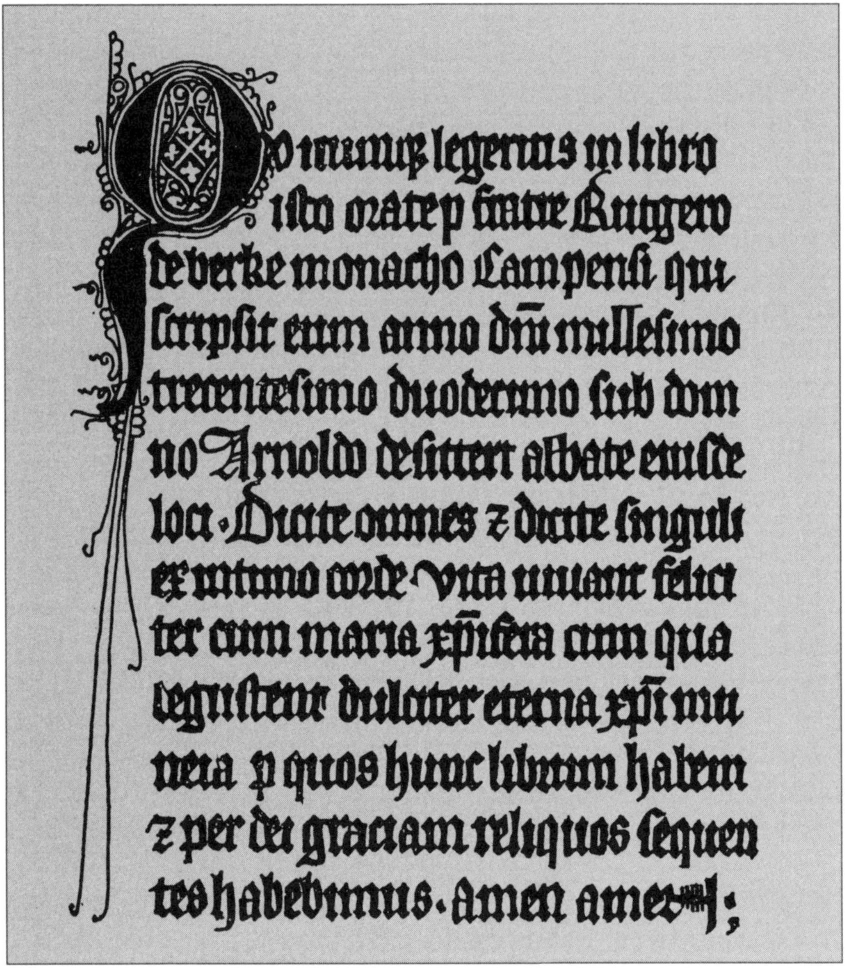

Quociens legeritis in libro
isto orate p fratre Rutgero
de berke monacho Campensi qui
scripsit eum anno dñi millesimo
trecentesimo duodecimo sub domi
no Arnoldo de sittert abbate eiusde
loci. Dicite omnes z dicite singuli
ex intimo corde. Vita vivant felici
ter cum maria xpifera cum qua
requiescant dulciter eterna xpi mu
nera p quos hunc librum habem
z per dei graciam reliquos sequen
tes habebimus. Amen amen.

Schluss-Schrift in Band I der Kamper Bibel. Sie lautet in der deutschen Übersetzung:
So oft ihr in diesem Buch lest, betet für den Kamper Mönch Rutger von Berke, der es schrieb im Jahr unseres Herrn 1312 unter dem Herrn Arnold von Sittard, Abt dieses Klosters. Saget alle und jeder Einzelne im innersten Herzen: Mögen diejenigen, durch die wir dieses Buch bekommen haben und durch die Gnade Gottes auch die noch folgenden Bücher erhalten werden, glücklich leben mit Maria, der Christusträgerin, und mit ihr die ewigen Güter Christi genießen, Amen, Amen!

Äußere und innere Stille

Stille ist zunächst äußere Stille, Abwesenheit von Lärm. Diese äußere Stille ist mir sehr wichtig. Ich bin ein Mensch, der stark auf äußeren Lärm und Unruhe reagiert. Die äußere Stille schafft mir einen Rahmen, den ich nutzen kann, um zur inneren Stille zu gelangen. Gerade wenn man in unserer Zeit der erhöhten Lärmpegel mit einem religiösen, kontemplativen, mit einem innerlichen Leben beginnen will, ist es sehr wichtig, sich Phasen und Orte zu schaffen, an denen äußere Stille, zumindest bis zu einem gewissen Grad, herrscht.

Äußere Stille ist noch keine innere Stille. Und man mag auch mit der Behauptung Recht haben, die wahre Stille sei die innere Stille, die sich durch keinen äußeren Lärm bedrängen lässt. Doch leichter gesagt als getan. Für mich ist es eine wichtige Komponente des Klosterlebens, dass es hier noch einen gewissen Vorrat von Stille gibt. Diese Stille muss genutzt werden, um sich wirklich auf Gott auszurichten, das heißt, sie muss für das Gebet, gerade für das innere Gebet genutzt werden. Diese Stille ist – zumindest für mich – immer wieder notwendig, um Gott näher zu kommen.

Ist Stille notwendig, um sich selbst näher zu kommen? Sicher ist: In dieser Stille wird man zunächst sehr stark mit sich selbst konfrontiert. Das, worauf man zuerst trifft, sind das eigene Ungenügen und die eigenen Schwächen. Aber wenn man ausharrt, entdeckt man darunter die Kraft Gottes, die einen trotz aller Schwächen und dunklen Zeiten trägt.

Die dunklen Seiten und die Kraft der Sehnsucht

Viele Leidenschaften und Kräfte in uns haben ihre dunklen Seiten. Insgesamt jedoch liegt in unserem Inneren die gute Kraft, die Sehnsucht, die Liebe zugrunde. Das Grundproblem an unseren Leidenschaften scheint mir zu sein, dass sie sich auf einzelne Dinge und Personen richten, die sie zu Götzen machen. Dies bewirkt auf der einen Seite ein Suchtverhalten, weil äußere Dinge und Personen nicht dauerhaft anwesend und verfügbar sind, auf der anderen Seite führt es zur Vergeudung der inneren Kraft, da alle Äußerlichkeit die Kraft der Innerlichkeit schnell verringert. Die Kräfte verausgaben sich, und damit verliert sich die innere Kraft.

Wir sehen das heute sehr deutlich in den Beziehungen. Eine Leidenschaft, die einen anderen Menschen äußerlich, sexuell besitzen will, verausgabt sich rasch und verliert alles intensive Gefühl. Wichtig ist aber, diese Kräfte in das Licht Gottes zu stellen, damit er sie mit seinem Licht durchdringen und erhalten kann. Nur so wachsen und entwickeln sich unsere innere Kraft und unser Charakter zur Blüte und Reife.

In meiner Sturm- und Drangphase habe auch ich versucht, Leidenschaften intensiv zu unterdrücken. Ich denke, dies gehört als Ausdruck eines echten Engagements gerade im Aufbrauch auf dem geistlichen Weg dazu. Aber es geht nicht darum, dass wir uns innerlich zerschlagen und kraftlos werden, sondern dass wir uns von der Kraft Gottes erfüllen lassen. Die inneren Leidenschaften, die Kraft, die Sehnsucht müssen auf Gott ausgerichtet werden. Sie sind nicht einfach abzuschaffen oder zu unterdrücken. Aber diese Annahme unserer Natürlichkeit durch seine Gnade bleibt allein ihm vorbehalten – was die Art und Weise und was den Zeitpunkt betrifft.

Unsere Leidenschaften fallen je nach Typ sehr unterschiedlich aus. Es können die Sexualität, der Zorn, aber auch die Bequemlichkeit sein. Für mich sind Sexualität und Zorn die größten Herausforderungen, die ich versuchen muss, in die Liebe und Kraft Gottes einzubinden. Das gelingt mir nur durch das innere Gebet, durch die Erfahrung der Kraft Christi in mir. Hier hilft der klösterliche Rahmen sehr, die Hygiene der Sinne. Ich glaube, diese Hygiene ist vor allem für die männliche Geschlechtlichkeit sehr wichtig. In der Gesellschaft draußen, in der die Sinne ständig durch irgendwelche Bilder und Signale gereizt werden, stelle ich mir das inzwischen sehr schwierig vor. Viele Weltpriester haben es hier schwer. Der klösterliche Rhythmus und Rahmen dagegen schaffen ein ganz anderes Ambiente.

Viele Menschen interessiert in diesem Zusammenhang die Frage: ›Wie gehen Sie dann mit Intimität um?‹

Abt vor Muttergottes kniend; Initiale aus einem Skriptorium des Klosters Niederaltaich.

Intimität ist nicht einfach auf Sexualität einzuschränken, im Gegenteil. Eigentliche Intimität ist der liebevolle innere Umgang mit einem anderen Menschen, die tiefe Beziehung, die im Lauf der Jahre wachsen kann. Diese Intimität ist sicherlich auch einem Mönch möglich. Es gibt zwei Menschen, mit denen ich eine solche Intimität pflege. Dies ist für mich sehr wichtig, auch für den Ausgleich meines Seelenlebens.

Auch die Frage: ›Was macht Sie zornig?‹, wird mir manchmal gestellt. Der Zorn kann sich gerade im Amt des Abtes leicht einstellen. Und es ist eine große Herausforderung, das Ungenügende immer auch in das Licht Gottes zu stellen. Eine starke Ambivalenz ergibt sich hier: das Ungenügende am Klosterleben und die Missstände nicht einfach zu akzeptieren, aber dennoch nicht in Zorn darüber geraten, vor allem wenn sich die eigene Hilflosigkeit zeigt und man nicht wirklich etwas tun kann.

Klosterleben heute – die Schwierigkeiten

Zeitweilige Frustrationen im Zusammenhang mit dem Amt des Abtes würde ich schon zugeben. Das große Problem der Ausnutzbarkeit, das Problem, dass Klöster – wie die Kirche wahrscheinlich überhaupt – entgegen aller landläufigen Meinung zu den antiautoritärsten Vereinigungen zählen, die ich bisher kennengelernt habe. Dies liegt zum einen schlichtweg daran, dass es nicht genügend Nachwuchs gibt und die mangelnde Quantität sich auf die Qualität auswirkt. Zum anderen existieren heute kaum wirkliche Möglichkeiten zur Disziplinierung.

Ich möchte kein autoritäres Modell, aber wenn Grenzen nicht mehr automatisch gelten, wird es sehr schwer, sie wieder einzufordern. Im Kloster geht manches, von dem in der Wirtschaft klar ist, dass es nicht geht; deshalb versucht es dort niemand. Ein Kloster besitzt eher Züge einer Familienstruktur. Und gerade an der Familie sind in unserer Gesellschaft gewisse Krisensymptome zu beobachten. Was tun, wenn der Sohn oder die Tochter keine Lust mehr auf Schule hat? Es bleibt letztlich nur der Versuch der Motivation. Wo dieser scheitert, wird die Lage sehr schwierig. Das ist es, was mich frustriert: Dass das Klosterleben solch große Möglichkeiten bietet, einen so guten Rahmen für den Weg zu Gott, dass dieser aber von manchen nicht genutzt, sondern für egoistische Ziele ausgenutzt wird.

Verantwortung und Freiheit
Als Abt scheint man sich nicht direkt unterordnen zu müssen. Ich habe hier keinen direkten Vorgesetzten. Dennoch sollte der Abt der Diener aller sein. Und das ist tatsächlich der Fall. Man hat sich zwar keiner Person unterzuordnen, aber man ist doch vor allen anderen an die Umstände, Bedingungen und an die Regel gebunden. Gerade als Abt kann man es sich nicht erlauben, mit falschem Vorbild voranzugehen. Dies ist gerade für den Oberen im heutigen Kloster die Einübung in eine äußere Korrektur. Das Klosterleben, die Verantwortung für die Gemeinschaft relativieren sehr stark die eigene Person, wenn man dieses Angebot annimmt.

Bei all dem handelt es sich nicht um willkürliche Vorschriften, sondern um eine Vor-Schreibung des Weges, der zur Freiheit führt, um eine Hilfestellung also. Ich halte die Vorschriften in der Welt draußen für viel einschneidender. Ich brauche mich nur ins Auto zu setzen, da wird mir genau vorgeschrieben, wann, wo, wie schnell und wohin ich fahren darf. Das grundsätzliche Bewegungsverhalten ist in unserer Welt, vor allem in den Städten, durch Vorschriften massiv eingeschränkt. An jeder Ecke stehen Schilder und Verbotshinweise. Ich empfinde das Leben im Kloster als viel freier.

Natürlich gibt es im Kloster einen geregelten Tagesablauf, einen Rhythmus, den ich selbst so wollen muss. Wenn ich keine Freude oder keinen Sinn im Gebet finde oder sehe, in der Meditation, der Liturgie oder meiner Arbeit, dann wird das Ganze schwierig. Ich halte den monastischen Rhythmus, den Wechsel von Gebet und Arbeit für eine große Hilfe.

Es ist der Versuch, den menschlichen Charakter nicht nur einseitig zu entwickeln, sondern alle Seiten des Menschseins, innere Kontemplation und äußere Aktion, zur Wirkung zu bringen, ohne dass ein Aspekt dabei die Oberhand gewinnt. In diesem maßvollen Rhythmus liegt das Geheimnis des monastischen und benediktinischen Lebens, die große Hilfestellung für den geistlichen Weg.

Die Gesellschaft draußen erfahre ich als einseitig auf Äußerlichkeiten ausgerichtet. Sie ist auf Aktion und/oder Konsum fixiert. Die Bereiche des Inneren, der Kontemplation, des Gebetes, des Schweigens haben dort kaum noch einen Stellenwert. Dies entspricht aber nicht dem menschlichen Maß und führt meiner Ansicht nach zu massiven Fehlentwicklungen, wie sie sich am modernen Menschen zeigen: Fixierung auf Äußerlichkeiten, Überbetonung des Materiellen, Suchtverhalten, Intensivierungszwänge. Dies kann nicht etwa durch eine extreme Gegenhaltung korrigiert werden, sondern durch den maßvollen Wechsel von außen und innen, durch ein maßvolles Einbringen der inneren Werte der Kontemplation, des Gebetes und der Ruhe. Auch für den heutigen Menschen ist dieser maßvolle Wechsel von Gebet und Arbeit, von innen und außen sehr wichtig. Wir erleben das immer wieder bei vielen Menschen, die in unser Kloster kommen und in unseren Kursen ›Kloster auf Zeit‹ für eine bestimmte Zeit unser Leben und unseren Tagesablauf mit uns teilen. Sie erfahren den Rhythmus als äußerst heilsam und gesund.

Der Abbildungszyklus auf den nächsten acht Seiten zeigt ebenso einzigartige wie dekorativ-eindrucksvolle Randzeichnungen von Albrecht Dürer zum Gebetbuch Kaiser Maximilians, dessen Text von Benediktinermönchen verfasst wurde.

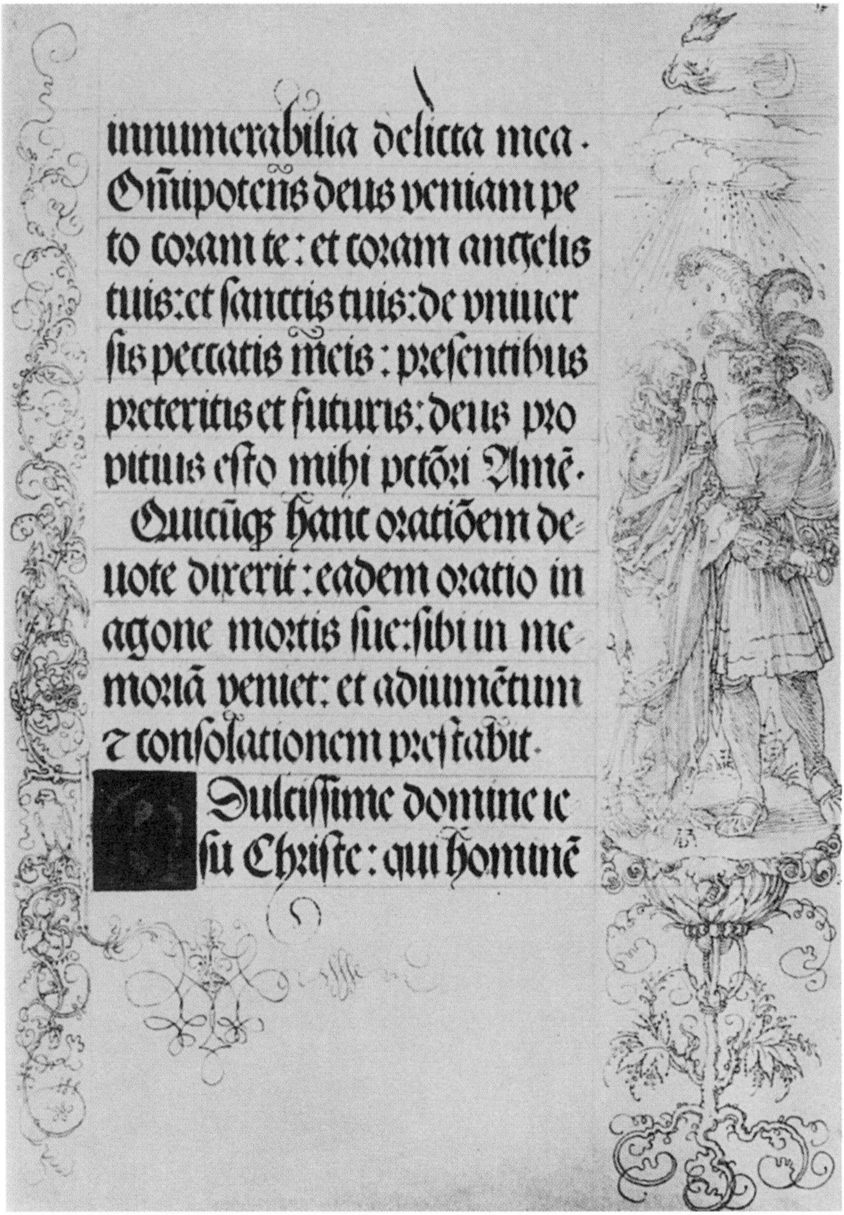
innumerabilia delicta mea.
Om̄ipotēs deus veniam pe
to coram te: et coram angelis
tuis: et sanctis tuis: de vniuer
sis peccatis meis: presentibus
preteritis et futuris: deus pro
pitius esto mihi pcc̄ori Amē.
Quicūq̄ hanc oratiōem de
uote dixerit: eadem oratio in
agone mortis sue: sibi in me
moriā veniet: et adiumētum
& consolationem prestabit.
Dulcissime domine ie
su Christe: qui hominē

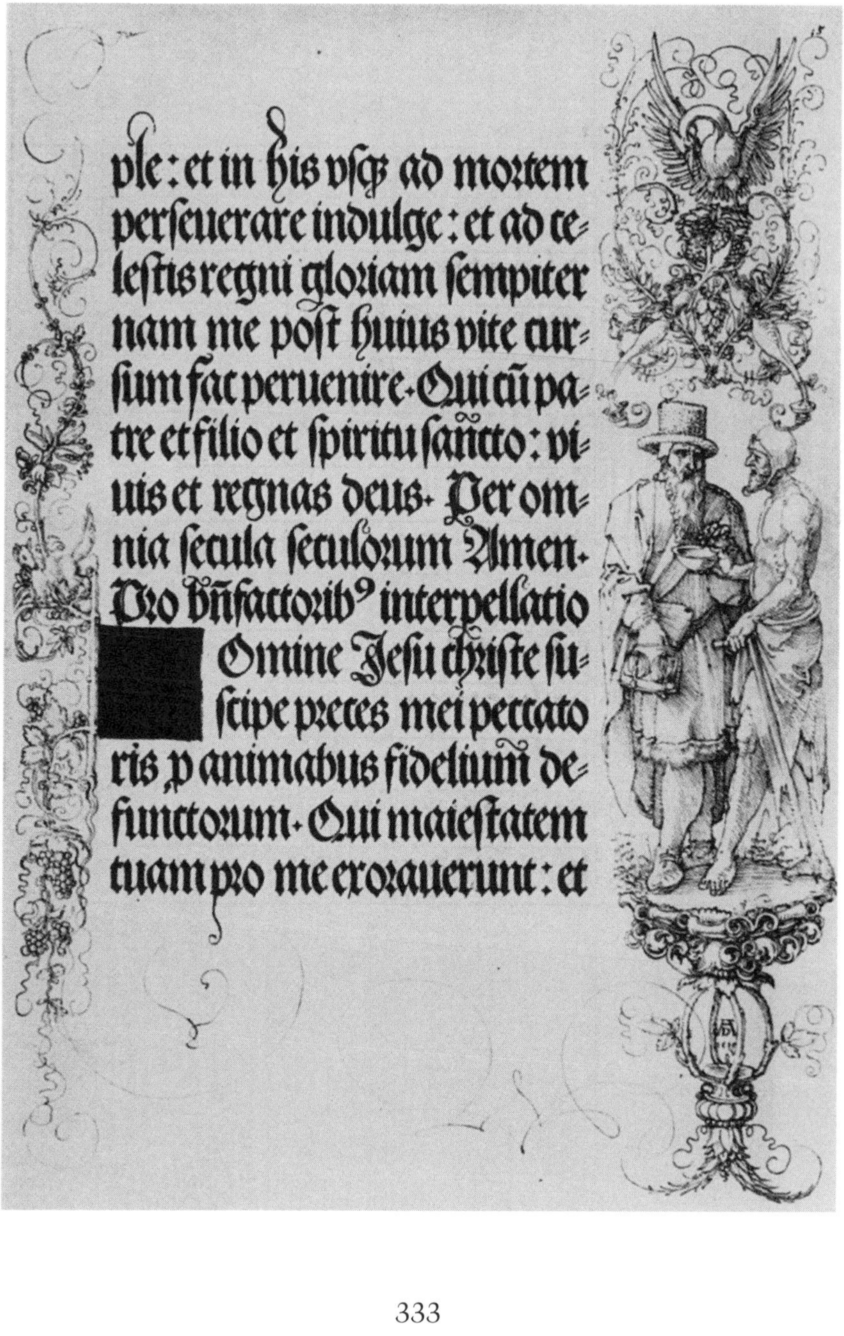

ple: et in his vsqꝫ ad mortem
perseuerare indulge: et ad ce-
lestis regni gloriam sempiter
nam me post huius vite cur-
sum fac peruenire. Qui cũ pa-
tre et filio et spiritu sancto: vi-
uis et regnas deus. Per om-
nia secula seculorum Amen.
Pro bñfactoribꝰ interpellatio
Omine Jesu christe su-
scipe preces mei peccato
ris ꝑ animabus fideliũ de-
functorum. Qui maiestatem
tuam pro me exorauerunt: et

audi preces quas tibi pro ani-
mabus fideliū parētum meo
rum defunctorū effundo:
et per sacrum corporis et san-
guinis tui misterium: et per
verillum sancte crucis: libera
eas a tormento mortis eterne:
& ne derelinquas eas quia spe
rauerunt in te. Psalmus.
De profūdis clamaui ad
te domine: domine ex-
audi vocem meam.
Fiant aures tue intendentes:
in vocem deprecationis mee.

Duo psalmi dicendi. Quãdo
bellum adeundum est.
Vi habitat in adiuto-
rio altissimi: in ꝓtectio-
ne dei celi commorabitur.
Dicet domino susceptor meus
es tu: et refugiũ meum: deus
meus sperabo in eum.
Quoniam ipse liberauit me
de laqueo venãtium: et a ver-
bo aspero.
Scapulis suis obumbrabit ti-
bi: ⁊ sub pennis eius sperabis.
Scuto circumdabit te veritas

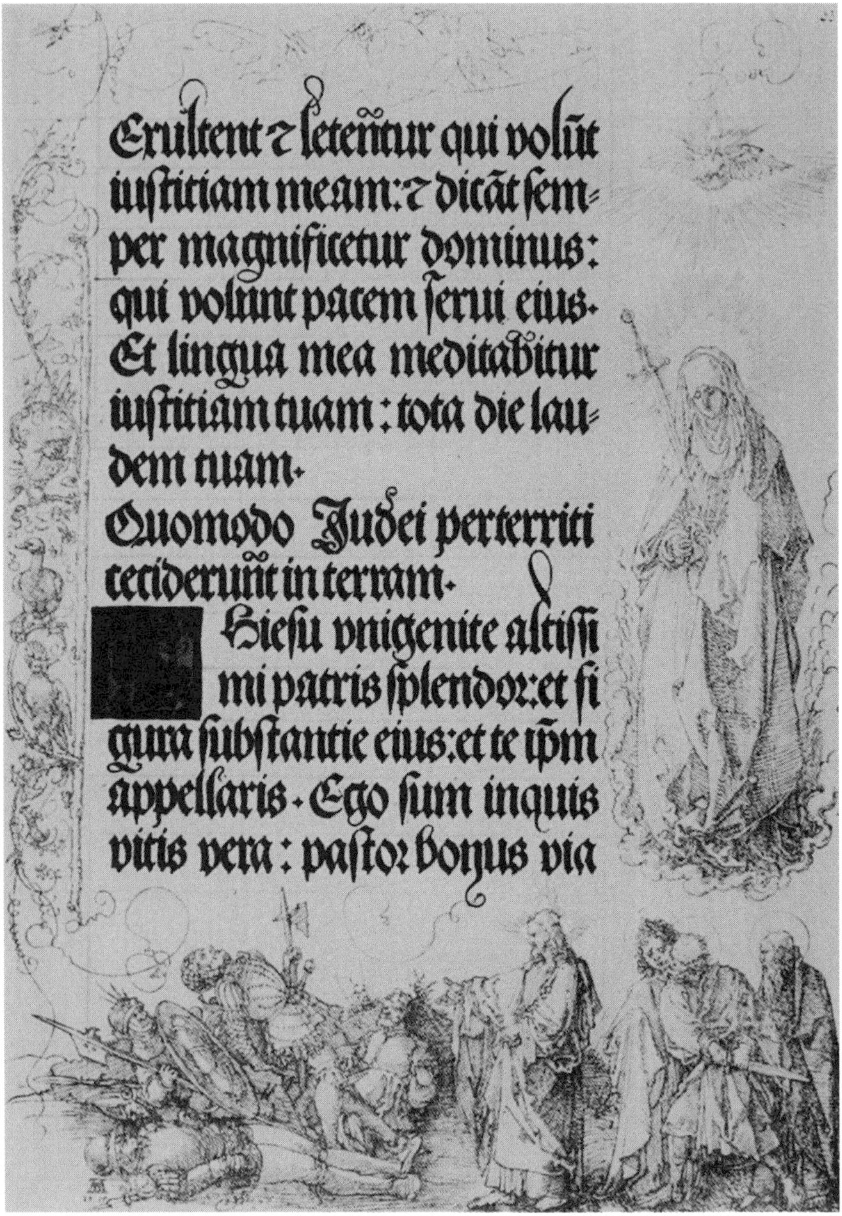

Exultent ⁊ letentur qui volũt
iustitiam meam: ⁊ dicãt sem-
per magnificetur dominus:
qui volunt pacem serui eius.
Et lingua mea meditabitur
iustitiam tuam: tota die lau-
dem tuam.
Quomodo Iudei perterriti
ceciderũt in terram.
O iesu vnigenite altissi
mi patris splendor: et fi
gura substantie eius: et te ipm
appellaris. Ego sum inquis
vitis vera: pastor bonus via

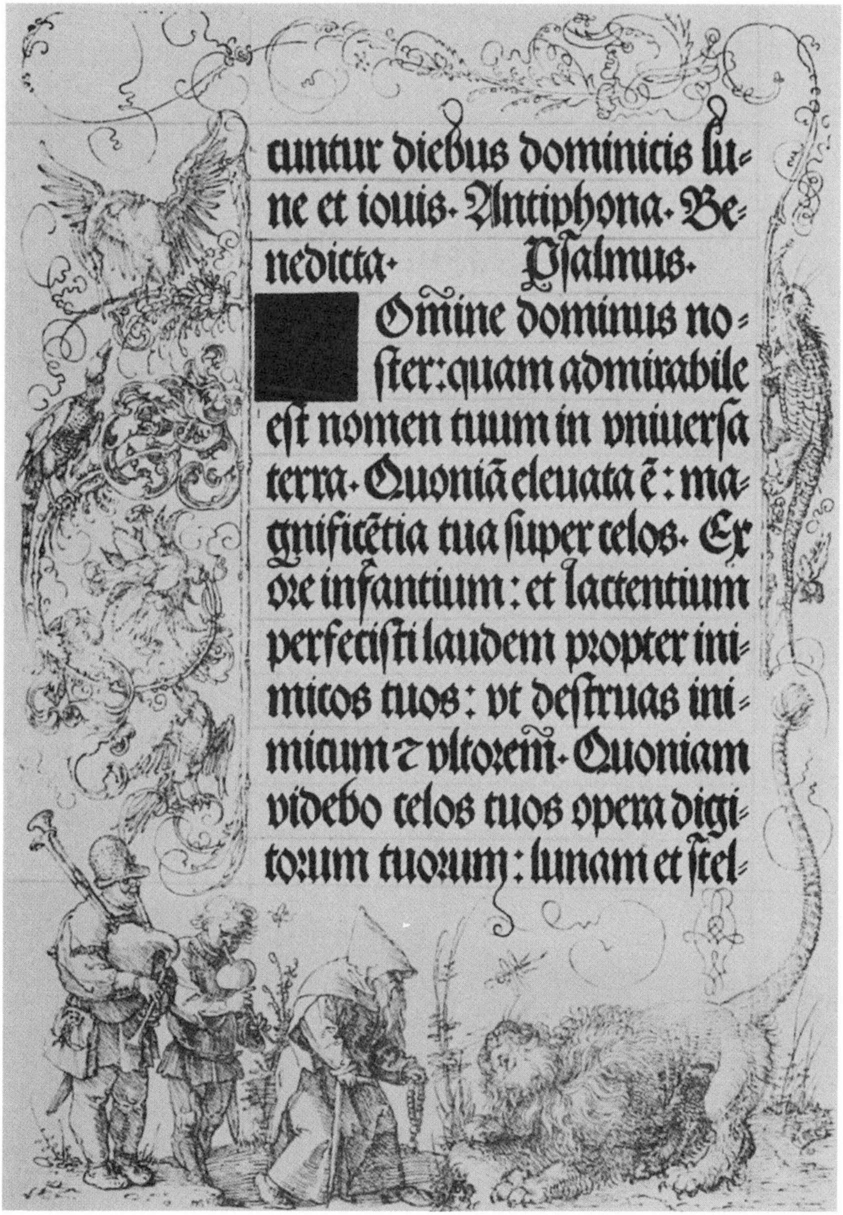
cantur diebus dominicis lu=
ne et iouis. Antiphona. Be=
nedicta. Psalmus.
Omine dominus no=
ster: quam admirabile
est nomen tuum in vniuersa
terra. Quoniã eleuata ẽ: ma=
gnificẽtia tua super celos. Ex
ore infantium: et lactentium
perfecisti laudem propter ini=
micos tuos: vt destruas ini=
micum ⁊ vltorem. Quoniam
videbo celos tuos opera digi=
torum tuorum: lunam et stel=

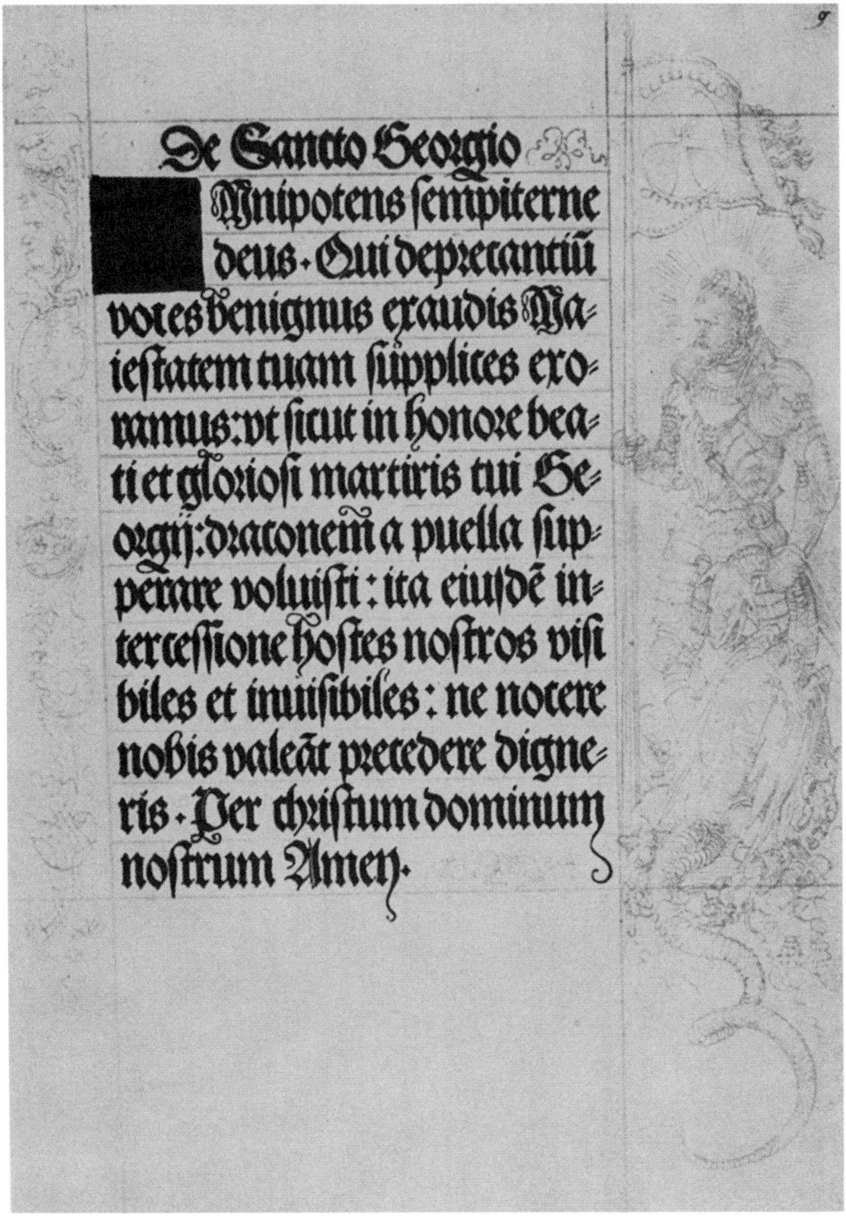
9

De Sancto Georgio

Omnipotens sempiterne
deus. Qui deprecantiū
voces benignus exaudis Ma-
iestatem tuam supplices exo-
ramus: vt sicut in honore bea-
ti et gloriosi martiris tui Ge-
orgij: draconem a puella sup-
perare voluisti: ita eiusdē in-
tercessione hostes nostros visi
biles et inuisibiles: ne nocere
nobis valeāt precedere digne-
ris. Per christum dominum
nostrum Amen.

credibilia facta sunt nimis: do
mum tuam domine decet san
ctitudo: in longitudine dierū.
Gloria patri et. Antiphona.
Assumpta ē maria in celum
gaudent angeli laudantes be
nedicūt dominū. Antiphona
Maria. Psalmus.
Ubilate deo omnis ter=
ra: seruite domino in le
titia. Introite in cōspectu ei=
us: in exultatiōe. Scitote quo=
niam dominus ipse est deus:
ipse fecit nos: et non ipsi nos.

Die Aufgabe der Mönche

Die Wirklichkeit besteht aus einer äußeren und einer inneren Wirklichkeit. Ich habe den Eindruck, dass die Gesellschaft in einer großen Flucht vor der inneren Wirklichkeit lebt. Das Leben des Mönchs dagegen, wenn es authentisch ist, stellt sich beiden Formen der Wirklichkeit, sowohl der äußeren als auch vor allem der inneren. Die eigentliche Schwierigkeit ist, sich der inneren Wirklichkeit zu stellen. Dies ist auch die Schwierigkeit eines authentischen Lebens im Kloster.

Das Leben als Mönch ist auch deshalb schwierig, weil es der ungeschminkte Blick in den Spiegel ist. Man muss sich seiner inneren Wirklichkeit stellen. Natürlich gibt es heute auch im Kloster Möglichkeiten, dies zu umgehen. Aber dann wird das Mönchsleben zu keiner gelungenen Biografie.

Wie es letztlich nur *eine* äußere Wirklichkeit gibt, so gibt es auch nur *eine* innere Wirklichkeit: die Beziehung zu Gott. Es ist die Aufgabe der Mönche, diese Beziehung zu der einen inneren Wirklichkeit herzustellen. Da die Gesellschaft diese Beziehung immer weniger pflegt, sind Klöster und Mönche sehr wichtig, vor allem für diese Welt und diese Zeit. Die Frage ist nicht einfach, was Klöster für die Gesellschaft äußerlich leisten, obwohl auch hier Antwort zu geben ist. Unser Kloster zum Beispiel beschäftigt sich mit Bildungs- und Seelsorgearbeit, mit wissenschaftlicher und handwerklicher Arbeit. Aber das ist nicht die entscheidende Botschaft der Klöster.

Die entscheidende Botschaft ist, dass es die innere Wirklichkeit gibt, dass sie überall da ist, dass es nur den einen Weg gibt, sich ihr zu stellen, die Beziehung zu ihr zu finden. Dieser Bezug zur inneren Wirklichkeit, der überhaupt die Welt erhellt, ist das Gebet, die Verbindung zu Gott. Vom Wirklichkeitskonzept der modernen Gesellschaft her scheinen Klöster eher fragwürdige Einrichtungen zu sein. Dies liegt aber an dem fragwürdigen Wirklichkeitskonzept, das die moderne Gesellschaft hat. Um mit Erich Fromm (›Haben oder Sein‹) zu sprechen: Es geht im Streben nach Glück und Zufriedenheit darum, was man innerlich ist, nicht um das, was man äußerlich hat.

Und es wird die Zeit kommen, zu der man das nicht mehr hat, was man hatte, aber dennoch das ist, was man eben ist.«

Hildegard von Bingen, ihre Persönlichkeit und Lebenskunde

»Im Angesicht Gottes suche der Mensch sich selbst«
Hildegard von Bingen

»Das Heil liegt in der Kunst des Lebens«, schrieb Hildegard von Bingen um die Mitte des 12. Jahrhunderts, und wir kommen deshalb in diesem Kapitel noch einmal (siehe auch Seite 103 ff.) ausführlich auf diese große Frau zurück, die drei Jahrzehnte lang wie ein Magnet die Menschen ihrer Zeit an sich zog.

Wir haben diese wirklich große Frau – Äbtissin, Beraterin herausragender Persönlichkeiten des geistlichen und weltlichen Lebens, universale Gelehrte und erste schreibende Ärztin in der Geschichte – heute wieder entdeckt und stellen im Blickfeld der von ihr vermittelten Lebenskunst aus dem Kloster voller Staunen fest: Obwohl sie ihrem Jahrhundert zugeordnet ist, steht sie im Kern ihres Denkens, Fühlens und Schauens uns überraschend nahe.

Es bedarf kaum des Hinweises, dass das Weltbild unserer Tage zwar grundverschieden von dem des 12. Jahrhunderts ist, in dem Hildegard von Bingen gelebt hat, aber der Mensch selbst mit all seinen Stärken und Schwächen, in seiner Unvollkommenheit und mit seinen Gebrechen, mit seinen Wünschen und Hoffnungen ist derselbe geblieben. Das dürfte auch einer der Gründe dafür sein, weshalb sich hervorragende Wissenschaftler und Hildegard-Kenner intensiv mit der Persönlichkeit Hildegards und ihren Werken befassen.

So hat zum Beispiel der Medizinhistoriker Heinrich Schipperges, Heidelberg, nicht nur mehrere Hauptwerke Hildegards ins Deutsche übersetzt und erläutert, sondern darüber hinaus zu aktuellen Fragen

Hildegard von Bingen (1098–1179), Detail aus dem Mittelschrein des Hildegardisaltars in der Rochuskapelle bei Bingen.

unserer Zeit aus Hildegards Schriften – aus ihrer Sicht von Welt und Mensch Stellung bezogen.

Um diese Aktualität in den Blick zu bekommen, muss Hildegard von Bingen im lebendigen Gefüge ihrer Zeit gesehen werden: in der Stellung zu ihrer näheren Umgebung, den Menschen, mit denen sie Tag für Tag und Jahr für Jahr zusammenlebte. Die *Vita*, die älteste Lebensbeschreibung Hildegards durch die beiden Mönche Gottfried und Theoderich, veranschaulicht geradezu dramatisch, wie diese große und weise Frau auf der Synode von Trier um die Jahreswende 1147/1148 aus der Verborgenheit ihres Klosters auf die Bühne der Welt gestellt wurde. Damit begann nämlich das umfassende Wirken Hildegards im Raum von Kirche und Reich, die infolge der engen Verflechtung ihrer Befugnisse in vielfache Konflikte verwickelt waren.

Die Universalität dieser Frau wird deutlich in einem Aufriss ihrer großen Schriften, die die Theologie und Philosophie, Anthropologie und Kosmologie, die Musik sowie die Natur- und Heilkunde umfassen. Das Schrifttum ist von so eigenständiger Prägung, dass zwar die Elemente der damaligen Welt in Hildegards Werken anzutreffen sind, doch dienen sie als Bausteine zu etwas Schöpferisch-Neuem. Der Kreis der Briefempfänger, der das ganze Abendland umspannt, und Hildegards Predigtreisen zeugen von dem hohen Ansehen dieser einzigartigen, charismatischen Frau und machen ihren weitreichenden Einfluss sichtbar. Da ihr Werk und die von ihr vermittelte Lebenskunde aus ihrer Biografie am besten veranschaulicht und zugleich vor Missbrauch durch windige Geschäftemacher geschützt werden kann, soll im Fol-

Hildegard und Volmar, der ihr Vertrauter war und ihr mit ganzer Hingabe bis zu seinem Tod diente. Bildreproduktion aus dem »Rupertsberger Codex« der Abtei St. Hildegard Eibingen, um 1190 entstanden.

genden das Leben Hildegards in seinen wichtigsten Phasen und markantesten Zügen skizziert werden.

Hildegard wurde 1098 in Bernersheim bei Alzey in Rheinhessen als Letztes von zehn Kindern geboren. Die Ansicht, Hildegard sei in Böckelheim geboren, ist eine freie Erfindung des Abtes Trithemius von Sponheim (1483 bis 1503), die längst überholt ist, wenngleich sie sich bis heute hartnäckig erhalten hat.

Sieben Geschwister Hildegards sind uns mit Namen bekannt. Von Drutwin, dem ältesten Bruder, der 1127 mit seinem Vater in einer Urkunde als Zeuge erscheint, ist uns nichts Näheres überliefert. Hugo bekleidete an der Mainzer Kathedrale das geistliche Amt des Domkantors. Ihm war Radulf, der spätere Bischof von Lüttich in seiner Jugend an der Mainzer Domschule anvertraut. Somit könnte auch schon eine spätere Verbindung Hildegards zu den damaligen Niederlanden angebahnt worden sein. Von den vier Schwestern – Irmengard, Odilia, Jutta und Clementia – wissen wir, dass Clementia Nonne in Hildegards Kloster war.

Da die Eltern an ihrer Jüngsten schon im frühen Kindesalter etwas Besonderes wahrnahmen, die Gabe der Schau beziehungsweise Vision, beschlossen sie, Hildegard gleichsam als »Zehnten« Gott zu weihen. So übergaben sie das achtjährige Mädchen 1106 der spirituellen Meisterin Jutta von Spanheim, deren Vater, Graf Stephan von Spanheim, an dem Disibodenberger Mönchskloster eine Klause hat erbauen lassen. Dieses am Zusammenfluss von Glan und Nahe landschaftlich schön gelegene Benediktinerkloster erlebte von 1108 bis 1143 eine große Bauperiode und monastische Blütezeit, die Hildegard aus nächster Nähe mit intensivem Interesse verfolgt hatte. Für ihre eigene spätere Neugründung hat sie also in all diesen Jahren reiche Anregungen empfangen.

Meisterin Jutta unterwies Hildegard und die ihrer Leitung untergebenen Gefährtinnen im klösterlichen Leben nach der Regel Benedikts von Nursia, lehrte sie den Psalmengesang und machte sie mit der Heiligen Schrift vertraut. Es ist von nicht geringer Bedeutung, dass Hildegard, die sich später mit Vorliebe *indocta, ungelehrt,* bezeichnet, einen

Magister – einen Lehrer und Ratgeber – hatte, wie die Vita mehrfach berichtet. Wir kennen seinen Namen: Es ist der Disibodenberger Mönch Volmar, der bis zu seinem Tod im Jahr 1173 mit aller Hingabe und Diskretion ihr die treuesten Dienste leistete. Hildegard erhielt zwar keinen wissenschaftlichen Unterricht wie die Mönche der berühmten Klosterschulen in den großen Abteien, doch musste sie zum verständnisvollen Vollzug der Benediktsregel und der Liturgie in ausreichendem Maß die lateinische Sprache erlernen. Hildegards Werke bezeugen, dass sie die Bibel, die Schriften der Kirchenväter und der mittelalterlichen Autoren eingehend und ergiebig gelesen hatte, dass sie aus diesem Geistesgut ihre Schriften schöpferisch-genial gestaltete. Ihr lateinisches Vokabular entstammt diesen Quellen und wird eigenständig, manchmal eigenwillig von ihr verwendet. Hildegard, die sich selbst zwar *indocta, ungelehrt,* nennt, ist jedoch eine *docta,* eine *gelehrte* Frau, die die meisten Autoren an Genialität überragt.

Im Alter von 14 bis 17 Jahren – zwischen 1112 und 1115 – entschied sich Hildegard bewusst und persönlich für das klösterliche Leben. Sie legte die feierlichen Gelübde nach der Benediktregel ab und empfing mit der Weihe den Schleier von Otto, dem späteren Heiligen und Bischof von Bamberg. Die *Vita* berichtet von dem vorbildlichen Leben der jungen Nonne, vor allem von der Geduld bei den fast unablässigen Krankheiten, die sie zu ertragen hatte. Ihr eigenes Leid befähigte sie, die Leiden anderer mitfühlend zu verstehen und ihnen zu helfen.

Alles, was auf sie zukam, hat Hildegard mit hellem Blick und mit offenem Herzen umfangen: zunächst ihre klösterliche Gemeinschaft, die herrliche Landschaft des Disibodenberges, die sie als Werkoffenbarung Gottes liebte, die Feier der Liturgie, den Reichtum der Heiligen Schrift, die Anregungen, die sie durch die Unterweisung und die Gespräche mit Volmar empfing.

Die Werke und Briefe der späteren Äbtissin vom Rupertsberg, ihre Begegnung mit unzählig vielen Menschen von nah und fern zeigen, wie Hildegard sich für das Du öffnete, das letztlich für sie das große DU war, aus dem heraus sie lebte. Diesen Wesenszug – weg vom Ich

Hildegard von Bingen mit Richardis von Stade (rechts) und ihrem treuen Diener Volmar; Ausschnitt aus einer Miniatur, entstanden um 1230.

und hin zum Du – werden wir immer im Auge behalten müssen, wenn wir Hildegard von Bingen verstehen und das Geheimnis ihrer Lebenskunst ergründen wollen.

Nach Juttas Tod 1136 wurde Hildegard vom Konvent zur Meisterin und Mutter der Gemeinschaft gewählt, ein Zeichen für das volle Vertrauen, das die Mitschwestern ihr entgegenbrachten. Was aber war nun das Besondere, Eigentümliche dieser Frau, die einige Jahre später ganze Scharen von Menschen zu ihrem Kloster zog?

Es war das Charisma ihrer *Visionen*, ihrer *geistigen Schau*, eine Gabe, die letztlich Hildegards Geheimnis bleibt, wenn auch Mediziner, Psychologen und Theologen sich intensiv bemüht haben, dieses Phänomen zu erklären.

Hildegards Kloster auf dem Rupertsberg bei Bingen, das sie erbauen ließ, nachdem das Kloster auf dem Disibodenberg für die wachsende Gemeinschaft zu klein geworden war.

In ihrer Autobiografie, die uns zwar nicht vollständig überliefert ist, die aber teilweise in die Vita aufgenommen wurde, berichtet Hildegard über ihre Sehergabe: »Bei meiner ersten Gestaltung, als Gott mich im Schoß meiner Mutter durch den Hauch des Lebens erweckte, prägte er dieses Schauen meiner Seele ein.« Ebenso spricht sie in einem Brief an die Mainzer Prälaten von der »Schau, die meiner Seele vor meiner Geburt von der Künstlerhand Gottes eingeprägt wurde«.

Die Bestätigung dieser Fähigkeit und das bewusste Innewerden der Einzelerkenntnisse, die ihr durch diese Gabe zuteil werden sollten, vollzog sich allmählich, sozusagen stufenweise, wie wir aus Hildegards Autobiografie erfahren.

»In meinem dritten Lebensjahr sah ich ein so großes Licht, dass meine Seele erbebte, doch wegen meiner Kindheit konnte ich mich nicht darüber äußern ... Bis zu meinem fünfzehnten Lebensjahr sah ich vieles, und manches erzählte ich einfach, sodass die, die es hörten, sich sehr wunderten, woher es käme und von wem es sei. Da wunderte ich mich auch selbst und verbarg die Schau, so gut ich konnte.« Nur ihrer Meisterin Jutta von Spanheim und ihrem Lehrer, dem getreuen Mönch Volmar, vertraute sie ihr Geheimnis an. Hildegard empfing ihre Visionen in wachem Zustand. »Ich sehe diese Dinge nicht mit den äußeren Augen und höre sie nicht mit den äußeren Ohren, ich sehe sie vielmehr einzig in meiner Seele, mit offenen leiblichen Augen, sodass ich niemals die Bewusstlosigkeit einer Ekstase erleide, sondern wachend schaue ich dies bei Tag und bei Nacht. Das Licht, das ich schaue, ist nicht an den Raum gebunden. Es ist viel viel lichter als eine Wolke, die die Sonne in sich trägt. Weder Höhe noch Länge noch Breite vermag ich an ihm zu erkennen. Es wird mir als der *Schatten des lebendigen Lichtes* bezeichnet. In diesem Licht sehe ich manchmal, aber nicht oft, ein anderes Licht, das mir *das lebendige Licht* genannt wird. Wann und wie ich es schaue, kann ich nicht sagen. Aber solange ich es schaue, ist alle Traurigkeit und alle Angst von mir genommen, sodass ich mich wie ein einfaches junges Mädchen fühle und nicht wie eine alte Frau.«

Dies teilt Hildegard im Alter von 77 Jahren dem Mönch Wibert von Gembloux mit, der die Seherin um eine genaue und ausführliche Darlegung über die Art ihrer Visionen gebeten hatte.

Alle diese Aussagen zeigen, dass sich Hildegard in ihren *Visionen* formal, aber auch inhaltlich, wie ihre Schriften belegen, deutlich von den Visionärinnen der späteren Mystik unterscheidet. Hildegard ist nicht an den Anfang einer Linie zu stellen, die von ihr zu Gertrud von Helfta und Mechthild von Magdeburg führen würde.

35 Jahre lang lebte Hildegard in der Abgeschiedenheit des kleinen Disibodenberger Klosters, der Welt völlig unbekannt. Niemand ahnte,

welch eine Frau diese stille Stätte in sich barg. Es war im Jahr 1141, da brach Gott, so berichten ihre Biografen, wie ein mächtiges Feuer und ein überheller Lichtglanz in ihr Leben ein. Er beauftragte sie zu einem großen Werk – er machte die Seherin zur Prophetin. »Schreib, was du siehst und hörst!« Hildegard erschrak und zögerte, weil sie nicht wagte, aus dem Dunkel der Verborgenheit in das Licht der Öffentlichkeit zu treten. Sie wurde aufs Krankenlager gezwungen. Als sie aber zu schreiben begann und dann gesundete, erkannte sie den Willen Gottes und schrieb in den folgenden zehn Jahren ihr erstes Werk *Scivias, Wisse die Wege* – eine schwierige Aufgabe, zumal sie damit zu ringen hatte, die Fülle des Geschauten in die Form der menschlichen Sprache zu bringen.

Im Werk *Scivias* stellt Hildegard in Bildern von gewaltiger Gestaltungskraft das ganze Schöpfungs- und Erlösungswerk dem Leser vor, nicht als abgeschlossene Gegebenheit, sondern als Mysterium. Gerade in dieser eigenartig offenen, geheimnisvollen Schau von Gott und Mensch, Kosmos, Kirche und Welt ist Hildegard der Theologie, Anthropologie und Kosmologie unserer Tage verwandt.

Die Seherin zeigt im ersten Teil dieses Werkes in sechs Visionen die Schöpfung und den Fall der Engel, die Erschaffung der Menschen und den Sündenfall, der die große kosmische Katastrophe heraufführte. Mensch und Universum geraten in Bewegung und in eine dynamische Spannung zueinander und zu ihrem Schöpfer. Die schuldbeladenen Menschen harren in Sehnsucht auf den Erlöser.

In den sieben Visionen des zweiten Teils dieses Werkes bringt Hildegard – wieder in Bildern, die einander spiegeln und ergänzen – das »feurige Werk der Erlösung« durch Christus und die Fortsetzung des Heilsmysteriums durch die Kirche zur Darstellung.

Der dritte Teil ihres Werkes *Scivias* baut in 13 großartigen Visionen das Heilsgeheimnis in Form eines Gebäudes auf, das von den Gotteskräften in den Menschen errichtet wird. Die Seherin spannt den Bogen ihrer Schau durch Zeit, Raum und Geschichte bis zum Jüngsten Tag, dem Tag der großen Offenbarung, wenn der Sohn Gottes in den Wolken des Himmels erscheint.

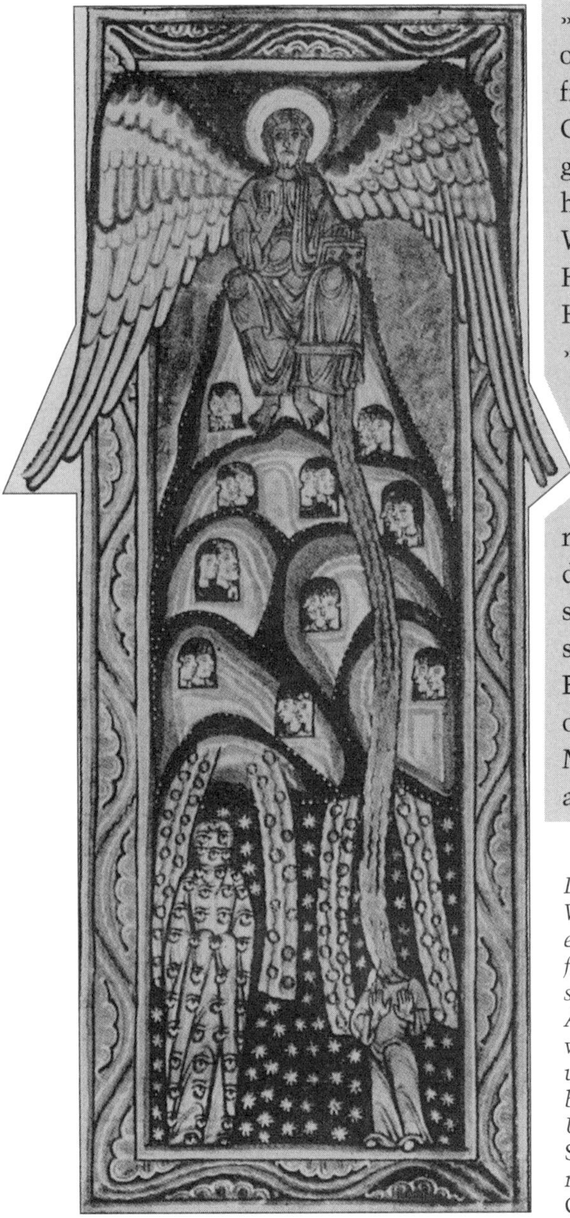

»Kein weiteres Begründen oder Erforschen der Werke findet da statt, weil ja die Gewissen der Menschen, der guten und der bösen, enthüllt und offenbart sind.« Wenn die Seligen mit ihrem Haupt, Christus, in die Himmelsfreuden einziehen, »leuchten die Elemente in großer Klarheit und Schönheit: Das Feuer glänzt golden ohne Brunst wie das Morgenrot, die Luft ist rein und leuchtend, ohne Verdichtung, das Wasser durchsichtig und still ohne überströmenden Anschwall. Die Erde zeigt sich ebenmäßig ohne Missgestaltung. Sonne, Mond und Sterne erstrahlen am Himmel wie kostbare

Die Offenbarung der göttlichen Wege. »Ich schaute – und sah etwas wie einen großen, eisenfarbigen Berg. Darauf thronte ein so Lichtherrlicher, dass meine Augen von dem Glanz geblendet wurden …« Diese Abbildung und die folgenden Illustrationen beinhalten einige künstlerische Umsetzungen von Hildegards Schauungen, *wie sie auf Pergamentblättern des* Rupertsberger Codex *erhalten sind.*

Steine. Die Finsternisse der Nacht steigen nicht mehr herauf. Es ist nie endender Tag. Nun ist Christus, der Anfang und das Ende der Schöpfung, alles in allem, und somit hat das Universum seine Vollendung erreicht.«

Sieben Jahre hatte Hildegard bereits an diesem großen Visionswerk gearbeitet. Da kam jener Tag, der die bedeutsame Wende ihres Lebens bringen sollte. Es war, als Papst Eugen III., der auf der Synode von Trier – 30. November 1147 bis Februar 1148 – persönlich einen Teil ihres Werkes *Scivias* öffentlich vor einer großen Versammlung von Kardinälen, Bischöfen, Priestern und Theologen

Der Sündenfall und Ursprung des Bösen, Hildegards »zweites Gesicht«. – Hildegard bezeichnete ihre Sehergabe *selbst als geistige »Schau, die meiner Seele von der Künstlerhand Gottes eingeprägt wurde«.*

Hildegards Schau von fünf Tugenden (von links nach rechts: »Liebe zum Himmlischen«, »Zucht«, »Scham«, »Barmherzigkeit« und »Sieg über das Böse«), die zu Gott führen.

vorlas. Außerdem hatte er zuvor Hildegards Sehergabe durch eine Kommission auf dem Disibodenberg prüfen lassen.

Von da an wurde Hildegard weithin bekannt. Der Papst bestätigte die Sehergabe und forderte Hildegard in einem Brief zum Niederschreiben ihrer Visionen auf. Nun hatte Hildegard, die so viele Jahre in Zweifel und Unsicherheit gelebt, die erwünschte kirchliche Anerkennung, und zwar von der höchsten Stelle. Mit Papst Eugen III. und seinen Nachfolgern stand sie von da an in Briefaustausch. Die Schreiben sind uns zum Teil noch erhalten.

Als Hildegard 1148 von Papst Eugen III. den ersten Brief empfing, lebte sie noch mit ihren Nonnen auf dem Disibodenberg in dem Kloster, dessen Räume schon längst viel zu klein geworden waren für den inzwischen durch viele Berufe gewachsenen Konvent. In einer »wahrhaftigen Schau« zeigte Gott ihr den Ort, an dem sie ein Kloster für ihre Gemeinschaft bauen sollte: den Rupertsberg, gegenüber von Bingen, dort, wo die Nahe sich in den Rhein ergießt.

Kurz nach dem Einzug in die Neugründung am Rhein vollendete Hildegard ihr Buch *Scivias*, an dem ihr außer Volmar auch eine Sekretärin treue Dienste geleistet hatte: Richardis von Stade.

Hildegard war nicht nur die geistliche Mutter der Rupertsberger Nonnen, sie erwarb und besiedelte um 1165 noch eine zweite Gründung: das damals leer stehende Augustiner-Doppelkloster Eibingen oberhalb von Rüdesheim, das sie zweimal wöchentlich besuchte.

Erfreuliche und schmerzhafte Erfahrungen hatte Hildegard in ihrer Gemeinschaft gesammelt. Die gegensätzlichen Charaktere waren miteinander und mit ihr zusammengestoßen. Diese Erlebnisse spiegeln sich wider in ihrer zweiten großen Visionsschrift, an der sie von 1158 bis 1163 arbeitete. Im *Liber vitae meritorum*, dem *Buch der Lebensvergeltung,* beschreibt Hildegard in farbigen Bildern und lebhaften Wechselgesprächen von hoher dichterischer Gestaltungskraft die Tugenden und Laster. Die Schilderungen sind dem Leben abgeschaut und die Aussagen dem Alltag abgelauscht, sodass man glaubt, Menschen unserer Tage miteinander sprechen zu hören.

Hildegards Schau der göttlichen Dreieinigkeit; in der Mitte die Menschwerdung Gottes in Jesus Christus. Die Wellen versinnbildlichen das Meer, Urquell des Lebens.

»Danach sah ich eine Frau mit einer Krone, die sagte: ›Ich muss empfangen und gebären …‹« Hildegards Schau Mariens als Gottesgebärerin und Spenderin göttlichen Lebens.

Wenden wir uns dem Aufbau und Inhalt dieses Buches etwas genauer zu, das man eine Lebenskunde nennen könnte. Es ist bezeichnend, dass auch diese Schrift – wie alle Werke Hildegards – starke kosmische Züge trägt. Die Seherin schaut einen gewaltigen Mann, Gott, den *Vir*. Mit seinen Füßen stieg er in die abgründigen Wasser, sein Haupt ragt in den reinen Äther hinein. Den Blasen seines Mundes entsteigt eine Feuerwolke mit Wesen voller Leben. Es sind die *Virtutes*, die *Tugenden*, denen die *Vitia*, die drastisch beschriebenen *Laster*, gegenübertreten, die ihrem lieblosen, unbarmherzigen, selbstsüchtigen Denken und Tun hemmungslos Ausdruck geben.

Die Gestalt, die den *Zorn* darstellt, hat ein Menschengesicht. Nur ihr Mund gleicht dem eines Skorpions, und ihre Augen sind so verdreht, dass man das Weiße mehr sieht als die Pupille. Auch ihre Arme sehen aus wie Menschenarme, aber ihre Hände sind gekrümmt und gehen in Krallen über. Brust, Leib und Rücken hat sie wie ein Krebs, Schenkel wie eine Viper. Sie hat sich so zwischen die Speichen eines stillstehenden Mühlrades gedrückt, dass sie mit ihren Händen die oberen Speichen umfasst und mit ihren Füßen auf den unteren steht. Haare hat sie nicht auf dem Kopf, sondern ist nackt an dem ganzen Leib und entsendet viel Feuer aus ihrem Mund. Sie sagt: »Ich trete und strecke alles nieder, was mir Unrecht tut. Warum soll ich Unrecht ertragen? Was einer nicht von mir erfahren will, damit soll er mich auch nicht kränken. Ich schlage Wunden mit dem Schwert und haue mit Prügeln drein, wenn jemand mir ein Leid antut.«

Ihr antwortet die *Geduld*: »Ich klang in der Höhe und berührte die Erde und quoll aus der Erde wie Balsam. Du aber bist voller Trug. Blut ist deine Labung, schwarz bist du immerdar. Ich aber bin die milde Luft allem keimenden Grünen. Blumen und Früchte jeglicher Tugend lasse ich sprossen und errichte aus ihnen einen festen Bau in den Herzen der Menschen. So vollende ich alles, was ich beginne, ich harre aus und zertrete niemanden. Ich umfriede alles mit Ruhe. Doch wenn du einen Turm aufrichtest, werfe ich ihn nieder mit einem einzigen Wort und zerstreue all deine Beute. So wirst du zergehen, ich aber werde bleiben in Ewigkeit.«

Der *Neid* ist hässlich und unförmig. Seine Bärenhände zeigen, dass er alles zerreißt, seine Holzfüße, dass er tote Wege geht und niemandem Liebe erweist. Feuer lodert um seinen Kopf, Flammen sprühen aus seinem Mund, denn allen Menschen bringt er Böses.

Die *Liebe* hingegen ist die große von Gott geschenkte Kraft der Hingabe an das Du. Sie sagt: »Ich bin die Luft, die alles Grüne nährt und Blüten sprießen lässt, mit reifen Früchten, denn ich bin belehrt vom Hauch Gottes. Ich breite meinen Mantel über den Tag und die Nacht. Alles, was Gottes ist, ist auch mein. Wo der Sohn Gottes die Sünden der Menschen mit seinem Gewand tilgte, da verbinde ich die Wunden mit sanftem Linnen.«

Hildegard zeigt in diesem Buch auch die Vergeltung auf, den Lohn für die guten Werke und die Strafe für die bösen Taten. Sie verdeutlicht die oft überraschenden Aussagen der religiösen, sozialen und kosmologischen Aspekte menschlichen Handelns. Das wird sichtbar, wenn sie die Buße für Verfehlungen nennt, die nicht nur eine Verfehlung des Einzelnen gegen Gott sind, sondern ein Versagen, das den Kosmos verletzt, mit dem der Mensch elementar verbunden ist. So soll der Mörder zum Beispiel eine Zeit lang im Dunkeln leben, denn er hat die Luft verpestet und die Erde hat Menschenblut getrunken.

»Werden die Elemente durch die bösen Handlungen der Menschen befleckt, so reinigt sie Gott durch die Qualen und Schmerzen der Menschen. Tut der Mensch hingegen gute Werke, so nehmen die Elemente ihren richtigen Lauf«, denn »alles, was in der Satzung Gottes steht, gibt einander Antwort«, sagt nach der Benediktregel die *Diskretion*, die Maß hält und zu unterscheiden weiß.

Mit Liebe und Klugheit umfasst Hildegard alles, was *ist*, sie freut sich über die irdische Schönheit, den Glanz, die *viriditas*, die Leucht- und Lebenskraft der Dinge. »Die Schöpfung schaut auf ihren Schöpfer wie die Geliebte auf den Geliebten«, heißt es in dieser Visionsschrift, in der der Mensch in einer Zusammenschau mit dem Universum gesehen

wird. Mensch und Kosmos stehen bei Hildegard in einem wechselseitigen Verhältnis zueinander.

Das letzte Werk der Visionstrilogie ist der *Liber divinorum operum,* das *Buch der Gotteswerke,* nach seinem Inhalt in der vorliegenden deutschen Übersetzung *Welt und Mensch* genannt. In diesem monumentalen Werk schaut Hildegard in zehn Visionen Kosmos und Mensch in ihren Beziehungen zueinander und das Universum in seinem unablösbaren Zusammenhang mit dem dreifaltigen Schöpfergott.

Da steht der Mensch mit ausgebreiteten Armen, gleichsam ein Kreuz. Mit Kopf, Händen und Beinen ragt er in die Kosmoskreise hinein und hält das

Hildegards Schau der Kirche, die in treuer Muttersorge, versinnbildlicht durch die Frau mit der Krone, für die Gläubigen, Kinder Gottes, sorgt.

Weltall wie ein Netz in seiner Hand. Welt und Mensch werden getragen und gehalten von einer gewaltigen, überragende Gestalt, der Liebe, die mit ihren Armen das Universum umfasst. Es ist der Schöpfergott, das erhabene Urwesen. Hildegard schreibt:

»Und die Gestalt sprach: Ich, die höchste feurige Kraft, entzünde alle Lebensfunken. Nichts Tödliches sprühe ich aus. Ich entscheide das Sein. Mit meinen Flügeln umfliege ich den Erdkreis, denn ich habe ihn mit Weisheit richtig geordnet. Ich, das feurige Leben der Gottwesenheit, flamme über die Schönheit der Felder, ich leuchte in den Wassern, brenne in der Sonne, im

Durch den Kreuzestod Christi wird die Menschheit von der Erbsünde erlöst und empfängt durch das Blut Christi neues Leben.

Mond und in den Sternen. Und mit luftigem Wind – gleichsam wie mit unsichtbarem Leben, das alles erhellt – erwecke ich alles zu gewaltigem Leben. Luft lebt im Grünen und Blühen. Die Wasser fließen, als ob sie lebten. Ich, die feurige Kraft, ruhe in all diesem verborgen, sie brennen durch mich, so wie der Hauch, die Seele, die Menschen ständig bewegt. Sie alle leben in ihrer Wesenheit. Nichts Totes wird in ihnen erfunden, denn ich bin das Leben.«

Die Verbindung der Schöpfung mit dem Schöpfer ist so innig, weil das Universum von Gott das Leben empfangen hat und ständig empfängt und weil durch die Menschwerdung Gottes die Welt ein Segen geworden ist. Hildegard umkreist in all ihren Schriften, besonders aber im

Hildegards Schau eines Mönches, der die heilige Messe feiert, in der sie die »Lebensspeise« für die Gläubigen sieht.

Buch der Gotteswerke, immer wieder das Geheimnis der Menschwerdung Gottes durch seinen Sohn Jesus Christus, der der Welt Hoffnung und Zuversicht gibt.

Dieses Werk offenbart nicht nur die charismatische Begabung Hildegards, es zeigt ebenso sehr die starke natürliche Schaukraft, das Dichterisch-Musische dieser genialen Frau. Mit allen Sinnen offen für das, was ihr begegnete, war die Seherin auch feinfühlig und hellhörig für das Wort, den Ton und Klang. Die hohe musikalische Begabung der Äbtissin vom Rupertsberg fand Ausdruck in ihren Liedern, die ebenfalls charismatischen Charakter haben.

Hildegard schuf Text und Melodie zu *77 Ge-*

Die Versuchung: Manche Menschen lassen sich auf Luxus ein, andere kehren ihm den Rücken und streben himmelwärts, andere in der Wolke (oben, unteres Bild).

sängen und zu dem *Ordo Virtutum, Spiel der Kräfte.* In diesem geistlichen Singspiel geht es um den Kampf zwischen Gut und Böse in den Menschen, den Gliedern des mystischen Leibes Christi bis zu seiner Vollendung. Das Ringen wird dargestellt an einer Einzelgestalt, der *Anima (Seele),* die die vielfältigen verführerischen Kräfte und Mächte des Bösen mithilfe der *Virtutes*, der *Gotteskräfte*, besiegt. In den Gesängen, die auch im Gottesdienst verwendet wurden, nahm Hildegard zwar die Elemente der Gregorianik als Grundlage, komponierte sie aber in einer Weise, dass etwas Eigenständiges, Neues daraus wurde. Sie sprengte die formale Anlage und das Bauprinzip der alten Melodien, sie liebte den weiten Tonumfang, die großen Intervalle und eine reiche Melismatik (melodische Verzierung durch Koloratur). In der motivischen Variationskunst erweist sich Hildegard als Meisterin.

Die Themen ihrer Lieder, die sie für ihr eigenes Kloster oder für befreundete Klöster schuf, haben eine große Spannweite und dienen der Verehrung und Verherrlichung von Gott-Vater, Christus, dem Heiligen Geist, Maria (besonders häufig), Disibod, Rupertus, Matthias, Eucharius, Maximin und Bonifatius. Hildegard, erfüllt vom göttlichen Feuer, schuf in diesem Zusammenhang eine Sequenz zum Heiligen Geist, in der die Inspiration und der Durchbruch zu eigener Gestaltung besonders stark spürbar sind.

Zum Heiligen Geist

Feuer du und Tröster-Geist!
Leben des Lebens aller Geschöpfe!
Heilig bist du, du belebst die Gebilde.

Heilig bist du, du salbst die gefährlich Verletzten,
heilig bist du, du reinigst die schwärenden Wunden.

Hauch aller Heiligkeit, Feuer der Liebe!
Süßes Verkosten in unserer Brust!

Wohlduft der Tugenden
Senkest du ein in die Herzen.

Du lauterster Quell, in dem wir erschauen,
wie Gott die Irrenden sammelt
und die Verlorenen sucht.

O Schutzwehr des Lebens,
du Hoffnung der Glieder auf Einheit
du, Gürtel der sittlichen Würde,
die Heiligen heile!

Beschirm, die der Feind hat gefangen,
mach frei, die da liegen in Fesseln,
die göttliche Kraft will sie retten.

Du mächtiger Weg, der da alles durchzieht
in Höhen, auf Erden, in Abgründen all,
du sammelst und einest ja alle zum Ziel.

Du bist es, durch den da
wogen die Wolken und fliegen die Lüfte,
träufeln die Steine,
bringen die Quellen die Bäche hervor,
lässt sprossen die Erde das Grün.

Du bildest auch immer belehrsame Menschen,
beglückt durch den Odem der Weisheit.

Und darum sei Lob dir, du Klang allen Lobes
und Freude des Lebens, du Hoffnung und machtvolle Ehre,
da du die Gaben des Lichtes verleihst.

Wort und Melodie bilden so sehr ein in sich geschlossenes Ganzes, dass man sie zusammen hören muss, um die Gesänge in ihrer prophetischen Aussagekraft in sich aufzunehmen.

Hildegard wurde in der Zeit, als sie die großen Visionsschriften verfasste, die Lieder komponierte und zwei Klöster gründete, auch durch eine ausgedehnte Korrespondenz lebhaft in Anspruch genommen. Ihr *Briefwechsel,* der 1148 mit der Trierer Synode einsetzte und immer größere Kreise zog, zeigt die einzigartige Stellung und das Wirken Hildegards in Kirche und Reich, denn die Visionärin wandte sich in ihren oft sehr kühnen Schreiben an die bedeutendsten führenden Persönlichkeiten des Abendlandes.

Hildegards Schau des Wortes Gottes, das als Säule des Lebens himmelwärts führt.

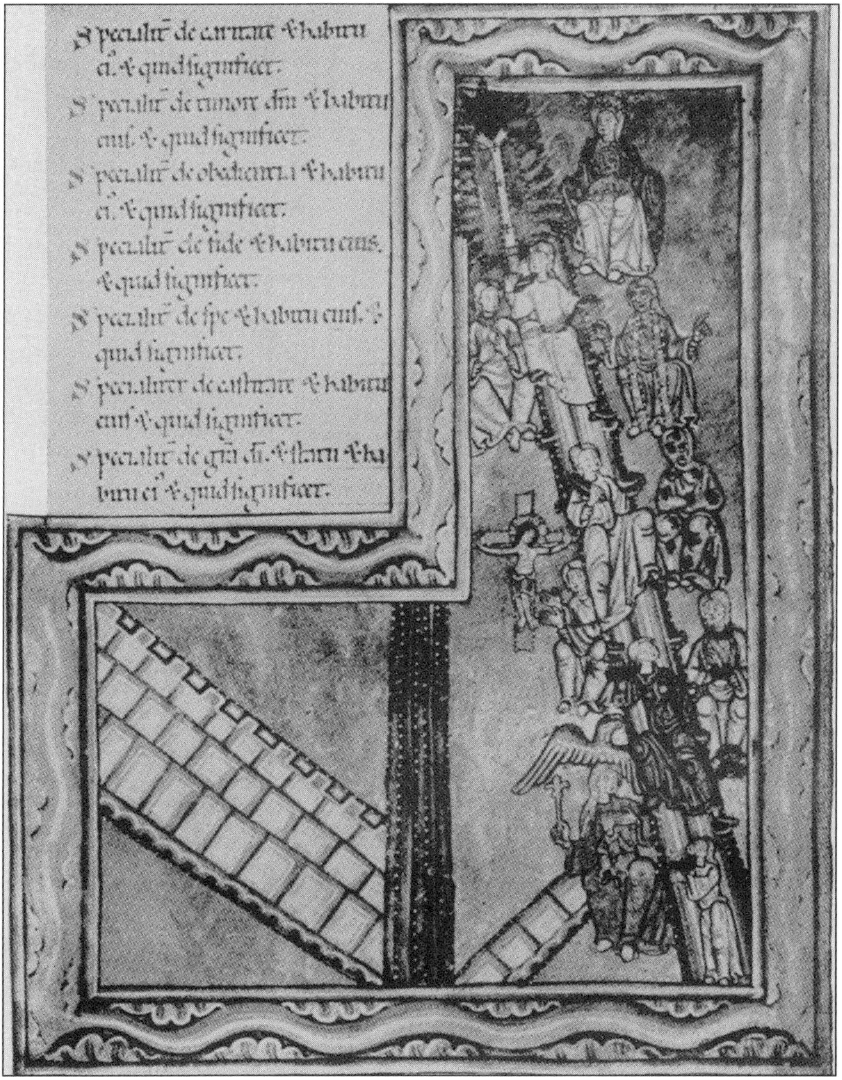

Hildegard sieht das Böse in der Welt, das jedoch stets durch das Gute besiegt werden kann; Säule der Erlösung, die für alle Menschen in den Himmel führt.

Es begegnen uns die Päpste Eugen III. (an den Hildegard vier Briefe richtete und der ihr zwei Schreiben übersandte), Anastasius IV., Hadrian IV. und Alexander III. Mit den Gegenpäpsten unterhielt die spirituelle Meisterin vom Rupertsberg keine Verbindung.

Viele Briefe schrieb Hildegard auch an Priester und Priestergemeinschaften, an Nonnen und Mönche.

Den Laien – Männer, Frauen und Ehepaaren –, die mit Hildegard in Korrespondenz standen, gab sie auf ihre besonderen Fragen Rat und bot ihre Hilfe an. Sie richtete auch ein umfangreiches »Rundschreiben«, wie wir heute sagen würden, an die Laien und warnt sie in sehr offenen Worten vor Selbstsucht, Zügellosigkeit, Ehebruch, Tyrannei und Mord.

Der Menschensohn Gottes, darunter die fünf Tugenden.

Besonderes Interesse erweckt Hildegards Briefwechsel mit Kaiser Friedrich I. Barbarossa. Vier Briefe der Äbtissin an den Kaiser sind uns erhalten und ein Schreiben des Herrschers an Hildegard. Der Kaiser teilte ihr mit: »Das, was Du uns vorausgesagt hast, als wir Dich bei unserem Aufenthalt in Ingelheim gebeten hattten, vor uns zu erscheinen, halten wir bereits in Händen.« Um was es sich dabei handelt, wissen wir nicht. Er empfiehlt sich und seine Aufgaben für das Reich dem Gebet Hildegards und ihrer Schwester.

Die Briefe der Äbtissin vom Rupertsberger Kloster spiegeln Hildegards Stellung zum Kaiser, der ab 1159 bis 1177 eine Kirchenspaltung herbeiführ-

Tag der großen Offenbarung: Durch seinen Sohn, durch die Apostel, Märtyrer und Heiligen erneuert Gott Himmel und Erde.

te, die Hildegard in weiteren Briefen an Barbarossa heftig kritisierte und tadelte. Nur sie, die *prophetissa*, die von Gott berufene und als solche auch vom Kaiser anerkannte *Prophetin*, durfte und konnte es wagen, dem höchsten weltlichen Herrscher ernste, kritische und tadelnde Worte zu sagen. Im Jahr 1177, zwei Jahre vor Hildegards Tod, fand zwischen Kaiser Friedrich I. und dem rechtmäßigen Papst, Alexander III., im Frieden von Venedig und auf Drängen von Hildegard die Versöhnung statt.

Hildegard gab auch vielen Äbtissinnen und Äbten in schwierigen Lagen Weisung und Rat. Sie mahnte sie vor allem zur *Diskretion*, der »Mutter der Tugenden« (Benediktregel Kapitel 64,19). Vor allem belegen Hildegards Briefe, dass sie vom Geist der Benediktregel geformt ist.

Es ist erstaunlich, dass Hildegard bei ihrer starken Beanspruchung als geistliche Mutter ihrer zwei Klöster nicht nur Zeit und Muße fand, die drei theologisch-philosophischen Visionswerke in Form einer praktischen Lebenskunde zu verfassen, Lieder zu komponieren und einen ausgedehnten Briefwechsel zu führen, sondern dass sie darüber hinaus und sozusagen nebenher in einer Natur- und Heilkunde ihre Beobachtungen und ihr Wissen auf diesen Gebieten aufzeichnete. Mit Recht wird sie von den Wissenschaftlern als erste deutsche Naturforscherin und Ärztin bezeichnet.

Die *Heilkunde* trägt in der maßgeblichen Handschrift, dem Codex 90 b aus dem 13. Jahrhundert, den Titel *Causae et Curae*, die *Ursachen* (der Krankheiten) *und ihre Heilung*. Die *Naturkunde* wird nach der ersten Ausgabe von J. Schott im Jahr 1533 auch *Physica* genannt. Beide Werke sind keine medizinischen oder naturwissenschaftlichen Lehrbücher im modernen Sinn, das heißt aber nicht, dass die Grundkonzeptionen dieser genialen Frau – ihre Auffassung vom Menschen in gesunden und kranken Tagen und ihre Kenntnisse der Natur – dem heutigen Menschen nicht viel zu sagen haben, sondern im Gegenteil sind sie auch heute noch äußerst hilfreich. Manches ist zwar zeitgebunden, doch zeugen diese Schriften von einer erstaunlichen Beobachtungsgabe und einer vielseitigen Kenntnis der Natur und des Menschen, die Hildegard jedoch nie isoliert betrachtet, sondern in einem großen theologisch-philosophischen Zusammenhang sieht.

So beginnt die *Heilkunde* mit der Schöpfung der Welt und dem Bauwerk des Kosmos. Hildegard spricht über den gesunden und kranken Körper, sie berichtet, wie ein Mensch entsteht, sie schreibt über das geschlechtliche Verhalten, über den Menschen zwischen Schlafen und Wachen und geht ein auf die Krankheiten von Kopf bis Fuß. Weitere Themen sind die Ernährung und Verdauung, die Gemütsbewegungen, die Stoffwechselstörungen und die Heilmittel. Das kurze Kapitel über den Schlaf zum Beispiel enthält genaue Beobachtungen:

»Oft geschieht es, dass der Mensch wach liegt und nicht einschlafen kann, weil sein Geist mit zerstreuenden Gedanken und Problemen und Widersprüchlichkeiten beschäftigt ist oder auch von zu großer Freude befangen wird. Im Zustand der Trauer aber oder auch der Furcht, der Angst, im Zorn oder in anderen ähnlichen Zerstreuungen und Widersprüchen wird das Blut oft in Unruhe gebracht. Dann ziehen sich die Gefäße, die den milden Lufthauch des Schlafes aufnehmen sollten, etwas zusammen, sodass sie ihn nicht weiterleiten können. Auch wenn der Mensch sich außergewöhnlich freut, reagieren die Gefäße in ähnlicher Weise. So hat er nicht die richtige Ausgewogenheit des Inneren und liegt deshalb wach, bis er in seinem Gemütszustand von jener Angelegenheit wieder in Übereinstimmung kommt. Wenn aber seine Gefäße das richtige Maß zurückerhalten, dann schläft der Mensch ein.«

Auch über das Gehen und Stehen und über das Reiten hat Hildegard ihre Erfahrungen aufgezeichnet. Wie die *Vita* berichtet, ist Hildegard vom Rupertsberg zum Disibodenberg geritten, und ohne Zweifel hat sie ihre Predigtreisen streckenweise auch zu Pferd zurückgelegt.

Hervorzuheben ist auch ihre Beschreibung über das Vergießen von Tränen, die im Kapitel über die Gemütsbewegungen zu lesen ist.

»Tränen, die in der Freude ihren Ursprung haben, sind milder als Tränen, die aus der Traurigkeit entstehen. Wenn nämlich die Seele bei aller Traurigkeit aus ihrer Einsicht heraus immer wieder sich erinnert, dass sie ja himmlischen Ursprungs ist und auf dieser Welt nur eine Pilgerin, oder wenn ihr Leid dem Guten beistimmt, sodass sie in heiligen Werken sich mit ihm als eine Einheit fühlen kann, dann sendet sie ohne Nebel und ohne Verwirrung mit Seufzern der Freude und Fröhlichkeit in milder Weise Tränen zu den Augen und lässt sie wie einen süßen Quell ausströmen. Solche Tränen schädigen in keiner Weise das Herz, sie dörren auch das Blut nicht aus, verletzen sein Gewebe nicht und bringen den Augen keine Schwäche.«

In der *Heilkunde* wie in ihren anderen Werken – besonders in ihren Briefen – gibt Hildegard Weisungen für eine gesunde *Lebensführung* und empfiehlt vor allem die *Diskretion*, das Maßhalten (auch *moderatio* genannt). Das Leitbild des Arztes ist Christus, der Heilbringer, der Erlöser der Welt (*medicus, salvator mundi*).

Die *Naturkunde* oder *Physica* ist ein aus der Volkstradition hervorgegangenes und für den Volksgebrauch bestimmtes Arzneibuch, in dem Hildegard zum größeren Teil die eigenen Beobachtungen und Erfahrungen aufgezeichnet hat.

Es ist auch hier charakteristisch, dass Hildegard bereits in ihrem Vorwort zum ersten Buch auf die Beziehungen der Pflanzen zu den Menschen hinweist.

»Bei der Erschaffung des Menschen aus Erde wurde eine andere Erde genommen, die den Menschen darstellt, und alle Elemente waren ihm untertan, und sie halfen ihm in allen seinen Bemühungen, und er half ihnen. Und die Erde spendete ihre Lebenskraft (*viriditas*) nach dem Geschlecht, nach der Natur, nach der Lebensweise und dem ganzen Verhalten des Menschen«.

In neun Büchern und 513 Kapiteln bietet Hildegard ihren Stoff dar: Sie schreibt über die Pflanzen, Elemente, Bäume, Steine, Fische, Vögel, (Säuge-)tiere, Reptilien und über den Ursprung der Metalle. Besonders bewandert ist Hildegard in der Botanik, der sie 293 Kapitel widmet, also über die Hälfte ihres Werkes. Hervorragend sind auch ihre Aufzeichnungen über die Fische. Die Lage des Disibodenberges am Zusammenfluss von Glan und Nahe sowie des Rupertsberges an der Mündung der Nahe in den Rhein hat Hildegard genutzt, das Leben der Fische und den Fischfang zu beobachten. Auch weiß sie genau, die Bekömmlichkeit der 35 einheimischen Fischarten für Gesunde und Kranke zu benennen. Ihre ausführlichen Beschreibungen über das Laichen der Fische zum Beispiel stimmen ganz und gar mit den modernen Ergebnissen der Biologen überein. Bis zum Beginn des 20. Jahrhunderts hat niemand die Fischfauna des Rheins und seiner Nebenflüsse so genau geschildert wie Hildegard von Bingen.

»Der Lachs liebt mehr die warme als die kalte Luft. Er liebt den Tag und sucht den Grund des Wassers nur selten auf, sondern sucht die Kräuter, von denen er lebt, in mittleren Tiefen. Sein Fleisch ist gesünder als das des Salms und taugt als Speise für Gesunde. Kranke aber schwächt es ein bisschen.«

Sie beschreibt alle Fische, die heute zum großen Teil noch in Nahe und Rhein anzutreffen sind und von den Fischern mit den Namen bezeichnet werden, die Hildegard ihnen gegeben hat. Denn da ihr die lateinischen Bezeichnungen oft unbekannt waren, führte sie die einheimischen deutschen Namen ein. So ist die *Physica* auch für den Sprachforscher von besonderem Interesse.

Den Hund muss Hildegard von Bingen besonders geliebt haben. Sie schreibt:

»Der Hund hat in seiner Natur und in seinen Gewohnheiten etwas vom Menschen. Deshalb fühlt und kennt er den Menschen, liebt ihn, hält sich gern bei ihm auf und ist ihm treu. Der Hund erkennt Hass, Zorn und Unredlichkeit am Menschen und knurrt oft darüber. Und wenn er weiß, dass in einem Haus Hass oder Zorn herrscht, knirscht er mit den Zähnen und bellt. Auch den Menschen, der einen Verrat plant, knurrt er an, ebenso einen Dieb und jeden, der einen Diebstahl plant. Auch Freude und Trauer des Menschen fühlt er voraus. Wenn Freudiges bevorsteht, bewegt er froh den Schwanz, wenn Trauriges bevorsteht, heult er traurig. Sein Fleisch ist für den Menschen nicht zu gebrauchen. Etwas, wovon der Hund gegessen hat, soll ein Mensch nicht mehr genießen.«

Die *Physica* Hildegards zeugt von einer großen Liebe zur Natur und von einer ausgezeichneten, durch eigene Beobachtung gewonnenen Kenntnis auf den Gebieten der Botanik und Zoologie. Wir können nur staunen über die Kosmosverbundenheit der Rupertsberger Äbtissin. Die Universalschau und der wache Blick für die lebendige Natur bewahrten Hildegard vor jedem Anflug von »Naturschwärmerei«.

Die von Gott in die Natur gelegten Heilkräfte suchte Hildegard nutzbar zu machen für die Menschen. Sie wandte ihre Sorge besonders den Kranken und den Armen zu. Mit ihrem starken christlichen Empfinden hat Hildegard sich auch stets zum Anwalt der Armen und Unterdrückten gemacht. »Der Arme muss auch in Liebe zu Gott aufgenommen und geheilt werden, weil er als Mensch unser Bruder ist. Gott liebt ja den Armen, weil er sein Bild ist.«

Hildegard von Bingen konnte so Wesentliches zum kranken Menschen sagen und schreiben und vielen Leidenden in ihren Nöten helfen, weil sie selbst zeitlebens, von Kindheit an bis in ihr hohes Alter, mehr oder weniger krank und geschwächt war. Es ist bedeutsam, dass Hildegard die von Gott auferlegten Krankheiten als heilträchtige Aufgabe erkannte. Oft hat sie es ausgesprochen: Die körperlichen und seelischen Prüfungen seien immer ein Anruf Gottes an den Menschen. »Dieser erfährt seine Armseligkeit und Ohnmacht, erkennt sie in Demut an und weiß sich aufgerufen zur Geduld.« Für Hildegard selbst waren Krankheit und Schwäche der Stachel, die Geißel, durch die Gott sie zähmen wollte, damit sie sich wegen ihrer seherischen Gabe nicht in Stolz erhebe. Dazu schreibt Hildegard an die ihr befreundete Benediktinerin Elisabeth von Schönau:

»Gott züchtigt immer die, die seine Posaune blasen, und achtet darauf, dass das Tongefäß nicht zerbricht, sondern ihm wohlgefällt. Ich, die ich kleinmütigen Herzens darnieder liege und immer wieder von Furcht beunruhigt erlahme, erklinge zuweilen wie ein schwacher Posaunenton des lebendigen Lichtes. So helfe mir Gott, dass ich in seinem Dienst ausharre!«

Da Hildegard die körperliche Schwäche so oft und schmerzlich empfindet, übergibt sie sich ganz und gar der Barmherzigkeit Gottes. So teilt sie dem Mönch Wibert von Gembloux im Anschluss an den Bericht über ihre Schauungen mit:

»Durch Krankheiten werde ich stark gehemmt und oft derart in schwere Schmerzen verstrickt, dass sie mich zu Tode zu bringen drohen. Doch hat Gott mich bis jetzt immer wieder belebt. In beidem, in Leib und Seele, kenne ich mich selbst nicht und erachte mich gleich dem Nichts. Ich strecke mich aus nach dem lebendigen Gott und überlasse all dies ihm, damit er, der weder Anfang noch Ende hat, mich in all dem vor dem Bösen bewahre. Deshalb bete auch Du für mich, damit ich im Dienst Gottes ausharre.«

Trotz vielfacher Krankheit und körperlicher Schwäche hat Hildegard zwischen 1158 und 1171 vier größere Predigtreisen unternommen, die mit mancherlei Anstrengungen und Unannehmlichkeiten verbunden waren. Dieses apostolische Wirken einer Frau steht wohl einzigartig da in der Geschichte. Die *Vita* nennt 15 kleinere Ort mit Klöstern, in denen Hildegard einkehrte, und Äbten und Mönchen, Äbtissinnen und Nonnen den Willen Gottes kundtat. Der Briefwechsel zeigt, wie genau sie die innerklösterlichen Verhältnisse kannte und sich mühte, schwierige Fragen zu lösen.

Die nüchterne Aufzählung der fünf Städte Köln, Trier, Metz, Würzbug und Bamberg, in denen Hildegard öffentlich vor Geistlichen und Volk das Wort ergriff, gewinnt Farbe, Leben und Dynamik, wenn wir die Predigten lesen, die im Briefwechsel überliefert sind. Denn die Geistlichkeit von Köln und Trier wurde so tief und nachhaltig von Hildegard angesprochen, dass sie die Seherin um die Zusendung ihrer Worte bat.

Alle, die Hildegard hörten, waren begeistert von dieser charismatisch begabten Frau. Ihre aus den Visionen empfangenen Worte waren durch ihr Herz gegangen. Darum erschütterten sie die Herzen, schlossen sie auf und bewogen sie zur Umkehr.

Es darf nicht unerwähnt bleiben, ja es muss mit Nachdruck gesagt werden: Bei aller Selbständigkeit und Eigenart bedurfte Hildegard stets der mitmenschlichen Hilfe und Freundschaft. Sie hat schmerzlich unter dem Verlust ihrer Sekretärin Richardis von Stade gelitten. Bis 1173 stand Magister Volmar vom Disibodenberg als Sekretär ihr freundschaftlich zur Seite. Nach seinem Tod trauerte sie sehr um ihn und fühlte sich verwaist, wie sie dem ihr nahe stehenden Abt Ludwig von St. Eucharius in Trier in einem Brief mitteilte.

In großer Dankbarkeit gedachte sie im Epilog zum *Buch der Gotteswerke* ihrer Freunde und Helfer:

»In jener Zeit hatte ich in der wahren Schau an der Niederschrift des Buches (von den Gotteswerken) unter Mithilfe eines gottesfürchtigen Mönches, der nach der Regel St. Benedikts lebte (Volmar) gearbeitet. Da durchbohrte Traurigkeit mir Seele und Leib, weil ich durch das Geschick des Todes dieses Mannes beraubt, eine Waise war in dieser Welt. Denn im Dienst für Gott hatte er alle Worte dieser Schau mit großer Sorgfalt in ununterbrochener Mühe aufgenommen und sie korrigierend durchgesehen. Und immer hat er mich ermahnt, sie nicht wegen irgendwelcher Schwäche meines

Körpers aufzugeben, sondern Tag und Nacht, an dem, was mir in der Schau gezeigt wurde, zu schreiben und zu arbeiten. Das tat er bis zu seinem Tod und konnte sich an der Schau nicht ersättigen ...«

Hildegard dankte mit warmen Worten all den Freunden, die ihr damals zu Hilfe kamen. Es sind Abt Ludwig von St. Eucharius in Trier und seine Mönche, die vorübergehend auf dem Rupertsberg weilten, und ihr Neffe Wezelin, Propst von St. Andreas in Köln. Hildegard beschließt das *Buch der Gotteswerke* mit der Bitte an Gott: »Schenke all denen, die mir bei diesen Schauungen, die du mir von meiner Kindheit an eingeprägt hast und an denen ich in großer Furcht mich mühte, den Lohn ewiger Herrlichkeit im himmlischen Jerusalem, sodass sie sich durch dich ohne Ende in dir freuen!«

Nachdem Hildegard Volmar durch den Tod verloren hatte, erhielt sie nach vielen Schwierigkeiten 1174 den Mönch Gottfried vom Disibodenberg als Propst und Sekretär. Hildegard hatte nun wieder eine Hilfe, benötigte sie aber nicht sonderlich, da ihre Hauptwerke abgeschlossen waren. Gottfried begann mit der Abfassung von der Hildegard-Vita, doch starb er bereits Ende 1175 oder Anfang 1176. Nach seinem Tod versahen vorübergehend Hildegards Bruder Hugo und ein Kanonikus von St. Stephan in Mainz das Amt des Seelsorgers in Hildegards Kloster.

Ab 1177 nahm der Mönch Wibert von Gembloux auf dem Rupertsberg die Seelsorge der Nonnen wahr, nachdem er bereits zwei Jahre lang zuvor mit der von ihm hochverehrten Seherin in lebhaftem Briefwechsel gestanden hatte. Seine Briefe charakterisieren ihn als hochbegabten und vorbildlichen Mönch. Er wirkte als Propst der Nonnen und stand Hildegard als Sekretär zur Seite. Im Brief an seinen Freund Bovo zeichnet er ein anschauliches Bild vom Leben auf dem Rubertsberg:

»Ein wunderbarer Wettstreit der Tugenden wird hier sichtbar. Die Mutter umfängt ihre Töchter mit solcher Liebe, und die Töchter unterwerfen sich der Mutter mit solcher Ehrfurcht, dass man kaum unterscheiden kann, ob in diesem Eifer die Mutter die Töchter oder die Töchter die Mutter übertreffen. Eingedenk der Einladung des Herrn: ›Macht euch frei und seht, dass ich Gott bin‹, enthalten sie sich an Festtagen der Arbeit, sitzen schweigend in ihrer Verborgenheit, widmen sich mit Eifer der Lesung und dem Erlernen des Gesangs. Und gehorsam dem Apostelwort: ›Wer nicht arbeitet, soll auch nicht essen‹, widmen sie sich an Werktagen in geeigneten Räumen dem Abschreiben von Büchern, Anfertigen von liturgischen Gewändern oder anderen Handarbeiten.

Zudem ist dieses Kloster nicht etwa von einem Kaiser oder Bischof, einem Mächtigen oder Reichen diese Erde, sondern von einer armen, zugezogenen, schwachen Frau gegründet worden. Innerhalb kurzer Zeit, seit 27 Jahren, hat es sich sowohl dem monastischen Geist als auch dem äußeren Aufbau nach so hoch entwickelt, dass es durch nicht prunkvolle, wohl aber stattliche und geräumige Gebäude – wie sie sich für Nonnen ziemen – und dadurch, dass man in sämtliche Arbeitsräume eine Wasserleitung gelegt hat, in allem wohl bestellt ist. Nicht nur für die vielen Gäste, die dem Haus Gottes niemals fehlen, und die verschiedenen Angestellten, deren es eine ganze Anzahl gibt, sondern auch für die rund 50 Schwestern sind alle Ausgaben für Kleidung und Nahrung zur Genüge gedeckt.

Diejenige aber, die die Mutter und Führerin einer so großen Heerschar ist, verschwendet sich in Liebe an alle. Sie gibt die erbetenen Ratschläge, löst schwierige Fragen, die ihr gestellt werden, schreibt Bücher, unterweist ihre Schwestern, richtet Sünder auf, die zu ihr kommen, und ist dadurch voll und ganz in Anspruch genommen. Trotz der Last des Alters und der Krankheit leistet sie durch Übung aller Tugenden so Großes, dass sie vieles mit dem Apostel sagen könnte, zum Beispiel: ›Allen bin ich alles geworden, um alle zu gewinnen‹, und: ›Mit Freunden rühme ich mich meiner Schwachheiten, damit die Kraft Christi in mir wohne; denn wenn ich schwach bin, bin ich stark.‹«

Hildegards Kritik am Verhalten des Kaisers führte schließlich zur Versöhnung von Friedrich I. Barbarossa mit Papst Alexander III.

Zusammenfassend lässt sich sagen: Hildegard von Bingen war ein universaler Genius, denn sie besaß umfassende schöpferische Kraft. Die Spiritualität Hildegards fand ihren unvergleichlichen Ausdruck in ihren Werken, aber nicht nur im schriftlichen Wort. Ihre Spiritualität wirkte sich aufs Fruchtbarste im Leben aus. Über ihre beiden Klöster Rupertsberg und Eibingen hinaus strahlte Hildegard geistige Kraft und Lebenskunst in die Welt hinein:

- Sie teilte sich allen mit, die von nah und fern zu ihr kamen und – von körperlicher und seelischer Not gedrängt, Hilfe, Rat und Trost erbaten und empfingen.
- Die öffentlichen Ansprachen in den Städten hinterließen einen solch tiefen und nachhaltigen Eindruck, dass die Hörer Hildegards um die Zusendung ihrer Predigten baten.
- Für alle Fragen ihrer stark bewegten Zeit war Hildegard von Bingen offen und nahm verantwortungsbewusst und ohne Menschenfurcht konkret zu ihnen Stellung.
- So strahlte Hildegards Spiritualität hinein in das 12. Jahrhundert, das den »Aufbruch Europas« einleitete.

Haben diese Spiritualität und Lebenskunst aus dem Kloster heute – bei unserem völlig veränderten Weltbild noch Gültigkeit? Gilt Hildegards Bild vom Menschen, dessen Heil sie in der Kunst des Lebens sah, noch in einer Welt, in der sich auf den Gebieten des geistigen, wirtschaftlichen, technischen und sozialen Lebens alles in ständig wachsender Geschwindigkeit vorwärts entwickelt, differenziert und spezialisiert? Man kann beide Fragen bejahen. Die Zeit der Universalgenies scheint zwar unwiederbringlich vorbei zu sein, aber ganzheitliches Denken, Handeln und Fühlen sowie die Wiederentdeckung von Spiritualität stehen in unserer Epoche auf der Rangliste ganz oben. Hildegards Lebenskunde bietet daher auch in heutiger Zeit umfassende Lebenshilfe, denn die Kennzeichen ihrer Spiritualität sind:

- das zusammenfließende Schauen, Denken und Fühlen in der Vertikalen und Horizontalen,
- die umfassende Ausrichtung auf Gott, die Welt und das Heil für den Menschen.

Kehren wir an dieser Stelle zum Leitwort Hildegards »Im Angesicht Gottes suche der Mensch sich selbst« zurück, das am Beginn dieses Kapitels steht, und werfen wir abschließend noch einen Blick auf Hildegards Menschenbild.

Was Hildegard uns in ihrem visionären Menschenbild hinterlässt, ist die Zusage einer alle Mauern des Verstandes überspringenden Freiheit des Menschen. Manches davon ist sogar in die Literatur des 20. Jahrhunderts eingeflossen. Signifikant wird es vor allem im Werk von Max Frisch. Es sei an die berühmte Stelle in seinen Tagebüchern erinnert, die zugleich ein Schlüssel für eine Reihe der Werke von Max Frisch ist. Da schreibt Frisch:

> »Du sollst Dir kein Bildnis machen, heißt es, von Gott. Es dürfte auch in diesem Sinne gelten: Gott als das Lebendige in jedem Menschen, das, was nicht erfassbar ist. Es ist eine Versündigung, die wir, so wie sie an uns begangen wird, fast ohne Unterlass wieder begehen – ausgenommen wenn wir lieben.«

Noch eine andere Stelle bei Frisch erinnert an Hildegard und ihr frei machendes Menschenbild inmitten eines lebendigen Kosmos, wo Frisch nämlich schreibt:

> »Das ist das Erregende, das Abenteuerliche, das eigentlich Spannende, dass wir mit den Menschen, die wir lieben, nicht fertig werden: weil wir sie lieben; solange wir sie lieben. Man höre bloß die Dichter, wenn sie lieben; sie tappen nach Vergleichen, als wären sie betrunken, sie greifen nach allen Dingen im All, nach Blumen und Tieren, nach Wolken, nach Sternen und Meeren. Warum? So wie

Hildegards Vision (Detail); Liber divinorum operum (Buch der Gotteswerke), *entstanden 1230.*

»Hildegardis, die Prophetin, erleuchtet vom Heiligen Geist, hat offenbart die Werke des Herrn.«

das All, wie Gottes unerschöpfliche Geräumigkeit, schrankenlos, alles Möglichen voll, aller Geheimnisse voll, unfassbar ist der Mensch, den man liebt.«

Es war Dorothee Sölle, die das Bildermachen vom Menschen nach Frisch in Zusammenhang gebracht und eine theologische Antwort gesucht hat. Max Frisch beschwört die Liebe. Daneben setzt Dorothee Sölle Glaube und Hoffnung, die das Menschenbild der Liebe offen halten und frei halten für eine unerwartete Zukunft. Deshalb kann die Theologin Sölle schreiben:

»Glaube und Hoffnung ›hüten‹ die Liebe. Bild und Entwurf implizieren Ideologien, und die theologische Aufgabe an solchen existenzial zu interpretierenden Texten [wie denen von Frisch] ist ebenso Ideologiekritik wie Annahme der hier gesagten Wahrheit. Dann bleibt Lieben beides – mit der Hilfe Gottes, der hier auf Erden keine ›Synthesen‹ bietet, wohl aber dialektische Praxis –: Machen und Lassen, Aktivität und Passivität, geplante und geschenkte, manipulierte und gleichwohl erwartete Zukunft.«

In einer weniger wissenschaftlich klingenden, aber ganz unverwechselbaren Sprache sagt Hildegard von Bingen etwas sehr Ähnliches. Sie war nicht nur die Visionärin eines befreiten Menschenbildes und Seherin einer menschlichen Zukunft. Sie war auch Hörende, sie war begnadete Musikerin. Dieses Kapitel über Hildegard von Bingen schließt daher mit einem musikalischen Bildwort Hildegards, das ihre Schau vom Menschen, von sich selbst und von ihrem visionären Schreiben zusammenfasst:

»Der Mensch, der dies schaut und im Schreiben weitergibt, sieht und sieht doch nicht; er spürt das Irdische und doch wieder auch nicht. Er trägt Gottes Wunderdinge nicht aus sich selbst vor, ist vielmehr davon so ergriffen, wie eine Saite durch den Spieler ergriffen wird, um ihren Ton nicht aus sich, sondern aus dem Griff eines anderen wiederzugeben.«

Lebenskraft in unserer Welt des raschen Wandels

Unsere moderne Welt unterliegt einem raschen Wandel, ist zerrissen und von Gegensätzen unterschiedlichster Art erfüllt: Politisch-nationale, wirtschaftlich-soziale Gegensätze prallen aufeinander, Aggressionen verschiedenster Gruppen stehen gegeneinander. Einer zunehmenden Verdunkelung des Zukunftshorizonts sehen sich immer mehr Menschen ausgesetzt, die über soziale Ungerechtigkeit und das Versagen der Politik klagen.

Entmutigung kennzeichnet den Beginn des dritten Jahrtausends, Unsicherheit und Resignation machen sich breit. Die Lebenskräfte vieler erlahmen, und immer mehr junge Menschen betäuben sich mit Alkohol und Drogen.

Ordensfrauen und Mönche in den Klöstern wollen auch vor diesem Hintergrund helfen und den Menschen Hoffnung und Zuversicht geben, ihnen helfen, ihre Lebenskräfte neu zu entfalten. Wo andere Institutionen versagen, bieten Klöster, klosterähnliche Gemeinschaften und caritative Einrichtungen wirkungsvolle Hilfen an.

Beginne bei dir selbst

Roger Schutz, geboren 1915, gründete im Dörfchen Taizé (Burgund) die erste ökumenische Ordensgemeinschaft der Kirchengeschichte. Taizé zieht pro Jahr mehr als 200 000 Besucher an, vor allem viele Jugendliche.

Der Ordensmann Roger Schutz sieht sich von der Liebe Gottes getragen, die »auf Erden ein Feuer entzündet«. Er will das Seine dazu tun, damit seine Kirche ein »Ferment der Brüderlichkeit, der Gemeinschaft und des Teilens für die ganze Menschheit« wird. Er möchte den auferstandenen Christus in seinen Menschenschwestern und -brüdern feiern: »Wir sehen im Menschen das Antlitz Christi, vor allem, wenn dieses Antlitz durch Tränen und Leiden transparenter geworden ist. Deshalb werden wir so weit gehen, unser Leben hinzugeben, damit der Mensch nicht mehr Opfer des Menschen sei.«

Große Worte voller Pathos? Wenn die vielen jungen Besucher den Prior Roger Schutz in der Versöhnungskirche von Taizé fragen: »Wer ist Christus für Sie, Bruder?«, dann gibt es keine schnellen Patentrezepte, höchstens Anstöße, die seine Zuhörer weiterspinnen, mit ihrem persönlichen Leben füllen sollen. Dann sitzt er eine ganze Weile ganz still da, in sich hineinhorchend, nach einer Antwort suchend, die keine Schablone ist. Und dann beginnt er langsam, behutsam die Worte wählend, und sagt etwas ganz Einfaches: »Für mich ist Christus der, von dem ich lebe, aber auch der, den ich mit euch zusammen suche.«

Wenn es so etwas wie ein »Bekehrungserlebnis« bei Frère Roger gab, dann war es jener Abend, als er sich drängend wie noch nie fragte: »Warum dieses gegenseitige Sich-Bekämpfen unter den Menschen und selbst unter den Christen? Gibt es auf unserer Erde einen Weg, der so weit führt, alles vom anderen zu verstehen?«

An diesem Abend habe er eine Antwort gefunden, die sein Leben veränderte: »Wenn es diesen Weg gibt, beginne bei dir selbst und engagiere dich selbst; du selbst, um alles von jedem Menschen zu verstehen.«

Das versucht er seither gemeinsam mit seinen Freunden in der Gemeinschaft von Taizé: die wesentlichen Dimensionen des Christseins zu leben, als »bescheidenes Zeichen der Gemeinschaft«. Ein prophetisches Gleichnis von Kirche, mitreißend, ausstrahlend, um den Auferstandenen geschart.

»Sei unter den Menschen ein Zeichen der brüderlichen Liebe und der Freude«, verlangt die Regel von Taizé. Mehr nicht. Keine Predigten, keine Missionskampagnen. Einfach da sein unter den Menschen wie Christus – als lebendiges Gleichnis der Hoffnung.

Ähnlich wie Roger Schutz setzen Ordensfrauen und Mönche Zeichen der Hoffnung, indem sie dazu ermutigen, auch Krisen im Leben zu akzeptieren, sie als Chancen zur Umkehr und für einen Neubeginn zu sehen und zu nutzen.

Lebenskraft aus Lebenskrisen

Wir kennen das Bild: Wenn gesagt wird, dass sich jemand oder etwas wie ein Phönix aus der Asche erhebe oder daraus aufsteige, dann wird durch dieses Bild ausgedrückt, dass nach scheinbarer Vernichtung, nach völligem Zusammenbruch eine kaum erwartete Wiedererstehung oder Neubelebung stattgefunden hat.

Phönix war ein Fabelwesen der Antike. Die Ägypter verehrten ihn als Verkörperung des Sonnengottes; bei den Griechen war er Sinnbild des Lebens, das nach dem Tod neu entsteht. Nach der römischen Sage verbrennt sich der Phönix in gewissen Abständen immer wieder selbst und steigt dann aus der Asche wieder auf.

In diesem Symbol der Erneuerung sehen auch Mönche ein geeignetes Bild der Umkehr und des Neuanfangs. Damit machen die Ordensleute in den Klöstern Mut, laden ein, neue Wege zu gehen, denn sie sehen mit großer Klarsicht, dass unsere Lebenskrisen zwar Feuerproben sind, ja Scheiterhaufen, aus denen wir uns aber mit Gottes Hilfe auch in ausweglos erscheinenden Situationen auf den Flügeln der Hoffnung mit neuer Lebenskraft erheben können. Folgendes Beispiel kann vielen jungen Menschen Hoffnung und Zuversicht geben, die keine Perspektive für sich sehen, ihre Lebensangst mit Drogen und Alkohol betäuben – selbstmordgefährdet sind.

Franziska, heute 22-jährig, die regelmäßig im Kloster an einigen Tagen im Jahr neue Kraft tankt, hatte als 18-Jährige diesen Brief geschrieben:

»Ich bin tot. Psychisch und physisch. Endlich habe ich eine Erklärung. Eine Erklärung für meine Eltern und eine Erklärung für meine Lehrer, jetzt hört vielleicht auch endlich diese gespielte Besorgnis meiner Eltern auf, die jetzt, nach 18 Jahren, plötzlich zu merken scheinen, dass sie eine Tochter haben. Aber jetzt brauche ich sie nicht mehr. Jetzt ist es zu spät, jetzt bin ich tot. Ich liege mit geschlossenen Augen auf der Wiese, das erste Mal seit zwei Jahren total nüchtern. Ich kenne das Gefühl nicht mehr, nicht berauscht, nicht betäubt zu sein. Ich spüre eine Leichtigkeit, die höchstens mit dem Gefühl auf meinem ersten Trip vergleichbar ist, und doch ist sie anders, irgendwie realer.

Ich finde es schön, tot zu sein. Ich erinnere mich, wie ich mit meinem Sandkastenfreund Freddy das Gebiss von Herrn Krause, dem unfreundlichen Süßwarenhändler, geklaut habe, als dieser gerade auf einem Liegestuhl in der Sonne schlief und das Gebiss in ein Wasserglas neben sich gelegt hatte. Freddy und ich hatten uns hinter einem Busch versteckt und hielten uns den Bauch vor Lachen, als Herr Krause aufwachte und seiner Putzfrau verzweifelt zu erklären versuchte, dass seine Zähne verschwunden waren. Damals waren wir elf. Ein Jahr später zog Freddy weg. Er war mein einziger wirklicher Freund, und mit seinem Umzug begann mein schulischer und bald darauf mein seelischer Abstieg. Aber jetzt zwanghaft nach Erklärungen zu suchen, von denen ich in 1000 Büchern gelesen habe und die mir meine Therapeutin einzureden versuchte, darin sehe ich keinen Sinn. Ich bin mit meiner Erklärung, dass ich tot bin, eigentlich recht zufrieden. Sie muss reichen für meine Eltern, und sie muss reichen für meine Lehrer. Für meine nächtliche Gesellschaft im ›Schuppen‹ bin ich nur eine von vielen. Höchstens Albert wird ein bisschen traurig sein, weil wieder eine weniger seinen Stoff von ihm bezieht. Und Herr Schmidt wird sich meinen letzten Aufsatz durchlesen und sich ärgern, dass eine so begabte Schülerin es vorgezogen hat, tot zu sein, statt Aufsätze zu schreiben. Dies wird mein letzter Aufsatz sein, und ich habe mir gerade überlegt, dass ich ihn Herrn Schmidt widme. Er wird sich freuen!

Da ich mich so frei und klar wie noch nie fühle, möchte ich nun eine Gesellschaftskritik vortragen, die mein Verhalten nicht erklären, aber rechtfertigen soll: Es zählt, wer der Beste ist, es zählt, wer der Schönste ist, und es zählt, wer am meisten Leistung bringt. Da habe ich keine Hoffnung mehr, denn das war immer so, und das wird auch immer so sein, und gerade diese Hoffnungslosigkeit wirkt sich so absolut negativ auf mich aus. Für mich sind andere Dinge wichtiger gewesen als Leistung. Jetzt, heute, da ich feststelle, dass all diese wichtigeren Dinge eine Illusion waren, wahre Freundschaft nicht existiert und Liebe schon gar nicht, habe ich weder die Lust noch die Kraft, dieser Illusion weiter hinterher zu rennen. Ein Mensch allein kann die Welt nicht retten, und meine Hoffnung, dass wir alle gemeinsam, meine Generation, die Gesellschaft verändert, ist nun auch zerstört. Dieses Bild, was ich vom Leben hatte und immer noch habe, hat meine Entwicklung nach dem zwölften Lebensjahr beeinflusst. Die Drogen halfen mir immer irgendwie aus dem tiefen, schwarzen Loch des Nichts heraus. Sie waren es, die mir das Gefühl des Freiseins und der Liebe gaben, das im realen Leben nicht existiert. Nun weiß ich, dass alles nur Schein war, das Leben ist kein einziger Trip, der Tod aber ist anders.

Totsein ist ein so schönes, warmes Gefühl. Mir ist warm, von innen wie von außen, unendlich warm. Ich bewege mich nicht. Tote können sich nicht bewegen. Meine rechte Hand liegt auf dem Gras, meine linke umfasst tief unten in meiner Hosentasche die Tablettenpackung. Diese Tabletten, die ich gleich schlucken werde, werden nicht viel an meinem jetzigen Zustand ändern. Ich bin schon tot, die Tabletten werden nur bewirken, dass ich wirklich nicht mehr aufstehen kann, aber das würde ich sowieso nicht machen. Das Gefühl der Wärme wird bleiben, dessen bin ich mir sicher.

Sicher? Bin ich mir wirklich sicher? Ja, ich bin es, ich bin stundenlang, vielleicht sogar tagelang durch die Stadt gerannt und habe nachgedacht, bis ich diese Wiese fand und zu meiner wunderbaren Erklärung gekommen bin, dass ich tot bin. Es gibt keine Nachteile am Totsein. Ich werde nichts vermissen außer den Drogen, aber Totsein ist schöner als auf Droge zu sein. Und niemand wird mich vermissen.

Ich finde, ich bin mir unglaublich klar über mein Leben geworden, ich fühle mich gut. Nun kann der letzte Schritt, die letzte Tat dieses wundervollen Tages vollbracht werden. Zum Schluss wünsche ich mir für den Rest der Menschheit, dass sie beschließt, etwas zu tun. Ich wünsche mir für meine Eltern, dass sie glücklich sind, und für Freddy, dass er in seinem Leben die Freiheit erkämpft, die ich bis jetzt nicht hatte, und ich habe es wirklich versucht. Wirklich?

Ich höre etwas. Ich muss meine Augen öffnen. Die Sonne scheint. Ich drehe meinen Kopf zur Seite und sehe ein kleines Kind am anderen Ende der Wiese, das hinter einem kleinen Insekt, wahrscheinlich einem Schmetterling, herläuft. Und plötzlich weiß ich, dass ich weiterkämpfen muss. Für dieses kleine Kind und für viele andere kleine Kinder, damit diese nie die schrecklichen Dinge erleben, die ich erlebte, damit diese nie Drogen nehmen müssen, um dem Leben zu entfliehen, damit diese nie von ihren Eltern geschlagen werden und nie in einer Gesellschaft wie dieser leben müssen. Ich nehme die Tabletten aus der Tasche, vergrabe sie in einem Maulwurfhaufen, bewege mich und stehe auf. Ich lebe!«

Auch viele ältere Menschen leiden, kommen mit ihrem Leben seelisch nicht mehr zurecht. Die Mönche erinnern daran, unser Alter nicht als Verlust von etwas zu sehen, sondern diese Zeit anzunehmen, als die Zeit der Erinnerung, der Dankbarkeit und bewusster Einschränkung. Sie empfehlen älteren Menschen daher, loszulassen und rechtzeitig Positionen für die Jüngeren zu räumen, bevor sie aus gesundheitlichen Gründen dazu gezwungen sind. Außerdem weisen die Mönche darauf hin, dass eine Krise im Alltag auch dann zu meistern ist, wenn wir uns zurückziehen können und es uns gelingt, aus dem Rest dessen, was uns verbleibt, den Kern dessen zu machen, was kommt.

Da heute unseriöse Geschäftemacher mit immer neuen Mitteln und Mittelchen sowie mit raffinierter Werbung ewige Jugend verheißen, fällt es vielen Menschen schwer, wenn sie älter werden, sich kritisch zu betrachten und sich allmählich zurückzunehmen. Nonnen und Mönche sehen das Leben realistischer, und niemand hat das Programm für das Altern schöner und treffender zusammengefasst als Theresia von Avila (1515 bis 1582):

»O Herr
Du weißt besser als ich, dass ich von Tag zu Tag
älter werde und eines Tages alt.
Bewahre mich vor der Einbildung,
bei jeder Gelegenheit etwas sagen zu müssen.
Erlöse mich von der großen Leidenschaft,
die Angelegenheit anderer ordnen zu wollen.
Lehre mich, nachdenklich – aber nicht grüblerisch –
und hilfreich – aber nicht diktatorisch – zu sein.
Bei meiner großen Ansammlung von Erfahrungen
scheint es mir ja schade, sie nicht weiterzugeben,
aber du verstehst, o Herr,
dass ich mir ein paar Freunde erhalten möchte.
Bewahre mich vor der endlosen Aufzählung
endloser Einzelheiten und verleihe mir Schwingen,
zur Pointe zu kommen.
Lehre mich schweigen über meine Krankheiten
und Beschwerden. Sie nehmen zu – und die Lust,
sie zu beschreiben, wächst von Jahr zu Jahr.
Ich wage nicht, die Gabe zu erflehen,
mir die Krankheitsschilderungen anderer
mit Freude anzuhören, aber lehre mich,
sie geduldig zu ertragen.
Lehre mich die wunderbare Weisheit,
dass ich mich irren kann.
Erhalte mich so liebenswert wie möglich.
Ich möchte kein Heiliger sein –
mit ihnen lebt es sich so schwer –, aber ein alter Griesgram
ist das Krönungswerk des Teufels.
Lehre mich, an anderen Menschen
unerwartete Talente zu endecken,
und verleihe mir o Herr, die schöne Gabe,
sie auch zu erwähnen und anzuerkennen.«

Lebenskraft durch Askese und Gebet

Askese

Zunächst eine Rückblende, und zwar auf den Wüstenvater Antonius (siehe dazu auch Seite 12). Man nennt ihn Antonius den Großen, denn er hat mit Teufeln und Dämonen gekämpft.

»Der Teufel gab ihm schmutzige Gedanken ein, Antonoius vertrieb sie durch Gebet; er kitzelte ihn mit Wolllust, Antonius aber, gleichsam errötend, schützte seinen Leib durch Glauben, Gebete und Fasten wie mit einer Mauer«, so heißt es in der Lebensbeschreibung des Antonius, der *Vita Antonii*. »Der Teufel ging sogar so weit, nachts die Gestalt einer Frau anzunehmen und sie auf jede Art nachzuahmen, nur um Antonius zu verführen. Der aber dachte an Christus, die edle Gesinnung durch ihn und die geistige Ausrichtung seiner Seele.«

Der junge Antonius kam aus wohlhabendem Haus. Als seine Eltern starben, verschenkte er den gesamten Besitz, verließ sein Dorf in Komäe in Mittelägypten und begann ein asketisches Leben. Damals war er gerade mal 18 oder 20 Jahre alt. Es war etwa um das Jahr 270 nach Christus.

Athanasius, der spätere Bischof von Alexandrien, hat die Lebensgeschichte des Antonius nach dessen Tod aufgeschrieben. Der junge Mann zieht sich in eine Felsengrabkammer zurück. In Ruhe gelassen wird er dort nicht: »Da suchte der Teufel ihn eines Nachts mit einer Menge Dämonen heim und versetzte ihm solche Schläge, dass er stumm vor Qualen am Boden lag«, heißt es in der Lebensbeschreibung. »Die Dämonen tobten in jener Nacht dermaßen, dass jene ganze Stätte zu beben schien; es sah aus, als wollten sie die vier Mauern des Grabbaus sprengen und gewaltsam durch sie eindringen; dabei verwandelten sie sich in wilde Tiere und Reptilien. Der Löwe brüllte, als wolle er angreifen, der Stier schien mit den Hörnern zu stoßen, die Schlange wand sich, ohne aber von der Stelle zu kommen und der Wolf, im Losspringen begriffen, blieb doch zurück. Antonius, gepeitscht und gemartert von ihnen, spürte zwar heftigen körperlichen Schmerz; doch ohne zu zittern und hellwach in seiner Seele lag er da.«

Antonius ist der erste historisch greifbare christliche Asket. Der Wüstenvater fand viele Nachfolger, die sich im Verzichten übten, durch alle Jahrhunderte bis heute:

Bei der 18-jährigen Schülerin Lena zum Beispiel blieb sieben Wochen lang das Fernsehgerät stumm. Sie verzichtete freiwillig auf die »daily soaps«, die sie bisher täglich angesehen hatte. Die Arzthelferin Katharina ließ wochenlang die Finger von allen Süßigkeiten, und das, obwohl ihr die Patienten regelmäßig etwas Süßes mitbringen, das dann »gegessen werden will«, wie sie sagt.

Die beiden Frauen haben bei der Aktion »Sieben Wochen ohne« mitgemacht, einer von Mönchen begründeten Initiative, zum Teil taten sie dies schon mehrfach. Jedes Jahr verzichten in den Wochen vor Ostern mehr als zwei Millionen Menschen bundesweit auf liebgewordene oder lästige Alltäglichkeiten: auf Alkohol, Rauchen, Süßigkeiten, Fernsehkonsum, Autofahren oder Ähnliches. Rund 20000 davon melden sich bei der Frankfurter Koordinierungsstelle fest an. Von dort bekommen sie einen Fastenkalender mit täglichen Anregungen zum Nachdenken und in regelmäßigen Abständen ermunternde Briefe. Die sollen das Durchhalten erleichtern. Eine große Gemeinschaft moderner Asketen.

Auch bei der Lehrerin Doris waren Süßigkeiten in der Fastenzeit tabu. Bei ihr blieb es allerdings nicht allein beim Verzicht. Sie wollte nicht nur Wochen »ohne« machen, sondern Wochen »mit« – und nahm sich vor, jeden Tag 15 Minuten für Stille und Meditation zu reservieren.

Immer mehr Menschen üben den – wenn auch zeitweiligen – Verzicht, suchen das einfache Leben, wagen sich vor in Grenzsituationen, lassen die absichernden Annehmlichkeiten des Alltags hinter sich. Und das aus den unterschiedlichsten Motiven: auf der Suche nach spirituellen Erfahrungen, auf der Flucht vor Hektik und Überlastung, als Kritik am Konsumzwang oder um sich selbst zu finden.

Von der brutalen und kämpferischen Askese des Wüstenvaters Antonius scheinen sie dennoch unendlich weit weg zu sein. Was ist schon der wochenlange Verzicht auf Fernsehkonsum und auf Süßigkeiten, auf Rauchen und Alkohol im Vergleich zu einem Leben in einer Grabkammer?

Von Antonius heißt es, dass er oft sogar die ganze Nacht hindurch nicht schlief. Und dies tat er zur allgemeinen Bewunderung nicht nur einmal, sondern sehr häufig. Er aß einmal am Tag nach Sonnenuntergang, zeitweise nahm er nur alle zwei, oft sogar nur alle vier Tage etwas zu sich. Seine Nahrung bestand aus Brot und Salz, und sein einziges Getränk war Wasser. Zum Schlafen genügte ihm eine Binsenmatte, meistens lag er sogar auf bloßer Erde. Sich mit Öl zu salben, lehnte er ab, in der Meinung, »dass es jungen Männer besser anstehe, sich mit Eifer der Askese zu widmen, als nach Dingen zu verlangen, die den Körper verzärteln«.

Und doch sind auch die Nachfolger des Antonius dem alten Vorbild aus der Wüste Ägyptens näher, als es auf den ersten Blick scheint. Auch bei den modernen Asketen beginnt alles mit dem Verzicht. Und es muss ein spürbarer Verzicht sein. Doris hat auf Süßigkeiten verzichtet, weil ihr genau das am schwersten fiel. Sie raucht nicht, sie trinkt nur im üblichen Rahmen Alkohol. Süßigkeiten sollten es sein, »damit man das auch merkt«.

Auf Süßigkeiten zu verzichten, dass klingt nach einer Lappalie. »Und doch«, sagt Katharina, »zu jener Zeit war es das, was mir am schwersten fiel«. Wenn sie heute davon erzählt, dann lacht sie herzlich, aber damals, »da fiel mir das wahnsinnig schwer«.

Worauf verzichten moderne Asketen heute? Für die 18-jährige Lena ist das klar: Gewohnheiten, die etwas Negatives an sich haben. Kleine Süchte. »Dinge, die Spaß machen«, sagt sie, »aber bei denen man weiß, dass der Spaß negative Folgen haben kann.« Zum Beispiel Autofahren. »Man wird so bequem. Und manchmal ist es notwendig, einmal nachzudenken, ob ich das überhaupt immer brauche.« Es ist ein Kampf gegen den so genannten inneren Schweinehund. Eine Selbstüberwindung. »Aber es tut gut, das zu schaffen.«

Verzicht gehört zur Askese. Aber Verzicht nicht als Zwang, als Druck, als »ein mir abgerungenes Müssen«, wendet Pater Niklaus Brantschen ein, Meditationslehrer im schweizerischen Bad Schönbrunn. Statt dessen: »Verzicht als von innen her gereiftes Lassen.« Das erfordere einerseits Übung. Das erfordere aber auch die Erfahrung, dass es gut ist, auf etwas zu verzichten. »Und dann ist es nicht so ein verdammtes Müssen, sondern ein Loslassen aus der Erfahrung der Fülle des Lebens.«

Darin, dass der Verzicht spürbar sein muss, sind sich die modernen Asketen mit dem alten Wüstenvater noch einig. Aber anders als Antonius, der sich in die lebensfeindliche Wüste oder in karge Berghöhlen zurückzog, suchen heutige Asketen gelegentlich Orte auf, die eher Urlaubsgefühle aufkommen lassen. Ibiza zum Beispiel. Auf der Mittelmeerinsel bietet der Arzt Arnold regelmäßige Heilfastenwochen an. Ihn fasziniert die Wildheit der Insel. Er schwärmt von ihrer Schönheit, von ursprünglichen Landschaften, die der Massentourismus noch nicht erobert hat. Viele denken bei Ibiza einfach nur an Sonne und Meer. Arnold sieht das anders: Ibiza mache es einem nicht leicht. »Die Insel hat eine Energie, die einen auf einen selbst zurückstößt.«

Askese heißt im Wortsinn *einüben*. Es ist eine geistige Anstrengung, sich auf das Loslassen einzustellen. Zu jeder Zeit und in allen Kulturen gab und gibt es die Übung des Verzichts. Jede große Religion, so könnte man sagen, beginnt mit Askese. Moses blieb 40 Tage und 40 Nächte auf dem Berg Horeb, ohne zu essen und zu trinken. Und am Ende brachte er dem Volk Israel die Zehn Gebote Gottes mit. Johannes der Täufer kleidete sich in Kamelhaar und ernährte sich von Heuschrecken. Jesus von Nazareth fastete 40 Tage in der Wüste und musste sich dort mit teuflischen Einflüsterungen herumschlagen. Als er das überstanden hatte, fing er an, öffentlich zu predigen. Mohammed empfing unter Fasten und Gebet das Heilige Buch, den Koran. Und Buddha lehrte, durch Meditation und inneres Leerwerden die Welt zu überwinden.

Das frühe Christentum hat Traditionen seiner hellenistischen Umwelt aufgenommen und in den orientalischen Wüstenvätern und später im benediktinischen Mönchtum eine eigene asketische Tradition ausgebildet. Im Lauf der Kirchengeschichte kam es immer wieder zu asketischen Aufbrüchen. Franziskus gab – genau wie Antonius – all seinen Reichtum her, um in Armut bei den Randsiedlern der Gesellschaft zu leben. Das Mittelalter brachte extreme Formen der Askese hervor: Die Büßer verzichteten auf Sauberkeit und Schlaf, sie reizten sich mit Dornen, Ketten, Steinen, sie übten extremes Fasten. Nach wie vor ist Askese nach katholischer Lehre eine Pflicht für alle Christen. Völlerei gehört zu den sieben Hauptsünden, Mäßigkeit ist eine der Kardinaltugenden. Fastenangebote, etwa am Freitag kein Fleisch zu essen, haben nach wie vor Gültigkeit, auch wenn sie längst nicht mehr überall befolgt werden.

Ruhe zu finden, das verspricht Energie und Kraft, Ausgeglichenheit. Dinge gelassener zu sehen, sich nicht immer von der Hektik einnehmen zu lassen, das erhofft sich Doris von ihren jährlichen Askesewochen. Und der Meditationslehrer Niklaus Brantschen bestätigt diese Erwartungen. »Menschen, die anfangen, in die Stille zu gehen, haben Zeit«, sagt er. »Und dadurch, dass sie Zeit haben, erfahren sie etwas von dem, was sie sind. Und in dem Maße, wie sie diesen Reichtum erfahren, sind sie erfüllt. Und sie können dann aus diesem Erfülltsein anderen begegnen, sie müssen nicht ständig nach Reichtum und Erfolg haschen, sie können etwas geben, von diesem Reichtum, der ihnen geschenkt ist.«

Vor allem östliche Meditationswege haben unter den modernen Asketen viele Anhänger gefunden. Meditation bedeutet dort, sich einüben in die Achtsamkeit: den Wind in den Haaren spüren, die Wärme der Sonne auf dem Rücken wahrnehmen, die einfachen Dinge des Lebens neu entdecken. Die modernen Asketen stehen für eine neue Sehnsucht nach Spiritualität. »Für mich ist spirituell sein und Zeit haben praktisch identisch«, sagt Pater Niklaus Brantschen. »Ein Mensch, der chronisch keine Zeit hat, ist kein spiritueller Mensch. Zeit haben bedeutet, ein erfülltes Leben zu führen.«

Zeit haben, das ist es, was die modernen Asketen suchen. Zeit zu haben ist in unserer Gesellschaft zum Synonym geworden für Orientierung, für klare Lebensperspektiven, für den inneren Halt und die äußere Gelassenheit. Prioritäten setzen, darauf kommt es heute an, mehr denn je.

Fasten (siehe auch Seite 246 ff.) verändert die Fastenden. Die Sensibilität wächst, die Wahrnehmung nach außen und innen wird geschärft. Fastende träumen intensiv, sie verarbeiten alte Verwundungen und Verletzungen, sie nehmen ihre Umwelt anders wahr. Bei den großen Fastenkuren lässt sich das auch medizinisch begründen. Der Körper schaltet von der äußeren auf innere Ernährung um, einen ganzheitlich körperlich-seelischen Vorgang. Der Fastende wendet sich förmlich nach innen. Gleichzeitig wächst die Offenheit für Transzendentes. Deshalb gehören Fasten und Meditation auch so eng zusammen. Erstaunlicherweise aber tritt dieser Prozess nicht nur ein, wenn man sich auf strenge Fastenkuren einlässt. Auch der Verzicht auf Süßigkeiten, das Auto oder das Fernsehen führt zum Nachdenken über das eigene Leben. Und das beinhaltet beides: Krise und Rausch.

»Während der Zeit des Verzichts geht es mir nicht unbedingt besser«, berichtet Doris über ihre Stimmungslagen während ihrer Verzichtsübung. Da fühlt sie sich manchmal wie ausgepumpt. Sie versucht Tagebuch zu schreiben, und es fällt ihr nichts mehr ein, was sie schreiben soll. »Da geht es mir manchmal richtig schlecht.« Aber hinterher, wenn die Wochen der Entsagung geschafft sind, dann ist es ein »tolles Gefühl«.

Genauso geht es Lena. »Es gibt Tage, da muss ich mit mir kämpfen«, erzählt sie. »Und am nächsten Tag denkt man dann: Gut, dass ich's geschafft hab'. Denn sonst wäre man wieder sauer auf sich, dass man's gebrochen hätte. Das wäre blöd.« Fragen brechen auf in der Askese. Manchmal auch Lebenszweifel. Aber wenn es gut geht, stellt sich auch die entscheidende Frage ein – so auch die Erfahrung von Pater Niklaus Brantschen, dem Meditationslehrer.

»Die Antwort ist einfach: Werde, was du bist! Nimm dich ernst! Steh zu deinen Grenzen, aber auch zu deinen Möglichkeiten! Und lebe sie!« Für jede und jeden gäbe es im Leben Möglichkeiten, die nur sie oder er hat. Und wenn der Einzelne durch ein »verlottertes, zersplittertes Leben« diese Chancen nicht wahrnehme, dann werde er nicht glücklich. Dann bleibe immer das Gefühl, etwas zu verpassen. »Askese und Meditation sollen uns helfen, dass wir als Menschen zufrieden sind und schlussendlich glücklich«, sagt Brantschen. »Nicht so oberflächlich, in einem Instant-Verfahren, sondern dank eines längeren Prozesses wirklich zur Ruhe kommen und aus dieser Ruhe heraus wirklich etwas bewegen.«

Die Selbstfindung – bei denen, die sich ernsthaft auf einen asketischen Weg einlassen – erfolgt gleichsam automatisch. »Ich finde gerade das so faszinierend«, schwärmt Doris, »man weiß, es ist ganz einfach. Du rauchst nicht, du kannst jetzt sofort anfangen und bist frei. Man ist auch nicht abhängig von Markenartikeln, die man braucht, um sich selbst zu finden. Man kann jetzt anfangen, und dann passiert etwas. Und es passiert auch tatsächlich etwas. Das kann man oft gar nicht festmachen, aber es ist so.«

Was da passiert – den Asketen fehlen meist die Worte. Vom Meditationslehrer Niklaus Brantschen hört sich das so an: »Die Weise des Meditierens im Zen ist so einfach, dass es schwierig wird. Es ist einfach wie ein Atemzug und wiederholbar wie ein Atemzug. Einfach wie ein Schritt zwischen zwei Meditationen und wiederholbar wie ein Schritt.«

»Im Letzten ist Meditation das einzige Glück auf dieser Welt durch die reine Stille«, so beschreibt der Arzt Arnold seine Erfahrungen auf Ibiza. »Dazu kann man gar nicht mehr sagen: Das ist eine Begegnung mit mir selbst. Oder eine Begegnung mit dem Nichts. Oder mit dem Alles. Aber das spielt alles keine Rolle. Das ist das reine Glück.«

Das reine Glück als Rückzug in die private Stille, jeder für sich allein, ob auf Ibiza oder im asketischen Kämmerlein? Pater Niklaus Brantschen sieht das so: Das sei wie bei einer Schweizer Uhr. »Jede Uhr hat eine Unruhe, und die bewegt etwas. Beim Menschen ist es genau umgekehrt. Der Mensch hat eine Ruhe. Und aus dieser Ruhe entsteht Lebenskraft, die hilft, auf den Geschmack von Lebensqualität zu kommen.«

Gebet
Es gibt heute unzählige Bitt-, Buß-, Dank-, Lob- und Fürbitte-Gebete in allen Hochreligionen. Sie finden überall auf der ganzen Welt alltäglich millionenfache Anwendung. Dasselbe gilt für die verschiedenen Hilfsmittel zum Gebet: Gebetsbücher für Christen, Gebetsmäntel und -riemen für Juden, Gebetsmühlen für Lamaisten, Gebetsteppiche für Mohammedaner, außerdem verschiedene Gebetshaltungen, Gebetszeiten, Gebetsstätten, Gebetsorte und -richtungen, zum Beispiel nach Mekka.

Als Jesus, so heißt es in der Bibel, nach einem Gebet in der Stille zu seinen Jüngern zurückkam, richteten sie an ihn die Bitte: »Herr, lehre uns beten, wie auch Johannes seine Jünger zu beten gelehrt hat« (Lukas 11,1). Die Jünger baten nicht um ein neues Gebet, denn Gebetssprüche kannten sie wohl übergenug, sondern sie baten in aller Deutlichkeit: »Herr, lehre uns beten!« In der Bibel finden sich dazu auch die Worte: »Beim Beten plappert nicht wie die Heiden. Die meinen, sie würden Erhörung finden, wenn sie viele Worte machen. Macht es ihnen nicht nach« (Matthäus 6,7). Und Jesus gibt seinen Jüngern mit dem heiligsten Gebet der Christenheit, dem *Vater-Unser*, die Lehre:

»Bittet, so wird euch gegeben;
Suchet, so werdet ihr finden,
Klopfet an, so wird euch aufgetan.«
(Matthäus 7,7/Lukas 11,9)

Es ist wohl kein Zufall, dass die meisten Gebetstexte der einzelnen Religionen und maßgebliche Aussagen über das Beten aus verschiedenen Zeiten und Weltgegenden im Grundsätzlichen klare Übereinstimmung aufweisen. Folgende Beispiele mögen dies veranschaulichen:

Der frühchristliche Bischof Eusebius betete:
»O Gott gib, dass ich keines Menschen Feind,
aber der Freund alles Ewigen und Bleibenden sei.

Dass ich nie Schlechtes gegen jemanden ersinne.
Dass ich nur das Gute liebe, suche und erlange.
Dass ich nie darüber spreche, wer böse ist
oder wer Böses getan hat,
sondern gute Menschen suche und ihren Fußstapfen folge.«

Der Buddhist Tenzin Gyatso, der jetzige Dalai-Lama, sagt:
»Ich bete, dass die Menschen dieser Erde
Freundlicher miteinander umgehen mögen,
Voll gegenseitiger Liebe und Anteilnahme.
Und ich richte diese Worte an alle,
Die das Leiden in der Welt verringern wollen
Und deren tiefster Wunsch es ist,
Ein Glück zu finden, das von Dauer ist.«

Der gläubige Muslim spricht die Worte:
»O Allah, ich bitte dich um Festigkeit in meinem Vorhaben,
um Beständigkeit in meinem Vorsatz;
ich bitte dich um ein ergebenes Herz,
um eine aufrichtige Rede;
ich bitte dich um das Gute …«

In einer Gebetsanrufung der Sioux-Indianer heißt es:
»O großer Geist, dessen Stimme ich in den Winden vernehme
und dessen Atem der Welt Leben spendet, höre mich.
Ich trete vor Dich hin als eines deiner vielen Kinder.
Ich bin klein und schwach.
Ich bedarf Deiner Kraft und Weisheit.
Lass mich in Schönheit wandeln,
lass meine Hände die Dinge verehren, die Du gemacht hast,
mit reinen Händen und geradem Blick zu Dir zu kommen,
damit mein Geist, wenn dereinst mein Leben verblasst,
wie die untergehende Sonne ohne Scham zu Dir kommen möge.«

Es besteht kein Zweifel, dass alle, die durch ihr Beten zum höchstmöglichen Segen mit all seinen Erfüllungen gelangen konnten, das Beten erst erlernen mussten. Entweder wurde es ihnen durch konkrete Belehrung übermittelt, oder sie haben sich den *Weg* dahin durch tiefe Inbrunst und unerschütterlichen Glauben an hohe Hilfe selbst erschlossen. Der Bericht von Mahatma Gandhi gibt ein Beispiel für eine solche Gebetsinbrunst und für den Glauben an göttliche Hilfe. Er schreibt:

»Als ich das erste Mal ins Gefängnis musste, befiel mich das Grauen. Ich hatte Schlimmes gehört über das Leben im Gefängnis. Aber nun vertraute ich auf den Schutz Gottes. Die Erfahrung hat uns später gezeigt, dass Menschen, die mit dem Geist des Gebetes ins Gefängnis wanderten, als Sieger herauskamen, wohingegen solche, die im Vertrauen allein auf ihre eigene Kraft hineingingen, versagt haben. Es hat nichts mit Selbstbemitleidung zu tun, wenn man sich sagt, Gott ist meine Stärke. Ich spürte, dass das Gebet so unentbehrlich für die Seele war wie die Nahrung für den Körper. Ja, für ihn ist die Nahrung nicht einmal so notwendig wie das Gebet. Die Verzweiflung über die politische Lage mag mir ins Gesicht starren, doch meinen Frieden habe ich nie verloren. Ich habe Menschen getroffen, die mich um meinen Frieden beneiden. Nun, dieser Friede, kann ich ihnen sagen, kommt mir vom Beten.«

Meist führen bei manchem Betenden erst tiefe Seelennot und Verzweiflung zu einem so erschütternden Aufschrei zum Göttlichen hin, dass die verschütteten Kanäle aufgetan und gebetet wird. Damit erfährt er die erbetene Hilfe auf oft wunderbare Weise, in jedem Fall aber Erleichterung. Mehr noch: Mit innigem Beten lernt der Betende zunehmend auf göttliche Hilfe zu vertrauen und das Beten als »Himmelskunst« entsprechend auszuüben. So erlebt er an sich immer klarer das Mysterium des Gebetes, und er verinnerlicht wie eine Selbstverständlichkeit die Bedeutung der drei biblischen Aufgaben beziehungsweise Leitlinien des *Bittens, Suchens* und *Anklopfens*.

Der erste der drei biblischen Sätze lautet: »Bittet, so wird euch gegeben«, und erscheint jedem auf den ersten Blick leicht verständlich. Aber es stellt sich die Frage, was denn unter den beiden anderen Aufgaben zu verstehen sei. Und ob sie sich nicht erübrigen, wenn nach der ersten Aufgabe dem Bittenden ohnehin gegeben wird, worum er gebeten hat. Die Mönche geben auf diese Fragen eine leicht verständliche und wegweisende Antwort, die folgendermaßen lautet:

- Die drei Aufgaben des Gebetes sind eng miteinander verwoben. Nur die Erfüllung von *Bitten, Suchen* und *Anklopfen* ermöglicht ein wirkliches Gebet.
- Bevor man bittet, muss man wissen, wohin man seine Bitte zu richten hat. Daraus ergibt sich, dass vor dem *Bitten* das *Suchen* steht, damit es zum Finden der »göttlichen Türe«, also zum Kontakt mit dem Göttlichen, führen kann. Ausdauer im *Suchen* allein genügt nicht. Was man nicht aufrichtig und von ganzem Herzen sucht, das findet man nicht.
- Wer aber dann gefunden hat, der darf und soll bitten, damit ihm gegeben werden kann. Dazu ist aber noch die Erfüllung des richtigen *Anklopfens* erforderlich.
- *Anklopfen* bedeutet eine richtige Lebensgestaltung, wie sie den Darstellungen dieses Buches entspricht. Dies stellt die Voraussetzung dar, die für die Erfüllung von *Suchen* und *Finden* sowie *Bitten* und *Empfangen* erforderlich ist.
- Jedem, dem das Beten beziehungsweise der Dialog mit seiner höheren Macht, oder wie immer er Gott bezeichnet, ein echtes Herzensanliegen ist, an das er ohne Einschränkungen glaubt, wird neue Kraft durch das Gebet finden.

Service

Gast im Kloster – Adressen

Die folgenden Adressen von Klöstern und klosterähnlichen Einrichtungen umfassen den gesamten deutschsprachigen Raum und weisen auf deren Angebote für Kloster auf Zeit, Meditationskurse, Besinnungstage und Rückzugsmöglichkeiten in die Stille hin. Die Adressen sind nach Postleitzahlen geordnet. Wo dies nicht möglich oder sinnvoll war, erfolgte die Anordnung alphabetisch nach Ortsnamen.

Deutschland

Klosterstift St. Marienthal
Internationales Begegnungszentrum
St. Marienthal 10
02899 Ostritz
Tel. 035823/77-0
Fax 035823/77-250
Zisterzienserinnenabtei. Das Begegnungszentrum bietet Übernachtungsmöglichkeit in Einzel- und Doppelzimmern sowie die Möglichkeit zu Besinnung und Meditation in der Klosterkirche

Dominikanerkloster St. Albert
Georg-Schumann-Str. 336
04159 Leipzig-Wahren
Tel. 0341/2123450
Kloster auf Zeit

Oratorium des heiligen Philipp Neri
Franz-Mehring-Str. 4
15230 Frankfurt/Oder
Tel. 0335/22769
Gemeinschaftsleben nach Absprache möglich

Benediktinerinnenabtei St. Gertrud
15806 Alexanderdorf (zwischen Trebbin und Sperenberg)
Tel. 033703/315
Kloster auf Zeit, Einzel- und Gruppenexerzitien. Unterkunft für Frauen nach Vereinbarung

Kloster St. Teresa der Unbeschuhten Karmeliten
Schützenstr. 12
16547 Birkenwerder (bei Berlin)
Neugründung 1986, Gästehaus, Exerzitien, Urlaub

Benediktinerkloster Nütschau
23843 Travenbrück
Tel. 04531/50040
Fax 04531/5004100
Im Haus St. Ansgar und Jugendhaus St. Benedikt Einkehrtage

Benediktinerinnenpriorat
Kloster Marienrode
31139 Hildesheim Marienrode
Tel. 05121/42001
Kloster auf Zeit, Exerzitienhaus

Mutterhaus der Barmherzigen Schwestern
vom heiligen Vinzenz von Paul
Kanalstr. 22
36037 Fulda
Tel. 0661/2850
Fax 0661/28579
Mitfeier der Messen

Benediktinerabtei zur heiligen Maria
Nonnengasse 16
36037 Fulda
Tel. 0661/22061
Gästehaus oder Unterkunft in der Stadt, Tage der Stille

Bonifatiuskloster der Oblaten der Makellosen Jungfrau Maria
36088 Hünfeld
Tel. 06652/940
Fax 06652/9488
Vor allem Aufenthaltsangebote für Gruppen

Redemptoristenkloster St. Klemens
Auf der Rinne 17
37308 Heilbad Heiligenstadt
Tel. 03606/3618
Tagesaufenthalt

Benediktinerinnenabtei vom Heiligen Kreuz
Carolus-Magnus-Str. 9
37688 Beverungen
Tel. 05273/9040
Fax 05273/90470
Kloster auf Zeit, Einzel- und Gruppengespräche, Mitarbeit bei freier Unterkunft und Verpflegung

Benediktinerkloster Huysburg
Huysburg 2
38838 Röderhof
Tel. 039425/203
Tage der Einkehr

Kloster Neuwerk der Salvatorianerinnen
Dammer Str. 165
41066 Mönchengladbach
Tel. 02161/6681
Nur Gottesdienstangebot

Kloster Knechtsteden der Spiritaner
41540 Dormagen
Tel. 02133/8690
Missionshaus mit Kursen

Kloster Burlo der Oblaten der Makellosen Jungfrau Maria
46325 Borken
Tel. 02862/3020
Fax 02862/30218
Früheres Internat wird als Gästetrakt genutzt

Prämonstratenserklosster St. Johann
Abtei Hamborn
An der Abtei 4
47166 Duisburg
Tel. 0203/54281
Mitleben nach Einzelabsprache möglich

Benediktinerabtei Gerleve
48727 Billerbeck
Tel. 02541/8000
Fax 02541/800233
Einige Plätze im Kloster, daneben Gäste- und Exerzitienhaus

Provinzhaus Marienhain der Schwestern Unserer Lieben Frau
Landwehrstr. 2
49377 Vechta
Tel. 04441/4077
Fax 04441/7562
Besinnungstage, Meditationstage

Herz-Jesu-Kloster der Benediktinerinnen vom Heiligsten Sakrament
Brühler Str. 74
50968 Köln
Tel. 0221/392962
Zehn Gästezimmer für Einzelbesucher

Benediktinerabtei Kornelimünster
Oberforstbacher Str. 71
52076 Aachen
Tel. 02408/3055
Fax 02408/3056
Kein Programm
Über Aufenthalte gibt der Gastpater Auskunft

Benediktinerabtei St. Michael
Michaelberg
53721 Siegburg
Tel. 02241/1290
Tage im Kloster

Missionspriesterseminar der Gesellschaft des Göttlichen Wortes
(Steyler Missionare)
Arnold-Janssen-Str. 30
53757 St. Augustin
Tel. 02241/1971
Einblicke in Missionsarbeit

Benediktinerinnenabtei Maria Heimsuchung
Hermann-Josef-Str. 6
53925 Kall
Tel. 02441/4340
Programm »Tage im Kloster«

Kloster und Hermann-Josef-Kolleg der Salvatorianer
Hermann-Josef-Str. 4
53925 Kall
Tel. 02441/8890
Fax 02441/88928
Gästehaus für Erholungssuchende

Abtei Maria Frieden der Zisterzienserinnen
von der strengen Observanz (Trappistinnen)
53949 Dahlem
Tel. 02447/1474
Aufenthalt nur nach Einzelabsprache

Benediktinerabtei St. Matthias
Matthiasstr. 85
54290 Trier
Tel. 0651/31079
Männer und Frauen als Gäste zum Mitleben sowie Exerzitien

Zisterzienserabtei Himmerod
54534 Großlittgen
Tel. 06775/4110
Kloster auf Zeit, Unterkunft in einem Gastflügel

Benediktinerkloster Jakobersberg
55435 Gau Algesheim
Tel. 06725/3040
Fax 06725/304100
Kloster auf Zeit für Jugendliche

Kloster Bethlehem der Klarissen-Kapuzinerinnen
von der Ewigen Anbetung
Hermannstr. 29
56076 Koblenz-Pfaffendorf
Tel. 0261/73357
Strenge Klausur, nur Gottesdienstteilnahme

Kloster Allerheiligenberg der Oblaten
der Makellosen Jungfrau Maria
Am Allerheiligenberg 63
56112 Lahnstein
Tel. 02621/7478
Gottesdienstbesuche

Benediktinerabtei
56653 Maria Laach (bei Andernach)
Tel. 02652/590
Seehotel für Feriengäste, Gastflügel für Exerzitien

Mutterhaus Kloster Grafschaft der Barmherzigen Schwestern
vom heiligen Karl Borromäus
57392 Schmallenberg
Tel. 02972/3980
Kloster auf Zeit

Zisterzienserabtei
57629 Marienstatt (bei Hachenburg)
Tel. 02662/7081
Einzelgäste und Gruppen mit Interesse am religiösen Leben

Benediktinerabtei Königsmünster
Klosterberg 11
59872 Meschede
Tel. 0291/29950
Fax 0291/2995100
Unterkunft für Männer und Frauen für Exerzitien, Kloster auf Zeit, Ora-et-Labora-Tage, Abteigespräche, Mitleben in einem als »Oase« bezeichneten Programm

Benediktinerinnenabtei Engelthal
63674 Altensstadt
Tel. 06047/6088
Gästehaus das ganze Jahr über geöffnet, Tage der Besinnung, Kurse für junge Frauen ab 16 Jahre, Einzelgespräche

Benediktinerabtei St. Mauritius
66636 Tholey
Tel. 06853/2001
Klosterunterkunft ohne Programm

Kloster Oggersheim der Franziskaner-Minoriten
Kappellengasse 10
67071 Ludwigshafen
Tel. 0621/682407
Kloster auf Zeit

Benediktinerabtei
73450 Neresheim
Tel. 07326/8501 (Kloster)
Tel. 07326/8502 (Hospiz)
Einzelgäste in der Klausur möglich, Kloster auf Zeit, Meditation, Besinnungstage, Gästehaus für Erholungssuchende

Benediktinerabtei Grüssau
Postfach 160
74200 Bad Wimpfen
Tel. 07063/97040
Fax 07063/970433
Mitleben in der Klausur

Provinzhaus Hegne der Barmherzigen Schwestern vom Heiligen Kreuz
Konradistr. 4
78476 Allensbach (bei Konstanz)
Tel. 07533/8070
Fax 07533/707123
Gästehaus für Besinnungstage und Ferien

Claretiner Missionshaus Dreifaltigkeitsberg
Dreifaltigkeitsberg
78549 Spaichingen
Tel. 07424/3081
Tage der Stille, Gesprächsangebote

Bendiktinerabtei St. Bonifaz
Karlstr. 34
80333 München
Tel. 089/551710
Tage der Stille, breites Vortragsangebot

Benediktinerkloster Andechs über Starnberg
Bergstr. 2
82346 Andechs
Tel. 08152/3760
Bekannt durch Klosterbrauerei seit 1455. Nur geringes Angebot an Gästezimmern. Wochenendangebote für Jugendliche

Dominikanerinnenkloster
81444 Schlehdorf (Kochel/Murnau)
Tel. 08851/1810
Kloster auf Zeit

Benediktinerabtei
82488 Ettal (Nähe Garmisch)
Tel. 08822/74-0 (Pforte)
Tel. 08822/74302 (Gastpater)
Kloster auf Zeit

Kloster Reisach der Unbeschuhten Karmeliten
Klosterweg 20
83080 Oberaudorf
Tel. 08033/1465
Aufenthalt nach Einzelabsprache

Benediktinerinnenabtei Frauenwörth im Chiemsee
83256 Frauenchiemsee
Tel. 08054/521
Fax 08054/7967
Gästehaus und Privatunterkünfte auf der Insel, Teilnahme an Gebeten

Redemptoristenkloster
Kirchplatz 10
83536 Gars am Inn
Tel. 08073/3880
Fax 08073/388333
Tagesaufenthalte

Kloster der Salesianerinnen
83623 Dietramszell (bei Holzkirchen)
Tel. 08027/801
Kloster auf Zeit, aber ohne Programm

Kloster Benediktbeuern
Don-Bosco-Str. 1
83671 Benediktbeuern
Tel. 08857/88-0
Fax 08857/88-376
Mitleben in der Klausur

Zisterzienserinnenabtei Seligenthal
Bismarckplatz 14
84034 Landshut
Tel. 0871/8210
Fax 0871/821194
Gästezimmer, Einzelgespräche, Meditationsübungen

Kloster Seyboldsdorf der Magdalenerinnen von der Buße
Klosterweg 7
84137 Vilsbiburg
Tel. 08741/6422
Kloster auf Zeit

Benediktinerabtei
85298 Scheyern (bei Pfaffenhofen)
Tel. 08441/7520 (Pforte)
Tel. 08441/752128 (Gastpater)
Fax 08441/752210
Kloster auf Zeit

Zisterzienserinnenabtei Oberschönenfeld
86459 Gessertshausen
Tel. 08238/2028
Einkehrtage für kleine Gruppen

Erzabtei der Missionsbenediktiner
86941 St. Ottilien/Oberbayern
Tel. 08193/710
Exerzitien, Unterkunft in Klostergasthof

Benediktinerabtei Ottobeuren
Sebastian-Kneipp-Str. 1
87724 Ottobeuren
Tel. 08332/798-0
Fax 08332/798-60
Kloster auf Zeit

Benediktinerabtei St. Martin
88250 Weingarten
Tel. 0751/50960
Teilnahme am Leben der Mönche

Bendiktinerinnenabtei St. Erentraud
88276 Berg (bei Ravensburg)
Tel. 07505/316
Gästehaus, Meditationskurse

Benediktinerinnenkloster Habsthal
88356 Ostrach (bei Sigmaringen)
Tel. 07585/656
Einzelaufenthalte zur Einkehr

Benediktinerabtei St. Martin
88631 Beuron (Oberes Donautal)
Tel. 07466/170
Fax 07466/17107
Klostergastflügel, mehrere Unterkunftsmöglichkeiten in Klosternachbarschaft, kein gesondertes Programm für »Kloster auf Zeit«

Mutterhaus der Barmherzigen Schwestern vom
heiligen Vinzenz von Paul
Margarita-Linder-Str. 8
89617 Untermarchtal
Tel. 07393/300
Fax 07393/30269
Bildungshaus mit breitem Angebot, Besinnungstage

Kloster Schwarzenberg der Franziskaner Minoriten
91443 Scheinfeld (Markt Bibart)
Tel. 09162/438
Großes Bettenangebot für Einzelne und Gruppen für Besinnungstage

Benediktienerabtei Berching
Klosterplatz 1
92334 Berching
Tel. 08462/1308
Fax 08462/27325
Gästehaus, Exerzitien, Einkehrtage, Maltage

Franziskanerkloster
Klostergasse 8
92345 Dietfurt (Oberpfalz)
Tel. 08464/1333
Meditationsübungen

Benediktinerabtei St. Georg und Martin
Asamstr. 32
93309 Kelheim
Tel. 09441/5060
Fax 09441/12393
Kloster auf Zeit

Benediktinerabtei Braunau
Asamstr. 7
93352 Rohr
Tel. 08783/513
Fax 08783/516
Einzelpersonen können am Klosterleben teilnehmen

Redemptoristenkloster Mariahilf
93413 Cham
Tel. 09971/7517 (Kloster)
Tel. 09971/1517 (Exerzitienhaus)
Angebot religiöser Freizeiten, Unterkunft in Hotels der Stadt

Kloster St. Dominikus der Missionsdominikanerinnen
vom Heiligsten Herzen Jesu
93426 Roding
Tel. 09461/2165
Einzelne Gäste werden aufgenommen

Zisterzienserinnenabtei St. Josef
Abteistr. 1
94136 Thyrnau
Tel. 08501/286
Fax 08501/1326
Kloster auf Zeit

Benediktinerinnenabtei St. Gertrud
94167 Tettenweis
Tel. 08534/784
Kloster auf Zeit

Prämonstratenserabtei
94336 Hunderdorf
Tel. 09422/5040
Jugendhaus, im Kloster selbst Teilnahme am Mönchsleben auf Zeit

Benediktinerabtei Schweiklberg
94474 Vilshofen
Tel. 08541/2090
Fax 08541/209219
Tage im Kloster

Abtei Niederaltaich, Kloster auf Zeit
94557 Niederaltaich
Tel. 09901/208-0
Abt Emmanuel Jungclaussen Kloster
Tel. 09901/208206
Fax 09901/208209
Kloster auf Zeit, Meditations- und Besinnungstage

Missionshaus Bug der Missionsbrüder des
heiligen Franziskus von Assisi
Schlossstr. 30
96049 Bamberg
Tel. 0951/56214
Fax 0951/55245
Einfache Zimmer, Mitleben jederzeit möglich

Mutterhaus der St.-Franziskus-Schwestern von Vierzehnheiligen
96231 Staffelstein
Tel. 09571/1076
Kloster auf Zeit

Benediktienerabtei
97359 Münsterschwarzach (bei Volkach)
Tel. 09324/201
Gästehaus, Exerzitien, Kloster auf Zeit

Evangelische Klöster

Cella St. Hildegard der Evangelischen Schwesternschaft Ordo Pacis
An den Ziegelteichen 5
21217 Seevetal
Tel. 04105/40453
Tage der Stille

Außenkommunität der Christusbruderschaft Selbitz,
Kloster Wülfinghausen
31832 Springe
Tel. 05044/1035
Kloster auf Zeit

Haus der Stille
35753 Greifenstein
Tel. 06449/6798
Besinnungs- und Gebetstage

Hans-Asmussen-Haus der St. Jakobus Bruderschaft
Gichenbacher Str. 9
36129 Gersfeld
Tel. 06656/8566
Gruppenexerzitien

Gethsemanekloster
Gut Riechenberg 1
38644 Goslar
Tel. 05321/21712
Einkehrtage

Kommunität Gnadenthal der Jesus-Bruderschaft
Hof Gnadenthal
65597 Hünfelden
Tel. 06438/81-0
Fax 06438/81-240

Christusbruderschaft
Krankenhausstr. 26
93167 Falkenstein
Tel. 09462/885
Fax 09462/5351
Mitarbeit, Stille Tage

Christusbruderschaft
Wildenberg 23
95152 Selbitz
Tel. 09280/680 (Mutterhaus)
Tel. 09280/6850 (Gästehaus)
Fax 09280/6868
Kommunität auf Zeit

Schloss Schwanberg-Communität Casteller Ring
Schwanberg
97348 Rödelsee
Tel. 09323/320
Fax 09323/32116
Kloster auf Zeit

Schloss Craheim der Lebensgemeinschaft für
die Einheit der Christen
97488 Stadtlauringen
Tel. 08724/2073

Approbiertes evangelisch lutherisches Priorat Sankt Wigberti
Kirchgasse 108
99634 Werninghausen/Thüringen
Tel. 036376/50226
Kloster auf Zeit

Österreich

Die Klöster und klosterähnlichen Einrichtungen in Österreich unterscheiden sich in ihren Angeboten kaum von den deutschen.

Kapuzinerkloster
Tegetthoffstr. 2
1010 Wien
Tel. 01/5126853
Fax 01/512686316
Einzelaussprache, keine Unterkunft

Dominikanerkloster
Postgasse 4
1010 Wien
Tel. 01/5129174
Fax 01/512917450
Kloster auf Zeit

Abtei Unserer Lieben Frau zu den Schotten
Freyung 6
1010 Wien
Te. 01/53498
Fax 01/53498/19
Kloster auf Zeit

Kloster der Dienerinnen des Heiligsten Herzens Jesu
Keinergasse 37/Baumgasse 20 (Herz-Jesu-Krankenhaus)
1030 Wien
Tel. 01/7122684
Fax 01/7122684350
Besinnungstage

Exerzitien- und Bildungshaus Lainz der Gesellschaft Jesu
Lainzer Str. 138
1130 Wien
Tel. 01/8047593
Fax 01/8049743
Exerzitien, breites Angebot für Einkehrzeiten

Kollegium Kalksburg der Gesellschaft Jesu (Jesuiten)
Promenadeweg 3
1230 Wien-Kalksburg
Tel. 01/884158
Fax 01/88415820
Tage der Stille

St. Gabriel SVD (Gesellschaft des Göttlichen Wortes),
Steyler Missionare
2340 Mödling
Tel. 02236/46351
Fax 02236/46356
Einzelvereinbarungen

Zisterzienserstift
3180 Lilienfeld/Niederösterreich
Tel. 02762/52204
Gästeaufnahme für stille Tage

Benediktinerstift
Am Klosterberg 1
3353 Seitenstetten/Niederösterreich
Tel. 07477/42300
Fax 07477/4230050
Kloster auf Zeit, Ostern im Kloster

Benediktinerstift Abt Berthold
Dietmayr-Str. 1
3390 Melk/Niederösterreich
Tel. 02752/2312
Kloster auf Zeit

Benediktinerstift
3511 Furth bei Göttweig/Niederösterreich
Tel. 02732/855810
Fax 02732/85581266
Kloster auf Zeit nach Vereinbarung

Benediktinerstift
Benediktinerabtei 1
3591 Altenburg/Niederösterreich
Tel. 02982/3451
Fax 02982/3451-13
Kloster auf Zeit und Einzelaufenthalte

Zisterzienserstift
3910 Stift Zwettl/Niederösterreich
Tel. 02822/550
Fax 02822/55050
Kloster auf Zeit

Zisterzienserstift
4073 Wilhering/Oberösterreich
Tel. 07226/23110

Prämonstratenser Chorherrenstift
4160 Aigen/Oberösterreich
Tel. 07281/88010
Kloster auf Zeit

Augustiner Chorherrenstift
Stiftstr. 1
4490 Florian/Oberösterreich
Tel. 07224/89030
Fax 07224/890260
Tagesbesuche

Benediktinerstift
4550 Kremsmünster/Oberösterreich
Tel. 07583/275216
Fax 07583/275288
Kloster auf Zeit während der Karwoche

Zisterzienserstift
4553 Schlierbach 1/Oberösterreich
Tel. 07582/81282
Fax 07582/81009
Kloster auf Zeit

Benediktinerstift
Klosterplatz 1
4650 Lambach/Oberösterreich
Tel. 07245/32351
Fax 07245/3235119
Kloster auf Zeit

Mutterhaus der Kongregation der Armen Schulschwestern vom Dritten Orden des heiligen Franziskus Seraphicus
Salzburger Str. 18
4840 Vöcklabruck/Oberösterreich
Tel. 07672/72667
Fax 07672/7266750
Kloster auf Zeit

Redemptoristinnenkloster St. Anna
4910 Ried/Innkreis
Tel. 07752/2450
Stille Tage für Einzelne

Augustiner Chorherrenstift
4981 Reichersberg/Obertösterreich
Tel. 07758/2313
Fax 07758/231332
Unterkunft in Gästehaus, Kurse

Missionshaus Liefering der Herz-Jesu-Missionare
Schönleitenstr. 1
5013 Salzburg
Tel. 0662/432270
Fax 0662/4322750
Mitleben im Kloster

Benediktinerinnenabtei Nonnberg
Nonnberggasse 2
5020 Salzbug
Tel. 06222/841607
Kloster auf Zeit

Benediktinerklostergut Aich
Winkl 2
5340 St. Gilgen
Tel. 06227/2318
Fax 06227/231833
Klosterurlaub

Exerzitienhaus Kleinholz der Missionare vom kostbaren Blut
Lindenallee 13
6330 Kufstein/Tirol
Tel. 05372/62620
Exerzitienhaus, Urlaubsangebote

Klein Theresien Karmel
Treietstr. 18
6830 Rankweil/Vorarlberg
Tel. 05522/42349
Einzelgespräche, Mitfeiern der Gottesdienste, keine Unterkunft

Franziskanerkloster
Franziskanerplatz 14
8010 Graz/Steiermark
Tel. 0316/77172
Hotelunterkunft in der Stadt, Einzelgespräche

Zisterzienserstift
8103 Rein/Stiermark
Tel. 03124/51621
Fax 03124/5162134
Tage der Besinnung im Kloster

Kloster der Dominikanerinnen von Bethanien
8302 Nestelbach/Steiermark
Tel. 03133/2223
Gottesdienstteilnahme, Einzelgespräche

Superiorat der Benediktienrabtei St. Lambrecht
8630 Mariazell/Steiermark
Tel. 03882/2595
Breites Hotelangebot im größten österreichischen Marienwallfahrtsort. Im Kloster nur Einzelgespräche und Exerzitien

Benediktinerabtei
8732 Seckau/Obersteiermark
Tel. 03514/52340
Mitleben, theologische Tagungen, Gästeunterbringung im Kloster und in einem Klostergasthof

Benediktinerabtei
Hauptstr. 1
8813 Lambrecht
Tel. 03585/2305
Fax 03585/2305-20
Kloster auf Zeit

Benediktinerstift St. Blasius
8911 Admont/Steiermark
Tel. 03613/2312-203
Fax 03613/2312-221
Ferien und Kursprogramm

Ursulinenkloster
Ursulinengasse 1
9010 Klagenfurt/Kärnten
Tel. 0463/5135160
Gottesdienstteilnahme in der Klosterkapelle

Kloster Maria Loretto der Töchter der Göttlichen Liebe
Wölzing 19
9433 St. Andrä/Kärnten
Tel. 04358/2101
Klosterbesuche, Unterkunft im nahe liegenden Gästehaus

Servitenkloster
9655 Maria Luggau/Kärnten
Tel. 04716/601
Exerzitienangebote

Schweiz

Die Angebote und Bedingungen unterscheiden sich auch in der Schweiz und im Fürstentum Liechtenstein kaum von den deutschen.

Kapuzinerkloster
Kapuzinerstr. 18
4502 Solothurn
Tel. 065/227133
Kloster auf Zeit

Priesterheim Mariawil der Redemptoristen
Bruggerstr. 142
5400 Baden
Tel. 056/224295
Einzelvereinbarungen

Kloster der Dominikanerinnen von Bethanien
6066 St. Niklausen/Obwalden
Tel. 041/665366
Gästehaus für Tage der Besinnung

Kloster der Missionare von der heiligen Familie
6106 Werthenstein/Luzern
Tel. 041/711265
Einzelvereinbarungen

Zisterzienserinnenabtei St. Katharina
6274 Eschenbach/Luzern
Tel. 041/893738
Fax 041/891332
Beschränktes Angebot für Interessierte am Klosterleben

Kloster der Schwestern von der Göttlichen Vorsehung aus dem regulierten Dritten Orden des heiligen Franziskus
Mutterhaus Sonnhalde
6283 Baldegg/Luzern
Tel. 041/883161
Stille Ferientage

Kapuzinerinnenkloster Maria Opferung
6300 Zug/Zug
Tel. 042/219618
Kloster auf Zeit

Lassalle-Haus Bad Schönbrunn der Gesellschaft Jesu
6313 Edlibach/Zug
Tel. 041/7571414
Fax 041/7571413
Breites Angebot an Kursen und geistlichen Übungen

Benediktinerabtei
6390 Engelberg/Luzern
Tel. 041/941349
Gottesdienstteilnahme, keine Unterkunft im Kloster

Kapuzinerkloster
Postfach 22
6415 Arth am See/Schwyz
Tel. 041/821270
Einkehrtage

Franziskanerinnenkloster St. Josef
6436 Muotathal/Schwyz
Tel. 043/471114
Einzelvereinbarungen

Mutterhaus der Barmherzigen Schwestern vom Heiligen Kreuz
6440 Ingenbohl-Brunnen/Schwyz
Tel. 043/342000
Fax 043/342266
Besinnungstage

Allerheiligenkloster der Kapuziner
6460 Altdorf
Tel. 044/20222
Kloster auf Zeit

Benediktinerabtei
7180 Disentis/Graubünden
Tel. 081/9475145
Fax 081/9475801
Klosterunterkunft nach Einzelvereinbarung

Dominikanerinnenkloster
7408 Cazis/Graubünden
Tel. 081/811432
Gebetsteilnahme, Einzelgespräche

Benediktinerkloster
8376 Fischingen/Thurgau
Tel. 073/411003
Besinnungstage

Zisterzienserinnenabtei Mariazell-Wurmsbach
8715 Bollingen/St. Gallen
Tel. 055/283232
Fax 055/287289
Mitleben

Benediktinerpriorat St. Otmarsberg
8730 Urznach/St. Gallen
Tel. 055/711161
Fax 055/722623
Besinnungstage, Einzelexerzitien

Franziskanerkloster Mariaburg
8752 Näfels/Glarus
Tel. 058/342818
Kloster auf Zeit

Kloster Maria Zuflucht der Dominikanerinnen des Zweiten Ordens
8872 Weesen/St. Gallen
Tel. 058/1625
Kloster auf Zeit

Fürstentum Liechtenstein
Kloster St. Elisabeth der Anbeterinnen des Blutes Christi
9494 Schaan/Fürstentum Liechtenstein
Tel. 075/2321783
Fax 075/24519
Kloster auf Zeit

Gutes aus Klöstern – Bezugsquellen

Neben Honig, Weinen, Likören, Konfitüren und anderem Guten aus klösterlicher Herstellung finden Sie unter folgenden Adressen in Deutschland, Österreich, Südtirol und der Schweiz auch Tonika zur Erhaltung und Stärkung der Gesundheit.

Manufactum Hoof & Partner KG
Gutes aus Klöstern
Hiberniastr. 5
45729 Waltrop
Tel. 02309/939000 (für Bestellungen: 939050)
Fax 02309/939850
E-Mail: info@manufactum.de
www.manufactum.de

Klosterladen des Klosters Weingarten
Kirchplatz 3–4
88250 Weingarten
Tel.0751/50960
Fax 0751/5096201
E-Mail: klosterladen@kloster-weingarten.de
www.kloster-weingarten.de

Klosterladen des Klosters Ettal Benediktinerabtei Ettal
82488 Ettal
Tel.08822/74430
Fax 08822/74432
E-Mail: klosterladen@kloster-ettal.de
www.kloster-ettal.de/klosterladen/
Bier und Spirituosen können auch bestellt werden bei:
Ettaler Klosterbetriebe GmbH Abteilung Brauerei und Destillerie
Kaiser-Ludwig Platz 1
82488 Ettal
Tel. 08822/74-450 oder -413
Fax 08822/74-412
E-Mail: heimdienst@kloster-ettal.de
E-Mail: klosterbrauerei@kloster-ettal.de

Klosterladen der Abtei Münsterschwarzach
Schweinfurter Straße 40
97359 Münsterschwarzach
Tel. 09324/20-0
Fax 09324/20-211

Klosterladen des Benediktinerinnenklosters Melchtal
6067 Melchtal OW/Schweiz
Tel. 0041/41/6691140
Fax 0041/41/6691340
E-Mail: osb@kloster-melchtal.ch

Weinkellerei des Klosters Einsiedeln
Kellerei Kloster Einsiedeln
8840 Einsiedeln/Schweiz
Tel. 0041/55/186244
E-Mail: klostereinsiedeln.kellerei@active.ch

Augustinerchorherrenstift Kloster Neustift
Neben Weinen auch diverse Destillate und Kräutertees
Stiftskellerei Neustift
Stiftstraße 1
39100 Vahrn/Brixen/Italien
Tel. 0039/0472/836189
Fax 0039/0472/837305
E-Mail: weine@kloster-neustift.it
www.klostern-neustift.it

Augustinerchorherrenstift Kloster Neuburg
Stiftsweingut
Am Renninger 2
3400 Klosterneuburg/Österreich
Tel. 0043/2243/36375-0
Fax 0043/2243/37555
Klosterladen des Klosters Neuburg (Onlineshop):
www.stift-klosterneuburg.at
In Deutschland:
Vinothek Stift Kloster Neuburg
Brunnengasse 1
94032 Passau
Tel. 0851/35732

Viele Informationen und Adressen von Klöstern, Orden und Stiften Österreichs, bei denen man eigene Produkte aus Weinkeller, Destillerie und Gärtnerei beziehen kann, sind erhältlich über:
Klösterreich Geschäftsstelle
Prof.-Kaserer-Weg 333
c/o ITA, 3491 Straß/Österreich
Tel. 0043/2735/5535-0
Fax: 0043/2735/5535-14
E-Mail: info@kloesterreich.at
www.kloesterreich.at

Unter der Internetadresse www.benediktiner.de finden Sie außerdem weltweit zu sämtlichen Benediktinerklöstern Links und Adressen.

Quellen- und Literaturverzeichnis

Abtei Maria Laach (Hrsg.): Benediktinisches Klosterleben – Geschichte und Gegenwart, Berlin 1929

Baader, Gerhard/Keil, Gundolf (Hrsg.): Medizin im mittelalterlichen Abendland, Darmstadt 1982

Bäumer, Änne: Wisse die Wege. Leben und Werk Hildegards von Bingen. Eine Monographie zu ihrem 900. Geburtstag, Frankfurt a. M. 1998

Bamberg, Corona: Was Menschsein kostet. Aus der Erfahrung frühchristlicher Mönche gedeutet, Mainz 2001

Barbaric, Slavko: Mit dem Herzen fasten, Wien 2002

Benedikt von Nursia: Die Benediktusregel. Regulae Benedicti, Beuron 2001

Bilgri, Anselm/Gerard, Klaus-Wilhelm: Das Kloster Andechs Fastenbuch. Auf der Suche nach dem Wesentlichen, Augsburg 2002

Blome, Juerg: Transkription, Übersetzung und systematisch-botanische Bearbeitung der Kräuterbuch-Handschrift *Circa instans*, Würzburg 1981

Bô Yin Râ: Das Buch vom Glück, Bern 1988

Bô Yin Râ: Wegweiser, Bern 1992

Braun, Erwin (Hrsg.): Regimen Sanitatis Salernitanum. Gesundheitsregeln der Schule von Salerno, Basel 1981

Buchinger, Otto: Mystik und Fasten, Hannover 1956

Cube, Johannes von: Hortus sanitatis, Mainz 1491

Das Erbe der Klostermedizin. Symposion der Deutschen Gesellschaft für Geschichte der Pharmazie e.V. im Kloster Eberbach, Eltville am Rhein am 10.9.1977

Duft, Johannes: Notker der Arzt. Klostermedizin und Mönchsarzt im frühmittelalterlichen St. Gallen, St. Gallen 1972

Duft, Johannes/Gössi, Anton/Vogler, Werner: Die Abtei St. Gallen, St. Gallen 1986

Eco, Umberto: Kunst und Schönheit im Mittelalter, München 1993

Enomya-Lassalle, Hugo M.: Zen-Unterweisung, München 1987

Fijen, Leo (Hrsg.): Wie werde ich glücklich? Lebensweisheit aus dem Kloster, Freiburg i. Br./Basel/Wien 2003

Fintelmann, Volker (Hrsg.): Kompendium Phytopharmaka, Mainz 2001

Freyer, H.-P. Michael: Europäische Heilkräuterkunde. Ein Erfahrungsschatz aus Jahrtausenden, Würzburg 1998

Frohn, Birgit: Klostermedizin, München 2001

Goltz, Gerlinde: Mittelalterliche Pharmazie und Medizin. Dargestellt an Geschichte und Inhalt des Antidotarium Nicolai, Stuttgart 1976

Govinda, A.: Grundlagen tibetischer Mystik, Bern/München 1982

Grün, Anselm: Im Zeitmaß der Mönche. Vom Umgang mit einem wertvollen Gut, Freiburg i. B. 2003

Grün, Anselm: Fasten. Beten mit Leib und Seele, Münsterschwarzach 2001

Hales, Mick: Klostergärten, München 2000

Harig, Georg/Schneck, Peter: Geschichte der Medizin, Berlin 1990

Hasitschka, Josef: Admonter Herbarium, Regensburg 2001

Hohensee, Wolfgang: Sieben Wochen für die Seele. Ein spiritueller Fastenbegleiter, Gütersloh 2002

Holste, Thomas/Keil, Gundolf (Hrsg.): Der Theriakkrämer. Ein Beitrag zur Frühgeschichte der Arzneimittelwerbung, Pattensen/Hannover 1976

Jetter, Dieter: Grundzüge der Hospitalgeschichte, Darmstadt 1973

Jung, Carl Gustav: Von Sein und Schein, Solothurn 1990

Keil, Gundolf (Hrsg.): Würzburger Fachprosa-Studien. Beiträge zur mittelalterlichen Medizin-, Pharmazie- und Standesgeschichte, Würzburg 1995

Kloos, Basina: Frauen-Klosterführer. Gott und sich selber finden, München 2001

Krauß, Rüdiger: Fasten und Lebenskultur. Neue Aspekte, Anregungen, Erfahrungswerte, Königstein 1996

Lanczkowski, Johanna: Kleines Lexikon des Mönchtums und der Orden, Stuttgart 1993

Laotse, Tao Teh King: Vom Geist und seiner Tugend, München 1926

Lautenschläger, Gabriele: Hildegard von Bingen. Die theologische Grundlegung ihrer Ethik und Spiritualität, Stuttgart-Bad Cannstatt 1993

Lützner, Hellmut: Wie neugeboren durch Fasten, München 2002

Müller, Bernhard: Das Fasten der Mönche, München 2003

Müller, Irmgard: Die pflanzlichen Heilmittel bei Hildegard von Bingen, Salzburg 1982

Müller, Peter: Leben spüren. Mein spiritueller Fastenbegleiter, München 1999

Niedermann, Maximilian (Hrsg.): Marcelli – De Medicamentis Liber, Berlin 1968

Nigg, Walter: Vom Geheimnis der Mönche, Zürich 1990

Oschwald, Hanspeter: Der Klosterurlaubsführer, Freiburg i. Br./Basel/Wien 2000

Pfeiffer, Wolfgang M. (Hrsg.): Asiatische Medizin in Europa, Heidelberg 1984

Platte, Adelheid und Karlheinz: Das Lorscher Arzneibuch. Klostermedizin in der Karolingerzeit, Lorsch 1990

Purk, Erich: Weniger ist mehr. Der spirituelle Fastenbegleiter, Stuttgart 2002

Raab, Peter (Hrsg.): Meditieren – Wie und wo. Ein Führer mit 500 Adressen von Lehrern, Häusern und Zentren, Freiburg i. Br. 1996

Rauch, Erich: Spiritualität und höhere Heilung, Heidelberg 1998

Reichle, Franz (Hrsg.): Das Wissen vom Heilen, Bern/Stuttgart/Wien 1997

Reier, Herbert: Leben, Krankheiten und Heilungen im Mittelalter (800–1400), Kiel 1987

Salzburger Äbtekonferenz (Hrsg.): Die Benediktusregel, Beuron 1996

Saum, Kilian/Mayer, Johannes G./Uehleke, Bernhard: Fasten nach der Klosterheilkunde. Durch Entgiften und Entsäuern zu neuer Vitalität und Lebenskraft, München 2004

Schipperges, Heinrich: Der Garten der Gesundheit, München und Zürich 1985

Schipperges, Heinrich: Die Kranken im Mittelalter, München 1993

Schipperges, Heinrich: Eine »Summe Medicinae« bei Avicenna. Zur Krankheitslehre und Heilkunde des Ibn Sina, Berlin/Heidelberg 1987

Schipperges, Heinrich (Hrsg.): Geschichte der Medizin in Schlaglichtern, Mannheim 1990

Schipperges, Heinrich: Hildegard von Bingen, München 1995

Schnabel, Rainer: Die Klöster Altbayerns als Stätten praktischer und wissenschaftlicher Pharmazie. Von den Anfängen bis zur Aufhebung der Klöster durch die Säkularisation (1802–1804), Ludwig-Maximilians-Universität München 1964

Seewald, Peter: Die Schule der Mönche. Inspirationen für unseren Alltag, Freiburg i. Br. 2002

Shengelia, Michael/Wirth, Wolfgang: Volk ohne Krankheit. Die Schätze der georgischen Volks- und Klostermedizin, Steyr 1990

Sigerist, Henry E.: Studien und Texte zur frühmittelalterlichen Rezeptliteratur, Leipzig 1923

Steindl-Rast, David: Die Achtsamkeit des Herzens. Ein Leben in Kontemplation, München 1997

Stoffler, Hans-Dieter: Der Hortulus des Walahfrid Strabo. Aus dem Kräutergarten des Klosters Reichenau, Sigmaringen 2000

Stoll, Ulrich: Das Lorscher Arzneibuch. Ein medizinisches Kompendium des 8. Jahrhunderts. Text, Übersetzung und Fachglossar, Stuttgart 1992

Strohmaier, Gotthard: Avicenna, München 1999

Tschudy, Julius Franz: Der heilige Benedikt und das benediktinische Mönchtum, St. Ottilien 1979

Urbel, Justo Pérez de: Isidor von Sevilla. Sein Leben, sein Werk und seine Zeit, Köln 1962

Vandewiele, L. J. (Hrsg.): Circa Instans van Platearius, Niederlande 1970

Wesener, Joseph: Von der Pflege und Erhaltung der Gesundheit. Ein Lehrgedicht der Schule von Salerno, Paderborn 1806

Zander: Von der Leichtigkeit der Religion. Kleine katholische Kalorienkunde, Düsseldorf 1999

Zimmermann, Gerd: Ordensleben und Lebensstandard. Beiträge zur Geschichte des alten Mönchtums und des Benediktinerordens, Münster 1973

Register